Kreation und Leitung Hans Höfer

A P A
GUIDES

Malaysia

Herausgegeben von Geoffrey Eu
überarbeitet von Susan Amy

Deutsche Redaktion Dieter Vogel

RV Reise- und Verkehrsverlag

APA PUBLICATIONS

APA GUIDES

Titel in deutscher Sprache

LÄNDER & REGIONEN

Ägypten
Alaska
Andalusien
Argentinien
Australien
Bahamas
Bali
Baltische Staaten
Barbados
Barrier Reef
Belgien
Bermuda
Brasilien
Bretagne
Burgund
Chile
China
Costa Rica
Côte d'Azur
Dänemark
Das Tal der Loire
Deutschland
Die Niederlande
Ecuador
Elsass
Finnland
Florida
Frankreich
Gambia und Senegal
Gran Canaria
Griechenland
Griechische Inseln
Grossbritannien
Hawaii
Hongkong
Indien
Indonesien
Irland
Island
Israel
Italien
Jamaika
Java
Jemen
Jugoslawien
Kalifornien
Kanada
Kanalinseln
Karibik
Katalonien
Kenia
Korea
Korsika
Kreta
Madeira
Malaysia
Mallorca & Ibiza
Malta
Marokko
Mexiko
Myanmar
Namibia
Neapel

Nepal
Neuengland
Neuseeland
New York State
Nordkalifornien
Norwegen
Ostasien
Österreich
Pakistan
Pazifischer Nordwesten USA
Peru
Philippinen
Polen
Portugal
Provence
Puerto Rico
Rajasthan
Rocky Mountains
Sardinien
Schottland
Schweden
Schweiz
Sowjetunion
Spanien
Sri Lanka
Südafrika
Südamerika
Südasien
Südindien
Südkalifornien
Südtirol
Taiwan
Teneriffa
Texas
Thailand
Toskana
Trinidad & Tobago
Tunesien
Türkei
Türkische Küste
Umbrien
Ungarn
USA
USA Der Südwesten
Venezuela
Vietnam
Wales
Washington D.C.
West-Himalaya
Zypern

APA-SPECIALS

Amazonas Erlebnis Natur
Der Nil
Der Rhein
Indianerreservate USA
Indien Erlebnis Natur
Ostafrika Safari
Wasserwege in Westeuropa

STÄDTE CITYGUIDES

Amsterdam
Athen
Bangkok
Barcelona
Berlin
Boston
Brüssel
Budapest
Buenos Aires
Chicago
Delhi, Jaipur, Agra
Dresden
Dublin
Düsseldorf
Edinburgh
Florenz
Frankfurt
Glasgow
Hamburg
Istanbul
Jerusalem
Kairo
Katmandu
Köln
Lissabon
London
Los Angeles
Madrid
Melbourne
Mexico City
Miami
Moskau
Montreal
München
New Orleans
New York City
Oxford
Paris
Peking
Philadelphia
Prag
Rio
Rom
San Francisco
Seattle
Singapur
St. Petersburg
Sydney
Tokio
Vancouver
Venedig
Wien

POCKET GUIDES

Adria
Algarve
Athen
Bali
Bangkok
Barcelona
Berlin
Boston
Bretagne
Chiang Mai
Costa Blanca
Costa Brava
Côte d'Azur
Das Tal der Loire
Dänemark
Elsass
Florenz
Hongkong
Ibiza
Irland
Istanbul
Jakarta
Kreta
Kuala Lumpur
London
Malakka
Mallorca
Malta
Marbella
Marokko
Mailand
München
Nepal
New Delhi
New York City
Oslo/Bergen
Paris
Penang
Phuket
Prag
Provence
Rhodos
Rom
Sabah
San Francisco
Sardinien
Sevilla
Singapur
Südkalifornien
St. Petersburg
Südostengland
Sydney
Teneriffa
Tibet
Toskana
Türkische Riviera
Venedig
Wien
Yogjakarta

Malaysia

© APA PUBLICATIONS (HK) LIMITED, 1993
Alle Rechte vorbehalten
© Apa Guides, 1993
RV Reise - und Verkehrsverlag GmbH
Berlin/Gütersloh/Leipzig/München/Potsdam/Stuttgart
Vertrieb: GeoCenter Verlagsvertrieb GmbH, München
Malaysia ISBN: 3-575-21371-2
Printed in Singapore by Höfer Press Pte Ltd

ZU DIESEM BUCH

Der *Apa Guide Malaysia* gehört zu den ersten Bänden der weltbekannten und vielfach preisgekrönten Serie von Reiseführern, die im Laufe von zwanzig Jahren auf über 120 Titel angewachsen ist. Das Buch hat damit den Ruf der Apa Guides als den eigenwilligsten und originellsten Reisebüchern mitbegründet. Lange bevor sich Malaysia als internationales Reiseziel einen Namen machen konnte, war das Team von Autoren und Fotografen, das den *Apa Guide Malaysia* gestaltet hat, vor Ort, um die Schönheiten dieses Landes für Sie zu erkunden.

Das Konzept

Sie schufen ein Buch, das den Stil der Apa Guides entscheidend mitgeprägt hat.

Nach dem Muster des *Apa Guide Bali*, der 1970 erschienen ist, zeichnen sich sämtliche Apa Guides aus durch die hervorragende Farbfotografie, gut recherchierte und formulierte Texte sowie den packenden, interessanten Stil.

Hans Höfer, Designer, Fotograf und Grafiker aus Krefeld, hat dieses Konzept entwickelt. Millionen Reisende in aller Welt konnten sich durch die Lektüre seiner Bücher ein umfassendes Bild von der Geschichte, der Kultur, dem Denken und Fühlen sowie dem Alltag der Menschen machen, die am jeweiligen Reiseziel leben.

Das Material für die meisten Artikel des Buches trugen Höfer selbst, die amerikanische Journalistin **Star Black** sowie **Harold Stephens**, der weitgereiste Fotojournalist, zusammen. Mit dem Landrover, per Flugzeug, im Boot und zu Fuß waren sie unterwegs, um auf abenteuerlichen Wegen, die bisher nur selten von Menschen beschritten wurden, Malaysia zu erkunden. So gelangten sie in abgelegene Dörfer und Bergstationen und erlebten dort noch das Malaysia vor seiner Erschließung durch den internationalen Tourismus. Was sie entdeckten, haben sie in diesem Buch beschrieben. Ergänzt wurden die Reiseberichte durch einen ausführlichen Abriß der Geschichte des Landes, den eine einheimische Autorin, **Sharifah Hamzah**, verfaßt hat.

Desmond Tate, der seit langem in Malaysia lebt, hat das Buch mehrmals überarbeitet und aktualisiert.

Susan Amy, die für verschiedene Zeitschriften geschrieben hat, zeichnet für die Aktualisierung der Reiseinformationen verantwortlich, die für die Neuauflage von 1992 zusammengetragen wurden und den raschen Veränderungen, denen das Reisen nach und in Malaysia unterworfen ist, Rechnung tragen.

Die Autoren

Star Black, die in Kalifornien geboren ist und entscheidenden Anteil an der Gestaltung des Buches hat, ist auch als Autorin für die Apa Guides über Bali und Singapur hervorgetreten. Inzwischen ist sie nach New York zurückgekehrt und schreibt und fotografiert für *United Press International*. Star Black hat Literatur und Kunst studiert und ist durch viele Länder Asiens gereist. Im Verlag Penguin-Viking hat sie einen Bildband herausgegeben.

Ihr Mit-Autor Stephens kam zuerst mit dem Marinekorps der US Army nach China und studierte anschließend an der George-

Black　　　*Stephens*　　　*Amy*

town University in Washington, D. C. Internationales Recht. Nach einem kurzen Gastspiel in Paris kehrte er Familienleben und Beruf den Rücken und begab sich wieder nach Asien und in den Südpazifik, wo er sich mit Berichten über seine Reiseabenteuer eine neue Existenz aufbaute. Sechs Bücher und mehr als 500 Zeitschriftenartikel sind bislang von ihm erschienen.

Aus Schottland stammt **Marcus Brooke**, dessen Texte und Bilder bereits in die Apa Guides über Singapur, Thailand, die Philippinen und Sri Lanka aufgenommen wurden. Brooke gehörte früher zum Lehrkörper der Harvard University und des Massachusetts Institute of Technology und hat sich in den verschiedensten Funktionen als Bakteriologe, Biochemiker, Immunologe und Landwirtschaftsexperte betätigt. Die akademische Welt hat er aber schon vor vielen Jahren verlassen und wurde Weltenbummler. Seine zahlreichen Reiseartikel und Fotoessays sind in *New York Times, National Geographic* und vielen anderen Presseorganen auf der ganzen Welt erschienen.

Tate (alias Muzaffar Abdullah) ist zwar in London geboren, jedoch seit 1956 ununterbrochen in Westmalaysia ansässig. Die meiste Zeit betätigte er sich als Lehrer, gegenwärtig arbeitet er als freischaffender Journalist.

Hamzah ist in der Redaktion der Zeitschrift *Signature* tätig, die der Diner´s Club für Südostasien herausgibt. Sie hat an der National University of Singapore ihr Jura-Examen gemacht und stammt wie viele Malaysier aus einer Familie, in der verschiedene Rassen verschmolzen sind. Zwei ihrer Großeltern sind Malaien, ein Großvater ist Inder, und die zweite Großmutter stammt aus Arabien.

Amy ist eine weitgereiste Autorin, die sich auf malaysische Themen spezialisiert hat. Gegenwärtig arbeitet sie an einem Reisebuch über Sarawak.

Um die Neuauflage des Malaysia-Führers haben sich auch **Annabelle Morgan**, **Linda Agerbak** und das staatliche Fremdenverkehrsamt von Malaysia, hier vor allem **William Trower**, verdient gemacht. Die beiden Autorinnen leben in Singapur. Morgan ist schon in den sechziger Jahren von London nach Singapur übergesiedelt und hat in vielen Zeitschriften und Tageszeitungen des südostasiatischen Raums Beiträge veröffentlicht.

Agerbak kommt aus den USA und ist bisher für *The Straits Times* und andere Presseorgane in der Region tätig gewesen. Nach ihrem Studium in Kalifornien und Berlin hat sie Labortechnikern aus Afrika und Flüchtlingen aus Vietnam Englischunterricht gegeben.

Die unentbehrlichen Helfer

Unser Dank gilt in erster Linie den Menschen in Malaysia, die mit ihrer beispiellosen Gastfreundschaft, ihrer Großzügigkeit und menschlichen Wärme die Entstehung dieses Buches ermöglichten. **Tan Sri Mubin Sheppard,** deren umfassende Kenntnisse der malaysischen Kultur das Buch bereichern, möchten wir besonders herzlich danken. Ebenfalls danken wir **Nancy Brokaw**, **Sylvia Toh** und **Berndtson & Berndtson**, die die Karten zeichneten, sowie den Übersetzer(inne)n **Jutta Winkler** und **Gert Meißner**, der auch den Satz erledigte. Herausgeber der deutschen Ausgabe ist **Moritz Boerner**.

Brooke

Tate

Hamzah

INHALT

Geschichte und Kultur

In Malaysia unterwegs

INHALT

Karten

KURZFÜHRER

„SELAMAT DATANG KE MALAYSIA!"

„Willkommen in Malaysia!" steht auf den Schildern in den kühlen Korridoren von Subang, dem internationalen Flughafen von Kuala Lumpur, dessen vollklimatisiertes Ambiente all das bietet, was man von einem modernen Flughafen erwartet.

„Willkommen in Malaysia!" wird Sie lachend auch der malaiische, indische oder chinesische Taxifahrer begrüßen, der Sie vom Flughafen in die Hauptstadt fährt. Und falls Sie die Landesgrenze mit dem Wagen überqueren, werden Sie im ersten malaiischen *kampong* (Dorf) den gleichen freundlichen Gruß hören.

Im Laufe der Jahrhunderte hat Malaysia stets Gäste aus allen Erdteilen empfangen, und die Malaien haben die Sitten und Gebräuche der entferntesten Länder angenommen, verändert und ihrer eigenen Lebensweise angepaßt.

Was zeigt Ihnen Ihr inneres Auge, wenn Sie an Malaysia denken? Sofern Sie die Broschüren der Reisebüros gelesen haben, werden Bilder von Stränden auftauchen, von Kokospalmen und puderfeinem Sand, von einsamen Trauminseln im weiten Ozean und der märchenhaften Welt der Korallenriffe.

Eine Kulisse ganz anderer Art würde die Lektüre von Somerset Maughams Kurzgeschichten heraufbeschwören: die Veranda eines kolonialen Bungalows zum Beispiel, der inmitten einer Tee- oder Gummiplantage liegt; der malaiische Boy serviert gerade den Tee, während der indische *punkah wallah* dem *orang puntih* (weißen Mann) Kühlung zufächelt, um ihn vor der tropischen Hitze zu schützen. Vielleicht haben Sie auch das Werk des Naturforschers Alfred Russell Wallace, *Der Malaiische Archipel,* studiert. Dann wird in Ihrer Vorstellung der Urwald zum Leben erwachen, riesige Schmetterlinge werden vorbeiflattern, das Gekreische einer Affenherde wird zu hören sein, und vielleicht zeigt sich der legendäre, ganz im Verborgenen lebende Orang-Utan.

Solche unterschiedlichen Eindrücke schließen einander keinesfalls aus; Sie werden sie überall im Land wiederfinden, ja, die Wirklichkeit wird noch mit viel mehr aufwarten. Seien Sie also auf Überraschungen gefaßt!

Was Malaysia so reizvoll macht, ist der ständige Wechsel von Szenarien, die scheinbar nichts miteinander zu tun haben. An Ihrem ersten Tag in Kuala Lumpur werden Sie vielleicht eine Bank aufsuchen, deren ultramoderne Architektur dem westlichen Standard in nichts nachsteht; oder Sie werden auf Rolltreppen durch die

Vorherige Seiten: Animistische Holzschnitzereien in Kuching. Die „Pinnacles", Mulu National Park. Ein Papierdrachen mit traditionellem Muster, Terengganu. Der Kreiselwettkampf, ein beliebter Volkssport. **Links:** Das Gesicht der Jugend.

Stockwerke eines Kaufhauskolosses aus Glas und Stahl gleiten, vorbei an europäischer Designer-Mode und amerikanischen Schnellrestaurants. Und plötzlich finden Sie sich im Gewühl einer Straße in Chinatown wieder mit ihren traditionellen Geschäften und Straßenhändlern, die in einem Wirrwarr aus Malaiisch, Tamil, Hokkien, Kantonesisch – ja sogar Englisch laut ihre Waren anpreisen.

Auf dem Lande verläuft der Alltag der malaiischen *kampong*-Bewohner entspannt und zufrieden, heute wie seit altersher geregelt durch den ausgeglichenen Wechsel von Arbeit und Freizeit. Stünde nicht der unvermeidliche Mercedes vor dem Haus eines Dörflers, der gute Geschäfte in der Stadt macht, und wären da nicht die zahlreichen Plastikgegenstände, die das Alltagsleben erleichtern, könnte man sich leicht ins letzte Jahrhundert zurückversetzt wähnen. Und darin liegt die Erklärung für vieles, was zunächst unverständlich scheint: In Malaysia verbinden sich Vergangenheit und Gegenwart unterschiedlichster Kulturen zu einer unnachahmlichen Mischung.

Im dichten Dschungel des Landesinnern werden Sie hauptsächlich auf den Flüssen reisen und dabei auf Eingeborene treffen, die sich trotz der Verlockungen der modernen Wirtschaftsgesellschaft für ein freies Nomadenleben entschieden haben und von den Gaben des Dschungels leben. Wenn Sie das Meer überqueren und nach Borneo kommen, werden Sie vielleicht den höchsten Berg Südostasiens besteigen oder in einem abgelegenen Langhaus in Sarawak zu Gast sein. Malaysia ist immer wieder und überall für eine Überraschung gut.

Einige seiner Geheimnisse mögen zwar auf den Seiten dieses Buches enthüllt werden, andere warten jedoch darauf, von Ihnen selbst entdeckt zu werden. Und Sie werden sie finden, die Traumstrände und einsamen Inseln, die Gummiplantagen und die zeitfernen Urwälder. Aber wie fremd und geheimnisvoll das alles auch immer anmutet, nie werden Sie das Gefühl vermissen, in diesem Land willkommen zu sein – Malaysia lockt seine Gäste immer noch mit einem Lächeln wie vor Jahrhunderten.

Im einführenden Teil des Buches werden zunächst die verschiedenen Landschaften Malaysias vorgestellt. Ein geschichtlicher Überblick versucht die Frage zu beantworten, wie das Land zu dem wurde, was es heute ist. Dann werden Ihnen die verschiedenen Völker mit all ihren Sitten und Gebräuchen vorgestellt. Der Reiseteil wird Ihnen detaillierte Wegbeschreibungen geben und faszinierende Vorschläge für eigene Entdeckungsfahrten machen. Hilfreiche praktische Informationen für solche Fahrten enthält der Kurzführer am Ende des Buches. Und nun wünschen wir Ihnen viel Spaß bei Ihrer Reise durch Malaysia und sagen: „Selamat Datang!"

Rechts: Schüchterne Blicke – moslemische Schulmädchen in Kelantan.

DSCHUNGEL-SINFONIE

Mehr als zwei Drittel Malaysias sind von Dschungel bedeckt. Das grüne Dickicht beginnt an der Küste und erstreckt sich bis zum höchsten Punkt des Landes. Ausgedehnte Gebiete mit Mangrovenwäldern und -sümpfen reichen bis weit ins Meer hinaus. Bis zu einer Höhe von 600 Metern ist das Gebiet mit Zweiflügelfruchtbäumen (*Dipterocarpus*), die bis zu 60 Meter hoch werden, bedeckt. Zweige und Äste bilden sich erst in einer Höhe von 30 Metern. Kommerziell ist diese Region am wichtigsten, denn von hier kommt das Holz für die Sägewerke.

Riesige Sattelschlepper, die die gewaltigen Stämme geladen haben, sind auf den Landstraßen Malaysias ein alltäglicher Anblick. Hunderte von geschlagenen Bäumen werden in Sabah und Sarawak von den Holzfällercamps die Flüsse hinunter zu den Mündungen geflößt, wo sie auf Schiffe nach Japan und Hongkong verladen werden. In den Industriestädten ist die Luft stets von Sägemehl geschwängert. Holz ist der malaiische Exportartikel Nummer eins, daher muß der Einschlag kontrolliert werden, so daß die immense Fruchtbarkeit des malaiischen Dschungels der Holzindustrie eine „grüne Zukunft" garantieren kann.

In 600 Meter Höhe beginnt ein Waldgürtel, der hauptsächlich aus Eichen und Kastanien besteht. Über 1500 Metern geht er in eine Art Niemandsland mit feenhaften Wäldern aus knotigen, nur drei bis fünf Meter hohen Bäumen über, die mit einer dicken Schicht aus hängenden Moosen und Flechten überzogen sind. Die Vegetation dieses Hochlandes ist zum größten Teil unberührt, es dient als Wasserreservoir, um die Fruchtbarkeit der tiefer liegenden Gegenden zu gewährleisten.

Ältester Dschungel der Welt: Im Vergleich zum uralten malaiischen Dschungel sind die Regenwälder Afrikas und Südamerikas noch in der Pubertät. Während sich auf der nördlichen Hemisphäre die Eismassen ausdehnten und wieder zusammenzogen, blieben die malaiischen Wälder etwa 130 Millionen Jahre lang völlig ungestört. Einige der seltensten

Nur spärlich lugt der Tropenhimmel durch den grünen Blätter-Baldachin.

Tierarten und Pflanzen entwickelten sich hier, und noch immer gibt es primitive, von der Zivilisation unberührte Stämme, die noch so leben wie vor tausend Jahren. Die Dschungel der Malaiischen Halbinsel und Borneos haben stets großes wissenschaftliches Interesse erweckt, denn es gibt dort viele Geheimnisse zu entdecken.

Manche Optimisten glauben, daß die dortigen Pflanzen alle Leiden der Menschheit heilen könnten. Wissenschaftler suchen manchmal wochenlang nach seltenen Arten von Pflanzen oder Tieren, denn wer nur mal eben einen Spaziergang durch den Dschungel macht, dem erschließen sich seine Geheimnisse nicht.

nicht sieht, der riecht sie bereits aus 50 Metern Entfernung, wenn sie für eine Woche ihren Geruch nach faulendem Fleisch verströmt. Danach schrumpft sie ein und zieht sich wieder in den Boden zurück.

Einen anderen Rekord stellt der riesige Tualang-Baum auf, mit 80 Meter Höhe und drei Meter Umfang ist er der größte aller tropischen Bäume. Die berühmten fleischfressenden Pflanzen kann man überall an den Hängen des Berges Kinabalu in Sabah sehen, ihre honigsüßen Münder stehen weit offen und warten auf sorglose Insekten, die ihnen einen Besuch abstatten.

Malaysias Dschungel werden von Tausenden von Tierarten bevölkert, viele davon

Die Artenvielfalt von Flora und Fauna ist erstaunlich. Malaysia kennt mehr als 8000 Arten blühender Pflanzen, darunter 2000 Baumarten, 200 verschiedene Palmen und 800 Orchideen. Nur hier gibt es die Rafflesie, die größte Blume der Welt. Die ganze Pflanze besteht nur aus ihrer Blüte, die einen Durchmesser bis zu einem Meter erreichen und neun Kilo schwer werden kann. Die Rafflesie ist ein Parasit und wächst auf den Wurzeln der Lianenart *Cissus liana*. Sie entwickelt zunächst eine rote Knolle, die sich ausdehnt und schließlich aufplatzt, so daß ihr rosarotes und weißes Inneres zu sehen ist. Wer die Pflanze trotz ihrer Größe

sind einheimisch, andere kommen vom asiatischen Festland. Mehr als 200 Säugetierarten leben hier, darunter Elefanten, die leider immer seltener werdenden Nashörner, Tapire, Tiger, Leoparden, Malaien-Bären, verschiedene Arten von Rotwild, darunter das winzige Zwergböckchen, Waldrinder (*Seladang*) sowie viele Gibbon- und andere Affenarten. Auf Borneo gibt es außerdem den einzigartigen Orang-Utan („Waldmensch"), der von den Ureinwohnern wie ein Angehöriger eines anderen Stammes behandelt wird, sowie die Nasenaffen, deren Männchen ihre lustig herabhängenden Gesichtserker stolz zur Schau stellen.

Seltsam sind auch der geschuppte Ameisenfresser *(Pangolin)* und die verschiedenen Tiere, die auf die eine oder andere Art von Baum zu Baum fliegen.

Unter ihnen gibt es etliche Frösche und Eidechsen, die lederartige Häute entwickelt haben, mit denen sie große Entfernungen in der Luft zurücklegen können. Ebenso gibt es fliegende Eichhörnchen, aber auch Baumschlangen, die in Spiralen geschickt von Ast zu Ast schnellen und ihr ganzes Leben auf den Bäumen verbringen.

Zum Leidwesen des Wanderers leben in den Bäumen und am Boden auch viele Blutegel. Man kann sie auf mancherlei Arten wieder loswerden. Eine davon besteht darin, daß man sie mit einer Zigarette abbrennt, oder man wartet, bis sie sich vollgesogen haben und von selbst wieder abfallen.

Ob Sie nun eine Dschungelwanderung machen oder nicht, auf jeden Fall werden Sie in Malaysia einige der 450 Vogelarten kennenlernen und eine Menge der 150 000 Insekten! Alfred Russell Wallace verbrachte mehr als zehn Jahre in Malaysia; er hatte eine Schwäche für Insekten und schrieb, daß er oft vor Aufregung zitterte, wenn er eine neue Art Schmetterling oder Käfer fangen konnte.

Auch in Malaysia ist man darauf bedacht, die Natur zu schützen, und hat eine große Zahl von Nationalparks eingerichtet, in denen strenge Gesetze gelten. Sie werden von den Jagdaufsehern, inzwischen aber auch von den Eingeborenenstämmen strengstens befolgt. Bis vor kurzem noch schossen die Eingeborenen den heißbegehrten Nashornvogel wegen seines elfenbeinernen Schnabels. Heute sitzt er sorglos über ihnen im Baum, während sie auf anderes Wild lauern. Dies ist ein großer Fortschritt, wenn man an die Zeiten denkt, als die Tiere nicht nur aus Hunger, sondern auch wegen ihrer Felle, Hörner und Federn getötet wurden.

Versunkene Städte und Riesen im Dschungel: Trotz aller Forschungsarbeiten sind die malaiischen Regenwälder noch immer voller Geheimnisse. So gibt es z. B. Spekulationen um eine im Chini-See versunkene Stadt. Sie beruhen auf alten Legenden der Orang Asli und Berichten über eine Siedlung der Khmer. Vor 15 Jahren behauptete ein englischer Ingenieur, er habe ein Seeungeheuer gese-

hen, „mit einem roten Auge, groß wie ein Tennisball". Vor nicht allzu langer Zeit haben zwei Amerikaner auf einer Angeltour auf dem Endau River angeblich menschliche Fußspuren von 45 Zentimeter Länge gesehen. Ihre Orang-Asli-Führer meinten, sie stammen von „Großfuß", einem über und über behaarten menschenähnlichen Riesen, der in den Tiefen des Dschungels haust.

Ob es mehr als diese rätselhaften Spuren von „Großfuß" gibt, darf bezweifelt werden. Aber weite Teile des malaiischen Dschungels sind bis heute nur unzureichend kartographiert, und es gibt noch unerforschte Gebiete, deren Geheimnisse nur die dort lebenden Nomaden kennen.

Die wachsende internationale Sorge um die tropischen Regenwälder hat Malaysia gezwungen, das Abholzen in Borneo zu verlangsamen. Premier Dr. Mahathir sieht sich nicht nur der Kritik aus dem Ausland, sondern auch der einheimischen Opposition ausgesetzt, weshalb er dem Problem jetzt energisch zu Leibe rückt. Auch beim Commonwealth-Gipfel 1989 in Kuala Lumpur stand es im Mittelpunkt der Diskussion. Vielleicht führen das wachsende Umweltbewußtsein in der Industrie sowie die bereits begonnene Wiederaufforstung dazu, daß der malaiische Dschungel auch weiterhin seine Mysterien bewahren darf.

Links: Im Dschungel trifft man auf bizarre Formen. Oben: Ein Gummibaum ist angezapft.

DAS IMMERGRÜNE LAND

Eine schnurgerade, gut ausgebaute Straße zieht sich durch die grüne Hügellandschaft. Am Rand stehen Gummibäume in endlosen Reihen, und wo die Plantagen aufhören, trägt das Land die zerstörerischen Spuren des Zinnabbaus. Das Dunkelgrün der jungen Ölpalmenpflanzungen kontrastiert mit der roten Erde der bebauten Felder und verwandelt die Landschaft in einen bunten Flickenteppich. Im Norden und an der Küste sieht man dagegen vorwiegend die hohen, goldgelben Halme der Reisfelder.

So weit das Auge reicht, wird das Landschaftsbild von der üppigen tropischen Vegetation beherrscht. Dabei hat Malaysia gar nicht die Voraussetzungen für eine blühende Landwirtschaft. Im Nilbecken oder im Tal des Ganges schwemmt das Hochwasser während der Regenzeit neue fruchtbare Erde an, in Malaysia dagegen spülen die sintflutartigen Niederschläge die dünne, aber fruchtbare Ackerkrume fort.

Erosionsprobleme sind für Malaysia nichts Neues. Die Geologen gehen davon aus, daß die Malaiische Halbinsel und Borneo früher ein einziges Stück Land waren, das mit dem indonesischen Archipel fest verbunden war. Während der Jahrtausende wurden die Berge durch Sonne, Wind und Überflutungen zu Hügeln abgetragen, der fruchtbare Boden wurde ins Meer gespült, und Landzungen wurden durch Senkung des Erdreichs und durch Erosion vom Land abgeschnitten. Auch heute noch arbeitet die Natur unermüdlich. Ausmaß und Tempo zeigen sich am besten in Malakka. Wer dort vom Wall des mitten in der Stadt gelegenen Forts von St. John blickt, fragt sich, wie die alten Kanonen aufs Meer hinausschießen konnten. Landkarten von damals zeigen, daß das ganze Areal einschließlich des Exerzierplatzes überflutet war. Angeschwemmtes Erdreich hat in weniger als 400 Jahren das Meer verdrängt.

Trotzdem waren die ersten Siedler Malaysias hauptsächlich Bauern und Fischer. Bis zum Jahre 500 lebten die Malaien vom Export ihrer angebauten Früchte: Zuckerrohr, Bananen, Pfeffer und Kokosnüsse.

Die satten grünen Hügel einer malaysischen Teeplantage.

In den vergangenen Jahrhunderten bestand ein Feudalsystem, in dem Sultane die Macht über Leben und Tod ihrer Untertanen hatten. Das Reich wurde von Distriktaufsehern verwaltet, Zwangsarbeit und Sklaverei waren durchaus übliche Einrichtungen.

Das Leben eines *Rakyat* (einer aus dem gemeinen Volk) bestand darin, einem Herrn untertänig zu dienen und zu gehorchen, der nie weniger als eine einmonatige Flußfahrt entfernt vom Dorf residierte. Die Machtkämpfe innerhalb der herrschenden Klasse drangen kaum hinaus zum ländlichen *kampong* (Dorf), an dessen Leben sich jahrhundertelang nichts änderte; zu essen gab es genug, und frieren mußte man auch nicht.

Hinter dem Dorf führt der Weg hinaus ins Reisfeld, wo die Bauern mit ihren Ochsen den Pflug durch den weichen Schlamm ziehen. Die Arbeit beginnt schon vor Sonnenaufgang, wenn es am kühlsten ist. Gegen Mittag versammeln sich die Männer des Dorfes dann unter den Bäumen und reden über die Ernte oder die neuesten Nachrichten aus der Stadt. Am Abend sitzt die gesamte Familie vor dem Fernseher.

Der Reis wurde vor mehr als tausend Jahren in diese Gegend gebracht, und es ist eine alte Tradition, daß Männer und Frauen gemeinsam im Reisanbau arbeiten. Er ist Grundnahrungsmittel und Haupteinnahmequelle der malaiischen Landbevölkerung, und

Die malaiischen *kampongs* sind auch heute noch friedliche Enklaven mit kleinen Holzhäusern und schattenspendenden Kokospalmen, Bananenstauden und Papayabäumen. *Kampong*-Häuser stehen auf hohen Pfählen. Im sauber gefegten Hof picken die Hühner auf, was der Besen übrig ließ; der Geruch von Curry und gesalzenem Fisch dringt aus den Küchen. Das Gemeindehaus steht meist leer, denn es wird nur für Feste und Feiern benutzt. Mehrmals am Tag ruft der Muezzin die Gläubigen zum Gebet. In den Wohnzimmern hängen die Konterfeis von König und Premierminister neben den privaten Erinnerungsfotos.

die Menschen wissen sehr genau, wie wichtig er für sie ist. Neue Reissorten haben eine zweite Ernte im Jahr möglich gemacht; dadurch hat sich auch das Tempo des *kampong*-Lebens wesentlich erhöht. Malaysia produziert 85 Prozent seines Reiskonsums selbst, der Rest wird aus Thailand und China importiert. Autarkie in der Reisproduktion ist ein wichtiges Ziel der Regierung, deshalb werden immer mehr Reisfelder nach den modernen Anbaumethoden bestellt.

Ein Vermögen aus der Zinnpfanne: Malaysia ist keineswegs gesegnet mit Bodenschätzen, aber seine Zinnvorkommen sind die größten der Welt. Aus den kleinen Hütten der Zinnsucher entstanden nach und nach größere Ansiedlungen, die schließlich zu Städten wie Kuala Lumpur heranwuchsen. Das Zinn brachte den Briten genügend Steuern zum Bau von Straßen und Eisenbahnlinien durch den Dschungel, und auch die Chinesen lockte es an. In den Minenstädten, in denen ausschließlich Männer lebten, war die Arbeit hart und gefährlich. Hunderte von ihnen wurden von Krankheiten wie Malaria und Cholera dahingerafft. Die Überlebenden waren den Überfällen von Tigern ausgesetzt, die damals an der Tagesordnung waren. Tausende wurden bei den Fehden der chinesischen Geheimgesellschaften umgebracht, andere wiederum wurden schwerreich.

schlossenen Landes und wurde von den Kaffeepflanzern anfangs nur zögernd akzeptiert.

Der Mann, der sich um den Gummibaum verdient machte, hieß Henry Ridley und war Direktor des Botanischen Gartens in Singapur. „Gummi-Ridley", wie ihn die Pflanzer nannten, war fest davon überzeugt, daß seine Pflanze eine große Zukunft hätte. Er reiste mit den Samen in der Tasche im ganzen Land herum und war stets auf der Suche nach jemandem, der Interesse hatte, sie anzupflanzen. Ridleys Alleingang bewies schon damals Weitblick, andererseits blieb er aber auch ein einsamer Streiter, bis John Dunlop schließlich den Reifen erfand und Henry Ford seine Autos am Fließband produzierte.

Um in den jungen Bergbaugemeinden für Ruhe und Ordnung zu sorgen, ernannte die malaiische Führung einen zivilen Gouverneur, den *Kapitan China*, meistens ein Mann, der bereits ein gewisses Ansehen genoß. Seit mehr als 70 Jahren fördert Malaysia mehr als ein Drittel des gesamten Zinns auf der Welt.

Gummisamen – ein Risikospiel: Viel auffälliger als die Relikte des Zinnbergbaus prägt eine Pflanze die Landschaft, die eigentlich in Brasilien beheimatet ist – der Gummibaum. Er wächst in mehr als Dreiviertel des er-

Heute findet der Gummizapfer aber längst nicht mehr so viele Bäume wie früher, sondern mehr Ölpalmen. Die Regierung animiert die Farmer, Fruchtwechsel zu betreiben, und so werden neben Kokosnüssen, Kaffee, Tee, Obst und Gewürzen auch Ölpalmen angepflanzt. Seit Ende der siebziger Jahre sind die Gewinne aus Palmöl um 20 Prozent pro Jahr gestiegen. Damit stellt Malaysia fast 50 Prozent der Weltproduktion. Da die USA mit einem Einfuhrverbot für Palmöl drohen, muß Malaysia andere Industrien, wie den Holzabbau, ankurbeln, um die gut florierende Wirtschaft auch im 21. Jahrhundert auf Touren zu halten.

<u>Links</u>: Reisfelder – in Malaysia ein vertrauter Anblick. <u>Oben</u>: Ein Stelzenhaus auf dem Lande.

VOM MEER UMGEBEN

Der Himmel, neblig grau verhangen, hat seine Schleusen geöffnet und läßt Sturzbäche auf die schaumgekrönte See herabprasseln. Zum Schutz gegen schneidende Winde von der offenen See her haben die Fischer entlang der Küste Barrieren aus Palmblättern errichtet. Von der unbarmherzigen Sonne und den heftigen Niederschlägen sind ihre Holzhütten silbergrau ausgebleicht. Ihre *prahus*, Fischerkähne, liegen verlassen am Strand. Reifen zischen auf dem Wasserfilm, der die Küstenstraßen überzieht. Flüsse und Bäche sind angeschwollen: Es ist die Zeit des Monsuns.

Drei Monate im Jahr verstauen malaiische Fischer in den kleinen Dörfern an der Ostküste der Halbinsel ihre Netze an einem sicheren Ort, ziehen ihre Boote ans Ufer, reparieren sie und warten im Schutz ihrer Holzhütten darauf, daß sich das Wetter bessert, denn ihre *prahus* sind den kräftigen Monsunwinden nicht gewachsen. Dies ist die Zeit, zu entspannen, die Netze zu flicken, mit gewaltigen Kreiseln dem „Topspinning" zu frönen oder eine Reise in die Stadt zu machen, vielleicht sogar nach Mekka, sofern die Ausbeute der vergangenen Saison das erlaubt. Sobald der Wind sich legt, werden sie wieder auf die See hinausfahren, nach kleinen und großen Fischen jagen und anderen Köstlichkeiten, mit denen das Meer hier aufwartet.

Dieser Lebensrhythmus charakterisiert seit alters her die malaysischen Küsten. Heutzutage hat die See als Verkehrsweg jedoch wegen der schnelleren Reisemöglichkeiten zu Lande und in der Luft ihre Bedeutung verloren. Die großen Tage der Seefahrt, in denen Kaufleute und Entdecker, Abenteurer und Piraten in den Meeren des südostasiatischen Raumes, auf dem Malaiischen und Indonesischen Archipel, Glück und Reichtum suchten, sind vorbei.

Während sich die eingeborenen Malaien mit ihrer natürlichen Furcht vor der Tiefe des Ozeans und den darin lauernden Ungeheuern nie weiter von der Küste entfernten, richteten andere Nationen sehr früh ihr Augenmerk auf diesen Teil der Welt. Sie kamen

Mutiger Pfahlbau im Ozean: ein Fischer-*kelong* vor der Silhouette einer Tropeninsel.

mit dem Südwest-Monsun von Indien auf der Suche nach Gold, Kampfer, Gewürznelken, Pfeffer und Sandelholz, und sie kamen in primitiven Dschunken von China, über das Chinesische Meer, beladen mit Seide und Porzellan, getrieben vom Nordost-Monsun. Das ganz von Wasser umgebene Malaysia war die Stelle, wo sich die Monsune trafen und wo die Gezeitenströme des Indischen Ozeans und des Südchinesischen Meeres sich in der Malakkastraße vereinigten. Kauffahrer aus beiden Richtungen warteten an diesen Küsten auf günstige Winde. Malaysia, in der Mitte dieser uralten Handelsroute, verband China mit Indien und Indien mit den Gewürzinseln. Und diese

kontrollierten die sich ständig befehdenden Machthaber die Zufahrt zu den Inseln.

Der Seehandel war damals ein höchst riskantes Geschäft. Kaufleute fuhren auf Handelsschiffen mit bis zu 200 Mann Besatzung, bedroht von heftigen Stürmen und in ständiger Furcht vor Piraten.

Größter Seehafen der alten Welt: „Malakka ist der reichste Seehafen mit den meisten Händlern und dem stärksten Schiffsverkehr auf der ganzen Welt", schrieb ein portugiesischer Seemann im 16. Jahrhundert. Die Geschäfte wurden in nicht weniger als 84 verschiedenen Sprachen abgewickelt. So ist es kein Wunder, daß das Malaiische mit Wörtern und Begriffen aus dem Arabischen, dem

Gewürzinseln, eine kleine Inselgruppe im Indonesischen Archipel, waren es, die asiatische Königreiche miteinander Krieg führen ließen und im 16. Jahrhundert in Europa das Zeitalter der Entdeckungsreisen auslösten, indem sie Kolumbus zur Atlantiküberquerung und Magellan zu seiner Weltumsegelung veranlaßten.

Mit der Zeit wurden Exporte nach Europa so lukrativ, daß eine Handelsfahrt mit fernöstlichen Gewürzen zehnmal die Reisekosten einschließlich des Wertes des Schiffes einbrachte. Gewürze ließen auch Malakka an der Westküste zum Dreh- und Angelpunkt des Handels werden, denn von hier aus

Sanskrit, dem Persischen, Portugiesischen, Holländischen und Englischen durchsetzt ist. Eine alte Form des Portugiesischen wird noch immer von den Malaiien portugiesischer Abstammung in Malakka gesprochen.

Hochsee-Piraterie war einst eine weitverbreitete, recht lukrative und durchaus ehrenwerte Betätigung, der sowohl Kaufleute und Adlige wie auch Fischer und Eingeborenenstämme nachgingen. Jahrhundertelang war es für Seeleute ein schrecklicher Gedanke, unbewaffnet durch malaiische Gewässer segeln zu müssen. Die berüchtigtsten Piraten waren die *Lanun* von Mindanao. Sie heuerten oft Kopfjäger aus Borneo an, und während ihre Anführer die Ladung plünderten, machte die Mannschaft ganz andere Beute.

Noch heute birgt die See um Malaysia die Reichtümer der Schiffe, die in Stürmen gesunken oder von Piraten gekidnappt wurden. Auch die Gerüchte von verborgenen Schätzen in Höhlen an der Ostküste der Halbinsel verstummen nicht.

Traurige Berühmtheit erlangten diese Gewässer in jüngster Zeit durch die vietnamesischen „Boatpeople", für die sie mehrere Jahre hindurch Fluchtweg waren. Und es gibt immer noch thailändische und malaysische Piraten, die außerhalb der Reichweite der Küstenwache auf offener See operieren. Dann und wann werden solche schwer be-

nur als Nahrungsquelle angesehen; mit der wachsenden Zahl der Segel- und Taucherklubs wächst auch das Interesse an der Erhaltung dieser Unterwasserwelt.

Über dem Wasser zieht heute ein stetiger Strom von Frachtschiffen und gigantischen Tankern, die statt Seide und Porzellan Zinn und „schwarzes Gold" befördern, durch die Straße von Malakka. Noch immer ist dieser Wasserweg zwischen der Malaiischen Halbinsel und der indonesischen Insel Sumatra von der gleichen strategischen Wichtigkeit wie zu Zeiten der märchenhaften Königreiche. Noch immer enthält die Frage der Kontrolle dieses Seeweges internationalen Konfliktstoff, denn sowohl Malaysia als auch

waffneten Banden gefaßt, was die Presse dann lautstark feiert.

Ob es nun verborgene Schätze in gesunkenen Schiffen gibt oder nicht, die Gewässer vor der malaysischen Küste besitzen aber ganz sicher ein überreiches und an Schönheit nicht zu übertreffendes Unterwasserleben.

An vielen Stellen wird die Küste von Korallenriffen mit ihren prächtigen Farben und seltenen exotischen Bewohnern gesäumt. Bis vor nicht allzulanger Zeit wurde das Meer

Ganz links: Die Ausbeute des Tages wird an Land gebracht. **Links:** Segeln in gleißendem Silber. **Oben:** Kreuzfahrt zu einsamen Stränden.

Indonesien beanspruchen die Aufsicht über den Schiffsverkehr in ihren Territorialgewässern, und die vermehrte Ausbeutung der Ölvorräte vor der Küste hat den Wert dieser Seegebiete beträchtlich gesteigert.

Während die Westküste über weite Strecken von Mangrovensümpfen eingefaßt ist und das Badevergnügen an den schöneren Strandabschnitten oft von trübem Wasser beeinträchtigt wird, profitiert die Ostküste zunehmend von ihren Sandstränden und Koralleninseln, die mit Sonnenschein, Palmen und weißem Sand, Strandhütten und neuen Feriendörfern immer mehr sonnenhungrige Besucher anlocken.

AUFSTIEG DER STÄDTE

Die Hälfte der malaysischen Bevölkerung ist in der Landwirtschaft tätig. Die vormals isolierten und autarken Dörfer sind heute über asphaltierte Straßen und eine Taxistation mit der nächsten Stadt verbunden, wo sich der Bauer mit Transistorradios, Gummistiefeln und Guinness-Bier eindecken kann, aber auch mit Stockfisch und Batik-Sarongs. Der allgegenwärtige Fernsehapparat, der noch im abgelegensten Langhaus seinen Ehrenplatz hat, bringt die Kunde von der Großstadt mit ihren hell erleuchteten Hochhäusern und ihren vollklimatisierten Kaufhäusern.

Obwohl die meisten Malaysier nicht in der Großstadt leben, wissen sie doch Bescheid über Neonreklamen und Drehrestaurants und unterhalten sich mit Vorliebe über solche Themen. Jugendliche gleiten in ihrer Phantasie Rolltreppen hinauf und Landebahnen hinunter und träumen vom Großstadtleben mit seinen unbegrenzten Möglichkeiten. Immer mehr junge Männer verlassen den elterlichen Besitz und lassen sich in Bann schlagen von den Städten, die ihrem ehrgeizigen Drang nach Prestige und Weiterkommen Befriedigung versprechen. Die Großeltern im Kampong hören verwundert zu, aber die Schilderung solcher Orte übersteigt ihre Vorstellungskraft, sind sie doch in ihrem Leben kaum über die Grenzen des Dorfes hinausgekommen.

Der Wilde Westen Malaysias: Die großen Städte und Metropolen hatten oft ganz verschiedene Anfänge. Einige, zum Beispiel Johore, wurden von mächtigen Sultanen als Hauptstädte ihrer Reiche gegründet. Andere waren Handelsposten, die von Portugiesen, Holländern oder Briten eingerichtet wurden. Aus ihnen wurden die Verwaltungszentren der britischen Kolonialzeit. Wieder anderen bescherte der Handel ein jähes Wachstum, doch ebenso schnell schrumpften sie wieder zu unbedeutenden Dörfern.

Kuala Lumpur war ursprünglich ein Versorgungslager für die Zinnminen im nahegelegenen Ampang; auf diese Weise entstanden während des Zinn-Booms viele Städte.

Masjid Jame, die „Freitags-Moschee", vor dem Hintergrund moderner Wolkenkratzer.

Malakka trat in die Geschichte ein, als es zum zentralen Warenumschlagplatz für ganz Asien wurde, wo sich Kaufleute aus Europa, dem Nahen Osten, Indien und China trafen. Trotz dieser verschiedenen Ursprünge haben die großen Städte Malaysias das gemeinsame Anliegen, dem modernen Leben der westlichen Welt etwas Gleichwertiges entgegenzusetzen.

Die Zinn-Städte waren keineswegs planmäßig angelegt, ein Geschäft reihte sich einfach ans andere. So entwickelten sich abstoßend schmutzige, gewalttätige und verseuchte Barackensiedlungen, die regelmäßig von Bränden, Fluten und Bandenkriegen heimgesucht wurden.

Bretterbuden der Armenviertel entfernt gebaut, und es dauerte lange, bis die einheimische Bevölkerung in den Genuß von Kanalisation und befestigten Straßen kam. Am Ende des 19. Jahrhunderts wandten sich die Briten jedoch dieser Aufgabe zu und legten sogar in vielen Städten Parks an.

Die heutigen Städte: In den Städten Malaysias sind das Gestern und Morgen, die koloniale Vergangenheit und eine Zukunft aus Glas und Stahl gleichermaßen präsent. Kolonialgebäude ducken sich zwischen modernen Bürohäusern und traditionellen chinesischen Geschäften.

Diese zweistöckigen Terrassenhäuser mit den Läden im Erdgeschoß prägen das Bild

Koloniale Stadtplanung: Im Gegensatz dazu waren die britischen Verwaltungszentren musterhafte Orte der Bürokratie, wo Gesetz und Ordnung herrschten. Der Stadtkern war um einen *padang* angelegt (wörtlich ein „Acker", tatsächlich ein englischer Rasen). Hier wurden offizielle Feierlichkeiten abgehalten oder Kricket gespielt. Am Padang standen gewöhnlich mehrere Verwaltungsgebäude, das Rathaus, vielleicht eine Post, ein Gericht und meistens eine Kirche. Diese Anordnung ist in Kuala Lumpur wie in vielen anderen Städen noch deutlich sichtbar.

Die anmutigen Kolonialvillen wurden so weit wie möglich von den Sümpfen und den

aller Innenstädte in Malaysia. Das Alltagsleben wickelt sich im Schatten der berühmten „five-foot-ways", der Arkaden vor den Ladeneingängen, ab. An Ständen werden Glückslose und Blumen verkauft und die Zukunft vorausgesagt. Restaurants und Cafés sind weit offen, und chinesische Köche in Unterhemd und kurzer Hose stehen am Eingang, gießen Nudeln ab, hantieren mit Gewürzen und nehmen Bestellungen entgegen. In indischen Restaurants kann man während des Essens die Zubereitung von *roti canai* (heißen Fladenbroten) verfolgen. Der Teig wird geklopft und geschwungen, bevor er in einer großen Pfanne über Holzkohle gebacken wird. In den Gassen hinter den Geschäften spielen Kinder Fußball und Badminton, und aus den oberen Stockwerken hängt an langen Bambusstangen die Wäsche zum Trocknen.

Immer mehr Malaysier verlassen jedoch diese alten Viertel und ziehen in neuangelegte Vorstädte mit Einkaufszentren, Supermärkten, Gemeindehallen, Moscheen, Tempeln und Kirchen.

Die Stadt von morgen: Trotz unübersehbarer Beispiele seelenlos stereotyper Architektur schwingt in den malaysischen Städten ein spezifisch asiatischer Grundton, der sich völlig unberührt von den Betonfassaden moderner Stadtplanung erhält.

sich Stadt und Land. Die Chinesen pflegen ihre Kultur, indem sie den alten Pioniergeist verbinden mit romantischen Erinnerungen an das alte Kathay. Firmenschilder hängen vor Ladengeschäften, bemalt mit eleganten Schriftzeichen, die man mit „Schuster der Immerwährenden Vollkommenheit" oder „Seidenhändler des Tausendfältigen Wohlstandes" übersetzen könnte.

In den letzten zwei Jahrzehnten hat das Land einen Boom des Baugewerbes erlebt. Ähnlich wie für Zinn und Holz möchte es auch für seine Architektur berühmt werden. Die Bauweise öffentlicher Gebäude hat sich von kolonialen und westlichen Entwürfen abgewandt; chinesische Kuppeln, arabische

Festumzüge, Märkte und Basare füllen die Straßen, malaiische Liebesschnulzen und chinesische Opernarien, Autohupen und die Rufe der Straßenverkäufer verbinden sich zu einem bunten Konzert.

In Sabah und Sarawak verwandelt sich der Marktplatz der ländlichen Städte sonntags in einen Borneo-Basar. Barfüßige Eingeborenenfrauen kommen aus den Hügeln mit Körben voller Bananen und Betelnüssen. Hier, wo die Fischer ihren Fang auslegen und die Bauersfrauen ihre Dollars zählen, verbinden

Links und oben: Stetiger Wandel der Städte – die Skyline von Kuala Lumpur.

Bögen und der traditionelle Menangkabau-Stil kommen immer mehr zum Zuge. In anonymen modernen Gebäuden zeigen Pfeile an der Decke den Moslems an, in welcher Richtung Mekka liegt, und hinter dem Treppenaufgang eines 30stöckigen Hochhauses steigt der Rauch eines buddhistischen Schreines auf, in dem ein goldener Buddha glänzt. Die Städte haben auch rein malaiische Viertel, die eine Alternative darstellen zu urbaner Enge und suburbaner Monotonie. Hier kann der Hausherr nach einem Tag im vollklimatisierten Büro vor seinem Bungalow auf Stelzen in aller Ruhe seine Obstbäume pflegen.

Jung, sanft und stetig wachsend – so könnte man Malaysia beschreiben. Doch unter der Oberfläche moderner Betriebsamkeit entfaltet sich das Kaleidoskop einer reichen Geschichte, in der Malaien, Portugiesen, Holländer, Chinesen, Inder, Dyaks, Engländer und andere die Akteure sind. Sie haben ein reiches Erbe hinterlassen: antike Tempelruinen, uneinnehmbare portugiesische Festungen, *krise* (malaiische Dolche), die Blasrohre der Eingeborenen sowie die imposanten Gebäude der britischen Kolonialverwaltung.

Prähistorie: Die Anfänge menschlicher Besiedlung in Malaysia sind in Dunkel gehüllt, vergleichbar dem Schatten, der über dem tropischen Regenwald liegt. Inder, Chinesen und Araber haben mitgespielt, was die Archäologen mehr vermuten als beweisen können. Um die Geburtsstunde Malaysias ranken sich mancherlei Theorien und Spekulationen.

In den Niah-Höhlen in Sarawak fand man den Schädel eines Homo sapiens, der 40 000 Jahre v. Chr. gelebt hat. Dies ist das früheste Zeugnis einer menschlichen Siedlung, das bislang entdeckt wurde. Die ersten Spuren des Menschen auf der Malaiischen Halbinsel sind dagegen erst etwa 10 000 Jahre alt.

Es hat den Anschein, als hätten im Mesolithikum, der Mittleren Steinzeit (etwa 8000 bis 2000 v. Chr.), Menschen des in Felsunterständen und Höhlen in den Kalkbergen der Halbinsel gelebt. Sie hatten Steinwerkzeuge zum Schneiden und machten damit Jagd auf wilde Tiere. Typisch für diese Zeit war die Handaxt, die aus einem behauenen, runden Stein geformt war. Vielleicht waren das die Vorfahren jener Negrito-Ureinwohner, die heute als die Semang und Jakun bekannt sind.

Um 2500 v. Chr. erreichten die Proto-Malaien, die ursprünglich im chinesischen Yünnan gelebt hatten, die Malaiische Halbinsel und die umliegenden Inseln. Auch sie waren Steinzeitmenschen, allerdings hatten sie bereits entwickeltere Werkzeuge als die Negritos. Sie waren nicht nur Jäger, sondern

bebauten das Land und zogen aufs Meer hinaus. Es waren seßhafte Leute, die die Negritos in Dschungel und Berge vertrieben.

Gegen 300 v. Chr. wurden die Proto-Malaien ihrerseits von der Einwanderungswelle der Deutero-Malaien erfaßt und mußten sich ins Landesinnere zurückziehen.

Indischer Einfluß: Über den Handel waren die Bewohner der Malaiischen Halbinsel dem Einfluß älterer Kulturen ausgesetzt. Die Halbinsel lag am Kreuzungspunkt zweier wichtiger Seerouten, die die Märkte Chinas und Indiens verbanden, und diente den gen Osten segelnden Indern als Anlaufstelle.

Die ersten indischen Schiffe dürften um die Lebenszeit Christi die Halbinsel angesteuert haben. Sie waren auf lange Seereisen eingestellt und hatten nicht nur eine zahlreiche Besatzung, sondern auch Lebensmittelvorräte, lebende Hühner und Ziegen sowie Gemüsegärten an Bord.

Auf der Halbinsel wartete man auf das Drehen des Monsun, das die Weiterfahrt ermöglichte. Die indischen Händler wußten, daß es hier Gold, aromatische Hölzer und Gewürze gab. Dann entdeckten sie die Vorteile des Transports über Land: Sie ließen ihre Ware von einer Seite der Halbinsel zur anderen tragen und wichen damit der Gefahr aus, in der Straße von Malakka von Piraten überfallen zu werden.

An dieser Straße entstanden bald zahlreiche Siedlungen. Durch den Kontakt mit den Indern schlossen sich viele Eingeborene dem Buddhismus oder dem Hinduismus an und errichteten Tempel, wie sie bei Kedah wiederentdeckt wurden. Eine Reihe von Siedlungen wurde größer; sie nahmen die Form von Königreichen an, die stark von der indischen Kultur geprägt waren. Ihre Herrscher nannten sich *rajas*; viele brahmanische Rituale prägten das Leben an den Höfen. Auch heute noch wirkt der damalige indische Einfluß. Es gibt malaiische Wörter, die dem Sanskrit entlehnt sind; die Heiratsriten der Malaien ähneln in vielem denen der Inder.

Auch die Chinesen unterhielten Handelsbeziehungen zur Malaiischen Halbinsel und zu Nordwestborneo. Ihr Hauptinteresse galt einer in China hochgeschätzten Delikatesse: Vogelnestern, die man zu Suppen verarbei-

Vorherige Seiten: Sultan Abdul Samad von Selangor und seine Gefolgschaft im Jahr 1874. **Links:** Eine italienische Karte aus dem 17. Jh.

·ΑFOSO·DAĽBOQVERQVE·

tete. Die Kultur der Eingeborenen konnten die Chinesen jedoch kaum beeinflussen.

Die Gründung Malakkas: Die von Indien beeinflußten Staaten auf der Halbinsel Malaya mußten sich stets stärkeren Imperien in anderen Teilen Südostasiens beugen. Nacheinander waren dies das Funan-Reich in Kambodscha und das Sri-Vijaya-Reich in Sumatra. Borneo hatte sich dem javanischen Reich Majapahit zu unterwerfen. Und doch gelang es einem unscheinbaren Fischerdorf auf der Halbinsel, sich bald zu einem wichtigen Handelszentrum zu entwickeln. Dies verzeichnet die *Sejarah Malayu*, die Malaiische Chronik, die im 16. Jahrhundert die mündlichen Überlieferungen des Landes in eine historische Ordnung brachte.

Die Insel Tumasek (das heutige Singapur) an der Südspitze der Halbinsel wurde von Iskandar Shah bzw. Parameswara regiert. Als die Javanesen die Insel angriffen, mußte er mit seinen Anhängern nach Muar auf der Halbinsel fliehen. Warane wiesen ihm 1403 den Weg. Als er eines Tages bei einem Fischerdorf jagte, erhielt einer seiner Jagdhunde einen Stoß von einem Zwergböckchen. Der König, ein leidenschaftlicher Mann, rief aus: „Das ist ein guter Platz! Sogar die Zwergböckchen zeigen eine kämpferische Haltung!" Parameswara entschloß sich darauf, an dieser Stelle eine Siedlung zu errichten. Da er zufällig bei einem *melaka*-Baum stand, gab er der neuen Niederlassung den Namen dieses Baumes. Noch unter seiner Herrschaft wuchs Melaka (das heutige Malakka) zu einem blühenden Warenumschlagplatz heran.

Unter Parameswara führte man viele neue Nutzpflanzen in Malakka ein und stieß im Inland auf Zinnvorkommen. Je größer die Niederlassung wurde, desto attraktiver war sie für vorbeisegelnde Schiffe als Nachschubhafen. Malakka wurde ein bekannter Ort, dessen Bevölkerung in zwei Jahren auf 2000 Menschen anwuchs.

Bald dehnte der Kaiser von China seine Aktivitäten zur See so weit aus, daß er sich auch an Malakka interessiert zeigte. Cheng Ho hieß sein berühmter Admiral, den er aussandte, damit er Malakka zur Stadt und zu einem eigenen Reich ernenne. Parameswara sollte er Fliesen für das Dach seines Palastes als Geschenk bringen. 1411 brachte der Admiral Parameswara sogar mit nach China. Mit dieser Reise sicherte sich der Herrscher von Malakka die Position eines unabhängigen Königs, der allein dem Reich der Mitte zur Loyalität verpflichtet war.

Parameswaras Bereitschaft, das Protektorat Chinas zu akzeptieren, war ein kluger politischer Schachzug; er hatte sich damit nicht nur gegen Angriffe der Siamesen abgesichert, sondern erhöhte das Ansehen seiner Stadt.

Nicht nur war Malakka an der Nahtstelle bedeutender Handelsrouten gelegen, die nach Osten bis China und nach Westen bis Indien und Europa verliefen; die Stadt war auch ein idealer Hafen. Es gab in seiner Nähe keine Mangrovensümpfe, und das Wasser war tief genug für Schiffspassagen. Zum Glück bliesen zweimal im Jahr die Monsunwinde genau aus der richtigen Himmelsrichtung. Der Nordostmonsun brachte die Schiffe aus China, Siam und Java zu Beginn des Jahres nach Malakka; im Mai kamen die indischen und arabischen Schiffe, getrieben vom Südwestmonsun.

Der Hafen bot mit den Schiffen in allen Formen und Größen einen farbenprächtigen Anblick: Chinesische Dschunken, denen man Augen auf den Bug gemalt hatte, damit sie besser „sehen" sollten, lagen neben den robusten Dreimastern der Bugis.

Die Stadt selbst wurde immer mehr zum pulsierenden Basar, in dem man Waren aus aller Herren Länder erstehen konnte: Seide, Brokat und Porzellan aus China, Holzschnitzereien und Edelsteine aus Indien und Birma, Gewürze und Pfeffer vom Ostindischen Archipel sowie Zinn, Gold und Produkte des Dschungels aus dem Hinterland Malakkas.

Die Erfolge der Stadt als Seehafen lagen auch in der Sicherheit begründet, die man den Händlern bieten konnte. Die Herrscher von Malakka hatten die Orang Laut unter ihrem Oberbefehl, die „Zigeuner des Meeres", die sich erfolgreich um die Eindämmung des Piratenunwesens in der Straße von Malakka bemühten.

Die Ankunft des Islam: Gegen Ende des 13. Jahrhunderts brachten moslemische Händler aus Indien den Islam auf den Malaiischen Archipel. Im 15. Jahrhundert war er bereits der vorherrschende Glaube in Malakka. Die Herrscher nannten sich nun „Sultan"; die Jawi-Schrift – die malaiische Sprache in

Links: Unter Alfonso de Albuquerque eroberten die Portugiesen Malakka im Jahr 1511.

arabischer Schrift – entstand. Im Jahre 1488 umfaßte Malakka bereits die Westküste der Halbinsel Malaya, Pahang und einen großen Teil der Ostküste Sumatras. Auch diese Nebenstaaten nahmen den moslemischen Glauben an.

In rund 200 Jahren hatte sich Malakka von einem dunklen Fleck auf der Landkarte zum stärksten Staat in Südostasien entwickelt. Auf dem Höhepunkt seiner Macht lebten 40 000 Menschen in diesem Reich – größtenteils Malaien, aber auch Inder und Siedler aus China. Die Stadt lag an einer Flußmündung und war in zwei Hälften geteilt. Der Palast des Sultans und die malaiischen *kampongs* waren südlich des Flusses gele-

gibt zahllose Geschichten in Malakka von Menschen, die lieber ihre Freunde oder Verwandten getötet, als daß sie ihrem Herrscher Unannehmlichkeiten bereitet hätten.

Die königliche Macht war zudem mit Privilegien ausgestattet. Kein Gemeiner durfte etwa gelbe Kleidung tragen, da Gelb die Farbe des Königs war. Weiße Regenschirme durften allein von Königen benutzt werden; gelbe Schirme nur von Prinzen. Das Tragen von goldenen Fußspangen war ebenfalls der königlichen Familie vorbehalten.

Der Herrscher war umgeben von einem *bendahara* (Oberminister), einem *temenggong* (Polizeichef) und einem *laksamana* (Admiral). Unter diesen waren die einzelnen

gen, während im Norden die Häuser und Warenlager der Händler standen, die der Stadt ihr kosmopolitisches Flair verliehen.

Im Zentrum des Lebens stand der Palast. Bauern, Händler und Adlige hatten das Recht, im *balai* des Sultans, dem Audienzsaal, ihre Bitten vorzubringen. Der Sultan selbst thronte auf einer Bühne, die von reich verzierten Kissen umlagert war; seine Minister saßen zwei oder drei Treppenstufen unter ihm.

Der Herrscher verfügte theoretisch über die absolute Macht, und die Menschen hatten verinnerlicht, daß sie ihm völlig ergeben sein mußten; niemand konnte ihm widersprechen, selbst wenn er Fehler machte. Es

Adelsränge angesiedelt. Das Königshaus, das Volk und die Kaufleute, alle standen sie hinter diesem System, anscheinend erfüllte es in Malakka seinen Zweck.

Sie prägten Malakka: Als Parameswara 1424 starb, hinterließ er einen blühenden Handelshafen. Nach dem Tode seine Sohnes 1444 entspann sich ein Machtkampf am Hof. Die Häuptlinge unterstützten den jüngeren Erben, da dessen Mutter königlichen Geblütes war, während der ältere Erbnachfolger einer moslemisch-tamilischen Mischehe entstammte. 17 Jahre nach seiner Inthronisation fiel der jüngere Sohn einem moslemisch-tamilischen Staatsstreich zum Opfer.

Sultan Muzaffar Shah war ein überzeugter Moslem, der den Islam zur Staatsreligion erklärte. Auch als Herrscher hatte er seine Fähigkeiten; viele wichtige Gesetze gehen auf ihn zurück. Alle waren ihm treu ergeben. Sein *bendahara* beobachtete einmal, wie der Wind die Tür hinter dem Sultan zuschlug, und meinte, dieser habe sie im Zorn zugeschlagen. Aus Furcht, er sei für den Zorn des Herrschers verantwortlich, ging er nach Hause und vergiftete sich.

1456 wurde Tun Perak *bendahara*; ihm gelang es, eine siamesische Invasion abzuwehren. Tun Perak war die treibende Kraft hinter den Expansionsbestrebungen Malakkas, dessen Politik er 42 Jahre lang führend mitbestimmte. Unter der Herrschaft des Sultans Mansur Shah, der Muzaffar Shah im Amt nachfolgte, gelangte Malakka auf den Höhepunkt seiner Macht. Der Ruhm gebührte in erster Linie Tun Perak, der eine schlagkräftige Truppe zusammenstellte und tapfere Krieger mit dem Titel *hang* auszeichnete (Leutnant). Er führte selbst mehrere Expeditionen an und eroberte viele andere Staaten.

Einer der Kämpfer Tun Peraks war ein Soldat namens Hang Tuah, ein hübscher Jüngling, der überall Aufsehen erregte. Er gehörte einer Abordnung an, die Majapahit auf Java einen Besuch abstattete. Die Frauen dort waren so angetan von der Schönheit Hang Tuahs, daß sie spontan mehrere Lieder komponierten. Eines lautete:

„Hier ist ein Betelblatt. Nimm es und lindere die Qualen der Liebe eines ganzen Tages – und doch wirst du dich immer noch nach ihm sehnen!" Berühmt wurde die Geschichte, nach der Tuah seinen besten Freund tötete, um dem Sultan seine Ergebenheit zu beweisen. Mansur Shah hatte zuvor Tuahs Tod befohlen, doch der *bendahara* hatte Mitleid und ließ ihn nur einsperren. Tuahs Freund Hang Kasturi hatte unterdessen eine Affäre mit einer der Konkubinen des Sultans. Man ertappte ihn und stellte ihn im Palast. Doch niemand getraute sich, ihn anzugreifen. Als der Sultan erfuhr, daß Tuah noch am Leben war, ließ er ihn holen und befahl ihm, Kasturi zu töten. Es entwickelte sich ein Duell, in dessen Verlauf Kasturi Tuah dreimal erlaubte, seinen Kris aus der Wand zu ziehen, in die er ihn gestoßen hatte. Tuah gewährte umgekehrt Kasturi dieses Recht nicht, sondern stach ihm den Dolch in den Rücken. Kasturis letzte Worte waren: „Kann ein Mann, der ein Mann genannt werden möchte, so sein Wort brechen, Tuah?" Dieser antwortete: „Wer sollte mit dir fair umspringen, wo du dich des Verrats schuldig gemacht hast?" Dann tötete er Kasturi. Tuah wurde dafür zum *laksamana* ernannt.

Sultan Mansur Shah war ein Bewunderer schöner Frauen. Er heiratete zahlreiche Prinzessinnen aus Java und China; einmal geriet er an die wunderschöne Bergprinzessin von Gunung Ledang. Er entsandte eine Expedition in die Berge, um die Prinzessin aufzu-

stöbern, die sich als alte Frau verkleidet hatte. Die Soldaten berichteten ihr von der Sehnsucht des Sultans; daraufhin erhob sie ihre Forderungen an Mansur Shah: Er solle Brücken aus Gold und Silber von Malakka nach Gunung Ledang errichten lassen; sieben Tabletts voller Moskitoherzen und Milbenherzen, Tonnen von Betelnuß-Saft und von Tränen, ein Gefäß mit dem Blut des Königs und eines mit dem seines Sohnes. Als der Sultan die Botschaft hörte, winkte er traurig ab: „Alle ihre Forderungen können wir leicht erfüllen, bis auf die eine: Ich würde es nicht übers Herz bringen, das Blut meines Sohnes zu nehmen."

Links: Solche Brücken wie hier über den Malakka River kennt man von Amsterdam. Rechts: Ein portugiesisches Relikt – das Tor von A Famosa.

Die Invasion der „Franken": Das 16. Jahrhundert gehörte den portugiesischen Entdeckern. Die Portugiesen strebten nach Ausdehnung ihres Reiches bis in den hintersten Winkel der Erde. Die Suche nach dem mythischen Priesterkönig Prester John, den sie in einem christlichen Reich in Afrika vermuteten, die Feindschaft gegen die Moslems sowie die Gier nach den Gewürzen Asiens waren die Triebkräfte ihrer Expansion.

Gewürze waren das wichtigste Handelsgut zwischen Europa und dem Fernen Osten. Portugal wollte den moslemischen Händlern den Rang ablaufen und eine neue Handelsroute um das Kap Horn im Süden Afrikas eröffnen. Malakka war ein erstrangiges Ziel

1511 landete eine große Flotte unter Alfonso de Albuquerque, dem Architekten der portugiesischen Expansionspolitik in Asien, in Malakka. Sie konzentrierte ihren Angriff auf den Brückenübergang. Die Verteidiger leisteten tapferen Widerstand; auch Sultan Mahmud und sein Sohn warfen sich mit ihren Kampfelefanten in die Schlacht. Die meisten der nichtmalaiischen Bewohner Malakkas verhielten sich jedoch passiv.

Am 24. August 1511 fiel die Stadt. Der Sultan und sein Anhang flohen ins Landesinnere; Malakka war nicht länger unabhängig. Von nun an wechselten die ausländischen Beherrscher einander ab, und die ruhmreichen Tage Malakkas waren vorbei.

für sie, denn hier sammelten sich die Gewürze von den Molukken. Der Portugiese Barbosa schrieb: „Wer Melaka kontrolliert, hat die Hand an der Gurgel Venedigs."

Die Portugiesen bemühten sich in Malakka um die Genehmigung für eine Handelsniederlassung. Unter den Einheimischen erregten die Ausländer erhebliches Aufsehen; man nannte sie die „Franken". Indische Händler versuchten gemeinsam mit dem *bendahara*, ihre Flotte abzufangen, doch die Portugiesen waren gewarnt und konnten entkommen. Zwanzig ihrer Leute wurden jedoch gefangengenommen, womit sie einen Anlaß zur Rückkehr hatten.

Sieger und Besiegte: De Albuquerque bildete eine Verwaltung aus seinen Landsleuten und ließ eine Befestigungsanlage errichten. Er gab ihr den Namen A Famosa („Die Berühmte") und baute sie so aus, daß 130 Jahre lang kein Angreifer sie erobern konnte. Innerhalb der Festungsmauern entstand eine mittelalterliche portugiesische Stadt mit einem Rathaus und mit Amtsgebäuden und Wohnungen für die portugiesischen Beamten. Die Bewohner der anderen Rassen lebten außerhalb der Mauern.

Die Portugiesen entwickelten in Asien einen äußerst lukrativen Handel. Den Pfeffer, den sie im Osten zu einem günstigen Preis erwarben, konnten sie in Portugal für das 60fache losschlagen. Malakka war bald das Zentrum der portugiesischen Missionsarbeit. 1545 kam der berühmte Missionar Francis Xavier ins Land und sorgte für die Verbreitung des Evangeliums.

Es gelang dem Katholizismus jedoch nicht, unter den Einheimischen Wurzeln zu schlagen; außerdem waren die Portugiesen wegen ihres arroganten Auftretens alles andere als populär. Sie versuchten, den Gewürzhandel zu monopolisieren. Sämtliche Schiffe, die die Straße von Malakka passierten, brauchten eine Erlaubnis, im Hafen von Malakka wurden willkürlich Steuern erhoben. Dadurch entwickelte sich eine starke antiportu-

Die Belagerung von A Famosa: Aufgrund politischer Entwicklungen in Europa kamen alsbald auch die Engländer und Holländer nach Südostasien. 1580 hatte Spanien Portugal annektiert. 1594 war der Hafen von Lissabon für holländische und englische Schiffe geschlossen worden. Die Nordeuropäer sahen sich daher gezwungen, auf eigene Faust nach Gewürzen zu jagen.

Holländische Handelsfirmen schlossen sich 1602 zur „United East India Company" zusammen. Ihr Ziel waren vor allem die Gewürzinseln, sie hielten jedoch die Einnahme von Malakka wegen der geographischen Schlüsselposition für unerläßlich. Doch auch der Haß auf die Portugiesen trieb sie um.

View of Chinese Mills, Penang, 1817—18
From a lithograph by William Daniell and based on a sketch by Capt. Robert Smith.

giesische Bewegung. Die Europäer mußten sich während des ganzen 16. Jahrhunderts gegen Übergriffe aus anderen malaiischen Staaten und aus Acheh, einem Königreich in Nord-Sumatra, wehren, und oft blieb ihnen allein der Rückzug in ihre Festung.

Nach seiner Flucht aus Malakka ließ sich Sultan Mahmud in Bintang auf dem Riau-Archipel nieder. Zweimal griff er die Stadt erfolglos an, bevor er 1528 starb. Sein ältester Sohn lebte in Perak, sein jüngerer gründete ein Sultanat in Johore.

Links: Das befestigte Malakka während der Portugiesen-Zeit. Oben: Ländliche Idylle in Penang.

Im Juli 1640 gingen die Holländer nach einer Blockade des Hafens von Malakka und der Bombardierung von A Famosa an Land und schlossen die Stadt ein. Während der langen Belagerung mußten die portugiesische Garnison und die Menschen, die im Fort A Famosa in die Falle geraten waren, schließlich Ratten, Hunde, Katzen und Schlangen essen, um nicht zu verhungern. Eine Mutter soll sogar ihr eigenes totes Kind verspeist haben. Dazu kamen Malaria, Typhus und Cholera. Nach siebenmonatiger Belagerung war es im Januar 1641 so weit: Die Holländer stürmten und eroberten die Festung A Famosa.

Die holländische Regierung machte Batavia (das heutige Djakarta) zu ihrem Hauptsitz. Malakka wurde auf diese Weise ein holländischer Außenposten unter vielen.

Da die Holländer damals die einzigen waren, die die Gewürze aufkauften, konnten sie niedrigere Preise diktieren. Wenn Inder oder Engländer ebenfalls in Südostasien Handel treiben wollten, mußten sie sich das von den Holländern genehmigen lassen. Dieses Handelsmonopol war zwar vielen ein Dorn im Auge, es konnte jedoch 150 Jahre lang aufrechterhalten werden; dasselbe galt für die Herrschaft über Malakka. Nennenswerten kulturellen Einfluß auf die Einheimischen hatten die Holländer allerdings nie.

Auch die anderen Staaten der Malaiischen Halbinsel waren dem Auf und Ab von Wohlstand und Zerfall ausgesetzt. Nachdem Malakka von den Holländern besetzt war, orientierten sich die Händler mehr nach Johore, dessen Sultanat stärker wurde. Infolge des Angriffs eines Sultans aus Sumatra im Jahre 1673 wurde auch Johore geschwächt, und Perak lief ihm den Rang ab, denn es verfügte über reiche Zinnvorkommen.

Die Engländer kommen: Die East India Company war ein Zusammenschluß von Handelsfirmen, denen 1600 von Königin Elizabeth I. das Monopol über den gesamten englischen Handel in den Gebieten östlich des Kaps der Guten Hoffnung übertragen wurde. Einer der bedeutendsten Handelsverträge galt dem Export von Tee aus China nach Europa. Nicht nur die Kompanie machte beim Teehandel riesige Profite, Großbritannien hatte durch die Besteuerung der Teeimporte ebenfalls kräftige Einnahmen.

Die Briten waren eifrig darum bemüht, in Südostasien einen gesicherten Hafen zu erwerben, und zwar an der geschützten Seite der Bucht von Bengalen, wo sie ihre Schiffe mit Vorräten ausstatten und für den Handel mit China ausrüsten wollten.

1785 ermöglichte der Sultan von Kedah der Kompanie, auf der Insel Pentan eine Niederlassung zu gründen. Dies kam ihm gelegen, weil er sich damit gegen Angriffe seines Erzfeindes Siam geschützt wähnte. Die Handelsrechte, die er der Kompanie gewähren mußte, schienen ihm kein hoher Preis zu sein. Der Union Jack, den Francis Light im Juli 1786 in Penang aufpflanzte, nahm sich auf der dünn besiedelten, dschungelbedeckten Insel ziemlich komisch aus.

Light hatte zwar zugesagt, dem Sultan von Kedah gegen Siam beizustehen, bald zeigte sich jedoch, daß die Gesellschaft nicht die Absicht hatte, ihr Versprechen einzulösen. Der Sultan merkte, daß man ihn getäuscht hatte, und stellte eine Flotte zusammen, die Penang zurückerobern sollte. Light kam dem Angriff zuvor und überfiel die Flotte des Sultans, der gar nicht erst zum Angriff kam. Light ließ es sich nun schwarz auf weiß geben, daß der Sultan gegen einen jährlichen Pachtpreis von $ 60 000 die Insel Penang an die Ostindien-Kompanie abtrat.

Unter Lights Anleitung wurde der Tropenwald auf Penang gerodet und ein Freihandelshafen eingerichtet. Zum Leidwesen der Holländer begannen Schiffe aus ganz Südostasien ihren Handel dort abzuwickeln. Die Bevölkerung nahm rasch zu. Light folgte dem Beispiel der Malaien und Holländer und ernannte sogenannte *kapitans*, die sich bei kleinen Vergehen als Richter betätigten. Bei größeren Verbrechen war er selbst zur Stelle und machte mit den Delinquenten kurzen Prozeß. 1794 starb er an Malaria.

1808 hielt die „Zivilisation" in Penang ihren Einzug, als mit der *Charter of Justice*

Links: Sir Thomas Stamford Raffles von der East India Company. **Rechts:** James Brooke, der erste der „Weißen Radschas" von Sarawak.

53

die Insel englischem Recht unterstellt wurde. Penang erlebte eine kurze Blütezeit; doch um wirklich bedeutend zu werden, war die Entfernung zu den Gewürzinseln zu groß.

Die französische Revolution war indirekt dafür verantwortlich, daß die Engländer Malakka einnehmen konnten. Die französischen Revolutionstruppen hatten die Niederlande überrollt, so daß auch die Außenposten der holländischen Marine unter französische Kontrolle gerieten. Um zu verhindern, daß Frankreich diese Häfen benutzen konnte, trafen britische und holländische Exilpolitiker die Abmachung, daß die Briten während des Krieges die holländischen Bastionen besetzen sollten, um sie nach dem Krieg

1819 ging Raffles auf der winzigen Insel Singapur an Land, die damals von etwa 1000 Malaien und *Orang Laut* bewohnt war. Raffles errichtete einen Handelsposten und erreichte 1824 vom Sultan und dem *temenggong* von Johore, daß Singapur vollständig an die Briten abgetreten wurde.

Durch seinen Status als Freihandelshafen und aufgrund der strategisch günstigen Lage hatte Singapur riesigen Erfolg. Schiffe aus Indien, China und dem Malaiischen Archipel drängten sich im Hafen mit einer breiten Palette von Waren. Um 1824 lebten bereits 11 000 Menschen auf der Insel, ein buntes Gemisch aus Malaien, Chinesen, Indern, Bugis, Arabern, Europäern und Armeniern.

wieder zurückzugeben. Auf diese Weise fiel Malakka 1795 in britische Hände.

Niederlassungen: Mit dem Ende des Krieges gegen Frankreich waren die Holländer zu ihren einstigen Befestigungen in Asien zurückgekehrt. Bis 1818 kontrollierten sie neben Malakka viele weitere Gebiete in Ostindien. Das rief die Briten auf den Plan, unter ihnen auch Stamford Raffles, der die Führung der East India Company überzeugen konnte, daß man mit einer zusätzlichen Niederlassung an der Straße von Malakka die britische Oberherrschaft sichern könne; außerdem hätten britischen Schiffe dann einen Schutzhafen an der Indien-China-Route.

1826 schlossen sich Singapur und Malakka mit Penang zum *Straits Settlement* zusammen. Dieses legte fest, daß die drei Handelszentren und Schutzhäfen unabhängig bleiben und sich nicht in die Politik der Staaten Malayas einmischen sollten. Ein größeres Territorium hätte ein Mehr an Auslagen bedeutet; nur deshalb verhielt sich die britische Politik so abstinent.

Die weißen Radschas von Sarawak: Während die Halbinsel Malaya ihre Blütezeit erlebte, machten die Territorien an der Nordküste von Borneo eine getrennte Entwicklung durch – Sarawak mit seinen weißen „Radschas", Sabah unter der North Borneo Company.

James Brooke wurde in Indien geboren, wo sein Vater in den Diensten der East India Company stand. Als junger Mann trat er dem Sechsten-Eingeborenen-Infanterieregiment in Bengalen bei, zog sich dann aber 1830 vom Militärdienst zurück. Als sein Vater 1835 starb und ihm etwas Geld hinterließ, kaufte sich Brooke einen Schoner. Er taufte ihn auf den Namen *The Royalist*, setzte Segel und brach auf, um den Osten zu erkunden. Daß aus diesem Abenteuer ein neues Reich entstehen würde, konnte niemand ahnen.

Sarawak war damals die südlichste Provinz des Sultanats Brunei. Der Zerfall des Sultanats hatte den malaiischen Häuptlingen größere Unabhängigkeit verschafft. 1839 landete Brooke in Sarawak und konnte mit ansehen, wie der Raja Muda Hashim, ein Verwandter des Sultans von Brunei, einen Aufstand gegen die Mißwirtschaft des Gouverneurs von Sarawak unterdrücken wollte. Im Jahr darauf kam Brooke wieder und war Muda Hashim behilflich, den Aufstand zu beenden. Zur Belohnung durfte er die Macht über Sarawak ausüben.

1841 wurde der damals 38jährige Brooke unter Salutschüssen zum Radscha von Sarawak ernannt. Das war der Beginn von über hundert Jahren Herrschaft der weißen Radschas in Sarawak.

Mit Hilfe der Häuptlinge versuchte Brooke, in Sarawak Frieden und Ordnung wiederherzustellen. Er machte sich gar nicht erst daran, neue Gesetze einzuführen, stützte sich vielmehr auf die überkommenen Sitten und beriet sich mit den Häuptlingen. Geld hatte Brooke nicht sehr viel, sein Verwaltungsapparat befand sich stets in den roten Zahlen. Er weigerte sich jedoch, fremdes Geld ins Land zu lassen, da er der Meinung war, „die Aktivitäten der europäischen Verwaltung müßten zum Vorteil für die Eingeborenen genutzt werden und dürften nicht auf Inbesitznahme zielen". Die Bevölkerungszahl wuchs unter Brooke, weitere Gebiete kamen unter die Kontrolle Sarawaks, es herrschten Frieden und Ordnung. Ein Aufstand chinesischer Goldgräber wurde 1857 rasch niedergeschlagen. 1863 kehrte der kranke Radscha nach England zurück, wo er fünf Jahre später starb. Sein Traum vom großen Abenteuer war Wirklichkeit geworden.

Charles Brooke, der Neffe des Gouverneurs, wurde sein Nachfolger. Er verstand mehr von Verwaltung als sein Onkel, brachte Sarawak aus den roten Zahlen, schränkte die Kopfjägerei ein, dehnte den Handel aus und verhalf der Provinz zu Reichtum. War James ein charmanter Schuldenmacher gewesen, so lustwandelte Charles am liebsten allein in seiner Betelnußplantage.

Die englischen Ladys waren nicht gerade entzückt von seinem kargen Gesellschaftsleben und reagierten entsetzt, als er erklärte, das beste für die Bevölkerung von Sarawak seien Mischehen zwischen Europäern und Eingeborenen! Er selbst heiratete allerdings eine um 20 Jahre jüngere Europäerin.

Den Oberbefehl über Nordborneo (das heutige Sabah) übte seit 1877 Overbeck, der australische Generalkonsul von Hongkong, in Zusammenarbeit mit der britischen Firma Dent Brothers aus. 1881 zog sich Overbeck zurück, und seine alten Partner riefen die British North Borneo Company ins Leben, die den Schutz der Krone besaß. Die Company stellte ihre Einrichtungen der britischen Marine zur Verfügung und durfte sich im Gegenzug erfahrene Beamte des Straits Settlement ausleihen, die in Verwaltungsangelegenheiten eine wertvolle Hilfe waren.

Die North Borneo Company brachte es nicht so weit wie Brooke, da sich die Bevölkerung zunehmend der Herrschaft der Weißen widersetzte. Der Aufstand des Rebellen Mat Salleh dauerte zum Beispiel von 1895 bis 1905 und machte ihn zum Volkshelden. Ursache war die Einführung neuer Steuern, die den Unmut der Bevölkerung hervorrief.

Entscheidung vor Pangkor: Die Halbinsel Malaya ist reich an Zinnvorkommen. Seit Jahrhunderten wird Rohzinn gefördert und verkauft, doch nach 1861 – inzwischen war die Konservenindustrie in den USA entstanden – wuchs der Bedarf an Zinn weltweit. Die Handelsfirmen des Straits Settlement investierten viel Geld in die Erschließung neuer Vorkommen in Selangor und Perak. Sie ersuchten die britische Regierung, dafür

de Mächte, vor allem Deutschland, einschalten würden, falls sie nicht in dem unruhigen Staat intervenierte. Der neue Gouverneur Andrew Clarke sollte an Ort und Stelle die Lage erkunden.

Clarke ging noch einen Schritt weiter. Er ließ die Häuptlinge Malayas auf sein Schiff kommen, das vor der Insel Pangkor vor Anker lag. Im Januar 1874 unterzeichneten die Verhandlungspartner das *Pangkor Agreement*. Der Vertrag beendete den Streit um den Thron von Perak, und der neue Sultan von Perak willigte ein, daß ihm ein Brite als „Berater" zur Seite gestellt wurde, „dessen Rat in allen Fragen außer solchen der Religion und der Sitten Malayas befolgt werden

zu sorgen, daß sie ungestört ihre wirtschaftlichen Interessen verfolgen konnten.

Selangor und Perak waren Unruheherde. Die malaiischen Häuptlinge machten sich gegenseitig die Macht streitig. Die chinesischen Bergleute hatten rivalisierende Geheimbünde ins Leben gerufen, die sich heftig bekämpften. Die Lage war instabil, weshalb der Zinnexport fast zum Erliegen gekommen war. Noch mehr beunruhigte das Straits Settlement die Tatsache, daß die Nachfrage nach Zinn das Angebot überstieg.

Die britische Kolonialverwaltung befürchtete, daß die Handelsfirmen, die in den Zinnabbau viel Geld investiert hatten, fremd-

mußte". Im August hatte Clarke ein ähnliches Abkommen mit Selangor unter Dach und Fach; der britische Einfluß dehnte sich auf ganz Malaya aus. Um 1867 war aus dem Straits Settlement eine Kronkolonie geworden, die London direkt unterstand und nicht mehr von British India aus regiert wurde.

Die britischen „Berater": Die Kontrolle der malaiischen Staaten mit Hilfe von „Beratern" sah folgendermaßen aus: Man bestimmte im jeweiligen Staat einen Briten vor Ort *(resident)* dazu, dem Herrscher in Verwaltungsfragen beizustehen. Diese Form der indirekten Herrschaft hing stark von den Qualitäten des britischen Beraters ab.

In Perak war J. W. W. Birch der erste, der zu Amt und Würden kam, ein intoleranter, taktloser Mann, der selbst den Sultan in aller Öffentlichkeit zurechtwies. Die Gebräuche des Landes achtete er wenig; alles, was ihm nicht paßte, wollte er unverzüglich ändern. In seinem Wunsch, die Schuldsklaverei abzuschaffen, übersah Birch völlig, daß man auch im Westen Sklaverei praktizierte. Die Schuldsklaverei bestand darin, daß man sich persönlich für finanzielle Unterstützung bei seinem Schuldner verpfänden mußte. In schlechten Zeiten war dies die einzige Möglichkeit für einen Bauern, zu Geld zu kommen. War er außerstande, den Kredit zurückzubezahlen, wurde er in den Haushalt des Gläubigers übernommen und mußte so lange für ihn arbeiten, bis er seine Schulden abgetragen hatte. Birchs Einschreiten dagegen fand in der Bevölkerung kein Verständnis. Ein Stein des Anstoßes war auch die Einführung eines zentralisierten Steuersystems, das dem Sultan und seinen Häuptlingen verwehrte, selbst Steuern einzutreiben. 1875 verfügte ein neuer Gouverneur, daß britische Kolonialbeamte direkt im Namen des Sultans von Perak regieren sollten. Birch übte starken Druck auf den Sultan aus, diesem Vorschlag zuzustimmen.

Er ließ Pläne verbreiten, nach denen die britische Regierung direkt die Macht über Perak auszuüben wünsche, wurde dann jedoch in seinem Bad ermordet. Die Attentäter wurden gehenkt und mehrere Häuptlinge ins Exil geschickt, weil sie angeblich in den Mordanschlag verwickelt waren.

Peraks nächster „Berater" war Hugh Low. Er mischte sich nicht in das Leben der Malaien ein, war freundlich zu den Einheimischen und hatte mehr Erfolg als Birch. Er brachte die Steuern aus der Zinnförderung unter seine Kontrolle und ließ damit Straßen, Eisenbahnen und ein Telegrafennetz bauen.

Anderswo lagen die Dinge nicht so kompliziert. Der Brite Frank Swettenham hatte in Selangor Erfolg. Er begleitete den Sultan Abdul Samad auf Großwild- und Schnepfenjagd, und da er die Landessprache beherrschte, konnte er ihn rasch gewinnen. 1889 willigte auch Negri Sembilan in die Ernennung eines Regierungsberaters ein.

Widerstand in Pahang: Das Gerücht, daß Pahang über „große Reichtümer" verfüge, ließ den Briten keine Ruhe. 1887 unterbreiteten sie dem Sultan von Pahang den Vorschlag, einen britischen Vertreter in die Regierung aufzunehmen. Der erste Brite in dieser Funktion richtete jedoch wenig aus, da weder der Sultan noch seine Häuptlinge bereit waren, Machtbefugnisse abzutreten. Die Lage in Pahang spitzte sich zu, weil die Differenzen zwischen Briten und Malaien wuchsen und Gerüchte in Umlauf waren, daß die Briten den Palast des Sultans stürmen wollten. Als 1888 ein Brite ermordet wurde, forderte man Sultan Ahmad auf, einen britischen Berater zu akzeptieren.

Die Häuptlinge in Pahang widersetzten sich dieser Einmischung, denn sie wollten ihr Einkommen und ihre Machtposition nicht verlieren. 1891 erklärte der Stammeshäuptling Dato' Bahaman den Briten den Krieg. Der „Pahang War" ging in die Geschichte ein und brachte den Fremden große Verluste.

Bahamans Leute waren gute Guerillakämpfer; zahlreiche Geschichten und Legenden rankten sich um den Aufstand und seine Anführer. Selbst heute noch gilt der Pahang-Krieg als Symbol der malaiischen Unabhängigkeit. Mat Kilau, ein berühmter Kämpfer in diesem Krieg, wurde zum Helden des malaiischen Nationalismus.

1892 wurde eine Generalamnestie erlassen. Die meisten Aufständischen ergaben sich oder flohen nach Terengganu. 1895 verfolgten britische Truppen die Rebellen bis in den Norden nach Kelantan, wo sie festgenommen werden konnten.

Staatenbund: 1896 wurde der Malaiische Staatenbund gegründet. Ihm gehörten an: Selangor, Perak, Negri Sembilan und Pahang. Kuala Lumpur wurde Hauptstadt. Generalbevollmächtigter war ein Brite, der die rechtliche Oberhoheit über alle Bewohner des Bundes innehatte. Um eine effiziente Verwaltung der Einzelstaaten zu gewährleisten, wurden alle wichtigen Gesetze in Kuala Lumpur abgefaßt.

Die Staaten im Norden der Halbinsel Malaya erkannten indessen die Oberherrschaft des Königs von Siam an. Dessen „Souveränität" wurde dadurch demonstriert, daß *Bunga Mas* (Goldblumen) in die siamesische Hauptstadt geschickt werden mußten. Allerdings schwanken die Meinungen, was die Effektivität der Machtausübung durch die Siamesen betrifft.

1909 schloß die britische Regierung einen Vertrag mit Siam, worin alle Rechte in den nördlichen Staaten Kedah, Perlis, Kelantan und Terengganu in die Hände der Briten übergingen. Diese Gebiete wurden zu britischen Protektoraten und in ähnlicher Weise verwaltet wie der Rest von Malaya.

Die Sultane hatten dem Föderationsgedanken in der Erwartung zugestimmt, daß sie nunmehr Kontrolle über ihre Untertanen hätten. Es gelang ihnen jedoch nicht, die verlorene Autorität wiederherzustellen. Im Gegenteil: Alle Initiative lag beim Generalbevollmächtigten, der ohne Konsultation der Sultane entscheiden konnte. Hinter dem Begriff „Föderation" verbarg sich in Wahrheit eine straff zentralisierte Herrschaft. Das ursprüngliche Versprechen einer indirekten Herrschaft erwies sich zusehends als Illusion, denn die Verwaltung lag fast ausschließlich in den Händen der britischen Kolonialbeamten.

An der Südspitze der Halbinsel wurde 1914 der Staat Johore gezwungen, einen britischen Berater zu akzeptieren. Damit hatten die Briten fast ganz Malaya unter ihrer Kontrolle, wobei es drei verschiedene Staatengruppen gab – das Straits Settlement, den Staatenbund Malaya und die nichtföderierten Staaten. „British Malaya" war geboren.

In der zweiten Hälfte des 19. Jahrhunderts stieg infolge neuer technischer Entwicklungen im Westen der Zinnbedarf, so daß in Selangor und Perak neue Bergwerke entstanden. Chinesische Einwanderer kamen in großen Scharen, und 1904 produzierte Malaya die Hälfte des Weltbedarfs.

Die Wunderpflanze: Der Gummibaum wurde als „Fremdling" nach Malaya verpflanzt, und die Kautschukgewinnung entwickelte sich zum wichtigsten Wirtschaftszweig des Landes. Die Samen waren aus Brasilien zu Versuchszwecken in die Londoner Kew Gardens gelangt. Als sie austrieben, schickte man die Setzlinge nach Singapur und pflanzte sie im Garten der Residenz von Hugh Low in Kuala Kangsar. Sie sollten zu den Urvätern der Millionen von Gummibäumen werden, die heute in Malaysia stehen.

Die Kautschukproduktion kam nur langsam in Gang, bis H. N. Ridley zum Direktor des Botanischen Gartens von Singapur ernannt wurde. Ridley prophezeite dem Gummi eine große Zukunft und legte den Besitzern von Kaffeeplantagen nahe, es mit dem Anbau von Gummibäumen zu versuchen. Diese saßen in ihren Bungalows, schlürften ihren Gin Tonic und machten Witze über „Mad Ridley" und seine Begeisterung für die neue Pflanze. Sie wurden um die Jahrhundertwende eines Besseren belehrt, als die ersten Automobile den Bedarf an Gummi rasch wachsen ließen. 1920 deckte Malaya 53 Prozent des Weltbedarfs an Kautschuk. In den Jahren der großen Kautschuk-Booms, von 1910 bis 1912, machte so mancher Plantagenbesitzer ein Riesenvermögen.

Die Arbeitskräfte für die Plantagen holte man aus Indien. Auch viele Malaien bauten auf ihren Grundstücken Gummibäume an, obwohl die Briten alles taten, ihnen das auszureden. Die Gummiindustrie hat seither Höhen und Tiefen gesehen, konnte sich jedoch am Leben halten und ist bis heute ein ertragreicher Wirtschaftszweig geblieben.

Mit den Einkünften aus dem Verkauf von Rohzinn und Kautschuk konnten die Infrastruktur des Landes und neue Sozialeinrichtungen finanziert werden. Bevorzugt wurden dabei diejenigen Gebiete, in denen Bergwerke und Plantagen lagen, andere, wirtschaftlich weniger ertragreiche Gegenden wurden vernachlässigt.

Im Zuge des Zinn- und Kautschuk-Booms hatte sich die pluralistisch zusammengesetzte Gesellschaft Malayas sprunghaft entwickelt. 1931 lebten in Malaya unter Ausschluß Singapurs 3 788 000 Menschen. 49 Prozent davon waren Malaien, 34 Prozent Chinesen, der Rest Inder und andere Minderheiten.

Die japanische Invasion: Die Vorboten des Zweiten Weltkriegs erreichten Malaya 1937. Damals gingen japanische Truppen zum Angriff auf Peking und Shanghai über, nachdem sie sechs Jahre zuvor die Mandschurei besetzt hatten.

1941 war die japanische Offensive in China fast zum Stillstand gekommen. Die Lage Japans verschlechterte sich weiter, als Amerika, Großbritannien und Holland beschlossen, die Lieferung wichtiger Rohstoffe einzustellen. Japan war gezwungen, sich nach neuen Rohstoffquellen in Südostasien umzusehen. Da die Region alle kriegswichtigen

Rohstoffe besaß und sich Japan schon in Indochina festgesetzt hatte, streckte es seine Fühler auch nach Malaya aus.

Großbritannien hatte alle Hände voll zu tun, sich gegen eine drohende deutsche Invasion und die Einnahme des Suezkanals zu wappnen. Zum Schutze Malayas konnte es nicht allzuviel unternehmen. Außerdem hatten sich Briten und Amerikaner insgeheim verständigt, daß zuerst Europa verteidigt werden sollte.

Am 8. Dezember 1941 gegen ein Uhr morgens begannen japanische Kriegsschiffe mit der Beschießung von Kota Bharu im nordöstlichen Staat Kelantan. Fast ohne

Links: Japanische Truppen in den Straßen von Kuala Lumpur, 1941. **Rechts:** Eine Besatzungs-Zeitung berichtet über japanische Erfolge, 1943.

Widerstand gelang den Invasoren die Landung. Um 4.30 Uhr fielen die ersten Bomben auf das schlafende Singapur. Binnen 24 Stunden hatten die japanischen Truppen die britischen Flugplätze im Norden Malayas besetzt. Am zehnten Dezember versenkten japanische Bombenflugzeuge zwei britische Kriegsschiffe und erlangten auch zu Wasser die Herrschaft über Malaya.

Die „kleinen Männer" zogen mit Panzern und Fahrrädern über die Halbinsel Malaya. F. Spencer Chapman, ein britischer Leutnant, schrieb in seinem Buch „The Jungle is Neutral" (Der Dschungel ist neutral), wie er den Feind anrücken sah: *„Die meisten fuhren auf Fahrrädern ... Uniformen schienen*

Singapur wurde am achten Februar eingenommen, es kam zu heftigen Kämpfen. Viele Zivilisten wurden Opfer der Bombenangriffe, die Insel litt stark unter Wassermangel. Nach wochenlanger Belagerung kapitulierte dann der Oberkommandierende über die Truppen in Malaya, General A. E. Percival. Singapur, „das Gibraltar des Ostens", ging in japanische Hände über.

Leben in „Maraiee": Auf Japanisch klingt Malaya wie „Maraiee". Die Besatzer warteten mit Slogans wie „Asien den Asiaten" und „Sphäre gemeinsamer Prosperität" auf. Doch dahinter verbarg sich eine eiserne Hand, mit der sie regierten und der Bevölkerung große Lasten aufbürdeten.

sie nicht zu tragen; und sie waren nur mit wenig Gepäck ausgerüstet. Sie sahen wirklich ganz anders aus als unsere Soldaten in vorderster Front, die damals wie die Christbäume behängt waren ..., so daß sie sich kaum vorwärtsbewegen, geschweige denn kämpfen konnten."

Die Commonwealth-Truppen in Malaya waren auf den Kampf im Dschungel schlecht vorbereitet und hatten kaum Munition. Sie erlitten Niederlage um Niederlage, und die Japaner überrannten eine Verteidigungsposition nach der anderen. Am 31. Januar 1942 zogen sich die Reste der Truppen über die Dammstraße nach Singapur zurück.

Am brutalsten verhielten sich die japanischen Besatzer gegen die Chinesen. Der Krieg in China hatte bei dieser Volksgruppe viele feindselige Gefühle hervorgerufen; die Japaner ihrerseits unterstellten den Chinesen in Malaya, auf seiten Großbritanniens zu stehen. Tausende von ihnen wurden hingerichtet bzw. in Lager gesteckt.

Nahrungsmittel waren knapp. Die japanische Währung war wertlos, die Inflationsrate hoch. Sogenannte Unruhestifter und vermeintliche Verbrecher wurden hart bestraft und oft genug von der Militärpolizei (*kempetai*) gefoltert. Die Menschen fühlten sich überall verfolgt. Junge Frauen schwärzten sich das Gesicht, um sich die japanischen Soldaten vom Leib zu halten, die sie als „Mistresses" hätten verschleppen können.

Europäer wurden von den Japanern wie Kriegsgefangene behandelt oder unter Hausarrest gestellt. Die Lebensbedingungen in den Lagern waren schlimm; die Gefangenen mußten Zwangsarbeit verrichten. Wer sich dem Wachpersonal widersetzte oder sich des Verbrechens schuldig machte, ein Radio zu besitzen, wurde auf brutalste Weise gefoltert. Viele Kriegsgefangene wurden gezwungen, die berüchtigte Eisenbahn durch Birma zu bauen. Zahlreiche Zwangsarbeiter gingen an Krankheiten und schlechter Behandlung zugrunde.

schließlich kapitulierte Japan, und der Krieg in Malaya nahm ein friedliches Ende. Im September 1945 landeten britische Truppen und setzten erneut eine britische Militärverwaltung ein. Sie hatte die schwierige Aufgabe, das Land auf eine friedliche Zukunft vorzubereiten.

Die malaiische Union: 1945 beschloß das Kabinett in London, das wiederbesetzte Malaya sowie die föderierten wie nichtföderierten Staaten mit Ausnahme Singapurs zu einer Malaiischen Union zusammenzufassen.

Die oberste Macht sollte nicht mehr von den Sultanaten, sondern von der britischen Krone ausgehen. Einige Sultane waren eifrig dabei, Großbritannien ihrer Loyalität zu ver-

Allen Qualen, Krankheiten und der Unterdrückung zum Trotz bewahrten sich die Gefangenen jedoch ihren Überlebenswillen. Es entwickelten sich solidarische Beziehungen unter denen, die gemeinsam leiden mußten.

Am 6. August 1945 zerstörte die erste von den USA abgeworfene Atombombe die japanische Stadt Hiroshima, und drei Tage darauf wurde Nagasaki mit der zweiten Atombombe ausgelöscht. Am 14. August

Links: Japanische Generäle überreichen ihre Schwerter zum Zeichen der Kapitulation. Oben links: Antikommunistische Karikatur. Oben rechts: Britische Dschungel-Patrouille.

sichern, an der sie während der japanischen Besatzung gezweifelt hatten, und stimmten dem Plan zu. Diejenigen, die sich weigerten, den Unionsplan zu unterzeichnen, taten dies nach der „Überzeugungsarbeit" britischer Politiker schließlich doch.

Als der Plan bekannt wurde, erhoben sich die Stimmen vieler ehemaliger britischer Staatsbeamter in Malaya. Im März 1946 versammelten sich in Kuala Lumpur 41 malaiische Organisationen, um einen malaiischen Bund gegen die geplante Union zu gründen. Trotz unterschiedlicher Auffassungen wurde die United Malay National Organization (UMNO) ins Leben gerufen.

Dato' Onn Jaafar wurde ihr Vorsitzender. Der Vertrag, den die Sultanate bereits unterzeichnet hatten, wurde für null und nichtig erklärt; der Unionsgedanke sollte fallengelassen werden. Doch die Briten ließen sich nicht abhalten, 1946 den Unionsplan zu verwirklichen. Der Widerstand dagegen war jedoch so stark, daß man ihn nicht in die Tat umsetzen konnte. Am 1. Februar 1948 wurde er schließlich endgültig fallengelassen und die Föderation von Malaya gegründet.

Diese Föderation fand die Zustimmung aller Beteiligten, weil sie die Souveränität der einzelnen Sultanate nicht antastete. Anstelle eines Gouverneurs wurde ein Hochkommissar ernannt. Es gab zwar eine Zentralregierung, die einzelnen Staaten konnten jedoch in einigen wichtigen Fragen unabhängig entscheiden.

ben, scharten viele Anhänger um sich und forderten nach der Niederlage Japans die Bildung einer Republik Malaya.

Nach der japanischen Besatzung wurde die MPAJA verboten. Die Kommunisten infiltrierten die Gewerkschaften und organisierten 1946 und 1947 Streiks, um die Wirtschaft lahmzulegen. Die kommunistische Partei hatte jedoch interne Probleme: Ihr Generalsekretär entpuppte sich als Doppelagent, der sich mit den Parteigeldern aus dem Staub machte.

Der berühmt-berüchtigte Chin Peng wurde nun Führer der Kommunisten. Er organisierte die Partei neu und verlegte ihre Aktivitäten ganz in den Untergrund. Nach einer

tralregierung, die einzelnen Staaten konnten jedoch in einigen wichtigen Fragen unabhängig entscheiden.

Sarawak und Nordborneo jedoch wurden zu Kronkolonien. Die Kosten des Wiederaufbaus nach dem Krieg konnten weder von der Brooke-Regierung noch von der North Borneo Company aufgebracht werden.

Nervenkrieg: Unter der japanischen Besatzung hatten Gruppen von Guerillas, die sich aus Briten, Malaien und Chinesen zusammensetzten, im Dschungel gelebt und den Widerstand organisiert. Die chinesischen Kommunisten, die sich den Namen *Malayan People's Anti-Japanese Army* (MPAJA) ga-

Serie von Mordanschlägen auf europäische Minen- und Plantagenbesitzer schienen die Gewalttätigkeiten auszuufern; die Regierung Malayas rief im ganzen Land den Notstand aus. Die angespannte Lage wurde mit dem Begriff „Nervenkrieg" umschrieben.

Die Kommunisten hatten vor, die Plantagen und Bergwerke anzugreifen, um die Wirtschaft zu paralysieren. Sie waren in Regimentern organisiert und lebten in Dschungellagern. Diese Lager waren gegen Luftan-

Oben: Tunku Abdul Rahman ruft die „Merdeka" aus. Rechts: Die malaysische Unabhängigkeitserklärung im Originalabdruck.

فشمورن کرديکاڠ

دڠن نام الله يڠ ماه مورح لاݢي ماه مڠاسيهاني، سݢل ڤوجي باݢي الله يڠ ماه بركواس
دان صلوات دان سلام كاتس رسولڽ محمد صلى الله عليه وسلم.

بهواساڽ اوله كران تله تيبا ماسڽ باݢي اومة ڤرسكوتوان تانه ملايو اين مڠاڤي طرف يڠ دبرسواتو بڠسا يڠ مرديكا لاݢي بردولت سام ستيمڤل كدودوقنڽ دڠن سݢل بڠسا سلوروه دنيا

دان بهواساڽ اوله كران دڠن ڤرجنجين يڠ دسبوت ڽام ڤرجنجين ڤرسكوتوان تانه ملايو تاهون ١٩٥٧

دان بهواساڽ اوله كران تله برستوجو قول دانتاراكو دان فيهق دالم ڤرجنجين يڠ ترسبوت سبوة باݢي ملاك

دان بهواساڽ اوله كران تله برستوجو قول دانتاراكو دان فيهق دالم ڤرجنجين يڠ ترسبوت سبوة باݢي ملاك تانه ملايو تاهون ١٩٤٨

دان بهواساڽ اوله كران دولي يڠ ماها ملياراج، دولي يڠ ماها ملياراج، ملايو، ڤرليس يڠ دكهندم دان مجلس اوندڠ ڤرسكوتوان دان نݢري ملايو لوسكن ڤرجنجين ڤرسكوتوان تانه ملايو تاهون ١٩٥٧ ايت برجالن قواتكواس

دان بهواساڽ اوله كران سبواه ڤرلمباݢان باݢي كرجاڽ ڤرسكوتوان يڠ ترسبوت ايت ماك دداسدكن شرط النتوق مڠاك اسلام مينان دان داميڠ سرتي انتور

دان بهواساڽ اوله كران ڤرلمباݢان ڤرسكوتوان يڠ ترسبوت ايت تله دلولوسكن اوله اون يڠ ڤرسكوتوان تانه. برجالن قواتكواس ڤد ١٣ هاريبولن اوکسري تاهون ١٩٥٧

ماك دڠن نام الله يڠ ماه مورح اكو تونکو عبد الرحمن ڤترا ابن سلطان عبد الحميد حليم شاه، ڤردان منتري باݢي ڤرسكوتوان تانه ملايو، دڠن ڤرستوجوان دان ڤركنن دولي، يڠ ماها ملياراج، نݢري، يڠ مشهورکن مننتارکن باݢي فيهق اومة ڤرسكوتوان تانه ملايو باهوا مولاي درڤد نيك ڤوله سانتو هاريبولن اوکسري تاهون ١٩٥٧ ماك ڤرسكوتوان تانه ملايو يڠ مڠاندوڠي نݢري جوهر، ڤهڠ، نݢري سمبيلن، سلاڠور، قدح، ڤرليس، كلنتن، ترڠݢانو، ڤيرق، ملاك دان ڤولو ڤينڠ دڠن لمباݢ عدل دان نعالي دڠن الله سبحانه وتعالى رحمة الله جادي سبواه نݢري يڠ مرديكا دان بردولت سرتا برداسركن كبيباسان دان كعادلان دان سنتياس مڠالاکن کسجهتراون دان کنجيمڤنتراون راکيتڽ دان مڠكلکن کامنان دانتارا سݢل بڠسا

تونکو عبد الرحمن

ڤردان منتري

كوالا لومڤور
٣١ هاريبولن اوکسري تاهون
1957

griffe gut geschützt, hatten bestens ausgebaute Fluchtwege und boten Unterschlupf für 300 Menschen.

„Säuberung": Nachdem der Notstand ausgerufen war, wurden um die Plantagen und Bergwerke hohe Zäune errichtet, um kommunistische Eindringlinge abzuhalten. In den abgelegenen Dörfern lebten die Menschen in ständiger Angst vor Guerillas, die plötzlich auftauchten und Geld und Lebensmittel forderten. Das Reisen wurde wegen der drohenden Überfälle immer gefährlicher.

Die Streitkräfte, die für die Sicherheit im Lande zu sorgen hatten, arbeiteten ziemlich unkoordiniert, bis Sir Harold Briggs zum Leiter der Operationen ernannt wurde. Die-

dazu über, die Dschungellager der Kommunisten auszuheben.

Nationalismus und Merdeka: 1953 begann man damit, Landesteile, die von den Kommunisten nicht mehr erreicht wurden, als „weiße Gebiete" auszuweisen. Die Rationierung von Lebensmitteln und Ausgangssperren wurden aufgehoben, die Leute sollten mit den staatlichen Stellen zusammenarbeiten. 1954 war der kommunistische Widerstand in weiten Teilen des Landes zusammengebrochen. 1958 ergaben sich viele Kämpfer; die wenigen, die den Kampf fortsetzen wollten, zogen sich tief in den Dschungel zurück. Offiziell wurde der Notstand am 31. Juli 1960 beendet.

ser Veteran aus dem Birma-Krieg ging sofort an die Arbeit. Er bildete einen Exekutivausschuß, der die Notstandsmaßnahmen koordinierte. Es wurden 500 neue Dörfer für Bürger errichtet, die in abgelegenen Gebieten lebten, wo sie die Regierung nicht schützen konnte.

Dieser Plan hatte Erfolg; die Operationsbasis der kommunistischen Aufständischen schrumpfte, und sie konnten nicht mehr so leicht an Nachschub herankommen. Wie Briggs voraussah, wurden nun die neuen Siedlungen von den Kommunisten angegriffen. Aber die Sicherheitskräfte schlugen die Angriffe zurück und gingen nun ihrerseits

Merdeka heißt auf Malaiisch „Freiheit". Nach dem Zweiten Weltkrieg hatten sich überall im Lande nationalistische Bestrebungen gezeigt. Als die Kommunisten 1955 praktisch ausgelöscht waren, wurde der Ruf nach Unabhängigkeit im Lande lauter.

1951 ging die *Malayan Chinese Association* mit der UMNO ein politisches Bündnis ein. Der *Malayan Indian Congress* (Vereinigung der Inder Malayas) gesellte sich 1954 dazu. Die neue politische Gruppierung mit dem Namen *Alliance* vertrat nach und nach

Dato' Seri Mahathir bin Mohamad, Malaysias vierter Ministerpräsident.

sämtliche Interessen der einzelnen Rassen in Malaya. Sie sollte eine entscheidende Rolle auf dem Weg in die Unabhängigkeit spielen.

Die Allianz forderte freie Wahlen zur Einsetzung einer gesetzgebenden Bundesversammlung (Federal Legislative Council). Aus diesen Wahlen gingen dann auch 52 von 98 Mitgliedern der Bundesversammlung hervor, von denen wiederum 80 Prozent durch die Allianz gestellt wurden.

Tunku Abdul Rahman, Sohn des Sultans von Kedah, war als Distriktbeamter unter der Bevölkerung sehr beliebt. Nachdem er sein Jurastudium beendet hatte, wurde er von der Welle des malaiischen Nationalismus erfaßt. „Tunku" war bald ein bekannter Politiker, der 1951 an die Spitze der UMNO gewählt wurde. In dieser Position wurde er zum Sprachrohr der Gefühle und Hoffnungen seines Volkes.

1955 bot Tunku den Kommunisten die Generalamnestie an. Er traf den Führer der Kommunisten Chin Peng zu Gesprächen über ein Ende des nationalen Notstands. Das Treffen endete erfolglos, und Chin Peng zog sich wieder in den Dschungel zurück.

Tunkus Regierung wandte sich auch dem Problem der Einheit der vielrassigen Gesellschaft Malayas zu. Um die Schulausbildung zu vereinfachen, entwickelte man für alle Sprachgruppen einheitliche Lehrpläne. 1956 stand Tunku an der Spitze der Delegation, die in London über die Unabhängigkeit verhandeln sollte. Großbritannien erklärte sich bereit, dem Land die Freiheit zu gewähren. Die Reid-Kommission wurde gebildet, um eine Verfassung zu entwerfen.

Der Entwurf dazu basierte auf einem Memorandum, das von der Allianz ausgearbeitet und von den Sultanaten sowie von der britischen und malaiischen Regierung gebilligt worden war.

Die malaiische Verfassung wurde für einen Bundesstaat entworfen, dessen Einzelstaaten bestimmte Rechte und Befugnisse zugesprochen erhielten, während in allen übergeordneten Fragen die Zentralregierung zu entscheiden hatte.

Malaya sollte eine konstitutionelle Monarchie werden. Die Sultanate, also die neun herrschenden Familien, sollten aus den Reihen der Ihren den *Yang Di-Peruan Agong* (den obersten Herrscher) bestimmen, der für fünf Jahre im Amt bleiben sollte. Der Agong regierte mit Hilfe eines Parlaments, das aus einem frei gewählten Repräsentantenhaus und einem Senat aus ernannten Mitgliedern bestand. Die politischen Entscheidungen wurden vor allem vom Repräsentantenhaus getroffen; dem Senat war es möglich, den Gesetzgebungsprozeß um ein Jahr hinauszuzögern. Jeder Einzelstaat hatte seine eigenen, frei gewählten Organe. Malaiisch wurde zur offiziellen Landessprache.

Am 30. August 1957 versammelten sich die Massen beim Selangor Club am Padang in Kuala Lumpur, um den historischen Augenblick zu feiern. Um Mitternacht wurde zum letztenmal der Union Jack eingeholt. Die Menge sah der Zukunft jedoch mit gemischten Gefühlen entgegen.

Am nächsten Tag versammelte sich das Volk erneut, diesmal im Merdeka-Stadion, um die offizielle Übergabe der Macht an die unabhängige Regierung unter Tunku, dem ersten Ministerpräsidenten Malayas, zu feiern. Die neun Staaten und zwei Siedlungsgebiete bildeten von nun an die unabhängige Föderation von Malaya.

Aus Malaya wird Malaysia: Die Unabhängigkeit löste eine Phase lebhafter Reformpolitik aus. Die Landwirtschaft entwickelte sich gut; Pläne zur Industrialisierung des Landes entstanden. Die Allianz fand nach wie vor die Unterstützung der Bevölkerung. Bei den Wahlen von 1959 errang sie 74 der 104 Sitze.

1961 legte Tunku den Plan zu einem politischen Bündnis – Malaysia genannt – vor, das Malaya, Singapur, Nordborneo, Sarawak und Brunei umfassen sollte. In Singapur wurde dies begeistert begrüßt, während Brunei sich nicht anschließen wollte. Eine Kommission, der malaiische und britische Politiker angehörten, untersuchte die Meinung der Menschen in Nordborneo und stellte fest, daß sie sich mehrheitlich für das Bündnis aussprach.

Die indonesische Regierung widersetzte sich heftig den Malaysia-Plänen, da die Bewohner Borneos nicht konsultiert worden seien und die ganze Sache von Großbritannien inszeniert sei. Im Januar 1963 formulierte Indonesien die Politik der „Konfrontation" gegenüber Malaysia. Man vermutete damals hinter dem Widerstand Präsident Sukarnos den eigenen Plan eines Großstaates Indonesien, zu dem auch Malaya, Sarawak, Nordborneo und Brunei gehören sollten. Auch von seiten der Philippinen regte sich Widerstand, denn dieser Staat erhob eigene Ansprüche auf Nordborneo. Die angekündigte Konfrontation nahm die Form einer bewaffneten Intervention Indonesiens an, dessen Truppen die Grenzen von Sarawak und Nordborneo vom indonesischen Kalimantan aus überschritten. Indonesien wie auch die Philippinen wollten eine UNO-Umfrage nicht gelten lassen, nach der die beiden Territorien auf Borneo sich für Malaysia ausgesprochen hatten.

Als dann die Föderation Malaysia am 16. September 1963 offiziell gegründet wurde, brachen die beiden Staaten die diplomatischen Beziehungen zu Malaysia ab. Indonesien verstärkte seine Kampagne „Zerschlagt Malaysia". Die Übergriffe an den Grenzen zu Sarawak und Nordborneo (das nun wieder Sabah hieß) nahmen zu; indonesische Einzelkämpfer sickerten in die Küstengebiete der Malaiischen Halbinsel ein und verübten Sabotageakte.

1966 wurde Sukarno durch einen Militärputsch entmachtet. Die neue indonesische Regierung wollte den Konfrontationskurs mit Malaysia nicht fortsetzen; mit einem Friedensabkommen legte man den Konflikt bei. Auch die Philippinen fanden sich damit ab, daß Sabah von nun an zu Malaysia gehörte, und nahmen diplomatische Beziehungen zu dem neuen Staat auf.

Der Nationalstaat Malaysia: Im Jahre 1969 ging die Allianz als Sieger aus den Wahlen hervor. Die Zusammenführung der einzelnen Völker und Stämme zu einer einheitlichen Nation wurde zum überragenden politischen Problem. 1970 lebten in Malaysia 10,4 Millionen Menschen – 46,6 Prozent Malaien, 34,1 Prozent Chinesen, 9 Prozent Inder, 3,7 Prozent Dayaks, 1,8 Prozent Kadazan und 3,2 Prozent Angehörige anderer Volksgruppen, eingewanderte Ausländer stellten 1,4 Prozent der Bevölkerung.

Es war keine einfache Aufgabe, ein solches „anthropologisches Museum" unter einer Flagge zu vereinigen. 1969 bildete man eigens ein Ministerium der Nationalen Einheit zur Schaffung eines nationalen Selbstverständnisses und zur Verbesserung der sozialen Verhältnisse. Das Credo des malaysischen Staates, das *Rukunegara,* lautet:

Glaube an Gott
Loyalität gegen König und Land
Achtung der Verfassung
Herrschaft von Gesetz
Gutes Benehmen und Moral.

Als die Briten aus Malaysia abzogen, war die Vermögensverteilung unter den ethnischen Gruppen sehr unterschiedlich. Die Verfassung gestand zwar den Malaien beträchtliche politische und religiöse Privilegien zu, indem sie z. B. eine gewisse Anzahl von Malaien in Regierungspositionen vorschrieb und den Islam zur Staatsreligion machte, andererseits hatten sie praktisch keinerlei wirtschaftliche Macht. Dies war die Domäne der Chinesen. Um eine gerechtere Vermögensverteilung zu erreichen, wurde eine neue Wirtschaftspolitik entworfen, die die Malaien in vielen Gewerbezweigen zu Anteilseignern werden ließ.

Natürlich fühlten sich nun die Chinesen übervorteilt und befürchteten, daß eine solche verfassungsmäßige Bevorzugung letztlich ihre eigene wirtschaftliche, politische und kulturelle Position schwächen könnte. Zur Verteidigung ihrer Interessen bildeten sie deshalb eine einflußreiche Opposition.

1981 trat der vierte Ministerpräsident Malaysias, Dato' Seri Mahathir bin Mohamad, sein Amt an. Als junger Politiker war der neue Regierungschef sehr umstritten, inzwischen jedoch hat er sich durch seinen dynamisch-pragmatischen Arbeitsstil, seine Aufrichtigkeit und seine echte Fürsorge für das Volk viele Freunde gemacht. Er wird oft der Kemal Atatürk Malaysias genannt. Seine letzte Amtsdekade war von einem waghalsigen Balanceakt gekennzeichnet. Auf den Druck der chinesischen Opposition reagierte er 1987 mit einer wahren Hexenjagd auf Oppositionelle, von denen viele mit Hilfe eines Gesetzes zur inneren Sicherheit arrestiert wurden. Aber auch die moslemische Fraktion übt verstärkt Druck aus. Die weltweite fundamentalistische Bewegung innerhalb des Islams hat bei den Malaien Forderungen nach einer ausschließlich moslemischen Gesellschaft auf der Grundlage des Koran laut werden lassen.

Dr. Mahathir hat jedoch seine Stärke als politischer Führer eines solchen Vielvölkerstaates unter Beweis gestellt und sich jedem einseitigen Druck widersetzt. Seine vorrangigen Bestrebungen gehen dahin, eine malaysische Identität herauszubilden, deren wichtigster Bestandteil der Stolz auf das Land als Ganzes ist, ohne daß dabei die einzelnen Kulturen und die vielen Gesichter Malaysias vereinheitlicht werden.

Rechts: Eine patriotische junge Dame.

DIE MALAIEN

Die Malaien, die lange den Namen *Bumiputra* oder Söhne bzw. Prinzen des Landes trugen, ziehen das Krähen des Hahnes am Morgen und das Gezirpe der Grillen in der Nacht dem Lärm und lauten Gehupe der überfüllten Großstadtstraßen vor. Als Bauern und Fischer wohnen sie dicht zusammen und freuen sich an der Einfachheit ihres Lebens im *kampong*, das noch nach denselben provinziellen Regeln abläuft wie seit Jahrhunderten. Die weiteste Reise, die ein *kampong*-Bewohner jemals unternimmt, ist die obligatorische Pilgerfahrt nach Mekka.

Die vielseitigen Talente der Malaien verwirklichen sich aber nicht nur auf dem Lande. Malaiische Geschäftsleute und Beamte in der Stadt kleiden sich nach westlicher Façon, haben ein Auto und sprechen fließend Englisch. Die Stadtjugend stellt die neuesten modischen Trends zur Schau, die frisch aus London und Tokio importiert sind. Einige junge Männer tragen zwar traditionsgemäß ihre Gebetskleider, aber unter ihren *songkok*-Hüten schaut verstohlen eine moderne Haarlocke hervor. Viele besitzen eine elektrische Gitarre, und zu Hause im *kampong* steht eine Anlage mit allem Drum und Dran, auf der die Band dann loslegt und die heißen Songs von Michael Jackson oder Mick Jagger spielt.

Verbindender Glaube – der Islam: Obwohl die Kluft zwischen Stadt und Land von Jahr zu Jahr größer wird, ist die starke Einheit der Malaien nicht bedroht, weil der gemeinsame Glaube sie verbindet. Die Gesetze des Islam bewirken jedoch eine Trennung der Malaien von ihren malaysischen Landsleuten. Das Schweinefleisch, das die Chinesen sehr gern essen, ist den moslemischen Malaien verboten. Mischehen zwischen den Rassen sind nicht üblich, aber die Malaien akzeptieren einen Ausländer in der Familie, wenn er Moslem ist.

Der Islam ist in Malaysia jedoch nicht so dogmatisch wie im Nahen Osten. Das liegt vor allem am Charakter der Malaien, einem gelassenen, scheuen Volk, das offene Konflikte und Wortstreitereien haßt. Das Leben

Rechts: Moslems werden fünfmal am Tag zum Gebet gerufen.

ist von Toleranz und Selbstbeherrschung bestimmt – Tugenden, die heute ein friedliches Miteinander der Rassen gewähren.

Die malaiischen Moslems erkennt man an ihren arabischen Namen. Der Islam wurde durch indische Händler ins Land gebracht. Heirat und Familienleben basieren auf der Grundlage der Gesetze und Moralprinzipien des Koran. Freitag ist der Tag der Andacht. Die Sultane, deren politische Macht mit geistigem Ansehen verbunden war, werden immer noch als die traditionellen Herrscher betrachtet, auch wenn ihr Einfluß geschwunden ist. Heute ist der Islam *die* Staatsreligion und bietet die Grundlage für die Diplomatie mit der moslemischen Welt.

Spirituelle Wurzeln: Es existieren heute noch viele Reste der alten Religion der Malaien, aber die meisten dieser Traditionen leben nur auf den Dörfern weiter.

Der allumfassende Geist *semangat* ist die alte malaiische Lebenskraft, die in allem vorhanden ist, vom Menschen bis hin zum Stein. Danach haben alle Dinge eine innere Verbindung. In manchen Gegenden glaubt man immer noch, ein Mädchen dadurch gewinnen zu können, daß man ein Schmuckstück, das ihr gehört, oder eine Haarlocke, ja selbst den Sand ihrer Fußabdrücke verbrennt und dabei gewisse Zauberformeln murmelt, die animistischen Ursprungs sind oder aus dem Hinduismus und Islam stammen.

Gleich nach der Frömmigkeit kommt für den Malaien die Sauberkeit. Man sagt, je mehr das Haus glänzt, desto mehr Segen schenkt Gott. Die Häuser im *kampong* werden tadellos saubergehalten. An der Eingangstreppe steht ein Waschbecken, in dem man sich die Füße wäscht, bevor man den Raum betritt. Unreine Dinge, z. B. Schweinefleisch und Hundespeichel, darf man niemals berühren. Das Essen der Moslems, das *halal,* wird speziell und nur von Moslems zubereitet. Der *ustaz,* oder Religionslehrer, bringt den Kindern schon früh den Koran auf arabisch bei. Im Fernsehen gibt es sogar Wettbewerbe im Vorlesen aus dem Koran.

Von Frauen weiß man, daß sie früher während des Pflanzens ihr Haar lose trugen, damit der Reis besser gedieh.

Im Mittelpunkt der animistischen Glaubenslehren steht der *pawang* oder Medizinmann, der bei wichtigen nationalen Ereignissen immer noch dabeisein soll, damit kein Regen die Festlichkeiten stört. Mehr gefürchtet ist bei den orthodoxen moslemischen Malaien der *shaman,* der in Trance fällt, um Krankheiten auszutreiben oder um die Zukunft vorherzusagen. Séancen werden heute kaum noch abgehalten, aber Schamanen werden in ihren Dörfern immer noch mit Ehrfurcht und Respekt behandelt. Westliche

Bildung hat viel dazu beigetragen, daß man ihm heute keinen Glauben mehr schenkt. Opfergaben sind seltener geworden, aber dann und wann wird zum Bau eines neuen Hauses ein Huhn geschlachtet.

Der Einfluß des Hinduismus ist bei der Hochzeitszeremonie immer noch deutlich, wenn Braut und Bräutigam während des ganzen Tages als Prinz und Prinzessin auf einem Thron sitzen. Wenn ein Baby zehn oder zwölf Tage alt ist, wird ihm ein Name ins Ohr geflüstert und das Haar bis auf eine einzige Strähne geschoren.

Andere Gebete und Zauberformeln leben weiter, enthalten jetzt aber Zusätze, worin die absolute Macht Allahs und seines Pro-

Freiheiten als ihre Glaubensschwestern im Nahen Osten. Das ist auf den Einfluß alter, matriarchalisch orientierter Gesellschaften zurückzuführen. Sie dürfen Eigentum erwerben und besitzen, ihre eigenen geschäftlichen Angelegenheiten regeln und in der Familie die Entscheidungen treffen.

Während sich der Status von Mann und Frau wenig unterscheidet, gibt es einen deutlichen Unterschied zwischen Adligen und Normalbürgern. Sultane nehmen immer noch eine wichtige Stellung bei malaiischen Festlichkeiten und offiziellen Anlässen ein, besonders im eigenen Staat. Es gibt elf Sultane in Malaysia (die Oberhäupter von Penang und Sarawak sind Gouverneure), von ihnen

pheten bekräftigt wird. Die indischen Götter sind auf das Niveau von Dämonen oder Geistern herabgesunken, in Zeiten der Not werden sie aber trotzdem angerufen. Der Islam, den indische Händler nach Malaya brachten, war bereits stark vom Hinduismus durchsetzt. Sie hatten deshalb keine Scheu, dem neuen Glauben auch Elemente der einheimischen Religion beizumischen.

Frauen haben trotz der strengen Gesetze des Islam eine beachtliche Machtstellung in der malaysischen Gesellschaft und mehr

Links: Er fühlt sich wohl am Strand von Pankor.
Oben: Sie besuchen das Museum in Kota Bharu.

wird alle fünf Jahre einer zum König gewählt. Offizielle Residenz ist die *Istana*, der Palast in Kuala Lumpur. Aber jeder Sultan hat daneben seinen eigenen Palast in der Hauptstadt.

Kulturelle Traditionen: In Malaysia gibt es viele Sportarten, Spiele und Festlichkeiten, deren Tradition zwar viele Jahrhunderte zurückreicht, die aber auch heute noch genauso ernstgenommen werden wie früher.

Silat, die malaiische Kunst der Selbstverteidigung, wurde früher aktiv angewandt. Heute imitieren die unbewaffneten Kämpfer nur noch das Duell mit dem *kris* (Dolch), das auf Leben und Tod geführt wurde. Während des Zweiten Weltkriegs erlebte diese alte Kampfkunst eine Renaissance. Ein einheitliches Lernsystem wurde geschaffen, das *silat* zur Förderung der Frömmigkeit, Treue, Selbstverteidigung und Selbstdisziplin nutzt. Bescheidenheit und Verschwiegenheit gehören ebenfalls zu den Prinzipien eines *silat*-Kämpfers. Ähnlich wie bei Karate und anderen Kampfkünsten spielen bei *silat* neben der Geschicklichkeit auch Meditation und die Geisteskraft eine Rolle. Die bekannteste Form des *silat* ist ein graziöser, aber doch sehr maskuliner Tanz, der auch für die Zuschauer ein atemberaubendes Erlebnis ist.

Sepak raga ist ein vielseitiger Nationalsport, den man fast überall ausüben kann.

Kreisel und Drachen: Das Kreiselspiel ist eigentlich Sache der Jugend, nur in den Dörfern der Nordostküste wird der beste Kreiseldreher zum Helden. Die Kreisel (*gasing*) haben dort eine mythische Bedeutung. Keiner weiß, wann dieses Spiel nach Malaysia kam, aber die im Dschungel lebenden Semangs behaupten, daß der Blitz das Fliegen des Wurfseils symbolisiere und die toten Medizinmänner im Himmel ausfechten, wer von ihnen der beste sei. Der Donner ist das Surren der sich drehenden Kreisel.

Die Rekordzeit im Kreiseldrehen liegt bei einer Stunde und siebenundvierzig Minuten. Man braucht viel Kraft dazu, denn der Kreisel kann aus einem einfachen Holzzylinder,

Man braucht dazu lediglich einen kleinen geflochtenen Rattanball und viel Platz. *Sepak raga* wurde vom Radscha der Molukken eingeführt, der diesen kleinen Ball mit Fuß, Ferse, Spann, Wade, Oberschenkel, Knien und Kopf gen Himmel schoß. Jeder Teil des Körpers war erlaubt, nur nicht die Hände. Dies wiederholte er zweihundertmal, ohne daß der Ball zu Boden fiel.

Andere südostasiatische Nationen spielen *sepak raga* in abgeänderter Form. 1965 wurde das Spiel für Meisterschaftszwecke vereinheitlicht und *sepak takraw* genannt. Malaysia gewann die erste Medaille und ist seitdem führend.

aber auch aus einer herrlichen stromlinienförmigen Scheibe mit Goldintarsien bestehen. Wenn die Ernte eingebracht und der Reis gelagert ist, schauen die Bauern ihrer Dorfmannschaft beim Spiel zu und schließen Wetten ab. Es gewinnt derjenige, dessen Kreisel am längsten aufrecht bleibt oder der das sieben Kilo schwere Gerät am schnellsten zum Drehen bringt. Die Geschwindigkeit des Kreisels ist dabei größer als die einer Gewehrkugel, und die Herausforderer brauchen sowohl Geschicklichkeit als auch Muskeln, denn die Verteidiger versuchen mit bestimmten Strategien, die Kreisel ihrer Gegner vom kleinen Spielfeld zu schießen.

Während sich die Kreisel drehen, steigen die Drachen an der Leine ihrer geschickten Lenker in den Himmel. An der Ostküste gibt es die schönsten Exemplare. Sie haben die Form von Monden, Vögeln, Katzen und sind übersät mit winzigen Mustern aus dünnem, farbigem Transparentpapier. Manche haben eine bogenförmige Konstruktion auf der Rückseite, die bewirkt, daß sie in der Luft summen. Bei gutem Wetter und bei Vollmond fliegen sie oft die ganze Nacht, und ihre Besitzer werden von ihrem angenehm summenden Geräusch in den Schlaf gewiegt.

Das Drachenfliegen geht als Sportart auf die Herrschaft des Sultans Mahmud von Malakka im 15. Jahrhundert zurück. Mögli-

Tanzdramen, der Tanz spielt nur eine untergeordnete Rolle. Beide erzählen wundersame Märchen von holden Prinzessinnen und von Prinzen, die um sie werben. Beim *Mak Yong* werden die Rollen von Frauen gespielt, beim *Menora* nur von Männern.

Bei weniger offiziellen Anlässen werden andere traditionelle Tänze zugelassen. Der *Ronggeng* ist der typischste, er hat viele Variationen. Eine davon ist der *Changgong*, ein lebhafter Brautwerbungstanz, bei dem jeglicher Körperkontakt verboten ist. Die Tänzer preisen ihre Partner mit improvisierten Versen. *Tari Piring* ist ein graziöser Tanz, der das Darbringen von Opfergaben an die Gottheit thematisiert. Dies geschieht,

cherweise kamen die Drachen selbst aber schon ein Jahrhundert früher zusammen mit Papierschirmen und bemalten Masken aus China. Bei den heutigen Wettkämpfen gewinnt der Drachen, der am höchsten steigt.

Tänze und Trommeln: Bei wichtigen nationalen Feierlichkeiten in Malaysia greift man auf die künstlerische Tradition der Ostküsten-Staaten Kelantan und Terengganu zurück. Dann werden die bekanntesten Tänze, der *Mak Yong* und der *Menora,* aufgeführt. Es sind eigentlich eher Theaterspiele oder

Malaysische Gesichter. <u>Von links</u>: Gummizapfer, *songket***-Weberin, Tänzerin und Fischer.**

indem das Essen auf kleinen Schälchen serviert wird (*piring*). In Negri Sembilan verwendet man dazu flammende Kerzen. Zwei Tänze arabischen Ursprungs sind der *Hadrah*, ein langsamer, anmutiger Tanz, der den Allmächtigen preist, und der würdevolle *Zapin*. Nach arabischer Sitte werden diese Tänze nur von Männern aufgeführt.

Trommeln und andere Schlaginstrumente spielen eine wichtige Rolle in der traditionellen Musik. Neben einem Blasinstrument mit schrillem Ton ist die *rebab*, eine malaische Geige, das einzige Instrument, das zusammen mit den Schlaginstrumenten benutzt wird. Die *kertok* ist eine Trommel, die aus einer Kokosnuß gemacht wird, von der man den oberen Teil abschneidet. Dann wird ein Stück *nibong*-Holz über der Öffnung befestigt, so daß ein Schalldeckel entsteht. Damit man weiß, aus welchem Dorf sie kommen, hängen die Mannschaften bunte Wimpel an ihre *kertok*-Trommeln.

Von Größe und Klang her ist die *rebana* wesentlich eindrucksvoller. Sie wird aus einem ausgehöhlten Baumstamm gefertigt und mit leuchtenden Farben dekoriert. An einer Seite befindet sich ein Rad, damit das schwere Instrument fortbewegt werden kann. Die *rebanas* werden bei feierlichen Riten eingesetzt, aber öfter noch als Freizeitinstrument und bei Trommel-Wettbewerben.

Bordüre aus stilisierten Blumenmustern besetzt wird. In früheren Zeiten bestand der ganze *kain* aus silberdurchwirkter Seide, und man schickte die gelungensten Exemplare zur Begutachtung in den Palast des Sultans.

Das Weben von Matten aus *pandanus*- und Palmblättern erfordert ebenfalls große Geschicklichkeit. Man beginnt in der Mitte der Matte und arbeitet sich immer weiter nach außen. Durch Verwendung von Färbemitteln werden die einfachen Kreuzmuster gewonnen. Professionellere Weberinnen fertigen sechseckige Schachteln aus *pandanus*- oder *nipa*-Palmblättern. Sie arbeiten meist daheim im eigenen Wohnzimmer, wo sie einen kleinen Laden eingerichtet haben.

Geschickte Hände: Von allen Stoffen der Malaiischen Halbinsel ist der *kain songket* aus Terengganu der begehrteste. Er ist aus dunkelblauer, blattgrüner, kastanienbrauner oder purpurroter Seide gewebt und mit Silber- und Goldfäden durchwirkt. An einem einzigen Stück Stoff arbeiten oft fünf verschiedene Weberinnen, jede ist mit ihren geschickten Händen für ein besonderes Muster zuständig. Es besteht eine Art Hierarchie: Die erfahrenste Weberin spannt die Kettfäden auf den Webstuhl, die unerfahrenste läßt das Webschiffchen hin- und hergleiten. Meist handelt es sich um einen festen, einfachen Stoff, der mit einer aufwendigen

Die Ostküste ist auch bekannt für ihre Batiken. Dies ist ein Stoffdruckverfahren, bei dem die Stellen, die unbedruckt bleiben, mit Wachs bedeckt werden, das nach dem Färben entfernt wird. Auch wenn heute die meisten Batikarbeiten aus Fabriken kommen, gibt es noch sehr gefragte Handwerker. Die besten Batiken Malaysias kommen aus Kelantan, wo die Künstler Metallschablonen benutzen, um den Baumwollstoff mit dem Wachsmuster zu bedrucken. Danach wird der Stoff in die Farbe getaucht, anschließend das Wachs ausgebügelt. So entsteht ein bunter Stoff, dessen Muster durch die freien Stellen hervorgehoben wird.

Die Malaysier bevorzugen moderne Motive, verwenden aber auch stilisierte Vögel, Blumen und Pflanzen, wie schon vor Jahrhunderten. Seit dem Beginn des Tourismus ist die Batik nicht mehr nur dem würdevollen *sarong* vorbehalten. Tischdecken, Taschen, sogar Tapeten aus Batik füllen die Läden in Kuala Terengganu und Kuala Lumpur.

Im traditionellen Zentrum der Silberschmiedekunst von Kelantan, Kampong Sireh, fertigen die Silberschmiede mit viel Liebe fürs Detail feine Filigranarbeiten nach uralten Vorlagen an. Einige Muster der Hibiskusblüte kann man auf 600 Jahre altem Majapahit-Schmuck finden, andere Stücke sind durch Schattenspielfiguren inspiriert.

eheliche Ergebenheit, Tapferkeit im Krieg und Treue im Glauben. Das *wayang kulit*, das Lederpuppenspiel, moralisiert ganz plump. Seine Personen sind entweder unsterbliche Helden oder zum Untergang verurteilte Schurken. Jeder weiß zwar, daß Prinz Rama, die Personifizierung der göttlichen Würde, schließlich den schrecklichen, zehnköpfigen Dämon König Rawana besiegen wird, aber das Stück verliert dadurch nichts an Spannung. Das ist der Geschicklichkeit des *To' Dalang*, des „Mysterienmeisters", zu verdanken.

Der *To' Dalang* hat eine schier unlösbare Aufgabe zu erfüllen, er muß alle fünfzig Rollen auswendig sprechen, dazu singen und

Die flimmernde Bühne: Vor tausend Jahren unterhielten die Puppenspieler mit ihrem Schattenspieltheater die Gäste am chinesischen Königshof. Sei es nun in der Türkei, in Indien, Birma, Kambodscha, Java, Thailand oder Malaysia, die Figuren aus Büffelleder erscheinen seit Jahrhunderten auf der flimmernden Bühne wie aus einer anderen Welt. Die Schattenspiele Malaysias erzählen die Geschichte des großen *Ramayana*, eines Hindu-Epos, das von den himmlischen Tugenden handelt: Respekt gegenüber den Eltern,

Die Symmetrie stimmt, aber die Jungs trauen sich noch nicht.

die Puppen bewegen. Er leitet das Hintergrundorchester und regelt den ganzen Handlungsablauf. Diese Ein-Mann-Show kann sechs Stunden ohne Unterbrechung dauern. Das Figuren-Repertoire reicht von Prinzen und Riesen, Priestern und Weisen bis zu den Affen, die nicht fehlen dürfen.

Wie aber jeder Fan des Schattenspieltheaters weiß, sind seine Lieblingsfiguren zwei Slapstickclowns namens *Pa' Dogah* und *Wak Long*. Ihre Witze über die Kirche und bekannte Persönlichkeiten, die der Meister ad hoc improvisiert, und ihre lustigen Purzelbäume bringen die Bewohner eines ganzen Dorfes dazu, Tränen zu lachen.

DIE CHINESEN

Die Chinesen stellen zwar nur 35 Prozent der Gesamtbevölkerung Malaysias, bekleiden jedoch in wichtigen Industriezweigen wie der Gummiindustrie und im Im- und Export sehr viele Führungspositionen, so daß man ihre Zahl wesentlich höher schätzen würde. Man findet sie überall, wo Handel getrieben wird, angefangen bei der Großstadt Kuala Lumpur bis hin zum abgelegenen „Lädchen" weit unten am Rajang River in Sarawak.

Die ersten Chinesen lockten der Reichtum und das Abenteuer nach *Nanyang* (Südsee). Bereits seit dem 13. Jahrhundert gab es zahlreiche chinesische Händler auf dem Indonesischen und Malaiischen Archipel. Der berühmte Cheng Ho, Admiral der Flotte des Ming-Kaisers Yongle, besuchte Malakka erstmals im Jahre 1403. Nach und nach folgten mehr chinesische Händler seinem Beispiel und errichteten dort Lagerhäuser.

Die Mehrzahl der Chinesen kam allerdings erst im 19. Jahrhundert während der Mandschu-Dynastie. China war mit vielen Problemen belastet: Das Klassensystem war am Auseinanderbrechen, die Korruption unter den Beamten griff um sich, und das Land wurde heimgesucht von Überschwemmungen, Hungersnot und Aufständen. Obwohl ein Erlaß den Chinesen untersagte, das Land zu verlassen, riskierten einige ihr Leben und flohen, meist weil sie in großer Armut lebten oder aber weil sie gehört hatten, daß in *Nanyang* Wohlstand und Arbeit warteten. Sie kamen hauptsächlich aus den Küstengebieten von Amoy und Kanton.

Harte Arbeit in Nanyang: In Malaya übernahmen sie viele Tätigkeiten, die die Einheimischen verschmähten. Anders als die Malaien, zeigten die Chinesen nicht nur bei der Arbeit vollen Einsatz, sondern auch beim Spiel. Opium und Gücksspiel waren ein beliebter Zeitvertreib und die Vorläufer der heutigen Spielkasinos in Genting!

Die Chinesen arbeiteten im Zinnbergbau, bauten Straßen und Eisenbahnlinien und verdienten dabei Summen, über die man im Mutterland nur gestaunt hätte. Viele sparten ihr Geld für die Rückkehr, denn die meisten waren nicht gekommen, um für immer in

Yin und Yang und ein kleiner Schelm in Penang.

Malaya zu bleiben, sondern vor allem, um reich zu werden.

Das Mutterland China spielt für die Chinesen auch heute noch eine wichtige Rolle. Die älteren Leute schicken Kleiderpakete zu den dort lebenden Verwandten und sparen Geld, um einmal in ihre Heimat zurückkehren zu können und dort begraben zu werden. Die Verbundenheit zu China garantiert, daß die Tradition in der chinesischen Gemeinde erhalten bleibt. Sie hält die Familie zusammen, prägt die Religiosität und sorgt für die Pflege von Sitten, Gebräuchen und Sprache. Die jüngere Generation dagegen ist aufgeschlossener für das moderne malaysische Leben und zeigt mehr nationale Zugehörigkeit.

die Jahrhundertwende in Erscheinung trat, als chinesische Männer malaiische Frauen von der Westküste heirateten, was heute aus religiösen Gründen kaum noch geschieht. Die Männer heißen *Babas* und die Frauen *Nonyas*. Die *Peranakans* sind sehr stolz auf ihre Abstammung, und da sie stets in Reichtum und Luxus lebten, wollen sie mit den übrigen Chinesen nicht auf eine Stufe gestellt werden. Die *Nonya*-Frauen tragen einen *sarong*, und ihre Sprache ist eine Mischung aus Malaiisch und chinesischer Umgangssprache.

Drachen und Räucherstäbchen: Die Chinesen haben eine ernsthaftere Lebenseinstellung als die Malaiien. Harte Arbeit war ihnen

Die chinesische Gemeinde hat Malaysia mit ihren nationalen Eigenheiten sehr stark geprägt, mehr als sie selbst von der malaiischen Kultur angenommen hat. In den Schulen lernen jetzt alle Chinesen Malaiisch, zu Hause spricht man aber weiterhin Hochchinesisch (Mandarin) und Heimatdialekte. Zumindest auf der Straße besteht Harmonie zwischen den beiden Rassen, und da alle Kinder dieselben Schulen besuchen, wird diese sich sicherlich noch vertiefen.

Eine neue Kultur: Es gibt eine Ausnahme in der Integration von Malaiien und Chinesen: die *Peranakan*-Kultur, eine chinesisch-malaiische Mischkultur, die zum erstenmal um

stets eine große Tugend, und so erwarben sie Ruhm, Erfolg und Vermögen. Sie sind fest davon überzeugt, daß man sich selbst helfen muß, aber ebenso wichtig sind die starken Familien- und Sippenbande. Ihre Lebensphilosophie ist geformt durch die Entbehrungen der Vergangenheit und durch die Ethik des Konfuzianismus, Taoismus und Buddhismus – eine Prägung, die sie nie ganz ablegen, selbst wenn sie zum Islam oder Christentum konvertiert sind.

Die meisten Chinesen sind Tao-Buddhisten. In jeder Stadt sieht man die wunderschön verzierten Dächer und Wände der prächtigen, bunten Tempel. Der Tempel vor dem Sippenhaus dient als Gemeindezentrum, in dem sowohl religiöse als auch weltliche Feste gefeiert werden, ebenso findet der Unterricht für die Kinder hier statt. Das Orchester probt, und während der Festzeiten errichtet man im Tempelbereich Bühnen, um eine Oper oder ein Drama, manchmal auch ein Puppen- oder Kasperletheater vorzuführen. Trommeln und Zimbeln lassen die ganze Szenerie noch lebendiger wirken.

Drachen- und Löwentänze: Die wichtigsten Feste der Buddhisten finden nicht nur im Tempel, sondern auch in den Sippen- und Privathäusern statt. Das größte und bekannteste ist das chinesische Neujahrsfest. Überall werden *Nien Koay* (Kuchen des Jahres),

Orangen und Mandarinen verkauft. Jüngere und unverheiratete Familienmitglieder bekommen *ang pows* – kleine rotgoldene Päckchen, in denen Geld steckt. Straßenschreiber malen in Gold glückbringende Sprüche auf rotes Papier oder das astrologische Zeichen des neuen Jahres. Freunde und Verwandte werden besucht, und überall gibt es einen kleinen Imbiß.

Im Kino laufen die neuesten Filme aus Hongkong, und auf den Plätzen finden

Links: Drachenboot-Rennen sind ein beliebter Zeitvertreib der malaysischen Chinesen. **Oben:** Reiche Peranakan-Kultur in Malakka.

öffentliche Vorstellungen wie Löwen- oder Drachentänze statt. In den seltsam aussehenden Löwen stecken schwungvolle Tänzer, die die teils wild und teils spaßig ausschauenden Tierfiguren mit ihren klimpernden Wimpern und einem auf- und zuklappenden Maul hin- und herbewegen. Der Löwe ist der Hüter des Reiches der Mythologie und Wächter des Glaubens. Sein Bild ziert viele Balustraden der buddhistischen Tempel.

Zwei weitere bemerkenswerte Feste sind das *Qingming*, ein Fest zu Ehren der verstorbenen Vorfahren, und das *Yulan*, das Fest der hungrigen Geister. Ein opulentes Mahl wird den ruhelosen Geistern bereitet, und wunderschön nachgebaute Papierhäuser, Autos aus Pappe und andere materielle Besitztümer werden zusammen mit „teuflischen Banknoten" verbrannt. Der Rauch steigt mit der Bitte um Wohlwollen zu den besänftigten Geistern auf. In den letzten Jahren waren sogar „teuflische" Scheckbücher und Kreditkarten darunter!

Jeder Tag zählt: Von allen Ereignissen im Leben eines Chinesen ist die Hochzeit das wichtigste. Ganz gleich ob sie auf traditionelle oder moderne Weise gefeiert wird, es findet auf jeden Fall ein großes Festessen in einem bekannten chinesischen Restaurant statt, zu dem Verwandte, Freunde und sogar Arbeitskollegen eingeladen werden. Fast jeder Tag im tao-buddhistischen Kalender hält irgendein Ereignis bereit und hat eine bestimmte Bedeutung. Die Geburtstage der bekannten Gottheiten werden zu Hause und im Tempel gefeiert.

Wenn Sie eines der riesigen modernen Geschäftshäuser betreten, werden Sie in der Halle mit Sicherheit auf einen kleinen Buddhaschrein mit Räucherstäbchen und Kerzen stoßen. Das erscheint unpassend in unserer modernen Welt, aber der chinesische Buddhismus schämt sich seiner pragmatischen und materialistischen Seite nicht.

Auf der Straße stellen chinesische Wahrsager ihre kleinen Stände auf die Gehsteig und beraten ihre Kunden in geschäftlichen und privaten Dingen. Auch die Großmütter sind meist bewandert im Okkulten und befragen den chinesischen Astrologiekalender, wenn es um das Wohl ihrer Familien geht. Der Chinese versteht es, das moderne Leben mit dem Wissen und der Weisheit seiner Vorfahren zu verbinden, und blickt mit Vertrauen und Optimismus in die Zukunft.

DIE INDER

Bereits über Hunderte von Jahren waren Inder nach Malaya gekommen, in der Hoffnung, hier ihr Glück zu machen, denn schon immer hatte es in Indien Gerüchte über die „goldene Halbinsel" gegeben. Aber erst im 19. Jahrhundert kamen sie in großer Zahl und arbeiteten zumeist als Gummizapfer. Viele kehrten jedoch später wieder in ihr Land zurück. Auch die Inder im heutigen Malaysia sind immer noch stark mit ihren Heimatdörfern verbunden, so sehr, daß sie sich manchmal sogar ihre Frauen dort suchen und sie mit nach Malaysia bringen.

Der Anteil der Inder an der Bevölkerung Malaysias macht weniger als zehn Prozent aus, aber ihr kultureller Einfluß in den Städten ist überall spürbar. Mit wenigen Ausnahmen kommen fast alle aus Südindien, ca. 80 Prozent sind Tamilen und Hindus. Sikhs, Telugus und Parsen sind nur in geringerer Zahl vertreten. Die indischen Moslems in Malaysia sind Geschäftsleute, sie haben vor allem Restaurants und Textilgeschäfte eröffnet. Manche haben malaiische Frauen geheiratet, besonders im Staat Penang. Dort und in den Staaten Selangor und Perak konzentriert sich die indische Bevölkerung besonders.

Die ländliche Kultur, die sie von Südindien mitbrachten, machte das malaiische Leben um vieles reicher und farbiger, leuchtend wie ein safranfarbener Seidensari. Ihre geringe Zahl machen sie wett durch ihre Feste und Tempel. Indische Wochenmagazine, der indische Astrologe und der Hinduismus, der nicht unterzukriegen ist und jeglichen Fortschritt aufsaugt wie ein Löschblatt die Tinte, all dies ist zum festen Bestandteil Malaysias geworden. Das Fisch- und Fleisch-Curry, das mit Reis und Gemüse auf einem Bananenblatt serviert wird, ist zum Nationalgericht geworden und wird, wie es sich gehört, mit den Fingern der rechten Hand gegessen.

Erfüllung des heiligen Gelübdes: Der Hinduismus ist allgegenwärtig im Leben eines Inders. Das ganze Jahr über gibt es Feierlichkeiten und Zeremonien. In den Hin-

Zum Thaipusam-Fest füllen sich die Batu-Höhlen mit Tausenden von gläubigen Hindus.

dutempeln sind Wände und Decken farbenprächtig geschmückt. Der Haupteingang wird von einem hohen Bogen überspannt; wo man hinschaut, stehen Figuren der indischen Gottheiten, und auf dem Tempeldach sitzen friedlich die heiligen Kühe und beobachten, was auf der Straße vorgeht.

Die indischen Hindufeste haben die unterschiedlichsten Anlässe. Die beiden bekanntesten unter ihnen sind das *Thaipusam* und das *Deepavali*.

Thaipusam ist ein sehr beliebtes Fest in Malaysia, das von allen indischen Hindus gefeiert wird, ganz gleich aus welcher Gegend sie kommen oder welcher Kaste sie angehören. Wann das Fest begangen wird,

ist und von Ochsen gezogen wird. Dieser Wagen ist ein wahres Kunstwerk. Sein Holz ist mit Silber überzogen, Statuen von Göttern, Göttinnen und Tieren zieren ihn, und er ist ganz mit Fahnen, Girlanden und Luftschlangen bedeckt.

Das eigentliche Fest beginnt am darauffolgenden Tag. Bis zu 200 000 Menschen strömen singend vom Tempel in der Stadt hinauf zu den Höhlen. Das extremste Zeichen der Hingabe an die Gottheit ist das Tragen des *kavadi*. Der Gläubige erfüllt damit ein heiliges Gelübde, das er abgelegt hat, weil er um Erfüllung eines dringenden Anliegens bittet oder weil er dafür danken möchte, daß er von einem Unglück verschont geblieben ist.

bestimmt der Hindukalender; es muß aber ein Tag sein, an dem die Sterne günstig stehen. Das Fest ist dem Gott Subramanya geweiht, dem Sohn Shivas. In bestimmten Tempeln Malaysias strömen die Menschen bei solchen Festen aus dem ganzen Land zusammen. Dies gilt besonders für die Batu Caves außerhalb von Kuala Lumpur, für den Tempel an der Waterfall Road in Penang und für den Thandayuthapani-Tempel an der Tank Road, der am Damm nach Singapur steht.

Das Thaipusam-Fest dauert drei Tage. Am ersten Tag wird ein prächtiges Standbild von Subramanya auf einen Wagen gehoben, der mit kostbaren Juwelen prächtig geschmückt

Der Träger des *kavadi* muß sich geistig auf dieses Ereignis vorbereiten, indem er eine gewisse Zeit vorher abstinent lebt. Er muß vollkommen vegetarisch essen und darf keinen sexuellen Verkehr haben. Der *kadavi* ist ein Bogen, der auf einem Holzgestell steht und mit Pfauenfedern und Papier geschmückt ist. Er wird vom Gläubigen auf den Schultern getragen. Auf dem Sockel stehen Opfergaben, wie z. B. ein Topf mit Milch oder bestimmte Früchte. All diese Gegenstände werden der Gottheit am Ende der Prozession geopfert. Der *kavadi* trägt Spieße und Haken aus Metall, die in der Haut des Gläubigen befestigt werden. Er befindet sich in Trance, und angeblich sollen die Wunden nicht bluten, wenn der Träger in völliger Hingabe versunken ist. Einige durchbohren sich die Wangen zusätzlich mit Nadeln. Der Gesang auf dem Weg zur Höhle hält die Akteure im Trancezustand, in den auch die Sängerinnen oft von selbst fallen.

Die heilige Stätte ist in das gedämpfte Licht der Glühbirnen, Kerzen und vereinzelten Feuer getaucht, die Pilger strömen von allen Seiten herbei. In einer tiefen Tropfsteinhöhle ist das Bild von Subramanya aufgestellt. Ein Dutzend in Weiß gekleidete Priester kümmert sich um Tausende von Gläubigen, verteilt den Segen und geweihte Asche an die erschöpften *kavadi*-Träger.

des Guten über das Böse. Die Dunkelheit ist Symbol für die Missetaten des Herrschers Narakasura, der seine Untertanen sehr unweise regierte. Ihr Elend hatte ein Ende, als ihn der Gott Krishna besiegte und dem Volk Hoffnung und Glück zurückbrachte. Andere Hindus glauben, daß der Anlaß für das Fest der Sieg Ramas über Rawana ist, wie er im Hindu-Epos *Ramayana* beschrieben wird.

Man feiert ein ausgiebiges Festmahl, bei dem es besonders viele leckere Süßigkeiten gibt. Ein orthodoxer Hindu beginnt diesen Tag mit einem Ölbad bei Sonnenaufgang und dem Sprechen seiner Gebete. Dann legt er neue Kleider an und geht in den Tempel. Anschließend erweist er den älteren Familien-

Schließlich wird ihnen das Gestell abgenommen, sie werden mit Wasser beträufelt, und langsam kehren sie aus der Trance zurück. Eine Kokosnuß wird auf dem Boden zertrümmert und Kampfer verbrannt. Das heilige Gelübde ist erfüllt.

Das Lichterfest: Beim *Deepavali*-Fest hat das Wort Licht eine ganz besondere Bedeutung, es ist fast wie ein vorverlegtes Weihnachtsfest. Die Lichter, die die Hindus zu Hause anzünden, symbolisieren den Sieg

<u>Links:</u> **Am Kiosk trifft sich die Nachbarschaft.**
<u>Oben links:</u> **Ein Straßenstand mit frittierten Delikatessen.** <u>Oben rechts:</u> **Der Eisenwarenmann.**

mitgliedern seinen Respekt. Danach steht das Haus allen Freunden und Verwandten offen. Auch Nicht-Hindus sind zu den Feierlichkeiten eingeladen und werden zum Essen ermuntert: noch eine Teigtasche mit Curry oder vielleicht ein köstliches *mysore pahu*!

Geschäftstüchtige Ladenbesitzer machen an *Deepavali* gute Umsätze. Viele Läden sind mit Weihnachtsschmuck dekoriert, der bis in den Dezember hinein für die christliche Kundschaft und oft noch bis zum chinesischen Neujahrsfest hängenbleibt. So bringt man ganz clever die verschiedenen Religionen unter einen Hut und macht noch ein Geschäft damit.

DIE ORANG ASLI

Ob Sie nun wegen des angenehmeren Klimas zu den Cameron Highlands fahren, an die Küste von Johore oder in den Nationalpark Malaysias, ihre malaysischen Bekannten werden mit Sicherheit sagen: „Ah, dann wirst Du den *Orang Asli* begegnen."

Wer sind die *Orang Asli*? Diese Frage ist nicht leicht zu beantworten. Das malaiische Wort bedeutet „Ureinwohner", und damit sind drei mehr oder minder unterschiedliche Gruppen und mindestens zwanzig Einzelstämme gemeint. *Orang Asli* steht für all die Volksstämme, die nicht zu den drei vorherrschenden Gruppen Malaysias gehören. Zweifellos sind die *Negritos* die ältesten Bewohner, andere Gruppen wanderten erst vor 100 Jahren ein. Die Bezeichnung *Orang Asli* ist nicht nur ungenau, sondern auch diskriminierend, da sie den Eindruck erweckt, es handele sich um ein Volk von primitiven Hinterwäldlern.

Die *Orang Asli* können nur insofern als eine Gruppe zusammengefaßt werden, als sie wirtschaftlich und vom Bildungsstand her die Ärmsten des Landes sind. Aber wenn Sie die verschiedenen Regionen der Insel kennenlernen, werden Sie allmählich begreifen, was sich hinter diesem nichtssagenden Begriff verbirgt.

Die Briten waren vermutlich die ersten, die die *Orang Asli* in einer Gruppe zusammenfaßten, indem sie ihnen den Namen *sakas* oder Schuldsklaven gaben. Nach der Unabhängigkeit wurde ein Ministerium gegründet, das sich speziell mit den Bedürfnissen dieser Menschen auseinandersetzt. Dadurch kam viel Nützliches und Wissenswertes über sie ans Tageslicht.

Trotzdem bleibt ihr Ursprung rätselhaft. Vom wissenschaftlichen Standpunkt her kann man diese faszinierenden Menschen, die zum Teil Vorfahren der heutigen Malaiien sind, in drei Gruppen einteilen. Diese Gruppen unterscheiden sich durch Rasse, Kultur, Sprache und die Art und Weise, wie sie ihren Lebensunterhalt verdienen. Sicher gibt es viele Überschneidungen, die durch Heirat

Diese Negrito-Eingeborenen fühlen sich in ihrem Dschungellager im Norden der Halbinsel sichtbar wohl.

und Annahme der Sprache eines übergeordneten Stammes bedingt sind.

60 Prozent der auf 60 000 geschätzten *Orang Asli* leben im Dschungel, die restlichen 40 Prozent als Fischer an der Küste. Die größte Gruppe stellen die *Senoi*; dazu gehören die Stämme der *Temiar*, *Semat*, *Semok*, *Beri*, *Che Wong*, *Jah Hut*, *Mah Meri*; die zweitgrößte stellen die Proto-Malaiien oder *Orang Melayu Asli*, deren Stämme aus den *Temuan*, *Semelai*, *Temok*, *Jakun*, *Orang Kanak*, *Orang Selitar* und den *Orang Laut* bestehen, einer weiteren Untergruppe, zu der verschiedene Stämme gehören, die alle dicht beieinander leben. Die kleinste und älteste Gruppe sind die *Negritos*, bestehend

me der *Negritos* betreiben nur wenig oder gar keinen Landbau und sind stolz auf ihre Mobilität. Besitz betrachten sie nur als Belastung für ihre Lebensweise.

Obwohl es vereinzelt vorkommt, daß *Negritos* den Schutz des Urwaldes verlassen und einen Beruf erlernen, haben die meisten von ihnen den Vorschlag der Regierung abgelehnt, in speziellen Dörfern angesiedelt zu werden. Sie kennen keine Schrift, besitzen jedoch ein hervorragendes Sprachtalent – sie beherrschen oft bis zu zwölf verschiedene Stammesdialekte, außerdem Malaiisch und Thai. Dieses extrem scheue Volk sucht sein Heil eher in der Flucht als im Kampf. Die soziale Rangordnung ergibt sich meist pro-

aus den Völkern der *Kensiu*, *Kintak*, *Jahai*, *Lanoh*, *Madrik* und *Batek*.

Die ältesten und die jüngsten Malaysier: Die Merkmale der einzelnen *Orang-Asli-Stämme* sind vollkommen unterschiedlich. Meist sind die *Negritos*, wie der Name schon sagt, dunkelhäutig mit krausen Haaren, und ihre Gesichtszüge erinnern an die Völker Papua-Neuguineas oder Ostafrikas.

Ihre wirkliche Herkunft ist allerdings unbekannt. Man nimmt an, daß sie vor 8000 Jahren nach Malaya kamen. Heute wohnen die *Negritos* vor allem im Nordosten und Nordwesten und sind die einzigen echten Nomadenstämme der *Orang Asli*. Die Stäm-

blemlos von selbst: Der Älteste oder derjenige, der am besten geeignet scheint, wird Anführer. Gegenseitiger Respekt und Achtung gegenüber allen Lebewesen bestimmen ihr Handeln. Die Furcht vor den Geistern der Vorfahren und der erjagten Tiere ist groß, und es ist ein ungeschriebenes Gesetz, daß Lebewesen nicht gequält werden dürfen.

Die Vorfahren der Negritos waren ebenfalls Jäger und Sammler, die in Höhlen und Felsnischen lebten. Sie kannten bereits das Feuer und bereiteten ihr Essen mit Hilfe primitiver Steinutensilien. Ihre Abwanderung auf die Malaiische Halbinsel ergab sich von selbst, da ihre Zahl immer größer wurde.

Über 20 Generationen hinweg bewegten sie sich in einem Umkreis von nicht mehr als 200 Kilometern.

Einige der dunkelhäutigeren *Senoi* sehen aus wie Negritos. Sieht man den hellhäutigeren Typ dagegen in Jeans und T-Shirt gekleidet durch die Straßen Kuala Lumpurs schlendern, könnte es sich genausogut um einen Malaien handeln. Man vermutet, daß die *Senoi* die gleichen Vorfahren haben wie die Bergbewohner von Nordkambodscha und Vietnam und vor sechs- bis achttausend Jahren nach Malaysia kamen.

Die *Semai* der Cameron Highlands, mit traditionellem Lendenschurz und Blasrohr und schönen, ebenmäßigen Gesichtern, las-

sen dagegen auf eine andere Abstammung schließen. Die meisten Stämme roden den Urwald und ziehen zu einem neuen Lagerplatz, sobald das Land ausgelaugt ist. Sie markieren ihre Anbauflächen und kehren innerhalb ihres *saka* oder Gebietes zu den verlassenen Dörfern zurück, sobald sich der Boden regeneriert hat. Viele *Semai* arbeiten inzwischen auf Teeplantagen oder in der Großstadt, wo sie alle möglichen Berufe bekleiden, vom Regierungsangestellten bis zum Taxifahrer.

Links: Eine *Orang-Asli*-Behausung. **Oben**: Familienleben im Dschungel, kein leichtes Brot.

Vor 4000 Jahren kamen die Proto-Malaien als letzte hierher. Diese Gruppe hat am wenigsten mit allen anderen gemeinsam. Viele ihrer Stämme kamen erst vor wenigen Generationen von der indonesischen Insel Sumatra herüber. Die *Orang Laut* in Johore waren noch vor hundert Jahren auf den Inseln südlich von Singapur beheimatet. Diese Gruppe hat eine deutliche Ähnlichkeit mit den heutigen Malaien, was nicht weiter verwunderlich ist, haben sie doch die gleichen Vorfahren. Andere haben ganz entschieden polynesische Gesichtszüge. Die Proto-Malaien von Pahang sind zum großen Teil Halbnomaden, andere Gruppen in Johore und Selangor leben vom Fischfang. Durch die Annahme des Islam und das geruhsame Dasein im Fischerdorf unterscheidet sich ihr Leben kaum von dem anderer Malaien, die auch am Meer leben.

Der Geist in den Bäumen: Die Mehrzahl der *Orang Asli* hat sich allerdings weder zum Islam noch zum Christentum bekehren lassen. Als Animisten halten sie die Natur für beseelt und zeigen Respekt vor ihrem Wohlwollen und ihrer Ungnade. Der Medizinmann wird je nach Stamm *shaman*, *bomoh* oder *pawang* genannt. Er nimmt mit den Geistern Kontakt auf, um Krankheiten zu heilen, indem er sie beschwört, außerdem verfügt er über fundierte Kenntnisse der Kräuterheilkunde. Der Glaube der *Orang Asli*, ihre diversen, oft schwierigen Dialekte und alten Überlieferungen sind außerhalb des eigenen Stammes so gut wie unbekannt.

Die Dschungelbewohner unterscheiden sich durch ihr einsames Leben vollkommen von denjenigen in der Stadt. Viele tauschen noch Dinge, die man nur im tiefsten Urwald findet, wo sich niemand außer ihnen hinwagt, gegen das Allernotwendigste, wie zum Beispiel Salz oder Gebrauchsgegenstände aus Eisen. Andere leben auf Lichtungen am Dschungelrand, wo sie Bergreis, Mais und Tapioka anpflanzen. Mit Unterstützung der Regierung stellt das Amt für Angelegenheiten der Orang Asli ihnen Siedlungen, Schulen, Krankenhäuser und medizinische Beratung zur Verfügung, um die Integration in die malaysische Gesellschaft zu erleichtern; aber nur, sofern sie dies wünschen. Der Zusammenhalt einer unabhängigen Dschungelgemeinschaft läßt sich nur schwer auseinanderreißen, und so bleibt die Identität der *Orang Asli* weiterhin ungebrochen.

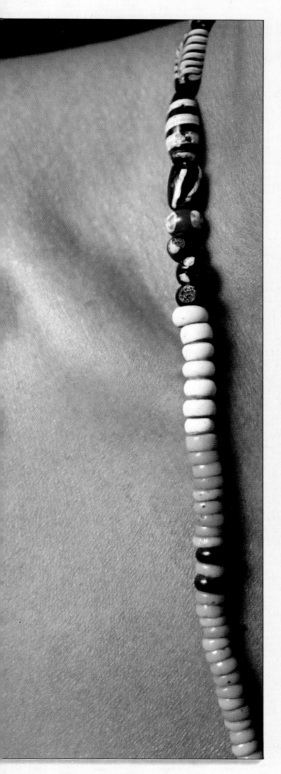

DIE VÖLKER VON SABAH UND SARAWAK

Sabah und Sarawak sind die östlichsten Staaten Malaysias und liegen im Nordteil der Insel Borneo. Sie weisen die größte Vielfalt an Völkern in ganz Malaysia auf. Es gibt so viele verschiedene Gruppen, daß hier unmöglich alle aufgeführt werden können, einige gehen auf die gleichen Ursprünge zurück und haben ähnliche Sitten und Gebräuche. Die meisten entstammen mongolischen Rassen und kamen von Kalimantan (Indonesisch-Borneo) hierher. Sie leben an den Ufern der Dschungelflüsse im Landesinneren und in den Küstengebieten. Diejenigen, die eine Schulausbildung und einen Beruf haben, arbeiten in den Städten.

Da sich ihre Lebensweise so sehr von jener der Malaien, Chinesen und Inder unterscheidet, meint man in Malaiisch-Borneo in einem völlig anderen Land zu sein. Und nur wer auf Flußläufen und über Dschungelpfade in diese Wildnis vorzudringen wagt, wird dieses Leben kennenlernen.

In Sabah stellen die Stämme der *Dusun* oder *Kadazan* die größte Gruppe, gefolgt von den *Murut* (Bergbewohner, einer der letzten Stämme, die das Kopfjagen aufgegeben haben), den *Bajau* (Moslems und berühmte Hirten und Seefahrer), den *Rungus* (mit ihren wunderschönen Spiralarmreifen und schwarzen Trachten) und den allerdings nicht sehr zahlreichen *Bisaya, Suluk, Lundayeh* und *Kedayan.*

In Sarawak ist die Vielfalt der Volksstämme noch größer: Zu den *Dayak* gehören die *Iban*, die die Mehrheit der Bevölkerung von Sarawak ausmachen, sowie die *Bidayuh* oder Land-*Dayak.* Auch die *Melanau* sind eine große Gruppe. Daneben gibt es viele einzelne Stämme, die unter der Bezeichnung *Orang Ulu* zusammengefaßt werden. Diese Gruppe umfaßt die Nomadenstämme der *Punan* und *Penan* und die gut organisierten Gruppen der *Kayan* und *Kenyah, Kajang, Kelabit, Lun Bawang* und *Bisaya.* Auch diese Stämme haben wieder ihre verschiedenen Untergruppen mit eigenen Namen.

Die Mehrheit der eingeborenen Stämme gleicht sich in Tradition und Lebensweise,

Tätowierungen sind bei den Männern vom Stamm der *Iban* in Sarawak heute noch üblich.

jedoch hat jeder seine eigenen Glaubensvorstellungen, die ihn von allen übrigen deutlich unterscheidet.

Ein Haus für alle: Die meisten Stämme leben in traditionellen Langhäusern, großen Gebäuden, die die gesamte Dorfgemeinschaft unter einem Dach vereinen und Platz für über 60 Familien bieten. Die Regierung von Malaysia versucht, diese Langhausgemeinden in Dörfer umzusiedeln, in denen jede Familie ein eigenes Heim hat, stößt dabei aber auf großen Widerstand.

Das Leben im Langhaus ist sehr gemeinschaftsorientiert, wobei die Strukturen von der vielschichtigen Hierarchie der *Kenyah* bis hin zum egalitären System der *Iban* rei-

nen Balken, der stufig eingekerbt ist und nachts hochgezogen wird, damit keine Fremden eindringen können. Ursprünglich sind solche Häuser aus verschiedenen Holzarten gebaut, in der Nähe der Industrie- und Handelszentren haben sie aber schon Wellblech- oder Plastikdächer und Wände aus Beton.

Jedes Langhaus ist in vier Hauptbereiche aufgeteilt. Der wichtigste ist die vielbenutzte *ruai*, oder Gemeinschaftsveranda, die die Hälfte des ganzen Hauses einnimmt. Hier kommen die Männer zusammen und kauen Betel, hier werden Besucher bewirtet, und hier feiert man Feste. Das *bilik* ist die Familienwohnung, die zur *ruai* hinausgeht. Jedes *bilik* hat seine eigene Küche. Der dritte Be-

chen. Jedes Langhaus hat einen Anführer, der heute vom ganzen Stamm gewählt wird. Seine Hauptaufgabe ist es, Streitigkeiten beizulegen und Feste zu organisieren.

Es ist kein Zufall, daß alle Langhäuser in der Nähe von Flüssen stehen. Am Fluß wird Wäsche gewaschen und gefischt, er nimmt die Abfälle auf und dient als Verbindungsweg zu den anderen Gemeinschaften. Aus Gründen der Sicherheit und zur besseren Belüftung ist das Gebäude auf Pfählen errichtet, die es auch während des Monsunregens, wenn der Fluß ansteigt, vor Überschwemmungen schützt. In das Langhaus hinein gelangt man normalerweise über ei-

reich ist die *tanju* oder Außenveranda, die sich an die *ruai* anschließt und zum Trocknen von Reis oder für feierliche Anlässe benutzt wird. Der vierte Bereich ist der *sadau* oder Speicher, hier lagert das Getreide, hier werden Körbe geflochten und Stoffe gewoben, und er dient den Mädchen des Dorfes als zusätzliches Schlafzimmer.

Handel und Gastfreundschaft am Fluß: Da das Langhaus gewöhnlich dem Fluß zugewandt liegt, steht es jedem, der den Fluß befährt, zur Übernachtung offen. Dies gilt auch für chinesische Händler, die ihre Waren gegen die vielbegehrten Körbe und die Perlenstickereien der Langhausfrauen eintauschen. Die meisten Stämme, besonders die *Iban,* sind äußerst gastfreundlich. Die Gäste werden mit einem Glas *tuak* (Reiswein) begrüßt, bevor man ihnen ein Lager anbietet. Es ist üblich, daß Besucher Gastgeschenke in Form von Essen, Geld oder Kleidung mitbringen, eine geringe Gegenleistung für den Aufenthalt, für die man reichlich entschädigt wird.

Gelegentlich findet sich am Eingang zum Langhaus oder bereits unten am Fluß ein besonderes Zeichen, ein Stock mit grünen Blättern, ein Stück weißer Stoff oder eine Blüte der Arekapalme. Dies bedeutet, daß man das Langhaus zeitweilig nicht betreten darf, es ist tabu. Es wurde dann von einem Unglück, einem Todesfall, einer Mißernte

Mündungen der Flüsse an. Außerdem fangen sie Fische, gehen auf die Jagd und bauen teilweise sogar ihre eigenen Boote.

Der Kopfjäger-Mythos: Fast jeder Stamm hat seine eigenen religiösen Bräuche. Seit der Ausbreitung des Christentums haben jedoch viele ihre alte Religion aufgegeben und singen nun Kirchenlieder, anstatt ihre Naturgötter zu beschwören. Manche christlichen Gemeinschaften halten aber trotzdem an ihren alten Bräuchen fest. Diejenigen, die sich nicht bekehren ließen, pflegen weiterhin verschiedene Arten des Animismus. Sie lesen die Omina der Natur, halten Zeremonien zur Vertreibung böser Geister ab und bitten um gutes Gedeihen für die Gemeinde.

oder einem Fluch heimgesucht. Bei einem Todesfall kann diese Tabu-Zeit zwischen zwei Wochen und drei Monaten dauern. Befindet sich ein Kopf vor der Tür eines *bilik,* weist dies darauf hin, daß jene Familie von einem Todesfall betroffen ist, der Zugang zu jedem anderen *bilik* aber frei ist.

Die meisten Langhäuser können sich mit Reis und Obst selbst versorgen, diese Produkte gedeihen überall in Hülle und Fülle. Seit geraumer Zeit bauen sie auch Gummi, Kakao und Maniok für Abnehmer an den

Links: Die Musiker der *Iban* sind so bunt wie ihre Instrumente. **Oben**: Tracht der *Kadazan*.

Borneo ist vor allem wegen seiner Kopfjäger bekannt. Obwohl das Wort den Eindruck von Grausamkeit und Aggression erweckt, sind die Bewohner Sarawaks im allgemeinen sehr feundlich und loyal. Die Schädel der Feinde wurden nur dann mitgenommen und aufgehängt, wenn der Stamm von einer Seuche heimgesucht wurde. Man glaubte, daß sie Schutz vor Gefahren und Krankheit brächten. Natürlich war es auch ein Beweis der eigenen Männlichkeit, denn es wurden nur Krieger getötet; die Frauen und Kinder der Besiegten fanden einen Platz im Langhaus des Siegers. Heute ist die Kopfjagd natürlich gesetzlich verboten.

Frauen mit langen Ohrläppchen: Die Schädel, die man in den Langhäusern immer noch sieht, sind Erbstücke der jeweiligen Familie. Auch andere Gegenstände wie Rhinozeroshörner und Federn von Nashornvögeln sollen das Langhaus vor bösen Geistern schützen. Männer und Frauen tragen Tätowierungen, sowohl zum Schutz wie auch als Schmuck, wobei die Muster der Tätowierung zur Person des Trägers passen. Bei vielen Stämmen ist es üblich, den Kindern lange Gewichte oder Holzscheiben in die Ohrläppchen zu hängen, um diese in die Länge zu ziehen. Die Ohrläppchen der Frauen hängen als Zeichen besonderer Schönheit schließlich bis auf die Brust herab.

Der für einen Besucher wohl erstaunlichste Brauch findet mitten in der Nacht in den Langhäusern der Iban statt. Wenn ein junger Mann ein Mädchen heiraten möchte, wirbt er um sie, indem er sie nachts unter ihrem Moskitonetz besucht; und das mit dem Einverständnis ihrer Eltern. Dies ist eine gänzlich unschuldige Angelegenheit, denn die Eltern des Mädchens schlafen dabei höchstens einen Meter von ihrer Tochter entfernt! Der junge Mann darf das Mädchen dreimal besuchen und muß danach seinen Antrag machen. Eine Heirat wird in der Regel mit dem Ernte- und Vollmondfest zusammengelegt und ist eine sehr feierliche und ausgelassene Zeremonie.

Vogelomen und Reisernte: Omina (Vorzeichen) sind für die Stämme Borneos von besonderer Bedeutung. Bei manchen Dayak-Stämmen richtet sich der gesamte Reisanbau danach, ob ein bestimmter glückbringender Vogel eine gute Ernte ankündigt. Wenn der falsche Vogel ruft, bringt das Unglück, und eine Mißernte steht ins Haus. Bei bestimmten Anlässen wird ein Schwein getötet, und man untersucht die Leber eingehend auf günstige oder ungünstige Anzeichen. Hühneropfer sind bei Krankheit immer noch gang und gäbe.

Neuerdings zieren nicht nur Tätowierungen, sondern auch Armbanduhren die Handgelenke der Iban-Männer, und als Alternative zum althergebrachten Reiswein gibt es jetzt auch Guinness-Bier. Trotzdem leben unter dem schützenden Dach des Dschungels immer noch viele der uralten Riten weiter.

Da die Jungen zunehmend in die Städte abwandern, besteht die Gefahr, daß es mit dem ruhigen, einfachen Leben im Langhaus bald für immer vorbei sein wird. Viele kehren zwar zurück, aber ihre Zahl wird geringer, da die Chancen in Wirtschaft und Industrie immer besser werden.

Die Zivilisation hält Einzug: Positiv wirkt sich aus, daß die Gemeinschaften beim Anbau von Produkten für die Märkte ziemlich erfolgreich sind. Die Frauen steuern ihren Teil bei: Sie weben Decken und flechten Körbe aus Rattan und Bambus; auch ihre Perlenstickereien sind an der Küste sehr beliebt. Praktische, leichte Babytragen gehören zu den gefragtesten Kunstwerken, sie sind mit bunter Perlenstickerei verziert. Einfache Holzschnitzereien (eigentlich zum Schutz für Kranke gedacht) werden nun in Massen für den Tourismus hergestellt. Ihre Qualität hat sich aber im Vergleich zu früher erheblich verschlechtert.

Die Nomadenstämme der *Penan* und *Punan* sind von diesen Veränderungen weitgehend unberührt. Sie bewegen sich weiterhin mit Blasrohr und Speer durch den Dschungel. Die Versuche der Regierung, sie irgendwo seßhaft zu machen, sind größtenteils an ihrem Freiheitsdrang und ihrem Verlangen nach Selbstbestimmung gescheitert. Abholzung im großen Stil bedroht jedoch diese Lebensweise, und die Männer der Punan und Penan haben sich mit den Iban zusammengeschlossen und Barrikaden an den Transportwegen im Urwald errichtet. Trotz einiger Verhaftungen geben sie es nicht auf, ihr Zuhause, den Dschungel, zu verteidigen.

Während es andere Stämme vorziehen, in der Nähe ihrer Langhäuser zu bleiben und auf dem Fluß zu reisen, besitzen die Nomaden ein geradezu übernatürliches Wissen vom Dschungel und seinen Bewohnern. Manche verwenden bestimmte Zeichen, Markierungen, die in Baumstämme eingeritzt, oder Blätter, die auf bestimmte Art zusammengebunden werden, um Nachrichten an andere Urwaldbewohner weiterzugeben. Sie geben darüber Auskunft, wie viele Leute unterwegs sind, wo die nächste Siedlung ist, ob sich in der Gegend Eßbares finden läßt. Andere brauchen solche Zeichen nicht, da sie den Dschungel genau kennen. Sie sind eins mit dem Pulsschlag ihrer natürlichen Umgebung und bewegen sich ebenso leise wie die Tiere des Urwaldes.

Rechts: Bei den Frauen der Kenyah sind verlängerte Ohrläppchen ein besonderer Schmuck.

Malaysia
80 km/ 50 miles

Yan Ta Khao
Palian
Ban Pakbara
Rattaphum
Songkhla
Hat Yai
Khlong Ngae
Chana
Pattani
Panare
Sadao
THAILAND
Sai Buri
Satun
PERLIS
Dung Na Ma
616
Yala
Narathiwat
Kangar
Jitra
Kuala Nerang
1145
Buket Bubat
Ban Nang Sata
Pattani
P. LANGKAWI
Alor Setar
KEDAH
Batang Merbau
Sungai Ko-lok
Tumpat
Kota Bharu
Peringat
Pangkal Kalong

Südchinesisches Meer

Gerik
Tasek Temengor
Kelantan
Kuala Kerai
Kampong Buloh
George Town
Ayer Itam
P. PINANG
Butterworth
Bukit Mertajam
G. Chamah
2171
KELANTAN
Kampong Lalok
G. Lawit
1519
Kuala Terengganu
Marang
Kubu Gajah
G. Besar
1749
Limau Kasturi
Kampong Merchang
Parit Buntar
Port Weld
Taiping
Sungai Siput Utara
Gua Musang
TERENGGANU
Kampong Surau
Dungun
Kuala Kangsar
PERAK
Ipoh
G. Korbu
2183
Batu Gajah
TAMAN NEGARA
MALAYSIA
G. Mandi Angin
1459
Kerteh
Pengkalan Baharu
Kampar
Jelai
NATIONALPARK
Kampong Ayer Puteh
Kemaman (Chukai)
Lumut
Kuala Lipis
Andamanisches
Tapah
Benta Seberang
G. Tapis
1512
Kampong Balok
Kuala Perak
Perak
Selim River
Raub
Jerantut
Kuantan
Meer
Telok Anson
Tanjong Malim
G. Benom
2107
Bentong
PAHANG
Manis
Pahang
Kampong Cherok Paloh
Sungai Besar
Kuala Kubu Baharu
Mentakab
Kampong Kuala Lepar
SELANGOR
Temerloh
Tenassi
Nenasi
Ampang
Kampong Kerayong
Tasek Dampar
Leban Chondong
P. TIOMAN
Kuala Lumpur
Petaling Jaya
Bahau
Rompin
Kampong Telek
Tanjungbalai
Kelang
Kajang
NEGRI
Kuala Pilah
Keratong
Telok Datok
Morib
Seremban
Rembau
Segamat
G. Tiong
1014
Mersing
Kap Pertandangan
Labuhanbilik
Port Dickson
SEMBILAN
Labis
Semenong
Masjid Tana
MELAKA
JOHORE
Rantauprapat
Bagansiapiapi
Melaka (Malakka)
Tangkak
Keluang
Kotapinang
PULAU RUPAT
Muar
Keluang
Langgapayung
Sungaisahir
Straße von Bengkalis
Batu Pahat
Simpang Rengam
Kota Tinggi
Gununglua
Dumai
Simpangyam
Bengkalis
PULAU BENGKALIS
Pontian Kecil
Kulai
Tanjungmedan
Pujut
Sintong
Duri
Ketamputih
Kukup
Johor Bahru
Pasarsibuhuan
Daludalu
Tasikserai
PADANG ISLAND
Pisang
Lemang
PULAU RANGSANG
Pangke
P. BATAM
Singapur
Sagulung
INDONESIEN
Pasirpengarayan
Balaipungut
Selatpanjang
TEBINGTINGGI I.
Timun
PULAU KUNDUR
Hutanopan
SUMATERA (SUMATRA)
Buatan
Siaksriinderapura
MENDOL ISLAND
Tanjungbatu
Rau
Aliantan
RIAU
Pakanbaru
Pelalawan
Bangkinang
Kampar
Sungaiguntung

Straße von Malakka
Andamanisches Meer

LAND DER VIELFALT

Ganz ohne falsche Bescheidenheit steht es in den offiziellen Informationsbroschüren für Touristen geschrieben: „Malaysia bietet einfach ... alles." Und so scheint es auch zu sein: malerische Fischerdörfer, ruhige Erholungsorte in den Bergen, wilde unerforschte Tropenwälder und leere, weiße, unendlich lange Strände. Nimmt man dazu die bunte kulturelle Palette der malaysischen Völker, so ergibt sich eine verführerische Mischung aus ländlichem Charme, faszinierenden Lebensformen und einem Hauch von Abenteuer; genau das, was auch noch den anspruchsvollsten Besucher in den Reise-Himmel entführen wird.

Und dies ist nur der Anfang. Denn zu Malaysias unzähligen Attraktionen gehören auch eine ureigene Kunst und ein facettenreiches Kunsthandwerk, farbenfrohe religiöse Feste und eine enorme Vielfalt an Speisen, die auch den wählerischsten Gaumen zufriedenstellt.

Malaysia liegt genau in der Mitte von Südostasien und nimmt eine Fläche von 243 000 Quadratkilometern ein. Damit ist es etwa so groß wie Japan, hat aber wesentlich weniger Einwohner (15 Millionen gegenüber 121 Millionen Japanern). Auf der Malaiischen Halbinsel, die 40 Prozent der Gesamtfläche ausmacht, leben 86 Prozent der Bevölkerung. 640 Kilometer entfernt und durch das Südchinesische Meer vom Mutterland getrennt liegen die beiden Bundesstaaten Sabah und Sarawak. Jeder der 13 Staaten hat seinen unverwechselbaren Charakter. Die Malaien und die Stämme der Ureinwohner machen zusammen etwa die Hälfte der Bevölkerung aus, die andere Hälfte besteht hauptsächlich aus Chinesen und Indern. Sie alle tragen ihren Teil bei zu jenem breiten Spektrum, das sich „Malaysia" nennt.

Ökonomisch wird das Land hauptsächlich von der Landwirtschaft getragen, daneben gehört es zu den weltgrößten Produzenten von Zinn, Palmöl und Gummi. Obwohl sich das Gesamtbild vor allem aufgrund der rapiden technologischen Entwicklung seit der Unabhängigkeit von britischer Kolonialherrschaft im Jahr 1957 ständig gewandelt hat, ist es bis heute ein Land der *kampongs* und Reisfelder, der Dschungel und Strände geblieben. Ganz besondere Sympathie gewinnt es durch die Freundlichkeit, tiefe Religiosität und ausgeprägte Vielfalt seiner Bevölkerungsgruppen. So daß man am letztendlich tatsächlich sagen kann: Malaysia bietet einfach alles.

Vorherige Seiten: Malaiische Geschichte in Schnappschüssen – an der Wand eines Langhauses in Sarawak. Ein Land mit vielen sympathischen Gesichtern. Ein Reisbauer im Inland. Fischer von Terengganu.

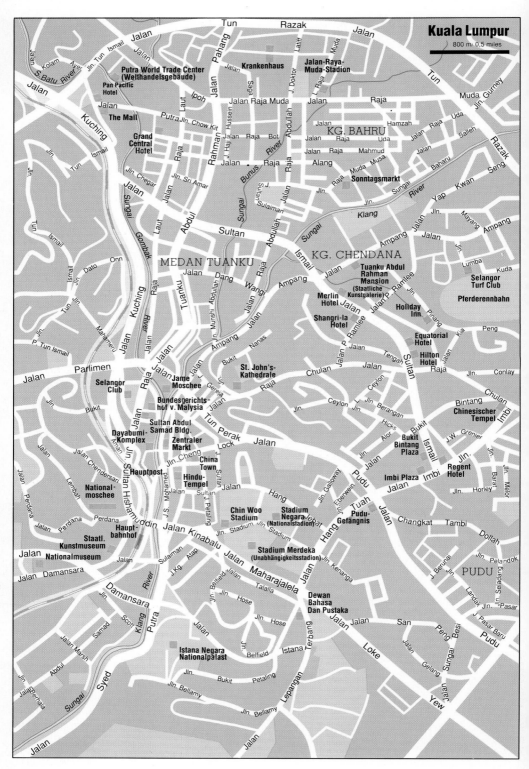

Kuala Lumpur

800 m/0,5 miles

Jalan Tun Razak

Jalan Pahang

Krankenhaus

Jalan-Raya-Muda-Stadion

Putra World Trade Center (Welthandelsgebäude)

Pan Pacific Hotel

Jalan Ipoh

Jalan Raja Muda

Jalan Raja

Muda Gurney

The Mall

KG. BAHRU

Grand Central Hotel

Jalan Chow Kit

Jalan Raja Bot

Jalan Raja Hamzah

Jalan Raja Uda

Razak

Jalan Raja Alang

Jalan Raja Mahmud

Sonntagsmarkt

Klang River

Jalan Sultan

MEDAN TUANKU

KG. CHENDANA

Tuanku Abdul Rahman Mansion (Staatliche Kunstgalerie)

Selangor Turf Club

Pferderennbahn

Merlin Hotel

Holiday Inn

Shangri-la Hotel

Equatorial Hotel

Hilton Hotel

Parlimen

Selangor Club

St. John's-Kathedrale

Chinesischer Tempel

Jame Moschee

Bundesgerichtshof v. Malaysia

Bukit Bintang Plaza

Regent Hotel

Sultan Abdul Samad Bldg.

Dayabumi-Komplex

Zentraler Markt

Imbi Plaza

Hauptpost

China Town

Nationalmoschee

Hindu-Tempel

Chin Woo Stadium

Stadium Negara (Nationalstadion)

Pudu-Gefängnis

PUDU

Hauptbahnhof

Staatl. Kunstmuseum

Nationalmuseum

Stadium Merdeka (Unabhängigkeitsstadion)

Dewan Bahasa Dan Pustaka

Istana Negara Nationalpalast

VOM HÜTTENDORF ZUR HAUPTSTADT

Kuala Lumpur, vor hundert Jahren ein kleiner Außenposten im Dschungel, ist heute als Metropole mit anderthalb Millionen Einwohnern die Hauptstadt Malaysias und wird liebevoll „KL" genannt. Wer die Stadt zum erstenmal sieht, ist überrascht von der faszinierenden Mischung aus Altem und Neuem und von der bunten Vielfalt ihrer Kulturen: Malaiische Moscheen im maurischen Stil stehen neben prunkvoll ausgestatteten chinesischen Andachtsstätten und Hindutempeln mit riesigen Torbögen; in den Warenhäusern drängen sich die Menschen, und die altehrwürdigen Verwaltungsgebäude strahlen gepflegte englische Ordnung aus.

Vielleicht ist auf dem Rasen des Padang gerade ein Kricketspiel im Gange, bei dem ein englischer Geschäftsmann, ein chinesischer Bankangestellter, ein turbantragender junger Sikh und ein malaysischer Beamter ein Team stellen. An einem Krankenhaus in der Stadt liest man das Motto: „Morgens westliche Medizin, nachmittags chinesische Heilkunde!" Die Schilder der Geschäfte sind in chinesischer, arabischer und lateinischer Schrift gehalten. Prächtige Villen zeigen bunte Stilmixturen, traditionelle Tempel und Moscheen stehen einträchtig neben hochmodernen Bürohäusern und blitzblanken Supermärkten; auch die Einzelhändler sind bestens sortiert und führen fast alles, vom Haarspray bis zu Räucherstäbchen. Die Restaurants in KL, ob überdacht oder unter freiem Himmel, bieten für jeden Gaumen etwas, von köstlichen Nudeln und Satay bis zu Pfeffersteaks und auf unwiderstehliche Weise zubereiteten Meeresfrüchten.

Bescheidene Anfänge: Über die Entstehung des Namens Kuala Lumpur sind verschiedene Theorien im Umlauf. Vielleicht ist die einfachste die beste: Die ersten Bergleute und Händler kamen auf der Suche nach Zinn zum Zusammenfluß von Klang und Gombak. Dies war der äußerste Punkt, den sie mit ihren Booten erreichen konnten, um im nahegelegenen Ampang nach Zinn zu graben. Von den ersten 87 Männern wurden innerhalb eines Monats 70 vom Fieber dahingerafft. Andere kamen nach, bauten Unterkünfte und begannen Handel zu treiben. Ihrer Siedlung gaben sie den Namen Kuala Lumpur, „sumpfige Flußmündung". Um 1860 war der einstige Landeplatz der Bergleute schon ein richtiges Dorf.

Die Gründung der Stadt fiel in eine sehr bewegte Zeit. Ein heißer Kampf um Schürf- und Wasserrechte führte zu Bürgerkriegen. Bandenkämpfe, Clan-Fehden und Morde waren an der Tagesordnung, und immer drohten verheerende Brände und Seuchen. Damals war KL eine lärmende, vor allem von Chinesen bewohnte Bergarbeitersiedlung mit Bordellen, Spielhöllen und Opiumhöhlen. Schließlich wurde es dem *Kapitan China* (chinesisch: „Boß") Yap Ah Loy unterstellt. Er wurde zur dominierenden Figur und lenkte die Geschicke der Stadt bis zu seinem Ende. Er führte Krieg gegen das Verbrechen, schlug Aufstände nieder und ließ ein Gefängnis errichten. Er tat viel für den Wiederaufbau, doch die Kriegsschäden waren so gravierend, daß der Ort bei seinem Tod im Jahre 1885 nichts war als ein Außenposten aus provisorisch zusammengeflickten Hütten im Dschungel.

Da trat Frank Swettenham, der britische Verwalter von Selangor, auf den Plan. Er verlegte die Verwaltung nach KL und regte den Bau von Ziegelhäusern an. Die alte Stadt wurde Straße für Straße abgerissen; breitere Verkehrswege und solide Stein- und Ziegelkonstruktionen gaben KL ein neues Gesicht. 1868 fuhr bereits die erste Eisenbahn von Klang nach Kuala Lumpur und verband die Stadt mit der Küste.

Bald war KL Dreh- und Angelpunkt von Verwaltung und Geschäftsleben, wuchs rasch und zog als Hauptstadt des Sultanats Selangor immer mehr Menschen aus der Umgebung an. Um die Jahrhundertwende wurde Kuala Lumpur Kolonialhauptstadt des neuen malaiischen Staatenbundes, und 1946 ließ sich hier das Hauptquartier der *Federation of Malaya* nieder.

Nach der Unabhängigkeit im Jahr 1957 nahm das Entwicklungstempo der Stadt noch einmal zu. Am 1. Februar 1974 wurde KL offiziell von Selangor losgelöst und war von da an eine eigene Verwaltungseinheit, das „Federal Territory". Heute ist KL Sitz der Bundesregierung von Malaysia und wird von einem Minister im Kabinettsrang verwaltet. In den letzten 15 Jahren hat sich die Silhouette Kuala Lumpurs grundlegend gewandelt: Modernste Wolkenkratzer geben ihr das Gepräge einer internationalen Metropole.

Streifzug durch die Stadt: Für einen ersten Einblick in die vielen verschiedenen Facetten dieser Stadt unternimmt man am besten eine Rundfahrt, die ortsansässige Reisebüros zusammen mit allen größeren Hotels veranstalten. Oder man entwirft seine eigene Tour und mietet sich dazu für einen Tag ein Taxi (Preis vorher aushandeln!). So erreicht man interessante Plätze auch außerhalb der Stadt und schont zugleich die Füße für einen späteren Bummel durch die Straßen von Chinatown.

Am besten beginnt man in der **Jalan Benteng**. Man sieht dieser Straße heute kaum an, daß hier, nahe am Zusammenfluß von Gombak und Klang, einmal die allerersten Hütten von KL gestanden haben: An dieser Stelle luden damals die Zinnschürfer ihre Boote aus, um nach Ampang zu gelangen. Hinter der Jalan Benteng liegt die Gegend, die einst Yap Ah Loys Reich war und die sich heute als modernes Geschäftsviertel aus Stahl und Glas präsentiert – direkt neben Chinatowns alten Gassen.

Auf der anderen Seite der Flüsse liegt das einstige Zentrum der englischen Kolonialmacht mit Verwaltungsgebäuden im maurischen Stil, die auch heute noch wichtige Funktionen haben. Die alte Stadthalle und der britische **Colonial Club** befinden sich am **Padang**, einem großzügigen, typisch englischen Rasenplatz, wie es ihn auch in Singapur und Ipoh gibt. Hier, wo natürlich Kriket, das englischste aller Spiele, gespielt wurde, war damals das Zentrum der englischen Gemeinde: Von den Veranden des *British Selangor Club* konnte man die Spiele auf dem Padang verfolgen. Auch Hockey, Fußball, Rugby und Tennis wurden hier gespielt; diese Sportarten sind inzwischen in die modernen Arenen der Stadt umgezogen.

Auf dem Padang wurde der Union Jack am 31. August 1957 zum letzten Mal eingeholt. Seitdem weht hier die Flagge des selbständigen Malaysia. Schauplatz für Staatsfeiern ist der Platz nach wie vor, und am Nationalfeiertag nimmt von hier die Parade ihren Ausgang. Eine Parade ganz anderer Art erlebt der Padang in der Zeit der Abenddämmerung: Dann treffen sich auf seinem Rasen die Transsexuellen und Transvestiten. 1989 wurde unter dem Gelände eine Tiefgarage gebaut, ein weiterer Schritt, um die Parkplatzprobleme zu lösen.

Das Herz des kolonialen Kuala Lumpur war das **Sultan Abdul Samad Building** direkt am Padang, der Verwaltungssitz der britischen Kolonialmacht. Später wurde es Sitz des **Obersten Gerichtshofs**. Dieser Prachtbau, eine Mischung aus nordindischem und maurischem Stil, ist aus der Zusammenarbeit

Märchenhafte Architektur: der Bahnhof von Kuala Lumpur.

von A. C. Norman und A. B. Hubbock hervorgegangen. Die beiden Architekten hatten zuvor in Indien gelebt und dachten, daß ein Baustil, der maurische, indische und arabische Elemente vereint, für das überwiegend moslemische Malaysia genau das Richtige sei. Dabei übersahen sie offenbar, daß zu jener Zeit die Malaien selber schon eine ebenso eigenständige wie praktische Architektur entwickelt hatten.

Heute ist der Gerichtshof das meistfotografierte Bauwerk der Stadt. Unübersehbar ist sein 40 Meter hoher Uhrturm mit goldener Kuppel, der Big Ben von Malaysia; er wird von zwei weiteren, nicht minder exotischen Türmen flankiert. Wenn bei besonderen Anlässen seine unzähligen Bögen mit farbigen Glühlampen beleuchtet sind, fühlt man sich wie in einem Märchen aus Tausendundeiner Nacht.

Bei der Grundsteinlegung im Jahr 1898 konnte Sir Charles Mitchell, der damalige Gouverneur des *Straits Settlement*, seinen Mißmut über die Extravaganz des Gebäudes nicht verbergen:

„Der Zinnboom wird auch nicht ewig dauern!" Und er hatte recht. Nur daß es inzwischen andere Quellen gibt, aus denen die Wirtschaft Malaysias ihren Reichtum schöpft.

Im Sultan Abdul Samad Building ist auch das **Infokraf** untergebracht, ein Informationszentrum für Handwerk und Kunst mit regelmäßigen Ausstellungen.

Der Klub des weißen Mannes: Der **Selangor Club** am Padang, 1884 großzügig im Tudorstil erbaut und später noch erweitert, half früher den Kolonialoffizieren, ihren Durst zu löschen. Nur Weiße hatten Zutritt zum „Spotted Dog" (Gefleckten Hund), wie der Klub in Anspielung an das damalige Klubemblem, einen Leoparden, genannt wurde. An der *long bar* zeigt sich das veränderte Gesicht Malaysias: Wo früher die Kolonialherren bei ihrem *setengah* (wörtlich „Halber (Peck)" entspricht rund 4,5 Liter Schnaps) saßen, vergnügen sich heute die höheren Staatsbeamten und wohlhabenden Geschäftsleute. Der Bau stammt von A. C.

Indisch-maurische Mischung: das Sultan Abdul Samad Building.

Norman, und wer genau hinsieht, entdeckt, daß auch malaiische Elemente darin verarbeitet sind.

Im Jahre 1894 baute A. C. Norman am Padang die **St. Mary's Church** (Marienkirche). Fortan konnten die englischen Herren mit ihren Familien im Sonntagsstaat über den Padang flanieren, um hier der großartigen Orgel des berühmten englischen Orgelbauers Henry Willis zu lauschen und nach Kräften mitzusingen.

Islamische Minarette: Als der Islam Staatsreligion wurde, verlor die St. Mary's Church an Bedeutung. Auf einer Landzunge am Zusammenfluß von Gombak und Klang entstand in unvergleichlicher Grazie 1907 die **Jame-Moschee**. Sie wurde von A. B. Hubbock nach dem Vorbild einer nordindischen Mogul-Moschee entworfen. Bis zur Eröffnung der **Nationalmoschee** nach der Unabhängigkeit war die Jame-Moschee das wichtigste Gebetszentrum der Moslems: Die Zwiebeltürme und Minarette sind von Palmengärten umgeben, das Rosa und Weiß der Wände kommt im Licht der Morgen- und Abendsonne besonders schön zur Geltung. Die Jame-Moschee ist öffentlich zugänglich und von der Jalan Tun Perak aus über einen ummauerten Innenhof, den *sahn*, zu erreichen. Vor dem Betreten sollte man die Schuhe ausziehen und nicht zu salopp gekleidet sein. Bei Sonnenuntergang spiegelt sich die Moschee in der Glasfassade eines nahen Wolkenkratzers und verbindet so das alte Kuala Lumpur mit dem neuen.

Am selben Ufer wie der Padang liegt ein Stück flußabwärts der ganz in Weiß gehaltene **Dayabumi Complex**. Er ist vom Central Market und der City her über eine Fußgängerbrücke erreichbar: ein dreißigstöckiger Wolkenkratzer, der auf fragilen arabischen Bögen steht und ausschließlich aus Import-Materialien errichtet wurde – wie es heißt, der teuerste Bau Malaysias. Er wurde 1985 vollendet und ist vollkommen computergesteuert. Im Dayabumi Complex haben verschiedene Regierungsbehörden ihren Sitz, daneben ist er die Zentra-

Englischer Tudorstil grüßt über den grünen Rasen des Padang.

le der staatseigenen Firma Petronas, die Malaysias Öl fördert.

Im nahen Umkreis finden sich Ladengeschäfte und Restaurants und das nicht minder eindrucksvolle **General Post Office,** die Hauptpost. Zwischen dem Dayabumi Complex und dem General Post Office gibt es einen Brunnen, von dem aus samstags Führungen auf das Dach des Dayabumi stattfinden. Der herrlich weite Blick von dort oben auf KL und seine Umgebung hat einen Künstler dazu inspiriert, das Panorama der Stadt als Gemälde auf einer der Wände festzuhalten.

Hinter diesen modernen Gebäuden liegt in der Jalan Hashamuddun der **Hauptbahnhof** von KL. Hier mit dem Zug anzukommen ist ein besonderes Erlebnis: Türmchen, Dachspitzen, Minarette und Bögen im arabischen Stil grüßen den Reisenden. Das Innere sieht dagegen aus wie viele viktorianische Bahnhofshallen in England. So sehr hielt man sich ans heimatliche Vorbild, daß es sogar einen Baustopp gab, weil das Dach nicht der englischen Norm

Das National Monument erinnert an das Ende der kommunistischen Rebellion 1950.

entsprach, nach der es einen Meter Schnee auszuhalten hatte! Der Bahnhof wurde 1911 fertiggestellt. Er besitzt ein eigenes Postamt, verschiedene Restaurants und das **Station Hotel**, das auch nach seiner Renovierung seinen nostalgischen Charme bewahren konnte. Der alte Lift sorgt nach wie vor für den mühelosen Aufstieg, an den hohen Decken in der Lobby und im Restaurant im Parterre schnurren die Ventilatoren. Die Schlafzimmer, mit eigenem Bad und viktorianischer Badewanne, sind riesig und haben immer noch dieselben ausladenden Balkone.

Dem Bahnhof gegenüber liegt der gewaltige Bau des **Malaya Railway Administration Building,** ebenfalls im maurischen Stil. Ein Stück weiter steht das alte Majestic Hotel, ehemals ein Quartier für ranghohe Kolonialoffiziere und ihre Familien. Inzwischen ist aus dem Hotel die **National Art Gallery** geworden.

Direkt neben der Art Gallery ist das Touristen-Informationszentrum **Balai Kuala Lumpur**, geöffnet Montag bis

Freitag jeweils von 8.30 bis 16.45 Uhr und samstags von 8.30 bis 13 Uhr; sonntags ist geschlossen. Sehr viel Prospektmaterial gibt es hier nicht, aber das Personal ist freundlich und hilft, so gut es kann. Eine Etage höher liegt der **Sang Kanchil Craft Shop**. Er führt Kunsthandwerkliches, Teppiche, Geschirr und Textilien.

Ein Stück entfernt an der gleichen Straße steht die 1965 vollendete supermoderne **Nationalmoschee Masjid Negara**. Die 18 Zacken ihres sternförmigen Daches symbolisieren die 13 Staaten von Malaysia und die fünf Säulen des Islam. Die Masjid Negara war eines der ersten Neubauprojekte nach der Unabhängigkeit des Landes und zählt zu den größten Moscheen der Region. Ihre Große Halle hat Platz für 8000 Gläubige.

Das Dach trägt noch einmal 48 kleinere Kuppeln, die in Art und Zahl der großen Moschee von Mekka nachempfunden sind. Kühle Marmorhallen, lange Wandelgänge und die Teiche im Hof, in denen sich der Himmel spiegelt, ergeben ein eindrucksvolles Bild. Dazu gehört ein Gartengelände von über fünf Quadratkilometern, auf dem für gefeierte Würdenträger des Landes eine exklusive Grabstätte reserviert ist. Die Moschee ist täglich von 9 bis 16 Uhr geöffnet, freitags nur von 14.45 bis 18 Uhr. Auch hier zieht man vor dem Betreten die Schuhe aus und vermeidet am besten allzu legere Kleidung. Frauen haben einen separaten Eingang und können sich für den Besuch ein Tuch oder einen Umhang ausleihen.

Ein grünes Refugium: Wer gesehen hat, wie dicht bebaut die Innenstadt von KL ist, fragt sich wahrscheinlich, ob es außer dem Padang noch irgendwo in der Stadt ein grünes Fleckchen gibt. Tatsächlich wurden aufgrund des stark gestiegenen öffentlichen Interesses in KL nicht weniger als 30 Grünflächen geschaffen, von bepflanzten Verkehrsinseln bis hin zu großen Parks.

Am bekanntesten und beliebtesten sind die **Lake Gardens**: 70 Hektar sattes Grün mit schattenspendenden Bäumen und blühenden Pflanzen beweisen, daß der Dschungel tatsächlich gezähmt

werden kann. Möglich wurde das, nachdem der Engländer A. R. Venning 1888 seinen Landsmann Swettenham von der Notwendigkeit einer öffentlichen Parkanlage überzeugt hatte. Der größte See in den Lake Gardens ist der **Tasek Perdana**, früher Sidney Lake genannt. Hier kann man stundenweise Boote mieten. Der Park ist bei den Einheimischen und bei Besuchern gleichermaßen beliebt und natürlich am Wochenende besonders gut besucht. Frühmorgens und abends keuchen die Jogger über die feuchten Pfade, Familien sitzen beim Picknick, verliebte Pärchen suchen sich lauschige Plätzchen, und betagte Chinesen absolvieren ihr T'ai-Chi-Pensum. Der Park ist von Montag bis Samstag von 10 bis 18 Uhr, an Sonn- und Feiertagen von 8 bis 18 Uhr geöffnet.

Auf dem Gelände und in der näheren Umgebung ziehen etliche interessante Bauten die Aufmerksamkeit auf sich. 76 Meter hoch über dem See erhebt sich in glänzendem Weiß das **Parlamentsgebäude** mit seinem achtzehnstöckigen Turm und einem Querschiff, in dem

Die Nationalmoschee, das religiöse Zentrum Kuala Lumpurs.

sich traditionelle und moderne Elemente vereinen. Es wurde im Jahr 1962 eröffnet und bietet Platz für verschiedene Behörden, mehrere Tagungsräume, einen Bankettsaal, Restaurants, Bars und eine Bibliothek. Die Besichtigung des Gebäudes ist nur nach vorheriger Anmeldung und in entsprechender Kleidung möglich.

Auf einem kleineren Hügel steht das **National Monument**. Es ist den Menschen gewidmet, die im Kampf gegen die kommunistische Rebellion der fünfziger Jahre gestorben sind. Die Statue ist eine Nachbildung des berühmten Iwo Jima Memorial in Washington DC., das Malaysias ersten Premier, Tunku Abdul Raman, während eines USA-Besuchs besonders beeindruckt hatte. Das malaysische Modell ist aus Bronze und wurde von Felix de Weldon in Italien geschaffen.

Die höchste Figur des Monuments trägt die malaysische Flagge und soll Einheit und Stärke demonstrieren, die beiden Männer links und rechts von ihr Mut und Wachsamkeit. Ein Vierter in der Mitte, der einen verwundeten Kameraden hält, drückt die Opfer und das Leiden kämpfender Soldaten aus. Im Wassergraben, der den Sockel der Statue umgibt, stehen unter einem Springbrunnen Wasserlilien aus Zinn.

Unweit von hier befindet sich der **Zenotaph**, ein Denkmal der Engländer für die Gefallenen der beiden Weltkriege, das früher beim Hauptbahnhof stand. In diesem Park ist auch der **Lake Club**, den einige Abtrünnige des Selangor Club um 1900 gründeten. In der Nähe steht der **Carcosa**, das Urbild eines kolonialen Bungalows, 1896 für den Verwaltungschef der Federal Malay States gebaut und später vom britischen Hochkommissar bewohnt. Interessant ist auch das **Tun Abdul Razak Memorial**, benannt nach dem zweiten Premierminister Malaysias. In dem Haus, das auch Sri Taman genannt wird, sind Dokumente und Besitztümer des Mannes zu besichtigen, der sich um die Förderung der Landwirtschaft Malaysias verdient machte und für seinen Gerechtigkeitssinn bekannt war.

Alle folgen dem Ruf zum Gebet.

Aus dem Leben gegriffen: Am Rande des Parks, nahe der Jalan Travers, liegt in der Jalan Damansara das **National-museum**. Das Selangor Museum, das früher am selben Hang lag, wurde im Zweiten Weltkrieg zerstört. Das neue Gebäude wird von einem riesigen Dach im Menangkabau-Stil gekrönt, italienische Mosaiken schmücken die Fassade zu beiden Seiten des Haupteingangs. Vor allem die sozialen und kulturellen Abteilungen sind einen Besuch wert. Ausführlich wird über die eigenständige Kultur der Nonyas und Babas berichtet, in der sich chinesische und malaiische Traditionen verbinden.

Auch die vollständige Rekonstruktion eines malaiischen Kampongs ist zu sehen und zum Vergleich die Darstellung einer Szene bei Hofe mit antikem Schmuck und Zierat aus Gold und Seide. Die malaiischen Freizeitbetätigungen und Sportarten sind ausführlich dokumentiert. Anhand von Beispielen aus der Türkei, Indien, Indonesien, Thailand und Malaysia wird die Geschichte des Schattenspiels dargestellt.

Sehr informativ ist auch die Präsentation der Lebensformen der Orang Asli. Über die ursprüngliche Flora und Fauna des Landes wird ebenso anschaulich unterrichtet wie über die malaysischen Bodenschätze. Besonders spektakulär: der Schädel eines Elefanten, der einmal einen Zug zum Entgleisen gebracht haben soll – und ähnlich sensationell: der „Amok-Fänger", eine furchterregende Vorrichtung, mit der Amokläufer gefangen und besänftigt wurden.

Mit besonderer Erlaubnis des Museumsleiters steht die umfangreiche Präsenzbibliothek im Tiefgeschoß des Gebäudes mit ihren vielen Originalmanuskripten und Schaubildern auch Touristen zur Verfügung. Das Museum ist täglich von 9 bis 18 Uhr geöffnet, nur freitags schließt es zur Mittagspause von 12 bis 14 Uhr.

Vier Kilometer entfernt an der gleichen Straße steht das **Museum of Asian Arts** auf dem Gelände der Universität von Malaysia, die für eingehende Forschungen zu speziellen Aspekten des Landes natürlich die idealen Vorausset-

Blumenladen in der Innenstadt.

zungen bietet. Das Museum zeigt über 2000 repräsentative Kunstwerke aus China, Japan, Indien, Persien und Südostasien. Es ist werktags während der üblichen Bürozeiten geöffnet.

T'ai Chi auf dem Hügel: Wenn man von hier aus den Fluß überquert, führen die Jalan Kinabalu und die Jalan Stadium zum Changkat Stadium, der auch **Stadium Hill** heißt, weil er ganz von den drei wichtigsten Sportstadien Kuala Lumpurs beherrscht wird. Das **Stadium Negara**, das Nationalstadion, sieht mit seinem riesigen freihängenden Dach wie ein Raumschiff aus. Das **Chin Woo Stadium**, das älteste, besitzt ein Schwimmbad. Das größte ist das **Stadium Merdeka** (Unabhängigkeitsstadion), eine riesige Arena mit Platz für 50 000 Zuschauer. Es wurde zur Unabhängigkeitsfeier des Landes 1957 gerade rechtzeitig fertiggestellt: Hier, in Gegenwart der neun Herrscher der malaiischen Inselstaaten, übergab der Vertreter der englischen Königin offiziell die Macht an den ersten Premierminister des Landes.

Ereignisse von nationaler Bedeutung finden auch heute noch in diesem Stadion statt, so zum Beispiel die internationalen Koran-Lesewettbewerbe, Militärparaden und Pokalendspiele. Fußballanhänger können hier ihre Stars bei Flutlicht sehen, denn die Malaien spielen am liebsten nach Sonnenuntergang.

Wenn in der Stadt gerade die allmorgendliche Rush-hour beginnt, kann man auf dem Stadium Hill viele, vorwiegend ältere Menschen bei ihrem würdevoll und anmutigen T'ai Chi erleben. Die meisten kommen fast jeden Tag auf den Hügel und genießen hier oben ihre Übungen und den inneren Frieden, den sie vermitteln.

Gefängnisse, Paläste und Tempel: An der Jalan Pudu liegt das **Pudu Prison**, ein Gefängnis, dessen Name im Guinness-Buch der Rekorde steht. Es besitzt die längste Wandmalerei, die je ein einziger Mensch vollendet hat. Ein Mann, der hier einsitzen mußte, malte jeden Tag zehn Stunden an dem Wandgemälde auf den Außenmauern des Gefängnisses: Szenen vom Leben auf dem

Morgennebel verschleiern die Pferderennbahn des KL Turf Club.

Lande und im Dschungel, von denen die Insassen nur träumen konnten. Am Ende seiner Strafzeit hatte er zwei ganze Mauern vollgemalt.

Hier, im südlichen Kuala Lumpur, liegt auch der **Nationalpalast**, die offizielle Residenz des Königs. Er war ursprünglich das Stadthaus eines reichen Chinesen, wurde 1926 verkauft und zu einem Palast für die Sultane von Selangor umgebaut. Die weißen Wände und großen Balkone entsprechen ganz dem damaligen Kolonialstil, im Kontrast dazu steht die von einer Krone umgebene goldene Kuppel auf dem Dach. Zum Empfang von Gästen gibt es zwei verschiedene Teppiche: den üblichen roten für Politiker und andere Würdenträger und einen gelben für königliche Hoheiten. Hier werden illustre Gartenpartys, Empfänge und Amtseinführungen abgehalten. Ansonsten hat der König wie jeder der 13 Sultane in der Stadt seinen eigenen Palast. Der Sultan von Perak kam Anfang 1989 mit Zustimmung der anderen Sultane für fünf Jahre auf den Thron.

Wenn man hinter dem Nationalpalast die Jalan Lepangan Terbang Richtung Süden fährt, kommt man zu der schmalen Jalan Kerayong. Diese führt steil bergauf in die Nähe der chinesischen Friedhöfe.

Hier, wo man einen herrlichen Blick auf die Stadt hat, steht seit 1985 der jüngste und größte buddhistische Tempel von KL, der **Tempel Yuen Tung Tze**. Chinesische Multimillionäre haben, so hört man, jeder einen Pfeiler gestiftet (man zähle die Pfeiler!). Der Bau soll eine riesige Summe gekostet haben, die genaue Zahl ist allerdings ein wohlgehütetes Geheimnis. Der Tempel hat alles, was zu einem vollständigen Gemeindezentrum gehört: im Untergeschoß ein Restaurant, im Erdgeschoß einen großen Konferenzsaal für Treffen der Clans und Hochzeiten, im ersten Stock einen Jugendklub, einen Frauenklub und Büroräume. Über allem befindet sich der eigentliche Tempel mit seinen vielen großen und kleinen Dächern. Sogar einen kleinen Garten gibt es, den man von allen andern Teilen einsehen

Ein nächtlicher Markt an der Jalan Petaling in Chinatown.

kann. Das Ganze wirkt spielerisch und doch beeindruckend, mystisch entrückt und gleichzeitig entschieden diesseitig.

Die Villen der Zinnkönige: Unbedingt zu empfehlen ist ein Besuch in der **Jalan Ampang**. Dabei bleibt man am besten im Wagen, denn diese Straße ist sehr lang. Sie brachte manchem ein Vermögen ein, denn rund zehn Kilometer weiter an ihrem Ende lagen die reichen Zinnminen von Ampang.

Das Zinn-Imperium verschaffte den Minenbesitzern Geld genug, um an der Jalan Ampang Luxusvillen bauen zu lassen als sichtbaren Beweis ihres Erfolges. Viele dieser prunkvollen Gebäude sind inzwischen verfallen, manche einst gepflegten Gärten hat der Dschungel wieder zurückerobert. Einige Villen sind aber erhalten geblieben und erlauben einen nostalgischen Blick zurück in die Tage des Zinnbooms, als elegant gekleidete Menschen die Salons bevölkerten, auf den Veranden tanzten und im Garten flanierten. Ein gutes Beispiel ist die Villa **Chan Chin Mooi**, die sich in Privatbesitz befindet.

Einen guten Eindruck von der ganzen Pracht der alten Jalan Ampang vermittelt das **Bok House**, in dem heute das feine Restaurant **Le Coq d'Or** zu Hause ist. Hier kann man dinieren und sich dabei an alte Zeiten erinnern lassen, denn alles ist genau wie früher: die Säulengang-Veranden, der italienische Marmor, die Gemälde aus dem 18. Jahrhundert. Und so interessant wie das Haus selbst ist auch seine Geschichte.

Chua Cheng Bok, ein armer Junge, der im letzten Jahrhundert hier in KL eine kleine Fahrradwerkstatt betrieb, verliebte sich heftig in die Tochter eines reichen Minenbesitzers, dessen Villa stolz die Jalan Ampang zierte. Aber der Vater verbot dem Paar die Heirat. Chua, bitter enttäuscht, sann auf Rache und steckte von da an seine ganze Kraft in die Arbeit, erweiterte seinen Betrieb und begann, Zinnanteile zu kaufen. Sein Vermögen wuchs, bis er eines Tages direkt neben das Haus seines Widersachers eine Villa stellen konnte, die noch größer und prächtiger war. So steht das Bok House noch heute, wäh-

Der Central Market hat sich zu einem stilvollen Einkaufszentrum gemausert.

rend das Haus des arroganten Nachbarn längst verschwunden ist. Und weil Chua testamentarisch bestimmte, daß das Haus weder verkauft noch in der Ausstattung verändert werden darf, kann man hier noch von der alten Zeit und von Chuas Geschichte träumen.

Ein Stück die Straße hinauf liegt das **Dewan Tunku Abdul Rahman Mansion**, das vormals der Familie Eu Tong Seng gehörte. Nach der Unabhängigkeit war das Parlament hier untergebracht, dann die Nationalgalerie. Jetzt ist es Sitz der Sozialverwaltung. In viele der noch erhaltenen Villen sind inzwischen Botschaften und Konsulate eingezogen. Deshalb wird die Jalan Ampang auch „Ambassadors' Row" genannt. Hier findet man den **Selangor Turf Club** und den **Khoon Yam Buddhist Temple**, den ältesten chinesischen Tempel von KL, der inzwischen allerdings umfangreich renoviert wurde. An der Einmündung der Circular Road (Jalan Pekeleling) finden sich nicht nur mehrere Einkaufszentren, sondern auch der neue **Ampang Park.**

KLs Chinatown: Wenn man sich mit Bus, Taxi oder Auto einen ersten Überblick über die Stadt verschafft hat, wird es langsam Zeit, sich die Füße zu vertreten. Auf diese Weise (oder mit einer *trishaw*) erobert man die Altstadt immer noch am besten, denn im Innern der alten Ladengeschäfte gibt es Faszinierendes zu entdecken.

Chinatown wird begrenzt von der Jalan Sultan, der Jalan Bandar (der alten High Street, inzwischen auch Jalan Tun HS Lee genannt) und der Jalan Petaling. Für passionierte Käufer und Kenner rarer Exotica ist Chinatown ein Paradies. Chinesische Apotheken zeigen ihre Kräuter und Tinkturen in Porzellangefäßen oder unter Glas, bunt gemischt mit vertrauteren westlichen Produkten. Es gibt Juweliere und Goldschmiede, Kasten- und Korbmacher, Zoohandlungen, Optiker, Sargtischler, Rahmenmacher und Kurzwarenläden. In den engeren Seitengassen findet man Schuhmacher, Wahrsager, chinesische Schriftenmaler, Ledernäher und indische Blumenverkäufer. Wenn man hier auf ei-

Ein wahrsagender Sikh wartet auf Kunden.

nen kleinen Menschenauflauf stößt, entdeckt man vielleicht einen Medizinmann beim Anpreisen seiner Wundermittel oder einen Schlangenbeschwörer, der sein Publikum gerade um ein paar Dollars zu erleichtern sucht.

Die **Jalan Petaling** hat wechselnde Gesichter. Frühmorgens besuchen chinesische Hausfrauen die Marktbuden, um Frisches einzukaufen, und aus den chinesischen Bäckereien dringen köstliche Düfte von Knödeln und süßem Brot, das mit roter Bohnenpaste und Hühnchen-Curry gefüllt ist. Wenn dann die Stadt erwacht und der Verkehr sich in die Straßen ergießt, muß sich manch blitzender Mercedes zwischen Fahrrädern und *trishaws* seinen Weg bahnen.

Im kühleren Innenraum des 1906 erbauten **Klanhauses und Tempels Chan See Shu Yuen** kann man sich vom Tumult der Straßen erholen. Hier gibt es kunstvolle Kacheln, Ornamente und Wandgemälde zu sehen, vielleicht auch eine kleine Katze, die gerade einen Schmetterling zu fangen versucht, während draußen die Rolläden der Geschäfte hochgehen und den Blick freigeben auf Töpfe, Schuhe (nach Maß), Särge, Hochzeitskleider, Brillen und Zinngeschirr, auf Schmuck und Arzneimittel. Ein Stück weiter verkauft ein Tempelladen selbstgemachte Papiermodelle von Hausdienern, Villen, Autos und Bündeln von Banknoten. Wer diese Symbole für verstorbene Freunde verbrennt, wünscht ihnen damit Erfolg in ihrem nächsten Leben.

Geht man die Straße weiter, stößt man auf ein gut besuchtes chinesisches Restaurant, das **Yoke Woo Thin**, wo schon ab sechs Uhr früh die leckeren *dim sum* verkauft werden, und das **Seng Kee**, vermutlich das älteste Restaurant in Chinatown, das zum traditionellen Vollmondfest im Herbst eigene *mooncakes* bäckt. An Straßenständen werden chinesische Heilmittel angeboten. Man kann hier auch sitzen und die Medizin an Ort und Stelle ausprobieren. Selbst wer eine eigene Flagge braucht, findet den passenden Laden.

Abends um 17 Uhr ändert sich die Stimmung in der Jalan Petaling erneut, wenn viele der Rolläden wieder heruntergehen. Ein Teil der Straße wird für den Verkehr gesperrt und verwandelt sich im Handumdrehen zum *night market*, einer wahren Fundgrube für „echte" Kopien von Markenuhren und T-shirts, Antiquitäten, Geschenke, Haushaltsartikel und Räucherstäbchen. Dunkelhäutige Nepalesen zeigen ihre exotische Schmuck-, Edelstein-, Silber- und Stoff-Kollektion, alles „frisch" aus Nepal: eine anregende Atmosphäre, in der man sich übrigens in der Kunst des Feilschens üben sollte.

Das Angebot umfaßt sogar Frischfleisch von Krokodil, Katze und Hund. Mancher wird allerdings lecker zubereiteten chinesischen Fisch vorziehen oder ein Bier an einem der Tische, die die Restaurants bis weit in die Straße hinein aufgebaut haben. Die klangvolle Untermalung liefert ein nahegelegenes kantonesisches Musikgeschäft.

Die frühere High Street, **Jalan Bandar**, neuerdings Jalan Tun HS Lee genannt, birgt ihre eigenen Schätze. Hier steht die alte **Victorian Institution**, 1893 in einem eigentümlichen engli-

Bunter Götterhimmel – der Sri Mahamariamam Tempel.

schen Landhausstil erbaut und jetzt als Theater eingerichtet. Die Straße ist von Läden gesäumt: alte und neue Uhren, Korbwaren, Töpferwaren, Brillen. Viele der Geschäfte hier sind renoviert, um die Altstadt vor dem Ansturm der Moderne zu bewahren.

An der Jalan Bandar liegt auch der **Kwoong Siew Association Tempel**, und dann überrascht mitten im chinesischen Viertel der **Sri Mahamariaman Hindu Tempel** mit seinem mächtigen Tor, das einen ganzen Schwarm bunter Götter zu einem beeindruckenden Reigen verbindet. 1873 entstand er an dieser für Hindus bedeutsamen Stelle, denn hier, knapp außerhalb der Innenstadt von KL, beginnt der Thaipusam-Pilgerweg zu den Batu-Höhlen. Vor dem Tempel verkaufen Frauen und Kinder Girlanden aus duftendem Jasmin, und ein Mann in einem *dhoti* (Hüfttuch) betreibt eine Bude, in der die Besucher des Tempelhofs ihre Schuhe aufbewahren können. Gläubige, die vom Gebet kommen, haben die Stirn mit geweihter Asche bestrichen.

In der **Jalan Sultan** sind die Zoohandlungen weder zu überhören noch zu übersehen: Singvögel zwitschern in Käfigen, Schoßhunde, junge Katzen, Kaninchen und Meerschweinchen warten neben Affen, Halbaffen und Schlangen auf ihr Schicksal, und vielleicht schiebt sich eine große Schildkröte über den Ladenfußboden. Nicht alle Tiere hier werden als Haustiere verkauft, manche enden auf der Speisekarte einer Hochzeitsgesellschaft oder eines großspurigen Geschäftsbanketts.

Am Ende des Central Market liegt das Geschäftsviertel, eine interessante Mischung aus Alt und Neu: hier ein Kaufhaus, aus dessen Wand ein ganzer Baum hervorwächst, dort die nackte Wand eines großen Hochhauses, dazwischen kleine Imbißbuden. Der **Central Market** ist genau da, wo einst laut Swettenham ein „äußerst unsicherer Schuppen" stand, in dem die Marktverkäufer der Umgebung Obst, Gemüse, Haushaltsbedarf und Kunsthandwerkliches feilboten. Das jetzige Gebäude, ursprünglich als Kaufhaus geplant,

Unten links: Modernes Batik-Gemälde. Unten rechts: Traditionelle Tanzvorführung.

stammt aus dem Jahr 1936. Seine Art-deco-Elemente und die hohen Decken wurden renoviert und pastellrosa und himmelblau gestrichen. Heute ist es das Haus des **Handicraft Centre**, dessen gute Auswahl an Kunsthandwerk zu erschwinglichen Preisen angeboten wird (handeln sollte man trotzdem). Neben verschiedenen Läden, Verkaufs-ständen und Restaurants gibt es im Central Market auch öffentliche Veranstaltungen. Die Programme dafür sind an Ort und Stelle oder im Touristenbüro erhältlich; wenn man Glück hat, erwischt man gerade ein Konzert, eine Tanzaufführung oder ein Schattenspiel.

Gegenüber dem Central Market führt mit der Jalan Hang Kasturi eine kleine Allee geradewegs zu Kuala Lumpurs ältestem Tempel, **Hsien Szu Yeh Miao.** Mit geducktem Kopf, um nicht an die niedrig hängenden Stangen des Baldachins zu stoßen, gelangt man an den Imbißständen der Allee vorüber zum Tempeltor. Der Tempel ist ziemlich klein und dunkel, seine Decke vom Rauch der Altäre geschwärzt. Feine Holzschnitzarbeiten zeigen Szenen aus dem buddhistischen Kanon, und in einem Rahmen seitlich des Altars hängt ein Foto von Yap Ah Loy, auf dem er wie ein netter Heiliger aussieht und nicht wie der rigide Boß, als den ihn viele erleben mußten.

Die Tempel waren die ersten gemauerten Gebäude, in die erfolgreiche chinesische Pioniere ihren Reichtum investierten. Als KL nach 1880 erneuert wurde, floß reichlich Geld in solche Bauten. So ließ Yap 1884 den Tempel von **Sen Ta** bauen, der für mehrere Jahre ein Zentrum des bekannten chinesischen Sen-Ta-Kults war: Der Tempel veranstaltete alljährlich zu bestimmten Anlässen teure und prunkvolle Prozessionen durch die Stadt.

Saris, Batik und Steaks: Neben Chinatown gibt es auch andere Gegenden, in denen es Spaß macht, zu bummeln und sich umzusehen. Ein solcher Stadtteil liegt nördlich des Padang. Die Hauptstraße dieses Viertels ist die **Jalan Tunku Abdul Rahman**, so benannt nach dem ersten Premierminister des unab-

hängigen Malaysia. Einheimische nennen sie **Batu Road**. Die Straße beginnt am Padang und ist voller alter und neuer Läden, moderner Fachgeschäfte, preiswerter Hotels und vieler *kedai makan* (Imbißbuden).

Auf halbem Wege liegt das **Coliseum Cinema**, 1920 als eines der ersten Kinos gebaut, und gleich nebenan das **Coliseum Cafe and Hotel**. Dieses berühmteste Restaurant von KL hat eine große Tradition. Hier kommen seit über 60 Jahren die besten Steaks der Stadt auf den Tisch. Seine Bar wurde jahrzehntelang von Bergleuten, Plantagenarbeitern, Regierungsbeamten und Soldaten frequentiert, und auch heute noch sind die Stammgäste ebenso bunt zusammengesetzt wie ehemals. Auch die Einrichtung hat sich nicht wesentlich verändert, selbst die chinesischen Kellner bedienen ihre Gäste ganz im Stil der Kolonialzeit.

Sechs Tage die Woche ist die Batu Road vom Straßenverkehr überflutet, jeden Samstagabend aber wird sie zur Fußgängerzone. Dann sieht man hier nur Marktstände und kann, was tagsüber in den Läden angeboten wird, zu recht günstigen Preisen erstehen.

Abseits der Batu Road, wo der Padang endet, liegt die **Jalan Melayu**. In dieser Gegend gibt es viele indische Läden, die Seide, Saris und handgearbeiteten Schmuck verkaufen. Jeden Abend nach 18 Uhr etablieren sich Küchen auf Rädern mit Tischen und Stühlen auf der Straße, die Gerichte sind scharf oder weniger scharf, je nach Geschmack.

Draußen zu essen macht oft mehr Spaß als in den großen Restaurants, wo man sich wegen der Klimaanlagen anziehen muß wie im Winter. Imbißstände im Freien gibt es in der ganzen Stadt, aber die berühmtesten liegen hier am Flußufer. Zu den Spezialitäten zählen Hammelfleisch und Hühnersuppe. Nudeln (*mee*) werden gebraten als *mee goreng* angeboten oder gekocht als *mee rebus*. Natürlich gibt es auch am Spieß gegrilltes Satay mit scharf gewürztem Fleisch und Lychee- oder Zuckerrohrsaft (*tebu*). Weitere Leckereien sind ge-

Satay, ein köstliches Produkt der malaysischen Küche.

dünstete Muscheln und *ice kacang,* eine Mischung aus Bohnen und Erdnüssen in farbigem Eis.

Hinter der Jalan Melayu liegt die **Jalan Masjid India**. Hier stand früher die allererste Moschee der Stadt, die inzwischen einem neueren Bau Platz gemacht hat. Die Straße führt zum ehemaligen Rotlichtbezirk. Heute präsentieren sich hier ansehnliche Läden, Restaurants, Firmensitze und Hotels der mittleren Preisklasse.

Von der Kreuzung Jalan Dang Wangi aus führt die breitere Seite der Batu Road zum **Chow Kit.** Die preiswerten Unterkünfte dieses Vergnügungsviertels reichen vom Hotel-Restaurant bis zum anspruchslosesten Quartier. Viele leichte Mädchen suchen im Chow Kit ihr Auskommen. Das Nachtleben von KL ist hier am buntesten und obendrein billig. Wenn gerade die *durian*-Früchte reif sind, liegt schwer ihr durchdringendes Aroma in der Luft, und über dem tosenden Lärm der Straßen schwirrt der heisere Sound der Musik.

Mitten im Herzen dieses Viertels ist der **Chow Kit Market**, der als der beste und preiswerteste Lebensmittelmarkt der Stadt gilt. Sonntag früh sieht man die Hausfrauen bei ihren Einkäufen und genießt die unverfälschte Atmosphäre eines malaiischen Marktes.

Vor dem Chow Kit liegt in der Batu Road auf der rechten Seite das Palais **Wisma Loke**, auch ein Erinnerungsstück aus der alten Zeit. Cheow Ah Yeok, der ein Freund Yap Ah Loys war und als Minenbesitzer ein Vermögen gemacht hatte, baute die Villa seinerzeit mit klassizistischen Bögen und Pfeilern, Balustraden aus jadefarbenem chinesischen Porzellan, Malakka-Kacheln und einem Mondtor im Innern. Benannt ist das Haus aber nach Loke Yew, der es nach Cheows Tod erwarb. Er war mit 13 Jahren ohne einen Pfennig Geld nach Singapur gekommen und wurde einer der schillerndsten Millionäre des Landes. Das Wisma Loke wurde nicht nur wegen seines Baustils bewundert, sondern auch wegen seiner elektrischen Beleuchtung, der ersten in KL. Heute steht es Besuchern offen, die hier auch Antiquitäten kaufen können.

Einheimische Keramik zeigt traditionelle Motive.

Ein anderer Teil vom Chow Kit heißt **Jalan Putra** und hat sich mittlerweile zu einem bedeutenden Handelszentrum mit vielen ansehnlichen modernen Gebäuden gemausert, deren mit Abstand teuerstes wahrscheinlich das 40stöckige **Putra World Trade Centre** ist. Hier haben viele Verwaltungsbüros des Landes ihren Sitz und, von der 24. bis zur 27. Etage, die Zentrale der **Tourist Development Corporation** (TDC). Im Schatten dieses Riesen liegt die **Putra Concert Hall**, deren Dach im Menangkabau-Stil eine Atmosphäre traditioneller Festlichkeit ausstrahlt. Gleich nebenan ist das **Pan Pacific Hotel**, dessen Außenfahrstuhl einen interessanten Blick auf das Chow Kit, die Jalan Raja Laut und die angrenzende Stadt gewährt. Der Komplex um das Putra World Trade Centre ist von vielen Punkten der Stadt aus zu sehen.

Auf der anderen Seite liegt **The Mall Shopping Centre**, das modernste Einkaufszentrum der Stadt. Es wurde erst kürzlich eröffnet und bietet viele westliche Konsumartikel und Markenfabri-

kate an. Wer indes das Traditionelle bevorzugt, wird sich sicher in **Kampong Bahru** mit seinen ausschließlich malaiischen Geschäften wohlfühlen.

Sonntagsmarkt am Samstag: Auf Antrag des Sultans von Selangor wurden 1889 rund 90 Hektar Land für eine landwirtschaftliche Siedlung außerhalb des Chow Kit bereitgestellt. So entstand **Kampong Bahru** (wörtlich: das neue Dorf). Wer es betritt, läßt Lärm und Dunst der geschäftigen Großstadt hinter sich, genießt die ruhigen Straßen, an denen noch Gras wächst, die soliden malaiischen Holzhäuschen, die im Schatten von Obstbäumen stehen. Und obwohl die Moderne mit mehr und mehr Ziegelbauten Einzug hält, bleibt das Gefühl, in Kampong Bahru der Großstadt entronnen zu sein.

Hier erwacht an jedem Samstagabend – und nicht am Sonntag, wie man meinen könnte – der *pasar minggu* (der Sonntagsmarkt) zu neuem Leben und dauert bis in die frühen Sonntagmorgen hinein: ein klassisch malaiischer Markt, der allemal einen Besuch lohnt, auch wenn man gerade keine *songkok*-Mützen, Gebetsbücher oder handgefertigte Batiken braucht. Viel Kunsthandwerkliches wird angeboten: Aschenbecher, Vasen, Schmuckkästchen, Blumentöpfe aus Muscheln, irdene Töpfe (*labu*), Silberarbeiten aus Kelantan und reich bestickte Sarongs aus Terengganu, die hier von vielen Männern zusammen mit einem weißen Käppchen, dem Zeichen der Mekka-Pilger, getragen werden. Zu essen gibt es natürlich das berühmte Satay und andere Köstlichkeiten der malaiischen Küche. Derweil erklingt von einer Bühne in der Mitte des Marktes populäre malaiische Musik.

Das goldene Dreieck von KL: Keine zwei Kilometer von der Batu Road entfernt ist das Goldene Dreieck der Stadt entstanden, das Viertel der teuren Geschäfte und erstklassigen Restaurants, der Hotels internationaler Klasse und des exklusiven Nachtlebens. An der **Jalan Bukit Bintang** gibt es drei große Einkaufszentren, das **Sungei Wang Plaza**, das **Bukit Bintang Plaza** und das **Imbi Plaza**. Das Bukit Bintang Plaza ist mit dem Sungei Wang Plaza verbunden, es ist bekannt für seine Verbrauchermessen und seine Ausstellungen. Das **Kuala Lumpur Plaza** besitzt das größte Angebot an Elektroartikeln in KL. Im Imbi Plaza dagegen kann man Modeboutiquen von Cartier, Givenchy und anderen klangvollen Designernamen finden.

Nordöstlich des Kuala Lumpur Plaza liegt an der **Jalan Raja Chulan** das Kunsthandwerker-Dorf **Karyaneka**. Hier sind in 13 Kampong-Häusern die typischen kunsthandwerklichen Produkte der 13 Staaten Malaysias ausgestellt: handgewebte Stoffe, Holzprodukte, Batiken, Korbflechtereien, Silber- und Zinnarbeiten, Steingut und schöne Dinge aus Muscheln. Manches wird auch an Ort und Stelle vorgeführt, so das Weben, das Batikdrucken, die Silber- und Kupferbearbeitung. In einem extra großen Ausstellungsraum werden auch viele schöne Stücke verkauft. Eine nach Branchen sortierte Liste der Einkaufsmöglichkeiten in Kuala Lumpur finden Sie im Kurzführer am Ende dieses Buches.

Links und rechts: Das supermoderne KL – von innen und außen.

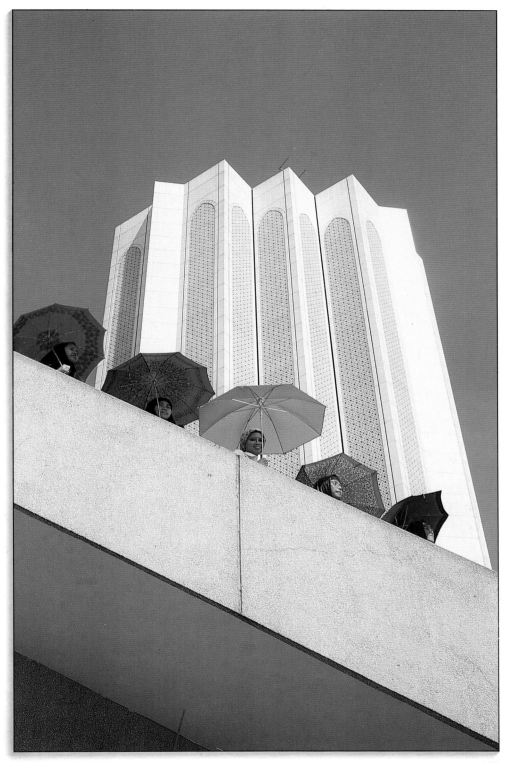

AUSFLÜGE VON KUALA LUMPUR

Die ersten Ausflüge in die Umgebung der Stadt lassen sich vielleicht mit dem Besuch einiger Fabriken verbinden. An der Jalan Pahang, nach Nordosten hinaus, liegt die **Selangor Pewter Factory**. Hier werden die Zinnerzeugnisse hergestellt, für die Malaysia berühmt ist. An der Straße nach Ipoh, in der Nähe der Batu Caves, liegt eine **Batik-Fabrik**, in der auch Vorführungen stattfinden. Wer indes eine Gummiplantage oder eine Zinnmine besichtigen möchte, sollte in seinem Hotel nachfragen.

Wenn man aus der Hauptstadt hinausfährt, sind die *pintu gerbang,* die festlichen Torbögen, das erste, was auffällt; sie überspannen die Straße und zeigen an, daß man jetzt das *Federal Territory* verläßt und in den Staat Selangor hineinfährt. Noch weitere solcher Bögen werden zum Nationalfeiertag aufgestellt. Der größte von ihnen überspannt die Bundesstraße, die von KL nach Süden zum Internationalen Flughafen Subang verläuft und von da weiter ins Tal des Klang. Er ist im maurischen Stil gebaut und dezent blau und cremefarben gehalten. In Großbuchstaben sind die Worte eingraviert: „Kota Darul Ehsan" (Die Bastion Selangor). *Darul Ehsan* ist arabisch und heißt „Land des guten Willens". Gleich hinter diesem Torbogen beginnt Petaling Jaya, die Trabantenstadt von KL, die sich innerhalb der letzten 40 Jahre von einer kleinen Siedlung zu einem eigenständigen städtischen Zentrum mit einer Viertelmillion Einwohnern entwickelt hat.

Petaling Jaya, oder einfach „PJ", ist der Sitz der **Universität von Malaya** und Wohnort der besser verdienenden Städter und der Ausländergemeinde. Eine große Zahl von Geschäften und ein sehr lebhaftes Nachtleben suchen ihren Freizeit- und Konsumbedürfnissen gerecht zu werden. Den Touristen stehen hier internationale Fünf-Sterne-Hotels zur Verfügung. PJ bietet auch gute Sportmöglichkeiten und ist stolz auf seine beliebten Parks, von denen einer sogar einen See besitzt. Das überragende Gebäude von Petaling Jaya ist das Rathaus, Menara MPPJ. Mit seinen 27 Stockwerken erhebt es sich hoch über die aufstrebende Stadt, die ihren Wohlstand bis nach Subang ausbreitet.

Das Klang-Tal – ein Stück Geschichte: Die Bundesfernstraße verläuft von Petaling Jaya durch das **Klang-Tal** bis zur Stadt Klang. Wenn man diesem Weg folgt, liegt rechts der **Internationale Flughafen Subang**, links der Ort Subang Jaya, dann kommt Batu Tiga mit seiner Rundstrecke für Auto- und Motorradrennen; schließlich lädt die neue Hauptstadt von Selangor, **Shah Alam**, zu einem Aufenthalt ein. Es wird viel gebaut, um die Stadt zu einer echten Metropole zu machen, was der Sultan von Selangor großzügig fördert.

Der Sultan selbst wohnt im **Istana Bukit Kayangan**, einem Palast, der mit dem **Selangor State Memorial** um die Aufmerksamkeit des Betrachters wetteifert. Oberhalb der Stadt wird auf einem Hügel an einem großen Bauprojekt gearbeitet, das Museum, Kulturzen-

Links: Wie eine Kathedrale – das Innere der Batu-Höhlen. **Rechts**: Zinn aus Selangor.

trum, Theater und Bücherei in einem werden soll. Von dort blickt man über die Häuser auf die Stadt und die künstlichen Seen, die zu den grünen **Lake Gardens** gehören. Hier kann man Boot fahren und ein schwimmendes Restaurant besuchen.

Das auffälligste aller Gebäude ist die Staatsmoschee, die **Masjid Sultan Salahuddin Abdul Aziz Shah**. Ihre Kuppeln und Minarette zählen zu den größten der Welt und bieten aus jeder Perspektive einen spektakulären Anblick. Die Moschee liegt in einem 15 Hektar großen Garten und erstrahlt vorwiegend in Silber und Blau, Farbtöne, die sich in der weithin leuchtenden Kuppel wiederholen.

Hinter dem Namen **Klang** verbirgt sich eine lange, bewegte und gewalttätige Vergangenheit. Ihre strategisch günstige Lage verlieh der Stadt eine Schlüsselposition im Zinnhandel. So stand Klang in den Jahren nach 1870 im Brennpunkt der Bürgerkriegskämpfe. Einer der Hauptakteure jener Zeit, Raja Mahdi, baute sein Fort auf dem Hügel,

auf dem heute die Stadtverwaltung ihren Sitz hat. Von Raja Mahdis Fort aus konnte man die Festung seines Erzrivalen, Raja Abdullah, überblicken, dessen Lagerhaus, **Gedong Raja Abdullah**, 1857 errichtet, ein schönes Beispiel für traditionelle malaiische Handwerkskunst abgibt. Inzwischen wurde es in ein Museum umgewandelt, das Klangs aufregende Vergangenheit wieder lebendig werden läßt. Klang ist berühmt als Königsstadt von Selangor, und genauso berühmt ist es für seine *bak kut teh* (Schweinerippchen-Suppe).

Von Klang bis **Port Klang** sind es weitere acht Kilometer; der Hafen hieß früher Port Swettenham. Autofahrer halten hier normalerweise nicht, außer um in dem guten Fischrestaurant am Kai einzukehren. Port Klang ist der Haupthafen der Stadt Kuala Lumpur, Sprungbrett für alle, die eine der Inseln in der Bucht des Klang River besuchen möchten. Eine Fahrt mit dem *sampan* zur **Pulau Ketam** (Krebsinsel) dauert nur zwei Stunden. Auf der größten Insel, **Carey Island**, lebt ein bekannter

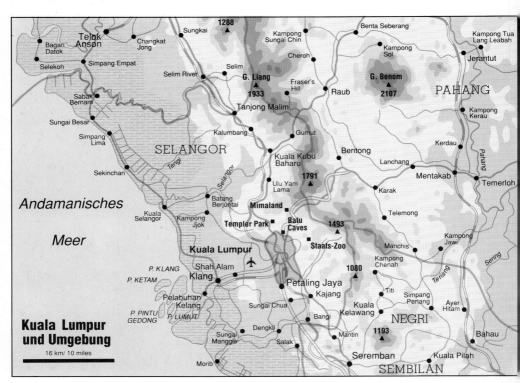

Kuala Lumpur und Umgebung
16 km/ 10 miles

Stamm der Orang Asli, die *Mah Meri*. Ihre wunderschönen Holzschnitzereien sollen durch mystische Träume inspiriert sein. Jeder Besuch bei einer der Dorfgemeinschaften muß mit dem Orang-Asli-Büro in Shah Alam abgesprochen werden.

Der Strand von **Morib** liegt südlich von Port Klang. Er ist zwar nicht der schönste, aber bei den Einheimischen ein beliebtes Ausflugsziel. Unmittelbar vor dem Strand führt eine Nebenstraße nach **Jugra**. Auf dem Hügel oberhalb des Dorfes und der Bucht liegen Grabstätten von Adligen und königlichen Hoheiten von Selangor. Unterhalb sieht man Ruinen alter Staatsgebäude. Inmitten der nahegelegenen Reisfelder steht einsam der verlassene Palast eines früheren Sultans von Selangor, daneben eine kunstvoll gearbeitete Moschee, in der er zu beten pflegte.

Hügellandschaft: Aufgrund ihrer besonderen geographischen Lage hat die Stadt **Kuala Selangor** eine sehr kämpferische Vergangenheit. Sie liegt 45 Kilometer von Klang entfernt an der Küstenstraße, die nach Norden führt. Zwei kleine Hügel beherrschen die Landschaft: Auf dem **Bukit Melawati** steht das **Fort Altingberg**, in dem sich die ersten Bugi-Herrscher im 18. Jahrhundert niederließen. Die Kanone des Forts, die noch immer aufs Meer hinaus gerichtet ist, war früher eine deutliche Warnung an Händler und Seefahrer. Ein Leuchtturm und ein kleines Rasthaus befinden sich ebenfalls auf dem Hügel. Es heißt, daß es hier sieben Brunnen gibt. Auch der **Batu Hampar** ist noch vorhanden, ein Hackklotz, auf dem früher die Übeltäter hingerichtet wurden. Ein Mausoleum ehemaliger Bugi-Sultane steht in der Nähe. Die geschützten Silberblatt-Affen bilden in dieser menschenleeren Gegend für den Besucher die einzige Gesellschaft.

Am Fuß dieses Hügels, im **Taman Alam**, einem Vogelschutzgebiet, kann man seltene Arten beobachten. Nahebei wächst ein ebenfalls geschützter Mangroven-Wald. Der andere Hügel, **Bukit Tanjung**, ist nur zwei Kilometer entfernt. Ihn krönt ein kleineres Fort.

Um Kuala Selangor herum laden einige chinesische Fischerdörfer zum Verzehr von gesalzenem Fisch und Fischbällchen ein. Von der Stadt aus kann man eine abendliche Flußfahrt nach **Kuala Kuantan** machen und dabei einen außergewöhnlichen Anblick genießen: Tausende von *klip klap* (Glühwürmchen) sitzen auf den Zweigen der überhängenden Uferbäume und leuchten wie Weihnachtsschmuck. Bei Tage kann man in diesem Dorf bei der Kokosnußverarbeitung zusehen. Das benachbarte **Kampong Permatang** ist eine Gründung des ersten Bugi-Herrschers von Selangor, Raja Lumu, der 1756 hier Fuß faßte. Der einheimische Geschichtenerzähler wird für Touristen den gesamten Stammbaum der Sultane aufsagen. Außerdem sind hier Kampong-Häuser im Bugi-Stil zu sehen.

Reisende, die die engen, kurvenreichen Straßen nicht scheuen, wählen zur Rückfahrt die Strecke über Batang Berjuntai und Rawang. Ungefähr zwei Kilometer von Batang Berjuntai entfernt steht auf der linken Seite inmitten von Bäumen ein großer hölzerner Bun-

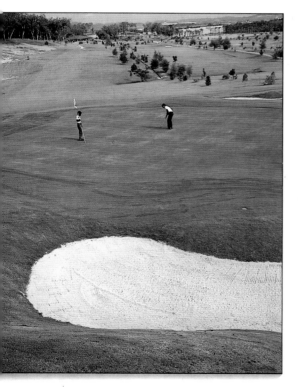

Der Rasen ist noch englisch im Saujana Golf Club.

galow, wie sie die Pflanzer um die Jahrhundertwende bauten. Er gehört der SOCFIN, deren Mitglieder Pioniere des Ölpalmenanbaus in Malaysia waren. Das Haus wird auch mit Henri Fauconnier, einem der ersten Pflanzer, in Verbindung gebracht. Fauconniers Buch *Die Seele Malaysias* zählt zu den klassischen Werken über dieses Land.

In Rawang trifft die Nebenstraße von Kuala Selangor auf die Fernstraße, die Kuala Lumpur mit den Nachbarstaaten Perak und Kedah im Norden verbindet. Nur ein kleines Stück abseits dieser neuen Nord-Süd-Verbindung findet man den **Naturpark Hutan Lipur Kanching**. Es gibt einen großen, siebenstufigen Wasserfall, und man kann Schmetterlinge, Insekten und Vögel beobachten, entweder im Rahmen einer organisierten Trekking-Tour oder auf eigene Faust mit dem Auto.

Die Landschaft um KL herum ist vor allem im Süden vom Zinnabbau schwer gezeichnet. Bei Sungai Besi blickt man von einer kleinen Plattform am Straßenrand auf die angeblich größte freigelegte Zinnader der Welt. Die Hong-Fatt-Mine, in der seit dem 19. Jahrhundert Zinn gefördert wird, ist offenbar noch nicht ausgeschöpft.

Ausgediente Zinnminen findet man auch in den Distriktbereichen Ampang und Gombak, nordöstlich von Kuala Lumpur. Hier gibt es einiges Interessantes zu sehen, zum Beispiel das Gombak Traditional House in der Stadt **Gombak**. Für diesen von der Architektur Sumatras inspirierten Bau wurde ein Fachmann von der Geburtsstätte der Menangkabau-Kultur herangezogen. Obwohl der Bungalow bewohnt ist, kann man ihn nach vorheriger Absprache besichtigen. Ebenfalls einen Besuch wert ist das **Orang-Asli-Museum** von Gombak.

An den Ufern des Ampang liegt **Taman Rimba Ampang**. Dort wurden kleine Unterstände, Camping- und Picknickplätze für die Dschungel-Fans angelegt, die die Wälder der Umgebung erkunden wollen. Ein weiteres Erholungsgebiet mit mehreren Wasserfällen liegt in den Wäldern rund um den **Semenyih-Damm**.

Gezähmter Dschungel: 22 Kilometer nördlich von Kuala Lumpur, gleich an der Straße nach Ipoh liegt der **Templer-Park**. Ihn gründete der britische Hochkommissar Sir Gerald Templer, ein Bewunderer der Natur und Landschaft Malaysias. Auf dem 1200 Hektar umfassenden Gelände erwarten den Besucher ein Netz von Dschungelpfaden, natürliche Lagunen zum Schwimmen und mehrere Wasserfälle. Im nördlichen Teil des Parks erheben sich zwei beeindruckende Kalkstein-Formationen, der **Bukit Takun** und der **Anak Takun**. Im letzteren gibt es einige Höhlen zu erforschen.

Die prächtigsten Bewohner des malaiischen Urwalds lassen sich mittlerweile in aller Ruhe im **Nationalzoo** betrachten, der 13 Kilometer vom Stadtzentrum an der Ulu Kelang Road mitten im Grünen angelegt wurde. Auf einem 20 Hektar großen Gelände kann man einen repräsentativen Ausschnitt aus Malaysias Tierwelt erleben. Herrliche Vögel, Pythonschlangen, wilde Büffel (*seladang*), Tapire, Krokodile

Der Pilgerzug des Thaipusam-Festes drängt sich in die Batu-Höhle.

und natürlich auch Tiger leben hier, nur wenige Meter von ihrer ursprünglichen Umgebung entfernt.

Die größte Freude der ganz jungen Besucher ist es, auf Kamelen und Elefanten zu reiten; es lassen sich auch kleine Rundfahrten auf dem See buchen. Im nahegelegenen **Aquarium** sind über achtzig verschiedene Arten von Süßwasserfischen ausgestellt, darunter der tödliche, fleischfressende Piranha, der allerdings in den Gewässern Malaysias nicht vorkommt. Auch ein eigener Reptilienpark wurde hier eröffnet. Zoo und Aquarium erwarten ihre Besucher täglich von 9 bis 18 Uhr.

Der **Forest Research Institute Park** in **Kepong** ist für diejenigen wichtig, die die malaiische Flora genauer studieren wollen. Versuchsplantagen, Arboreten und natürlicher Urwald erstrecken sich über ein Gelände von 600 Hektar. Der „FRIM" verfügt auch über ein Herbarium, ein Museum und eine forstwirtschaftliche Spezialbücherei. Seine Laboratorien, in denen die Pflanzenchemie, Insekten und Holz untersucht werden, stehen für Besichtigungen offen. Übernachtungsmöglichkeit besteht nur auf Campingplätzen mit entsprechender Ausrüstung und Verpflegung.

Eine Kathedrale aus Kalk: Nur elf Kilometer von KL entfernt liegt mitten in der von Zinnminen gezeichneten Landschaft ein riesiger Kalksteinfels, der in seinem Innern die berühmten Batu-Höhlen birgt. Vor 45 Jahren waren diese Höhlen noch so unbekannt, daß sie anti-japanischen kommunistischen Guerillakämpfern als Unterschlupf dienen konnten. Jahrhundertelang waren sie unter dem Dschungel verborgen und nur den Eingeborenen dieser Gegend bekannt. Erst 1878 stach dem amerikanischen Naturforscher William Hornaday auf einem Jagdausflug mit dem britischen Polizeikommissar von Selangor, H. C. Syers, an dieser Stelle der beißende Geruch von Fledermaus-Guano in die Nase. Daraufhin führten ihn seine malaiischen Führer zu den Höhlen. Die Entdeckung sprach sich schnell herum, und so entstand ein beliebtes Picknick-Ziel, zu dem sich die Städter aus KL auf dem Rücken von Elefanten tragen ließen.

Erst Jahre später begann die Hindubevölkerung, am *Thaipusam-Fest* eine Pilgerfahrt hierher zu veranstalten. Dabei mußten die Gläubigen die steilen, zerklüfteten Felsen zum Schrein in der obersten Grotte hinaufklettern. Als Zeichen der Buße für ihre Sünden schleppten manche von ihnen *kavadis*, hölzerne Traggestelle, die mit Blumen und Früchten geschmückt und mittels langer spitzer Haken am Körper befestigt waren. Heute besteht der Zugang aus 272 Betonstufen, die von Farnen und tropischen Blumen eingefaßt sind.

Außer der größten Höhle (**Cathedral Cave**) gibt es noch zwanzig weitere, die aber wegen Einsturz- und Steinschlaggefahr nicht alle öffentlich zugänglich sind. Am interessantesten sind die Höhlen an der Südflanke, die Namen tragen wie „Einsiedlergrotte", „Priesterhöhle", „Feengrotte" und „Opferhöhle". Cathedral Cave ist aber unbestreitbar die beeindruckendste von allen. Unter einem riesigen Felsgewölbe erstreckt sich ein enormer Raum, in dem sechs

Transzendierter Schmerz: Ein Hindu trägt seinen *kavadi* zu den Batu-Höhlen.

Meter hohe Stalaktiten emporwachsen. Ganz in der Nähe befinden sich die **Dark Caves**, die jedoch nicht mehr betreten werden dürfen, weil der Kalksteinabbau sie zu einem unsicheren Terrain gemacht hat. Trotzdem veranstaltet die Malaya Nature Society (mit Hauptsitz in KL) Ausflugsfahrten hierher, die auch Klettertouren beinhalten. Fledermäuse, weiße Höhlenschlangen, Skorpione und Affen leben in den Höhlen. Parallel zum Treppenaufgang gibt es einen Fahrstuhl, der allerdings nicht immer in Betrieb ist. In einer Höhle am Fuß des Felsens ist ein kleines Museum eingerichtet, in dem Figuren hinduistischer Götter ausgestellt werden.

An der alten Fernstraße von KL nach Pahang führt nach etwa 18 Kilometern ein Weg links ab zum **Mimaland**, einem künstlich geschaffenen Freizeitgelände, das von Dschungel umgeben ist. Hier kann man Boot fahren, fischen, schwimmen und durch den Dschungel wandern. Außerdem gibt es ein natürliches Schwimmbad, einen Kinderspielplatz mit Modellen von Dinosauriern, einen kleinen Zoo und eine Miniatur-Gummiplantage. Landhäuser, ein kleines Hotel am See und Pfahlhäuser im einheimischen Stil dienen als Unterkünfte. Am besten besucht man diesen Park unter der Woche, da er am Wochenende überfüllt ist.

Verehrung der Glücksgöttin: Über dem Nebel, der den dichten Dschungel auf den Hügeln oberhalb von KL dem Blick entzieht, liegt einsam ein mystischer Palast der Freuden, die **Genting Highlands**, errichtet auf Barisan Titiwangsa, dem bergigen Rückgrat der Insel. Diese moderne und stilvolle Bergstation beherbergt Malaysias einziges Casino. Neben westlichen Glücksspielen wird auch das alte chinesische *keno* oder *tai sai* angeboten. Krawatte oder traditionelle malaiische Kleidung ist Pflicht und kann ausgeliehen werden. Über dem Eingang hängt ein Schild der Sultane von Selangor und Pahang, welches besagt, daß Moslems das Glücksspiel verboten ist. An Wochenenden ist das Casino rund um die Uhr geöffnet, sonst schließt es zwischen 4 und 10 Uhr früh.

Das Landschaftsmuster einer Palmöl-Plantage.

132

Nicht so recht in die grüne Landschaft passen die drei modernen Hotels von Genting, von denen eines besonders preisgünstige Zimmer für diejenigen anbietet, die ihr Geld lieber am Spieltisch einsetzen. Für die Kinder rattert eine Mini-Eisenbahn, ein künstlicher See und ein Golfplatz sorgen für weitere Freizeitmöglichkeiten.

Erholsame Atmosphäre: Das in 1500 Meter Höhe gelegene **Fraser's Hill** ist ursprünglich von den Engländern als ein kühler Ort der Ruhe und Erholung eingerichtet worden. Seinen Namen verdankt es dem geheimnisvollen englischen Abenteurer Louis James Fraser. Als diese Bergstation 1910 fertiggestellt wurde, war Fraser jedoch längst verschwunden. Es wird erzählt, er habe hier eine Spiel- und Opiumhölle betrieben; mehr ist über ihn nicht bekannt.

Fraser's Hill ist eine ruhige Rückzugsmöglichkeit für Geschäftsleute, die sich von der Stadt erholen wollen. Verteilt über sieben Hügel steht eine Reihe englischer Bungalows aus grauem Stein mit gepflegten Gärten voller Rosen. Modernere Einrichtungen sind dazugekommen wie ein Hotel mit 109 Zimmern, das leider nicht in die Landschaft paßt. Preiswerter und traditioneller kann man in den Bungalows oder in einer Jugendherberge unterkommen.

Fraser's Hill eignet sich für all jene, die sich gerne in der Natur erholen; hier können Sie Dschungel-Spaziergänge machen oder in dem Becken des **Jerlau-Wasserfalls** schwimmen gehen. Außerdem besitzt die Station einen Neun-Loch-Golfplatz, dazu Tennis- und Spielplätze und die Gelegenheit zum Ponyreiten. Ohne ein eigenes Fahrzeug ist Fraser's Hill nur schwer zu erreichen. Die Busfahrt von Kuala Lumpur (100 Kilometer südlich) bis Kuala Kubu Bahru dauert eine Stunde; von hier aus beträgt die Fahrzeit weitere anderthalb Stunden. Auf den letzten acht Kilometern, einer einspurigen Serpentinenstrecke, wurde der einstige britische Hochkommissar Sir Henry Gurney 1951 von kommunistischen Widerstandskämpfern in einen Hinterhalt gelockt und ermordet.

Die Kugel rollt in den Genting Highlands.

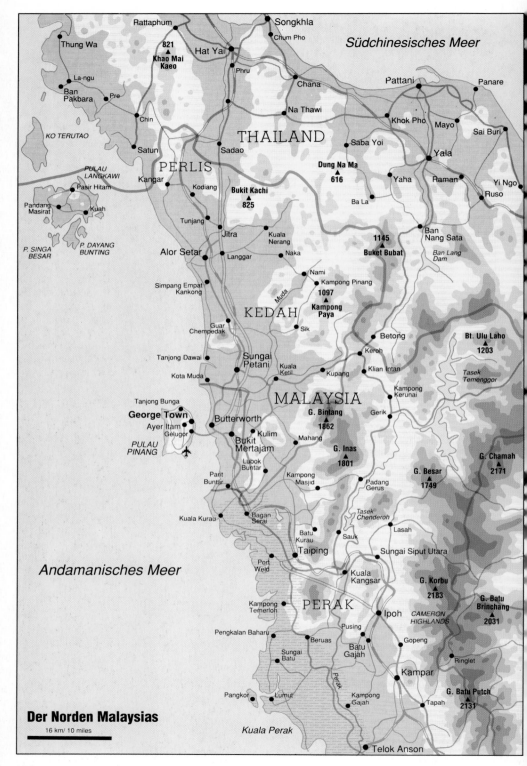

Der Norden Malaysias

16 km/ 10 miles

PERAK UND DAS BERGLAND

Der Silberstaat: *Perak* ist das malaiische Wort für „Silber" – gemeint ist hier jedoch das silbrig glänzende Zinn, das Perak zu einem der wohlhabendsten Staaten der Malaysischen Föderation gemacht hat. Perak ist einer der ältesten Staaten der Halbinsel und der einzige, dessen Königshaus seine Abstammung in direkter Linie auf die Sultane von Malakka zurückführen kann. Sultan Idris, der gegenwärtige Herrscher, ist der 33. seiner Dynastie, die 1528 von Sultan Muzaffar Shah, dem ältesten Sohn des letzten malaiischen Königs, gegründet wurde. Sultan Idris wurde im Januar 1989 zum König (Yang di Pertuan Agong) gekrönt und wird diesen Titel fünf Jahre lang führen.

Die Geschichte des Staates ist eng mit der Ausbeutung der reichen Zinnvorkommen verbunden. Bis zum 19. Jahrhundert bauten die Herrscher ihre Städte ausschließlich an den Ufern des Perak. Mit der Entdeckung der Zinnvorkommen wuchs jedoch ihr Interesse an diesem Metall. Da das Zinn auf dem Flußweg von den weiter im Binnenland gelegenen Minen zum Meer transportiert wurde, versuchten die Sultane, den Handel in ihre Hand zu bringen. Dabei mußten sie sich mit Fremden auseinandersetzen: mit Achenesen aus Sumatra, Bugis aus Selangor, Thais aus dem Norden und schließlich auch mit Holländern und Portugiesen. Um den Zinnhandel zu kontrollieren, bauten die Holländer Forts an der Mündung des Perak und auf der strategisch günstig gelegenen Insel Pangkor.

Die Zinn-Revolution des 19. Jahrhunderts veränderte jedoch das Antlitz und die Politik des Staates. Zum erstenmal war eine großangelegte Ausbeutung der Zinnvorkommen möglich, und das Machtzentrum verschob sich vom Perak-Tal zu den Zinngebieten um Larut und Kinta. In den vierziger Jahren des 19. Jahrhunderts machten neuentdeckte Vorkommen um Larut den malaiischen Herrscher dieser Region zum reichsten und mächtigsten Mann im

Staate. Außerdem entbrannten dort heftige Kämpfe zwischen rivalisierenden Gruppen chinesischer Minenarbeiter, bis die Briten, die ihre Siedlungen durch diese Auseinandersetzungen bedroht sahen, eingriffen. Zehn Jahre später hatten sich die Aktivitäten der Bergwerksgesellschaften von Larut zum Kinta-Tal verschoben, wo die ergiebigsten Zinnvorkommen der Welt lagern. Seit der Jahrhundertwende sind Kinta der bedeutendste Distrikt und Ipoh die wohlhabendste Stadt in Perak.

Eine Stadt auf Zinn gebaut: Ipoh, die „Zinnhauptstadt der Welt", liegt an der Hauptverkehrsstraße und der Bahnlinie von Kuala Lumpur nach Penang, etwa auf der Mitte zwischen diesen beiden Städten, mit denen sie inzwischen auch durch die neue Nord-Süd-Fernstraße verbunden ist. Wie Kuala Lumpur war auch Ipoh ursprünglich nur eine Anlegestelle am Fluß, dessen Oberlauf von dort an nicht mehr schiffbar war. Fast über Nacht entstand hier, auf dem Land des malaiischen Stammeshäuptlings Dato' Panglima Kinta, eine weitere

Vorherige Seiten: Das futuristische Gerüstwerk einer Zinnmine. **Rechts:** Der Zugang zum tempel von Perak Tong.

Siedlung chinesischer Bergarbeiter. In den neunziger Jahren des 19. Jahrhunderts wurden die stark feuergefährdeten Holzhütten der Bergarbeiter durch Backsteinhäuser ersetzt, und um die Jahrhundertwende war Ipoh de facto die bedeutendste Stadt im Bundesstaat, auch wenn Taiping bis 1937 Hauptstadt blieb. Ipoh war, wie man auch heute noch an den breiten, in regelmäßigen Abständen angelegten Straßen sehen kann, der bestgeplante Ort auf der ganzen Halbinsel. Sie ist die zweitgrößte Stadt Malaysias, und ihre Bevölkerungszahl nähert sich rasch der Halbmillionengrenze.

Abgesehen von ihren Naherholungsgebieten, den guten Hotels und der günstigen Lage als Ausgangspunkt für Ausflüge in andere Teile des Bundesstaates, hat Ipoh seinen Besuchern nicht allzuviel zu bieten. Die Altstadt liegt auf der Westseite des Kinta-Tals, und hier befinden sich auch die Verwaltungsgebäude. Der Bahnhof und die kolonialen Verwaltungsbauten rund um den **Padang** strahlen herrschaftliche Würde aus. Die riesige neue **Hauptmoschee** steht in unmittelbarer Nähe des **Uhrenturms**, einer weiteren Erinnerung an die Kolonialzeit. Er wurde zum Andenken an die Ermordung von James Birch, dem ersten britischen Regierungsberater in Perak, errichtet.

Der Padang selbst ist – umgeben von einem Klubhaus, der St. Michael-Oberschule, einem Kloster, einer Bank und dem wohlbekannten FMS-Hotel – das Herzstück einer jeden malaysischen Stadt mit einer kolonialer Vergangenheit. Hier werden wichtige Wettbewerbe, Sportveranstaltungen der Schulen, Paraden und öffentliche Versammlungen abgehalten. Der **Bahnhof** hat Ähnlichkeit mit dem in Kuala Lumpur und wird von den Einheimischen „Taj Mahal" genannt.

Am Ostufer des Flusses liegt der neue Teil der Stadt, dessen Erscheinungsbild beherrscht wird vom Majlis Perhadanan Ipoh (MPI), dem Gebäude des Stadtrats, wo man große Pläne für die Zukunft hat. Unter anderem will man, daß die Stadt ihrem Beinamen „Stadt

Im Kinta-Tal sind die Tempel in den Fels hineingebaut.

der Bougainvilleen" Ehre macht. Das neue Royal Casuarina Hotel zeugt vom Ehrgeiz dieser Bemühungen. Des weiteren gibt es Pläne, in Jalan Tambun einen Dschungelpark mit einem Museum, einem See, einer Obstplantage, Spielplätzen und Möglichkeiten zum Dschungel-Trekking einzurichten.

Zu den bereits geschaffenen Attraktionen gehören der **Taman DR Seenivasagam Park** (mit Rollschuhbahn) und der **MBI Swimming Complex** mit dem ersten Wellenschwimmbad in Malaysia. Im sehenswerten, 1957 eröffneten **Geologischen Museum** kann man Peraks Felsstrukturen studieren. In diesem Museum sind nicht nur über 600 Mineralien, sondern auch Zinnerze (darunter einer der schönsten Kassiterite der Welt) sowie eine großartige Sammlung von Edelsteinen ausgestellt.

An der Gopeng Road, vor einem herrlichen Hintergrund aus zerklüftetem Kalkstein und den weiter entfernten Hügeln der Bergkette im Landesinneren, liegt die **Pferderennbahn** von Ipoh. Gleich daneben und in einem eigenartigen Kontrast dazu befindet sich ein gepflegter Japanischer Garten.

Tempel in den Felsen: Die Kalksteinformationen des **Kinta-Tals** sind nicht nur beeindruckend schön, sondern verleihen der Umgebung von Ipoh auch etwas Geheimnisvolles. In vielen von ihnen findet man Höhlen, die Steinzeitmenschen als Wohnung und Banditen als Unterschlupf gedient haben. 1959 entdeckte hier ein Gurkha-Offizier der britischen Armee bei der Verfolgung kommunistischer Guerillera-Kämpfer die einzigen Felsmalereien auf der Malaiischen Halbinsel.

Sie befinden sich auf einer Felswand, die knapp 275 Meter von der Hauptstraße nach Tambun entfernt ist, und können mit Hilfe eines Führers leicht erreicht werden. Zwar scheinen sie auf den ersten Blick nicht so eindrucksvoll wie europäische Höhlenmalereien zu sein, doch schätzt man ihr Alter auf mindestens 2000 Jahre und mißt ihnen große Bedeutung für die Beurteilung des Lebens der damaligen Menschen bei. In jüngster Zeit haben sich auch andere „Felsenmaler" hier verewigt.

Drei Kilometer nördlich von Tambun trifft man auf die **heißen Quellen von Tambun**, die bei den Einwohnern von Ipoh als Ziel für Wochenendausflüge sehr beliebt sind.

Die Kalksteinhöhlen in der Umgebung von Ipoh, die an ähnliche Höhlen in Südchina erinnern, ziehen viele hinduistische und buddhistische Gläubige an. Eigenartige kleine Gebäude, manche von ihnen mit roten Pagodendächern versehen, schmiegen sich, nicht weit von der Straße, an die Felswände. Es handelt sich hier um die Eingänge zu Höhlen, die als Tempel dienen.

Einer der größten ist **Tempel Perak Tong**, sechs Kilometer nördlich der Stadt an der Landstraße. Traditionelle chinesische Malereien mit Motiven aus Sagen und Legenden des Volkes verzieren die Wände. Dieser Tempel, der 1926 von einem buddhistischen Priester aus China eingerichtet wurde, enthält über vierzig Buddha-Statuen. Der sitzende Buddha in der Mitte der Höhle – er ist 13 Meter hoch – ist der größte seiner Art in Malaysia.

Hinter dem Hauptaltar befinden sich weitere Statuen und ein Bild von Kuan Yin, der Göttin der Barmherzigkeit. Eine Treppe führt durch das Halbdunkel in die oberen Bereiche der Höhle. (Bitten Sie den Tempelwächter, Ihnen aufzuschließen.) Nach einem Aufstieg über 385 Stufen folgt man dem schwachen Lichtschimmer zu der Öffnung in der Felswand, die einen Ausblick über die Umgebung gestattet. Auch Kuan Yin, die auf dem Rücken eines Elefanten sitzt, blickt von hier über das Land.

An der Landstraße bei Gunong Rapat, sechs Kilometer südlich der Stadt, liegt **Sam Poh Tong**. Dieser geräumigste aller Felsentempel wurde in den neunziger Jahren des 19. Jahrhunderts errichtet, als Ipoh sich gerade zur größten Stadt Peraks entwickelte.

Ein Wandermönch entdeckte die Höhle und beschloß, sich dort einen Platz zum Wohnen und Meditieren einzurichten. Zwanzig Jahre lang, bis zu seinem Tod, lebte er hier. Andere Mönche folgten seinem Beispiel. Die Außenwand des Höhlentempels, in dem heute buddhistische Mönche und Nonnen leben, stammt aus den fünfziger Jahren. Überall zwischen den Tropfsteinsäulen sind Buddhastatuen errichtet. Eine steile Treppe mit 246 Stufen führt zu einer Höhle, von der man einen herrlichen Ausblick über Ipoh und seine Umgebung hat.

In der Spitze des Berges befindet sich eine fast kreisrunde, siebzig Meter tiefe Aushöhlung mit senkrecht abfallenden Felswänden. Hier steht ein verfallenes Steinhaus. In dem kleinen Teich davor schwimmen Tausende kleiner Schildkröten – Symbole eines langen Lebens – und warten darauf, von den Besuchern des Tempels gefüttert zu werden.

Offenbar zieht dieser lauschige Ort nicht nur Gläubige an: Die unzähligen Liebesschwüre auf den aus den Felsen gemeißelten Wänden könnten ein ganzes Buch füllen.

Bodenschätze: Das Kinta-Tal, in dem vor einigen Jahren allein die Hälfte des malaysischen Zinns gefördert wurde (17 Prozent der Weltproduktion), erstreckt sich trichterförmig 70 Kilometer

Die Buddhas im Felsentempel von Sam Poh Tong.

weit von Sungai Siput im Norden Ipohs bis Kampur im Süden. Die neue Nord-Süd-Fernstraße durchschneidet diese Hügel und verbindet Ipoh mit dem Perak-Tal und Kuala Kangsar.

Was einst ein weites, von schlammschweren Urwaldflüssen durchzogenes Wald- und Sumpfgebiet war, ist im Laufe der letzten hundert Jahre buchstäblich aller Bäume beraubt worden. Die Sümpfe wurden trockengelegt, und sogar der Lauf des Kinta wurde begradigt. Das Land liegt nun kahl und offen da; man sieht verlassene Zinngruben und ausgebleichte Abraumhalden. Hier und da stehen noch hölzerne *palongs* (Hütten) der chinesischen Bergarbeiter. Majestätisch treiben riesige Schwimmbagger in Seen, die sie einst selbst ausgehoben haben.

Über das ganze Tal verstreut, in einer Landschaft, durch die einst Herden wilder Elefanten zogen, liegen Bergarbeitersiedlungen. Einige entwickelten sich wie Ipoh zu Städten. Doch als die Zinnvorkommen ausgebeutet waren, wurden aus ihnen wieder Dörfer oder sogar Geisterstädte, wie zum Beispiel Papan, Tronoh und Gopeng. Städte wie Batu Gajah und Gopeng waren früher sogar noch größer und wohlhabender als Ipoh.

Kampar, eine Stadt mit sehr chinesischem Charakter, die südlich von Ipoh am Fuß des Bujang Melaka liegt, rühmt sich, die größte dieser Städte zu sein, während **Gopengs** einstiger Reichtum nur noch an der Größe der hölzernen Markthalle, am chinesischen Theater und den würdevollen Reihen der Laden- und Geschäftshäuser abgelesen werden kann.

Südlich von Gopeng zweigt eine kleine Nebenstraße nach **Kota Bharu**, einem Dorf an der Bahnlinie, ab. Die Straße führt dann weiter zum **Makam Teja**, dem Grabmal von Bendahara Alang Iskandar. Er war im 19. Jahrhundert einer der bedeutendsten Staatsbeamten von Perak und ein direkter Vorfahre des gegenwärtigen Herrschers. Wie so oft bei berühmten Malaien ist sein Grab zu einem Schrein (*keramat*) geworden, zu dem die einfachen Leute

Chinesische Malereien an den Wänden von Perak Tong.

in der Hoffnung pilgern, seinen Segen zu erlangen oder ihre Wünsche erfüllt zu bekommen. Traditionell muß auch der Sultan von Perak nach seiner Inthronisation dem Verstorbenen hier seine Ehre erweisen.

Das Schloß eines Pioniers: Zwischen Gopeng und Ipoh zweigt eine weitere Straße ab und folgt dem Lauf des Sungai Raya, eines Nebenflusses des Kinta, um dann das Tal in Richtung Batu Gajah zu durchqueren. Etwa fünf Kilometer vor diesem Ort erblickt man an einer Biegung plötzlich eine große Ruine auf der anderen Seite des Flusses.

Bis vor kurzem war dieses Gebäude (das unter dem Namen **Kellie's Castle** bekannt ist) von wilden Feigen- und Banyanbäumen überwuchert. In letzter Zeit hat man sich bemüht, den interessanten Bau davon zu befreien. Er steht auf dem Land, das früher William Kellie-Smith gehörte, dem Besitzer einer Kautschuk-Plantage, der in Malaya ein Vermögen machte. Das Haus war eigentlich sein Zweitdomizil und wurde nie ganz fertiggestellt, da Smith während eines Aufenthaltes in seiner Heimat Schottland starb. Der Entwurf des Gebäudes sollte an sein Schloß im fernen Schottland erinnern, und noch heute verleihen die exzellente Architektur und die orangefarbenen Steine, die vergessen und verstreut umherliegen, dem ganzen Areal etwas Märchenhaftes.

Smith war ein faszinierender Mann und offenbar auch bei seinen südindischen Arbeitern sehr beliebt. Nicht weit von der Ruine steht ein hinduistischer Schrein, der für die Plantagenarbeiter errichtet wurde, damit sie um Beistand in Zeiten der Krankheit beten konnten. Unter den Tier- und Götterfiguren sieht man auch die eines Mannes im weißen Anzug mit Tropenhelm – vermutlich soll diese Figur Smith darstellen. Ein Spaziergang um die Ruine herum versetzt den Besucher zurück in die reichen Tage der Kolonialzeit. Allerdings muß man zuvor mit einem *sampan* über den Fluß setzen. Ausflüge dorthin können von Ipoh aus organisiert werden.

Batu Gajah ist eine kleine Stadt, mit der man einst Großes vorhatte: Sie sollte in der Zeit der britischen Kolonialherrschaft das Verwaltungszentrum des Kinta-Tals werden, wurde dann allerdings von Ipoh überflügelt, das durch die Umstände begünstigt war. Was aus dieser Stadt hätte werden können, kann man an den palastartigen Verwaltungsgebäuden sehen, die auf dem Hügel errichtet wurden, der sich über der Stadt erhebt. In Batu Gajah hofft man nun, mit dem modernen Vergnügungspark, einer Art malaysischem Disneyland, Besucher anzuziehen.

Im Herzen von Perak: 20 Autominuten von Batu Gajah entfernt, mitten im Perak-Tal, liegt **Parit**. Jahrhundertelang war der Fluß Perak der einzige Zugang zum Landesinneren. Daher ließen sich die Malaien vornehmlich in diesem Gebiet nieder, und hier spielten sich auch viele der dramatischen Ereignisse in der Geschichte Peraks ab.

Heute führen gute Straßen zu beiden Seiten des Flusses durch die einstigen Heimatdörfer der größten Helden des Landes. An verschiedenen Stellen stehen die schlichten Grabmäler der Sultane von Perak; sie alle sind sorgfältig

Ein farbiges Fischerboot vor der Insel Pangkor.

bezeichnet und werden von den Dorfbewohnern mit Umsicht gepflegt.

Am Flußufer gegenüber von Kampong Gajah liegt **Pasir Salak**, wo James Birch, Peraks erster englischer Regierungsberater, 1874 ermordet wurde. Birch wurde beim Baden im Perak von den Leuten des Dato' Maharaja Lela getötet. Dieser wurde später für seine Beteiligung an dem Mord hingerichtet. Vor der Dorfmoschee stellte man eine Steinplatte auf mit der Inschrift „Möge dieser Ort für immer unbewohnt bleiben". Diese Platte ist inzwischen ins staatliche Museum in Taiping gebracht worden, aber in Pasir Salak erinnert noch immer eine Säule an James Birch. Auch ein Denkmal zu Ehren Lelas ist inzwischen geplant. Rings um Pasir Salak findet man zahlreiche schöne und handwerklich hervorragend gestaltete *Kutai*-Häuser.

Die Straße auf dem linken Flußufer überquert schließlich den Kinta in der Nähe seiner Einmündung in den Perak und führt dann durch weite Reisfelder bei Sungai Manik nach Telok Intan.

Telok Intan, das früher Telok Anson hieß, ist die bedeutendste Stadt des unteren Teils von Perak. Hier werden die Produkte des Landes, hauptsächlich Ananas, auf den Markt gebracht. Seine besondere Attraktion ist der hundert Jahre alte **Uhrenturm**, der deutlich geneigt ist und früher als Wasserspeicher diente. Telok Intan war der wichtigste Umschlagplatz für das Zinn aus dem Kinta-Tal. Aus diesem Grund gibt es hier auch einen Eisenbahnanschluß. Die Nord-Süd-Fernstraße, die nach Penang und Port Klang führt, läßt Telok Intan jedoch links liegen, was die Stadt zu einem Provinznest degradiert hat.

Insel der Piraten und Prinzessinnen: Pangkor liegt vor der Küste von Perak und ist der beliebteste Badeort des Staates. Um dorthin zu gelangen, muß man die Straße von Ipoh nach Sitiawan und Lumut nehmen. Der breite Perak wird bei **Bota Kanan** überquert, wo es eine Zuchtstation für Flußschildkröten gibt. Hinter Sitiawan fährt man Richtung Lumut, des größten Stützpunkts der malaysischen Marine, deren Schiffe

Auf einem Felsen findet sich das Wappen der holländischen Ostindien-Kompanie.

und Hafenanlagen in der Bucht gegenüber von Pangkor zu sehen sind.

Viele Einheimische setzen nicht nach Pangkor über, sondern fahren gleich nach **Telok Batik**, einem hübschen Badeort, der sechseinhalb Kilometer von Lumut entfernt liegt. Andere fahren zum **Wilderness Adventure Camp**, das man von Lumut aus erreicht. Dort kann man Fitneßkurse belegen und das (Über-) Leben im Dschungel lernen. Das *Pesta Laut* oder Meerfest wird jedes zweite Jahr im August in Lumut gefeiert und zieht mit Wassersportwettbewerben, Vergnügungsveranstaltungen und kulinarischen Attraktionen viele Besucher an. Auch Pangkor kann dann überfüllt sein, wie übrigens auch in den malaysischen Schulferien. Wenn Sie also den Strand gern für sich allein haben wollen, sollten Sie sich vorher nach den Terminen erkundigen.

Der Strand von Pangkor – zwölf Kilometer lang und vier Kilometer breit – ist einer der wenigen an der Westküste, die von Palmen gesäumt sind und so an die langen, einsamen Strände der Ostküste erinnern. Leider ist das Meer auf dieser Seite der Halbinsel nie so kristallklar, wie es an der anderen sein kann.

Die Legende berichtet von einem Krieger aus Sumatra, der sich in eine wunderschöne Prinzessin verliebte. Um ihre Liebe zu gewinnen, wollte er sich im Krieg auszeichnen und segelte nach Norden. Als er nach vielen Monaten nicht zurückgekehrt war, machte sich die Prinzessin auf, um ihn zu suchen. Sie kam auch zur Insel Pangkor und erfuhr, daß er im Kampf gefallen und hier begraben worden sei. Die Dorfbewohner zeigten ihr sein Grab, worauf die untröstliche Prinzessin sich von einer Klippe stürzte. Nach ihr ist **Pantai Puteri Dewi** (Der Strand der schönen Prinzessin) benannt.

Bis zum frühen Abend steuern Fähren verschiedene Ziele auf der Insel an. Sie fahren den Fluß Dindings mit seinen Mangrovenwäldern am einen und der riesigen Marinebasis am anderen Ufer hinunter und überqueren die kilometerbreite Straße von Malakka. Die Insel Pangkor liegt dann direkt voraus. Die Überfahrt dauert etwa 35 Minuten.

Die Ostküste von Pangkor hat sich im Laufe der Jahre kaum verändert. Bis zum Aufkommen des Tourismus war die Wirtschaft der Insel hauptsächlich vom Fischfang abhängig, deshalb sind die beiden größten *kampongs* (**Kampong Sungai Pinang Kecil** und **Kampong Sungai Pinang Besar**) Fischerdörfer mit schmalen Gassen und Stegen, die auf Stelzen stehen und weit ins Meer hinausgehen. Auch das Dorf **Pangkor** weiter südlich hat sich nicht verändert.

An der Straße südlich des Dorfes stehen die Überreste eines **holländischen Forts**, das vor 300 Jahren gebaut wurde, um den Zinnhandel zu kontrollieren. Es diente auch als Stützpunkt gegen die zahlreichen Piraten, die die Straße von Malakka unsicher machten. Das Fort wurde nach einem Angriff des Häuptlings Panglima Kulub aufgegeben und erlangte, obwohl es später zurückerobert wurde, nie wieder besondere Bedeutung. Nachdem es 1973 unter der Leitung des Nationalen Museums restauriert wurde, ist es heute in bemerkenswert gutem Zustand. In einen Felsblock in der Nähe des Forts ist das alte Wappen der Niederländisch-Ostindischen Handelsgesellschaft eingemeißelt. Die Abenteurer späterer Zeiten haben dort ihre eigenen Zeichen hinterlassen. Nicht weit vom Fort entfernt soll ein berühmter Schlangenbeschwörer leben, der gegen ein geringes Entgelt seine gefährlichen Künste vorführt.

Jedes malaysische Schulkind kennt den Namen Pangkor, denn hier wurde im Januar 1874 an Bord eines Kriegsschiffes der Vertrag von Pangkor unterzeichnet, der den Briten den Zugang zu den Staaten auf der Halbinsel sicherte. Bis dahin war die Insel ein berüchtigter Piratenschlupfwinkel gewesen.

Der Westteil der Insel besteht hauptsächlich aus Badestränden. Vom Kern des Dorfes ist es eine kurze Taxifahrt oder ein zwanzigminütiger Fußmarsch nach **Pasir Bogak**, wo es die meisten Unterkünfte für Touristen gibt. Pasir Bogak ist keineswegs der schönste Strand, aber glücklicherweise sind weit schönere Strände über die Straße, die rund um die Insel führt, leicht zu erreichen. Mieten Sie sich ein Fahrrad oder Motorrad, und schauen Sie sich um. Die Straße verschwindet hier und da im Sand, und das Fahrradfahren kann mitunter mühselig sein.

Die Hotels bei Pasir Bogak sind leider etwas heruntergekommen, aber von hier aus kann man die Insel gut erkunden. Die Hauptstraße führt direkt zum **Seaview Hotel** und zum **Beach Huts Hotel**; beide vermieten Boote, mit denen man zu nahen Inseln übersetzen kann. An der Seitenstraße, die zur Westküste führt, liegen das geräumige, aber recht schäbige **Rest House** und eine Reihe von kleinen Häuschen, die billig und ganz komfortabel sind. Die Eigentümer sind herzliche Leute.

Hinter dem **Minivillage**, das wegen seiner niedrigen Preise bei den malaysischen Studenten sehr beliebt ist, führt die Straße einen Hügel hinauf, von dem aus man eine herrliche Aussicht über Meer und Dschungel hat und wo es von Vögeln und Schmetterlingen wimmelt. Dann geht es wieder hinunter zu einer Reihe einsamer Strände, an denen man außer ein paar Dorfbewohnern oft keine Menschenseele sieht. Nach dem **Telok Ketapong Beach**, wo manchmal auch Schildkröten ihre Eier ablegen, kommt der wunderschöne **Telok Nipah Beach** und schließlich der schönste von allen, der Strand der **Coral Bay**. Hier ist das Wasser selbst während des Monsuns sehr klar und herrlich warm. Außer ein paar kleinen Hütten hinter Telok Nipah, wo eine malaiische Familie sich um Ihr Wohlergehen kümmert, gibt es an all diesen Stränden keine Hotels.

Auf dem Weg zurück in die Zivilisation führt die Straße durch eine schmale Stelle der Insel und stößt auf die **Oyster Bay** mit ihrer kleinen Anlegestelle. Dies ist der Landeplatz für Besucher des recht neuen **Pan Pacific Resort** am Strand der schönen Prinzessin, besser bekannt unter dem Namen **Golden Sands Beach**. Hier stehen kleine Ferienhäuser im traditionellen Stil direkt am Wasser, außerdem gibt es einen Swimmingpool. Der Strand ist sehr gut gepflegt, und man kann jede Art von Wassersport treiben. Das Hotel kostet

Wie ein Reißzahn ragt dieser Fels in den Abendhimmel.

30 malaysische Dollar pro Tag – dafür kann man alle Einrichtungen, darunter auch einen Neun-Loch-Golfplatz, benutzen. Für alle, die lieber allein sein wollen: Zu Fuß geht man 40 Minuten zur Coral Bay.

Wer jetzt noch überschüssige Energien hat, wandert an der Ostküste entlang, dann durch die Hügel um Bukit Pangkor und gelangt in der Nähe des Fischerdorfes Kampong Sungai Pinang Kecil wieder zur Küste.

Vor der Küste bei Pasir Bogak, auf **Pulau Pangkor Laut,** liegt Pangkors zweiter Badeort. Das französische **Hotel Pansea** hat sich den besten Platz ausgesucht, und der wahrscheinlich schönste Strand gehört dem berühmten **Emerald Hotel**. Auch wenn man nicht dort wohnt, kann man Tagesausflüge zur Insel unternehmen, und auch hier beträgt der Eintrittspreis 30 malaysische Dollar. Von Lumut fahren Fähren direkt nach Pansea.

In Lumut gibt es chinesische Hotels oder das **Staatliche Rasthaus**. Es besitzt ein kleines Museum mit einer hervorragenden Sammlung von Muscheln, Korallen, alten Waffen und anderen historischen Geräten.

Goldene Kuppel, königliche Stadt: Etwa 35 Kilometer stromaufwärts von Parit an der Nord-Süd-Fernstraße liegt die hübsche Stadt **Kuala Kangsar**. Das **Staatliche Rasthaus** bietet einen Ausblick über den Fluß und ist wegen seiner Ruhe und Schönheit, aber auch als Ausgangspunkt für Ausflüge in die Umgebung ganz empfehlenswert.

Als Residenz des Sultans von Perak ist Kuala Kangsar Königsstadt – und außerdem berühmt für drei andere Dinge: die ersten Kautschukbäume, die im Land gepflanzt wurden, die äußerst attraktive Moschee mit ihrer goldenen Kuppel und das Malay College, das erste Internat in Malaysia.

Eine Plakette am **Government Hill** nahe der ehemaligen Residenz des Vertreters der britischen Regierung (heute eine Mädchenschule) weist auf einen der wenigen überlebenden Kautschukbäume hin, die aus Brasilien nach London und schließlich in den siebziger

Geruhsame Bootsfahrt auf dem Tasek-Chenderoh-Stausee.

Jahren des 19. Jahrhunderts zum versuchsweisen Anbau nach Singapur geschickt wurden. Die Samen gingen auf, aber erst nach einer weiteren Generation von Pflanzen begannen die Engländer ernsthaft mit dem Anbau. Ein zweiter Baum steht neben dem Landwirtschaftsbüro in der Stadt.

Die Straße, die am Fluß entlang und am Rasthaus und der britischen Residenz vorbeiführt, endet schließlich am **Bukit Chandan**, wo die riesige goldene Kuppel der **Ubadiah-Moschee** leuchtet. Sie ist mit Recht die am häufigsten fotografierte Moschee des Landes, denn sie hat sehr ausgewogene Proportionen. Der Bau der Moschee mußte zweimal unterbrochen werden: einmal, als zwei von Sultan Idris' Elefanten über den frisch importierten Marmorboden stampften, das zweite Mal während des Ersten Weltkrieges.

Hinter der 1919 fertiggestellten Moschee liegt auf einem Hügel über dem Flußtal der Sultanspalast, der **Istana Iskandariah**. Seine steinerne Großprotzigkeit steht in deutlichem Kontrast zu dem viel kleineren, aber ausgewogeneren und eleganteren **Istana Kenangan** („Palast des Gedenkens"), der früher Istana Lembah hieß. Hier wohnte der Sultan, während der große Palast gebaut wurde. Der Istana Kenangan ist eine architektonische Meisterleistung: Er wurde ohne vorherigen Entwurf und ohne einen einzigen Nagel errichtet. Heute beherbergt er das **Königliche Museum**, in dem man eine Sammlung interessanter Erinnerungsstücke und Fotografien der königlichen Familie besichtigen kann.

Das **Malay College** befindet sich, umgeben von weiten Rasenflächen, im Hauptteil der Stadt. Es wurde 1904 als Internat für die Söhne des *Rajas* und der malaiischen Aristokratie gegründet, nimmt heute jedoch begabte Jungen aus allen Schichten auf. Viele tonangebende Männer in Malaysia haben hier ihre Ausbildung erhalten.

Für 30 *Sen* kann man sich in Kuala Kangsar mit einem Sampan nach **Sayong** übersetzen lassen. Auch hier haben einst Sultane residiert. Mit Hilfe eines Führers erreicht man nach einem Fußmarsch von drei oder vier Kilometern den Ort, wo Sayong-Keramik hergestellt wird – insbesondere die grauschwarzen *labu*: Wasserkrüge mit breitem Boden und hohen, engen Gießern. Für wenig Geld kann man auch andere Stücke kaufen: verzierte Schildkröten, Elefanten, Vögel, Aschenbecher, Vasen und Schüsseln.

Der ungekrönte König: Vom Hochland im Landesinneren fließt der Perak, der zweitgrößte Fluß des Landes, nach Süden. Früher überschwemmte er jedes Jahr die Städte und Dörfer an seinem Ufer. Heute jedoch werden die Wassermassen von Malaysias größtem Staudamm am Termenggor, einem Nebenfluß des Perak, kontrolliert. Er befindet sich tief im Dschungel, 150 Kilometer flußaufwärts von Kuala Kangsar.

Diese Region heißt **Upper Perak**. Es ist ein bergiges Dschungelgebiet, das erst vor nicht allzu langer Zeit dem Bundesstaat zugeordnet wurde. Im 19. Jahrhundert gehörte Upper Perak zum malaiischen Fürstentum Reman, dessen Territorium sich bis Süd-Thailand er-

Baumgiganten und dichte Farne im Tiefland-Dschungel von Perak.

streckte und dessen Fürsten dem König in Bangkok untertan waren. 1909 wurde Reman vertraglich Perak zugesprochen, und man sagt, daß Perak dabei ein paar Quadratkilometer Land zusätzlich erhielt: Hubert Berkeley, der britische Distriktverwalter in Gerik, soll im Schutz der Nacht mit ein paar Männern die Grenzsteine im Dschungelgebiet versetzt haben.

Während der nächsten Jahre blieb Upper Perak derart abgeschnitten vom Rest des Landes, daß Berkeley wie ein ungekrönter König herrschen konnte. Die Alten erzählen noch viele Geschichten über ihn. Er wurde zu einem der Ihren, und als er sich zur Ruhe setzte, war er eine lebende Legende.

Von Kuala Kangsar windet sich eine Straße durch dieses Gebiet, erreicht bei Keroh die thailändische Grenze und führt dann im Bogen nach Kedah. Die Gegend ist malerisch und wird mit jedem Kilometer zunehmend wilder. Nicht weit von Kuala Kangsar überquert die Straße den **Tasek Chenderoh**, einen See, der vom gleichnamigen Staudamm am Perak aufgestaut wird. Bei Kota Tampan in der Nähe von Lenggong kommt man an Höhlen vorbei, in denen Steinzeitmenschen gelebt haben, wie die aufgefundenen Gerätschaften belegen. Weiter nördlich wird die Gegend immer wilder und menschenleerer. Nur hier und da ist der Dschungel für kleine Tabak- und Reisfelder der Orang Asli gerodet.

Gerik ist eine abgelegene Siedlung im Dschungel, bedeutend nicht nur als Verwaltungszentrum, sondern auch als Anfangspunkt der Ost-West-Fernstraße, die nach Kelantan und zur Ostküste führt. Es gibt hier ein **Staatliches Rasthaus** sowie einige kleinere Hotels.

Auf dem Weg zur Ostküste überquert man den gewaltigen **Staudamm von Temenggor**. Die Wasseroberfläche des Sees wird von zerklüfteten Hügeln eingeschlossen. Die toten oder im Sterben begriffenen Bäume, die aus dem See ragen, und der aufsteigende Nebel verleihen ihm etwas Unheimliches und Geheimnisvolles. **Banding** ist ein abgelegenes Anglerparadies.

Uralte Bäume an einer Straße in Taiping.

Durch eine beeindruckend schöne Landschaft führt die Straße von Gerik nach Westen in Richtung Keroh. Man kommt dabei an der offenen Grube einer Zinnmine oberhalb von **Klian Intan** vorbei. Diese Mine wäre längst erschöpft, hätte man nicht befürchtet, durch den Abbau die Geister der Berge zu beleidigen.

Hinter Klian Intan liegt **Keroh**, eine kleine, hübsche Grenzstadt etwa fünf Kilometer vor der thailändischen Grenze. Hier gibt es ein **Rasthaus** und für Reisende, die nach Thailand fahren wollen, eine Zollstation.

Die Stadt des ewigen Friedens: Bei Bukit Berapit verbindet ein schmaler Paß das Perak-Tal mit der Ebene von Larut und Matang im Norden. Straße und Bahnlinie führen über diesen Paß, vorbei an dem gewaltigen Felsdom des **Gunung Pondok**, der wie ein Wachtposten aufragt. Während die Bahn einen Tunnel benutzt, fährt man mit dem Auto über die Hügel und überquert einen kristallklaren Gebirgsbach, an dessen Ufer es schöne Picknickplätze gibt.

Von dort erreicht man in 20 Minuten **Taiping** (chinesisch: Frieden), die größte Stadt in Larut und Matang. Sie ist seit fünfzig Jahren Hauptstadt des Bundesstaats. Nirgends auf der Halbinsel fällt soviel Regen wie hier. Der Friede, auf den sich der Name bezieht, wurde im Vertrag von Pangkor geschlossen und versöhnte die rivalisierenden Gruppen chinesischer Bergarbeiter. Seitdem scheint sich in dieser Stadt nicht viel verändert zu haben.

In den neunziger Jahren des 19. Jahrhunderts wurde eine aufgelassene Zinnmine am Stadtrand in die wunderschönen **Lake Gardens** umgewandelt. Sie enthalten einen Neun-Loch-Golfplatz und einen 50 Hektar umfassenden Zoo.

Hier steht auch ein **staatliches Rasthaus**, dessen Architektur die malaysische Vorliebe für stilistische Vielfalt belegt. Weitere Sehenswürdigkeiten sind das Rathaus aus der Kolonialzeit und die Verwaltungsgebäude in einer andern Ecke des Parks.

Das **State Museum** – das älteste des Landes – ist in einem ehrwürdigen vik-

Eine Teepflückerin in Maxwell Hill.

torianischen Gebäude gegenüber dem Gefängnis untergebracht. Viele der inzwischen unersetzlichen Ausstellungsstücke wurden am Anfang des Jahrhunderts zusammengetragen.

Taiping war auch der Ausgangspunkt von Malaysias erster Bahnlinie, die heute jedoch nicht mehr in Betrieb ist.

Der **Tempel Ling Nam** ist der älteste chinesische Tempel in Perak und enthält das Modell eines Schiffes, das dem chinesischen Kaiser gewidmet ist, der den ersten Kanal in China bauen ließ.

An der Küste östlich von Taiping befindet sich bei Gula das **Vogelreservat Kuala Gula**. Zahlreiche seltene und daher geschützte Tierarten leben hier. Die beste Zeit für einen Besuch sind die Monate August bis Dezember. Informationen sind beim *Wildlife Department* in Batu Gajah erhältlich.

Die Intimität eines Rosengartens: Über der Stadt erhebt sich der **Maxwell Hill**, der jetzt in Bukit Larut umbenannt ist. Auf diesem 1020 Meter hohen Hügel liegt Malaysias älteste *Hill Station*. Es gibt hier weder Golfplatz noch teure Restaurants oder Swimmingpools – nur eine Reihe von Spazierwegen durch den Dschungel und eine Badminton-Anlage. Die kühle Luft, die weiter unten über dem Wald hängenden Nebelschwaden, die wechselnde Aussicht, wenn die Wolken von der Straße von Malakka nach Pangkor hinüberziehen, die behaglichen Bungalows mit ihren englischen Namen und offenen Kaminen verleihen Maxwell Hill jedoch eine Atmosphäre von natürlicher Schlichtheit, die man wirklich genießen kann.

Die erste Autostraße auf den Hügel wurde 1948 gebaut. Zuvor mußte man entweder zu Fuß gehen oder sich von Ponys oder in Sänften hinauftragen lassen. Früher schleppten Träger die Tee-Ernte in schweren Lasten den Hügel hinunter. Aber der Anbau ist eingestellt worden, und heute halten nur noch ein paar indische Arbeiter die Gärten der Bergstation in Ordnung.

Für den privaten Verkehr ist die Benutzung der Straße verboten. Es fahren jedoch von morgens bis abends stündlich regierungseigene Landrover vom

Die Natur meint es gut mit dem Land in den Hügeln.

Ende der Lake Gardens in Taiping zur Bergstation. Die einspurige Straße ist steil und schmal; an den Haarnadelkurven hat man einen Ausblick auf das grüne Land weit unten. Die Luft wird plötzlich frischer, und die Sonne verschwimmt in Nebel und Wolken.

Am **Tea Gardens House** muß man warten, um den Talverkehr durchzulassen. Die Fahrt zur Station (zwölf Kilometer) dauert 40 Minuten. Die Reisenden werden vor ihrem Bungalow abgesetzt, wo sie die Abgeschiedenheit dieses herrlichen Ortes genießen können. Unternehmungslustige können am Fuß des Hügels, nahe der Landrover-Station, in einem von einem Wasserfall gespeisten Swimmingpool baden.

In der Ebene verläuft die Landstraße weiter in nördlicher Richtung nach Penang, Kedah und der thailändischen Grenze. Bei Simpang zweigt eine Nebenstraße nach **Port Weld** ab, der Endstation der ersten, 1885 eröffneten malaysischen Bahnlinie, die heute allerdings stillgelegt ist. Auf dieser Nebenstraße kommt man an **Matang** vorbei, dem alten Fort von Nagah Ibrahim, dem alten malaiischen Gebietshäuptling, der durch den Zinnabbau zu ungeahnten Reichtümern kam. Später wurde das Fort als Lehrerseminar genutzt.

Auf der Landstraße nach Norden geht es weiter durch Orte mit so wohlklingenden Namen wie Bagan Serai, Parit Buntar und Nibong Tebal. Nach einer halben Stunde steht man am Meeresufer gegenüber der Küste von Penang.

Wildparks und Wasserfälle: Im Süden des Bundesstaates, nahe Tapah und auf dem Weg zu den Cameron Highlands, liegt eine Reihe kleinerer Naturparks. In Menderang, Sungkai, 82 Kilometer von Ipoh entfernt, liegt die **Sungkai Deer Farm**, ein 100 Hektar großer Park, in dem etwa hundert Hirsche leben. Außerdem ist hier ein Vogelschutzgebiet eingerichtet. 13 Kilometer von Tapah ist der **Kuala Woh Jungle Park**. Hier kann man angeln, wandern, Rast machen und eine Reihe von Wasserfällen besuchen. Auch die **Lata-Iskandar-Fälle** auf dem Weg in die Cameron Highlands, die **Ulu-Kinta-**

Die dichtbewaldeten Hügel des Hochlandes.

152

Fälle, 16 Kilometer von Ipoh, und die **Batu-Hampar-Fälle** bei Taiping sind spektakuläre Besichtigungsziele.

Golfschläger und Blasrohre: Die **Cameron Highlands** gehören nicht zu Perak, sondern zu Pahang, können aber nur von Perak aus erreicht werden. Die Straße dorthin zweigt bei Tapah, 60 Kilometer südlich von Ipoh, von der Landstraße ab. 90 Kilometer lang windet sie sich durch die Hügel hinauf aufs Plateau. Die Luft wird kühler, Palmen und Bananenbäume weichen dichtem Dschungel; Nadelbäume und kräftige Farne säumen die Straße, und kleine Bambushaine erinnern an chinesische Tuschezeichnungen; am Straßenrand sind Orang Asli unterwegs, die Blasrohre tragen.

Die Cameron Highlands erstrecken sich über drei Distrikte hinweg. Für Neulinge kann das etwas verwirrend und auch enttäuschend sein, vor allem, wenn sie, nach etwa 45 Kilometern in **Ringlet**, einer ziemlich häßlichen kleinen Siedlung im ersten Distrikt, eintreffen. Vier Kilometer weiter stößt man

auf den schönen See **Sultan Abu Bakar Lake**, der durch das Aufstauen des Bertram River entstanden und zum größten Teil mit Wasserpflanzen bedeckt ist. Nach 15 Kilometern erreicht man **Tanah Rata**, die größte Stadt des Hochlandes. Die Landschaft hier ist wunderschön – klare Luft, Bäche, Seen, ein Panorama sanft geschwungener und bewaldeter Bergrücken, die in der Ferne grau verschwimmen.

Nicht immer bot sich dem Beschauer dieses harmonische Bild. Diese Gegend war selbst für die Malaien lange unzugänglich. Wild und gefährlich, von Dämonen und bösen Geistern geradezu verseucht, traute sich niemand dorthin, bis 1885 William Cameron, ein britischer Landvermesser, von einem schönen Hochplateau berichtete, „mit sanften Hügeln, von Bergen umschlossen".

Bald ließen sich Teepflanzer dort nieder, und kurz darauf entdeckten die Chinesen, daß sich das Klima hervorragend für den Anbau von Gemüse eignete, und begannen, die Tallagen zu bestellen. Um ihre Produkte auf den Markt brin-

Das Hotel Merlin in den Cameron Highlands.

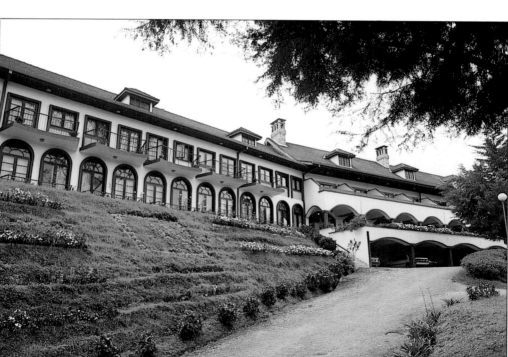

gen zu können, bauten sie eine Straße. Der wohlhabende Besitzer einer Gummiplantage suchte einen Platz zur Erholung und baute ein Wochenendhaus für seine Familie. Auch heute noch lassen sich immer mehr Menschen dort nieder, und Tee und Gemüse werden weiterhin mit wachsendem Erfolg angebaut.

Für den Besucher, der aus dem tropischen Tiefland in Tanah Rata eintrifft, bietet sich ein etwas ungewohntes Bild: Die einzige Straße des Ortes ist von Läden und Restaurants gesäumt, die „Cream Teas" und „English Breakfast" anpreisen. Neben chinesischen Hotels gibt es sehr gute indische Restaurants. In den Läden stehen außer den Gegenständen des alltäglichen Bedarfs auch präparierte Schmetterlinge und Skorpione zum Verkauf.

Am Ende der Straße liegt ein Park, an dessen Rand das **staatliche Rasthaus** und das **Garden Hotel** stehen, beide empfehlenswert durch ihre ruhige Lage und ihre schöne Gärten. Man kann das wirtschaftliche Forschungsinstitut und das **Blue Valley Tea Estate** besuchen

und sich über Teeanbau und -verarbeitung informieren. Der Tee in den zahlreichen Teestuben und Restaurants scheint frischer und aromatischer zu schmecken als im Tiefland.

Tanah Rata ist ein beliebtes Urlaubsziel. Pfadfinder mit Rucksäcken fahren per Anhalter in die Berge, und Engländer aus Singapur sitzen auf Veranden und essen Erdbeeren mit Sahne.

Auch im **Smokehouse Inn**, das in Richtung Brinchang liegt, gibt es Erdbeeren. Wenn man hier abends am prasselnden Kaminfeuer sitzt, fühlt man sich in einen englischen Landgasthof versetzt. Das Smokehouse liegt an der Straße von Brinchang nach Tanah Rata; dahinter befindet sich ein 18-Loch-Golfplatz mit einem gemütlichen Klubhaus, dem eine Bar sowie ein Restaurant angeschlossen sind. Wenn Sie zum Golfspielen gekommen sind, können Sie im nahegelegenen Golf Course Inn oder im Merlin Inn übernachten. Bei weitem billiger sind allerdings die Hotels in Brinchang, dem dritten Distrikt der Cameron Highlands.

Kaufen Sie sich in Tanah Rata eine Tourenkarte, und machen Sie eine Wanderung. Der Schwierigkeitsgrad der Strecken ist auf den Karten angegeben. Sie können Ausflüge zu Teeplantagen, Wasserfällen oder Orang-Asli-Dörfern machen oder aber die Gipfel der umliegenden Berge besteigen. **Gunung Brinchang**, der höchste von ihnen, ist 2000 Meter hoch; an klaren Tagen kann man von seinem Gipfel Ipoh, die Westküste und die Straße von Malakka sehen.

Der Dschungel des Hochlands ist sehr dicht. Touristen werden eindringlich gebeten, die Wege nicht zu verlassen. Der prominenteste Wanderer, der nie mehr gefunden wurde, war wohl der Seidenhändler Jim Thomson aus Thailand. Der in Amerika geborene Thomson, der im Hochland Urlaub machte, wollte am 26. März 1967 lediglich einen kleinen Spaziergang machen. Er ist seitdem spurlos verschwunden. Es gibt allerlei Spekulationen über seinen Verbleib – manche vermuten, daß er das Opfer von Entführern oder gar eines Tigers geworden ist!

Links: Trotz sichtbarer Zeichen des Forschritts hat sich das Leben der Orang Asli wenig verändert. **Rechts**: Teepflücker.

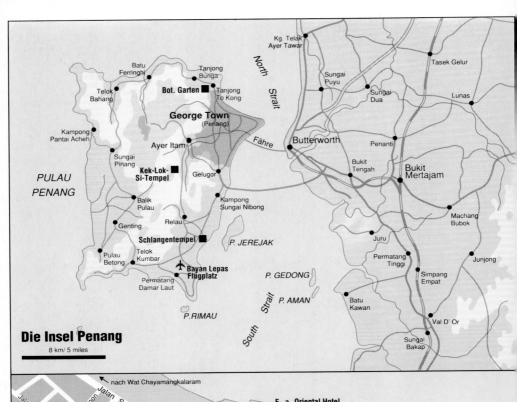

Die Insel Penang

8 km/ 5 miles

Kg. Telak Ayer Tawar
Tasek Gelur
Batu Ferringhi
Tanjong Bunga
Sungai Puyu
Sungai Dua
Lunas
Telok Bahang
Bot. Garten
Tanjong To Kong
George Town (Penang)
Fähre
Butterworth
Penanti
Kampong Pantai Acheh
Ayer Itam
Bukit Tengah
Bukit Mertajam
Sungai Pinang
Kek-Lok-Si-Tempel
Gelugor
PULAU PENANG
Balik Pulau
Kampong Sungai Nibong
Machang Bubok
Genting
Relau
Juru
Junjong
Schlangentempel
P. JEREJAK
Permatang Tinggi
Simpang Empat
Pulau Betong
Telok Kumbar
P. GEDONG
Val D' Or
Bayan Lepas Flugplatz
P. AMAN
Permatang Damar Laut
P.RIMAU
Batu Kawan
North Strait
South Strait
Sungai Bakap

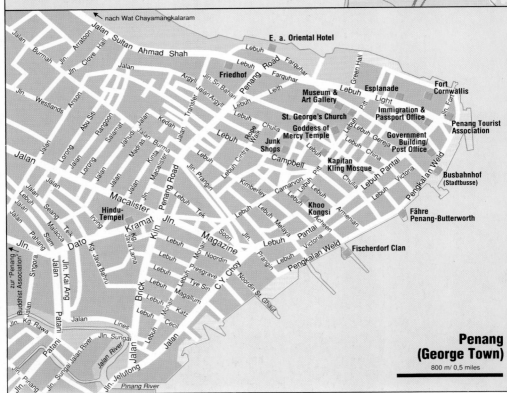

Penang (George Town)

800 m/ 0,5 miles

nach Wat Chayamangkalaram
E. a. Oriental Hotel
Friedhof
Museum & Art Gallery
Esplanade
Fort Cornwallis
St. George's Church
Immigration & Passport Office
Penang Tourist Association
Goddess of Mercy Temple
Government Building/ Post Office
Junk Shops
Kapitan Kling Mosque
Busbahnhof (Stadtbusse)
Hindu-Tempel
Khoo Kongsi
Fähre Penang-Butterworth
Fischerdorf Clan

160

DER INSELSTAAT PENANG

Eigentlich ist Penang keine Insel mehr, denn seit August 1985 ist es mit dem gegenüberliegenden Festland durch die Penang-Brücke verbunden. Die Benutzung kostet sieben Dollar, das ist teurer als die Fähre. Aber die sieben Kilometer lange Fahrt bietet einen beeindruckenden Blick auf den Hafen und das Gefühl, über die drittlängste Brücke der Welt zu fahren. Wegen der Gebühr benutzen einheimische Autofahrer sie selten und lassen sich lieber von der Fähre mitten nach Georgetown bringen.

Früher gehörte Penang zum Reich des Sultans von Kedah, führte aber in Wirklichkeit ein Eigenleben. Trotz seiner strategisch günstigen Lage war es nur dünn besiedelt. Als die Engländer kamen, erklärten sie den Inselstaat zum Freihafen, um Handel und Gewerbe anzukurbeln; weder auf Importe noch auf Exporte wurden Steuern erhoben. Das brachte den gewünschten Erfolg: Nach acht Jahren hatte sich die Zahl der Inselbewohner auf 8000 erhöht – unter den Einwanderern waren viele Chinesen, Inder und Bugis.

Am Anfang war … Light: Die Art und Weise, wie Penang in britische Hände fiel und zu Malaysias führendem Umschlagplatz wurde, gereicht den Briten selbst kaum zur Ehre. Es geschah auf Initiative des Abenteurers Francis Light, der damals schon 15 Jahre hier gelebt hatte. Er sprach fließend Malaiisch und Thai und war den Gerichten von Kedah kein Unbekannter. Ihm war klar, daß der Besitz von Penang den Engländern beträchtliche Vorteile bringen würde. Damals vertrat die East India Company die englischen Interessen in diesem Raum und brauchte dringend eine Niederlassung an der Ostseite des Golfs von Bengalen, um den Schiffsverkehr vor den Franzosen zu schützen. Man wollte auch eine Versorgungsstation für die eigenen Schiffe, die im lukrativen Tee- und Opiumhandel mit China unterwegs waren. Außerdem würde ein Stützpunkt die britischen Interessen in ganz Südostasien stärken.

Um 1780 war es dann so weit: Die Herrscher von Kedah brauchten Hilfe gegen eine drohende Invasion der Thais aus dem Norden und gegen gleichzeitige Angriffe der Bugis von Süden. Light überredete sie, die Engländer um Hilfe zu bitten und ihnen dafür Penang zu überlassen. Im Juli 1786 konnte dann die East India Company ihren Stützpunkt errichten. Die Leitung der Company war mit diesem Verlauf sehr zufrieden, tat aber nichts, um dem Sultan von Kedah zu helfen. Wütend versuchte er, Penang zurückzuerobern, wurde jedoch mit Leichtigkeit besiegt. Schlimmer noch, er mußte den Engländern weitere Gebiete abtreten, und zwar das Land zwischen Muda und Krian, den beiden Flüssen gegenüber der Insel Penang. Bei den Malaien hieß dieses Gebiet Seberang Prai, die Engländer nannten es Province Wellesley, nach dem damaligen Generalgouverneur in Indien. Seberang Prai und Penang bilden heute den Bundestaat Penang, an dessen Spitze ein vom König ernannter Gouverneur steht.

Vorherige Seiten: Die Penang-Brücke in der Morgendämmerung. Ein wild geschmückter Dachfirst des Khoo Kongsi. **Rechts:** Das E&O ist in Penang zur Institution geworden.

Im Lauf der Geschichte hat Penang oft seinen Namen gewechselt. Die ersten Malaien nannten die Insel Pulau Ka Satu oder Einzelinsel. Auf Segelkarten tauchte der Name Pulau Pinang auf (Insel des Betelnußbaums). Bei den Engländern hieß sie vorübergehend Prince of Wales' Island. Nach der Unabhängigkeit erhielt sie wieder den Namen Penang. Auch an schmückenden Beinamen fehlt es nicht: „Perle des Orients", „Tor zum Osten", „Insel der Tempel". Die Namen von Plätzen und Straßen in Penang, die von den Engländern stammen, werden neuerdings wieder in repräsentativere malaiische Namen umgewandelt. Um die Verwirrung noch zu vergrößern, haben die Einwohner für bestimmte Straßen ihre eigenen Namen; Penang buchstabieren sie „Pinang".

Die Stadt des Königs Georg: Wie die meisten Städte Asiens, die die Glas- und Betonkonstruktionen der Moderne neben die Ziegel- und Teakholzbauten der alten Zeit stellen, hat auch Penang mehrere Dimensionen. Ein Neuankömmling kann mit der Fähre eintreffen, mit der Trishaw zu seinem chinesischen Hotel an der Lebuh Kimberley oder der Lebuh Chulia im Herzen des Chinesenviertels fahren, in einem kleinen Straßenrestaurant essen, am Wasser spazierengehen und die Pfahldörfer besuchen, und nach zwei Wochen Penang verlassen, ohne jemals zu erfahren, daß es auch ein touristisches Penang gibt.

Ein anderer Besucher läßt sich vielleicht am Swimmingpool mit Blick aufs Meer seine Cocktails servieren, speist zu Abend in einem rotierenden Restaurant, sechzehn Stockwerke hoch über dem Lichtermeer der Stadt, und erfährt niemals, daß es in Penang auch ein aufregendes Chinesenviertel gibt.

Die Engländer benannten Georgetown nach ihrem König George III. Für die Malaien heißt es Tanjong (Kopfland). Es ist eine unverkennbar chinesische Stadt, vom Stimmengewirr in den Straßen und geheimnisvollen Schriftzeichen auf den Ladenschildern bis hin zum geschäftigen Hafen, wo die Erzeugnisse Malaysias ihren Weg zu den Märkten der Welt antreten.

Blick auf Georgetown, im Hintergrund das Festland.

Das ans Wasser grenzende Gebiet von Georgetown ist eines der ungewöhnlichsten in ganz Asien, und Reisende, die zum ersten Mal mit der Fähre an den **Clan Piers** anlegen, sind zunächst verblüfft: Sie sehen weit ins Meer ragende, auf Pfähle gebaute Dörfer. Hier wohnen Seeleute und Fischer nach Familienclans getrennt. Am Pier von Lim dürfen nur Mitglieder der Lim-Familie wohnen, während der Pier von Chew alleiniger Besitz des Chew-Clans ist.

An winzigen Docks, die nur aus wenigen schmalen Planken im Sand bestehen, entladen die Arbeiter die Leichter und schleppen schwere Jutesäcke in die Lagerschuppen. Niemand stört sich an einem Besucher, der zwischen den schwankenden Stegen herumläuft, solange es nicht ein Chew ist, der sich auf dem Gebiet der Lims bewegt.

So sehr der Hafen auch von den Chinesen dominiert wird, so malaiisch ist das Hinterland. Außerhalb der Stadt spürt man nichts mehr vom geschäftigen Treiben, und der Lärm der Menschenmassen wird gegen die Stille und Abgeschiedenheit einer ländlichen Idylle vertauscht.

Penang trägt aber auch indische Züge. Mit den Engländern kamen *sepoys*, Inder, die in europäischen Armeen als Söldner dienten; des weiteren indische Händler und auch Strafgefangene, die die ersten Straßen bauen und die Sümpfe trockenlegen mußten, Land, auf dem heute die Stadt steht. Nicht alle blieben, sie hinterließen jedoch ihre Spuren: Der würzige Duft von Curry liegt über der Altstadt von Georgetown; manche Taxifahrer sprechen Tamil ebenso gut wie Malaiisch, Englisch und ein wenig Hokkien. Ein Hindutempel steht oben auf dem Penang Hill, ein Hinduschrein erhebt sich neben einem Buddhabildnis auf einem Bergvorsprung im Süden.

Spuren des alten Penang: Die vielleicht teuerste Kanonenkugel der Geschichte wurde vom **Kedah Point** in Fort Cornwallis abgefeuert. Hier wollte Francis Light mitten im dichten Dschungel eine Niederlassung bauen lassen; das Unterholz zu roden erwies sich jedoch als äußerst mühsam, worüber sich die Se-

Manch öffentliches Gebäude erstrahlt noch im Glanz der Kolonialzeit.

poys beklagten. Light ließ kurzerhand eine Kanone mit Silberdollars laden und feuerte sie in den Busch. Das war Anreiz genug für die indischen Arbeiter – bald waren der Dschungel gerodet und das erste Lager errichtet.

Fort Cornwallis war ursprünglich eine Holzkonstruktion. Von 1808 bis 1810 wurde es von Strafgefangene neuerrichtet. Heute steht das Fort immer noch, die Umgebung wurde jedoch in einen Park mit Spielplatz umgewandelt. Die alten Kanonen aber halten noch heute drohend Wache; besondere Verehrung genießt die *Seri Rambai*, die viele Bewohner von Penang als „die wandernde Kanone" kennen. Und tatsächlich ist diese Kanone viel gereist: Gegossen wurde sie in Holland, der Sultan von Johore bekam sie 1606 von den Holländern geschenkt. Sieben Jahre danach fiel sie bei einem brutalen Überfall den Achinesen in die Hände. Über 200 Jahre lang stand sie in Acheh, bis die Achenesen sie nach Kuala Selangor schickten, weil sie sich mit den Bugis verbünden wollten. 1871 bombardierten die Briten Kuala Selangor und brachten die Kanone nach Penang. Dort lag sie vor der Esplanade mehrere Jahre lang im Meer, bis man sie schließlich herausholte und an ihren jetzigen Standort brachte. Seri Rambai werden magische Kräfte zugeschrieben: Man sagt, wenn Frauen sich ein Kind wünschen, müssen sie lediglich Blumen in das Kanonenrohr stellen und beten.

Im Herzen der Geschichte: Nahe beim Fort Cornwallis liegen der **Padang** („grün") und die **Esplanade** (Jalan Tuan Syed Sheh Barakbah) der Stadt, das eigentliche Herz des historischen Georgetown. Stattliche Verwaltungsgebäude der Kolonialbehörden aus dem 19. Jahrhundert stehen an einem Ende des Padang; am anderen, in der Nähe des Eingangs zu Fort Cornwallis, umkreist der Verkehr den **Uhrenturm** der Stadt, der vom *towkay*, dem reichen Chinesen namens Cheah Chin Gok, gestiftet wurde, um dem diamantenen Jubiläum Ihrer Majestät der Königin Victoria zu gedenken. Die schöne und würdevolle **St.-Georgs-Kirche** an der Jalan Raya

Verdiente Pause für die Füße.

Farquhar stammt aus dem Jahre 1818 und ist als älteste anglikanische Kirche in ganz Südostasien berühmt. Auf dem angrenzenden Friedhof liegt Francis Light unter Jasminbäumen begraben.

Im **Penang Museum**, auf der anderen Straßenseite, ist eine chinesische Brautkammer aus dem 19. Jahrhundert zu bewundern. Damals verzierten die stolzen malaiisch-chinesischen Bräute ihre Schuhe noch mit feinen Perlenarbeiten. Ein Raum ist Bildern und Stichen aus den alten Tagen gewidmet, als Fort Cornwallis noch das Stadtzentrum bildete. In einem anderen Raum sind kunstvoll mit Juwelen verzierte Krise ausgestellt, jene dolchähnlichen Waffen, die die Malaien zur Abwehr eines Gegners und als Schmuck trugen. Die **Kunstgalerie von Penang** im Obergeschoß stellt Zeichnungen, Ölbilder, Grafiken und chinesische Tuschezeichnungen aus. Die meisten Werke sind moderner, fangen aber in ihren feierlich stimmungsvollen Meeresmotiven und dörflichen Porträts eine Atmosphäre ein, die an die Pionierzeit erinnert.

Die Straßen von Georgetown: Wenn man nach **Georgetown** kommt, geht man zunächst fasziniert durch die verstopften, engen Straßen und das pulsierende Hafenviertel. Die vielen ankernden Frachter weisen darauf hin, daß auch Penang inzwischen vom 20. Jahrhundert eingeholt wurde; die Fähre von Butterworth muß vier Kilometer im Zickzack fahren, um zwischen den vielen Schiffen hindurch die Anlegestelle am Weld Quay zu erreichen. Die Fahrt vom Festland nach Penang kostet 40 Sen; die Rückfahrt ist kostenlos.

Penang ist ein fernöstliches Warenhaus, in dem vom Plastikspielzeug bis zum elektronischen Firlefanz alles zu haben ist: Seide aus Thailand und Indien, Stoffe aus England, Kameras aus Deutschland und Japan, Textilien aus den USA, Brokat und Sarongs aus Malaysia. Haupteinkaufsstraße ist die **Jalan Pinang**. Ihre Läden öffnen schon frühmorgens und schließen erst, wenn die letzten Bars und Kinos sich geleert haben.

Die **Lebuh Campbell** ganz in der Nähe gilt als „chinesische" Einkaufs-

Ein Warenhaus auf Rädern.

straße. Hier bieten aber auch nepalesische Straßenhändler Nylonhemden, unechte Krokodillederschuhe, einfaches Kinderspielzeug und wertvolle Steine an, die garantiert Glas schneiden.

Aber am allerinteressantesten ist es sicherlich bei den Trödlern entlang des **Rope Walk**. Hier muß der Besucher wirklich über die sprichwörtlichen Berge von alten Klamotten klettern, und wer ein wenig Schmutz nicht scheut, wird sicher das eine oder andere wertvolle Schnäppchen machen. Eine Londoner Verkäuferin fand hier das von einer Opernbühne ausgemusterte Gewand eines chinesischen Kaisers.

Seltsame Märkte: Eine typisch malaiische Einrichtung ist der *pasar malam* bzw. *pasar minggu*. Urplötzlich wird er irgendwo aufgebaut, wechselt aber dann irgendwann seinen Standort. Eine italienische Touristin, die für eine Woche in den Süden gereist war und nach Penang zurückkehrte, war sehr enttäuscht, als „ihr" Markt auf einmal nicht mehr da war. Nur durch Zufall erfuhr sie, daß er inzwischen nur verlegt worden war.

Abends kann man solche Marktplätze nicht verfehlen, denn sie sind hell beleuchtet. Die Auswahl ist groß, sie reicht von Plastiksandalen bis zu günstigen Batik-Sarongs aus Kelantan. Hier kann man auch sehr gut Leute beobachten.

Es macht Spaß, durch Georgetown zu bummeln, und ehe man es merkt, hat man eine große Strecke zurückgelegt. Taxis gibt es reichlich und preisgünstig, sie dürfen allerdings nicht herumfahren und Fahrgäste suchen. Am einfachsten und schönsten ist eine Fahrt mit der Trishaw. Auf diese Weise verwandelt sich die Stadt in ein riesiges buntes Kaleidoskop. Selbst im Monsunregen kann eine Trishaw-Fahrt Spaß machen. Der Fahrer spannt eine Plastikplane auf und kutschiert Sie gemütlich durch die dampfenden Straßen. Nachts hat eine solche Fahrt ihre ganz besonderen Reize: Die Fahrer haben kleine Lämpchen, die vorn und hinten auf den Schutzblechen angebracht sind. Die vielen winzigen Lampen flimmern in der blauschwarzen Dunkelheit wie Glühwürmchen in einem großen Baum.

Nächtliche Schönheiten: Die Straßen von Georgetown sind für das Nachtleben wie geschaffen. Die Chinesen scheinen niemals schlafen zu gehen. Ihre zur Straße offenen Restaurants sind lärmende Versammlungsplätze, wo die Kellner Ihre Bestellungen laut nach hinten rufen. Die Jukebox, sofern vorhanden, ist immer voll aufgedreht.

Die kleinen Straßenrestaurants am Gurney Drive und an der Esplanade machen glänzende Geschäfte, während hellerleuchtete Läden späte Käufer anzulocken suchen. Vor den Diskotheken der großen Hotels stehen die Leute Schlange. Es gibt Dachrestaurants mit herrlichem Blick über die schimmernden Lichter der Stadt, über die Berge und den Hafen und Kabaretts in dunklen Kellern ohne Fenster.

Wer gerne Bars besucht, kann ein paar in der Umgebung von Georgetown sowie in den nördlichen Außenbezirken finden. Einige der kleinen und freundlichen Etablissements, wie etwa die **Hong Kong Bar**, führen ein „Familienalbum" mit Schnappschüssen von jedem Rei-

Die Einheimischen ziehen die Fähre immer noch der großen Brücke vor.

senden, der jemals hier hereinkam und einen Drink bestellte. Sie sind ausgerüstet mit Jukebox zum Tanzen, Spielautomaten zur Unterhaltung und gutaussehenden Barmädchen.

Andere bieten noch etwas mehr, wie der „1885 Room" des **Eastern & Oriental Hotel**. Der langjährige Leiter und Pianist der Band, Albert Yeoh, hat festgestellt, daß die Gäste des „E & O" nicht mehr so tanzfreudig sind wie in alten Zeiten. Sie nehmen lieber einen Drink im Sitzen und lauschen der Musik.

Unzweifelhaft bietet Penang die Möglichkeit unvergeßlicher Spaziergänge. In den Straßen von Georgetown muß man nicht nach Unterhaltung suchen; schon am frühen Morgen kann es eine Begräbnisprozession geben, mit Trommeln, Gongs und Trauergästen. Nachmittag dann ein Löwentanz, ein lautes Spektakel mit noch mehr Trommeln und Gongs. Und abends? Da könnte es eine chinesische Oper sein, mit Pantomime, chinesischer Musik und dick geschminkten Gesichtern; oder eine Rockband auf der Esplanade.

In Georgetown gibt es noch immer nur wenige Hochhäuser. Eines davon ist **Komtar**, Penangs neues, hochmodernes Behörden- und Geschäftszentrum. Es besitzt die feinsten Läden der Stadt, mehrere Kinos, Restaurants und einen unterirdischen Busbahnhof. Sein auffälliger runder Turm ist vom Festland aus deutlich zu erkennen.

Schmuckvolle Türrahmen: Es sind nicht nur die Läden und Trödelmärkte, die das Bummeln durch Georgetown zum Vergnügen machen. Wenn man durch die engen Seitengassen der chinesischen Wohnviertel kommt, fallen sofort die feinen Holzschnitzarbeiten an den Fenstern und Türen ins Auge. Der kleine Familientempel an der Gat Lebuh Gereja (Churchstreet), den der Millionär Chung Keng Kwee bauen ließ, ist ein gutes Beispiel. Innen steht eine Bronzestatue Chungs, die ihn im Gewand eines chinesischen Mandarins zeigt. Chung wurde reich durch das Zinn von Larut. Um 1860 spielte er in den Kämpfen um Larut als Führer einer der chinesischen Abteilungen eine maßgebliche Rolle.

So sah das Eastern & Oriental in seinen besten Tagen aus.

Die ersten Einwanderer aus China, die vor gut hundert Jahren nach Malaysia kamen, mußten sich hier unter den Schutz und die Kontrolle eines Clans stellen, der ähnlich wie die Gilden des mittelalterlichen Europa funktionierte. Die Ahnengalerien jener Clans werden *kongsi* genannt, sie sind überall in der Stadt zu finden, zum Beispiel die Khoo, Ong, Tan oder Chung. Die beeindrukkendste gehört dem Khoo-Clan: Die **Leong San Tong Khoo Kongsi** an der Ecke Lebuh Pitt und Lebuh Acheh. Sie umfaßt zwei Gebäude, die einander gegenüberstehen: den eigentlichen Ahnentempel und ein Haus, in dem bei festlichen Anlässen Theater und Opernaufführungen stattfinden.

Drachen auf dem Dach: Khoo Kongsi ist so kunstvoll gestaltet, daß man es geradezu göttlich nennen möchte. Der siebentürmige Pavillon, die wundersamen Drachenpfeiler und die handbemalten Wände mit der eingravierten Rose des Clans sollten dem Clanhaus den Glanz eines Herrscherpalastes verleihen. Die ursprüngliche Konstruktion

war so bombastisch, daß die Clanmitglieder befürchteten, der Kaiser von China könnte sich dadurch verletzt fühlen. Der Bau wurde nach achtjähriger Arbeit 1894 fertiggestellt. Seltsamerweise brach gleich in der Nacht der Eröffnung im Dachstuhl ein Feuer aus. Man wertete es als Wink der Götter und glaubte, auch ihnen sei der Bau zu großartig. Daraufhin verwirklichten die Khoos eine noch bescheidenere Lösung, die wir heute in ihrer ganzen Perfektion bewundern.

Wenn man den Innenhof betritt, fühlt man sich in himmlische Zeitlosigkeit entrückt: Drachen tanzen auf den Dächern, Feen schweben auf Wolken und spielen Flöte. Die herabhängenden Dachtraufen verwandeln sich in emaillierte Mosaiken von überirdischer Schönheit. Goldglänzende Balken werden zu geschwungenen Gärten, in denen unsterbliche Heilige wohnen. Die Außenwände sind reich mit historischen und legendären Szenen verziert – geschnitzt, bemalt und poliert von Meistern aus Cathay. Monumentale Schutzgötter auf den Hauptportalen sollen das Eindringen böser Geister verhindern, und Löwen aus grünem Granit halten Wache.

Hinter der vergoldeten und rotlakkierten Altarfront stehen Statuen der Götter der Langlebigkeit, des Wohlstandes, des Erfolges und des Glücks. Zu beiden Seiten des Hauptaltars liegen die Ahnenhallen, die den Schutzheiligen des Clans gewidmet sind. Ihre Bilder sind von *sinchoos* umgeben, hölzernen Tafeln, die an verstorbene Clan-Angehörige erinnern. An den Wänden hängen goldene Plaketten mit den Namen berühmter Mitglieder, die hohe akademische Titel bzw. wichtige gesellschaftliche Positionen innehatten.

Räucherstäbchen für die Göttin: Penangs ältester chinesischer Tempel ist zugleich der einfachste und meistbesuchte: **Kuan Yin** in der Lebuh Pitt. Er gehört den kleinen Leuten: den Nudelverkäufern, den Trishaw-Fahrern, den Hausfrauen, den alten Ladenbesitzern, die noch mit dem Abakus rechnen, den Arbeitern, die Möbel schreinern, Fahrräder reparieren oder alles mögliche verkaufen.

Das bunte Webmuster der Dächer in Chinatown.

Kuan Yin personifiziert das Mitgefühl eines buddhistischen Bodhisattva, der sich weigert, ins Nirvana einzugehen, solange es noch Ungerechtigkeit gibt. Diese Gottheit ist auf vielen chinesischen Altären zu finden, bei den Buddhisten, Taoisten und Konfuzianern. Den ganzen Tag über kommen Leute in den Tempel, um ihre Probleme loszuwerden oder um zu danken, wenn sie gelöst sind. Das Klicken von „Wünschelstäbchen" hallt durch die Räume, während die Gläubigen Hilfe und Rat erbitten. Die Männer und Frauen von Georgetown wissen, daß Kuan Yin antwortet. Von allen chinesischen Gottheiten in Penang ist sie wahrscheinlich die am innigsten geliebte.

Der Tempel macht einen abgenutzten Eindruck. Die Hallen sind von Räucherschwaden erfüllt, die Fußböden mit den Verpackungen der Räucherstäbchen und weggeworfenen Tüten übersät. Der Altar sieht aus wie ein Büffet mit gebratenen Hähnchen, Kuchen, Orangen, Ananas und Plätzchen, die von den Gläubigen hier geopfert wurden.

Am Abend des chinesischen Neujahrsfestes, wenn die größte Nachfrage nach „Glück" herrscht, steht Kuan Yins Tempel in Flammen. Hunderte drängen sich um die Altäre, verbrennen Räucherstäbchen, zünden rote Kerzen an und beschwören den Namen des Bodhisattva. Rauch steigt von Öfen im Tempelhof auf, wo ein Vermögen an „Opfergeld" verbrannt wird. Geschäftsleute wie Bettler drängen sich mit brennenden Räucherstäbchen an den Eingängen. Eine seltsame Erscheinung mit Motorradbrille und einem Taschentuch über der Nase taucht auf. Sie sieht aus wie ein Raumfahrtbandit oder ein Überlebender einer Umweltkatastrophe, ist aber der Junge, der im Auftrag des Tempels die überzähligen Räucherstäbchen einsammelt und sie draußen verbrennt.

Ganz nahe ist die **Kapitan Kling Moschee** im indisch-moslemischen Stil. Sie wurde 1800 erbaut und ist die älteste Moschee des Landes.

Buddhismus in Penang: Das chinesische Neujahrsfest bei der **Penang Buddhist Association**, etwas weniger als

zwei Kilometer von der Jalan Anson entfernt, ist verglichen mit dem verrückten Auftrieb in anderen Tempeln eine eher förmliche Angelegenheit. Die Frauen tragen moderne, einfach geschnittene *samfoos* oder züchtig-modische westliche Kleidung von der Stange. Ein junges Mädchen führt seinen ehrwürdigen Großvater geduldig über den Marmorboden zu einer kleinen Versammlung, die Buddha mit Lobgesängen preist. Der große, geschnitzte und polierte Ebenholztisch aus Kanton ist mit Blumen, Früchten und bunten Kuchen geschmückt. Auf den hohen Altären stehen sechs weiße Marmorstatuen von Buddha und seinen Schülern. Von den Decken hängen tschechische Kronleuchter, die Wände sind geschmückt mit Gemälden, die Buddhas Weg zur Erleuchtung zeigen. Das Läuten der Tempelglocken und der Sprechgesang vereinigen sich, das neue Jahr zu empfangen, und feiern die ewige Wiedergeburt. Draußen flüstern die Bettler, sie wissen, daß das Neujahrsfest ein Anlaß für großzügige Gaben ist.

Die helle, große Eingangshalle der *Chinese Buddhist Association* ist die schlichteste religiöse Stätte in Penang. Das im Jahre 1912 vollendete Gebäude spiegelt das Verlangen eines buddhistischen Priesters, seinen Anhängern die orthodoxen Riten nahezubringen. Hier findet man keine Räucherstäbchenverkäufer oder brennendes Opfergeld. Das Gebet ist die Grundlage buddhistischen Glaubens, und die Penang Buddhist Association schätzt die Einfachheit der Lehre.

Die Vielfalt des Buddhismus in Penang läßt jeden Tempelbesuch zu einem neuen Erlebnis werden. Man betritt die gigantische Meditationshalle im **Wat Chayamangkalaram** an der Jalan Burma und sieht vielleicht einen Arbeiter, der die linke Wange des 32 Meter langen „liegenden Buddhas" poliert, der drittgrößten Statue dieser Art auf der Welt. Wat Chayamangkalaram ist ein thailändisches Buddhistenkloster. Riesige Naga-Schlangen, mystische Kreaturen, die Himmel und Erde verbinden, bilden die Balustraden am Eingang der

Räucherstäbchen vernebeln das Innere des Tempels Kek Lok Si.

Meditationshalle. Giganten mit furcht-erregenden Gesichtern bewachen die Portale. Mönche mit geschorenen Köpfen gleiten in safrangelben Roben lautlos über das Lotosblumenmuster des Steinfußbodens. Dieses Szenarium wird umsäumt von vielen kleineren Buddhas mit Opferstöcken an ihren Postamenten. Auf einem von ihnen stehen die Worte:,,Wenn du diesen Gott verehrst, wird dein Wunsch in Erfüllung gehen."

Eine andere Form buddhistischer Verehrung findet man gegenüber im birmanischen Tempel. Der Gesichtsausdruck des dortigen Buddha ist halb hochmütig, halb freundlich. Einer der Altäre ist von einem Wassergraben umgeben, den „himmlische" Brücken überspannen. Auf jeder Seite steht ein Buddha. Einem von ihnen bietet ein Mann mit vorstehenden Zähnen, der für die weltliche Genußsucht steht, verlockende Schalen voller Früchte an, aber der Buddha lehnt ab. Dem anderen Buddha nähern sich verführerisch zwei junge Frauen. Und obwohl er sie nicht beachtet, scheint er doch die Versu-chung zu genießen. Kleine Läden in den schattigen Wandelgängen verkaufen grün- und rosafarbene Altarkerzen in Form einer Lotosblüte.

Inspiriert von einer Vision: Hoch über dem Trubel von Georgetown erhebt sich auf einem Hügel bei **Ayer Hitam**, etwa sechs Kilometer von der Buddhist Association entfernt, der **Kek Lok Si** oder **Paradiestempel**. Er ist einer der größten buddhistischen Tempel Malaysias. Seine Existenz verdankt er dem chinesischen Buddhisten-Priester Beow Lean, der 1887 aus der Provinz Fukien nach Penang kam. Bald nach seiner Ankunft wurde er zum Gemeindepriester des Kuan Yin Tempels in Lebuh Pitt ernannt. Von dem religiösen Eifer der Buddhisten in Penang war er so beeindruckt, daß er beschloß, hier ein Kloster zu gründen. Er wählte den Platz bei Ayer Hitam, weil ihn die Hügel an seine Heimat in Fukien erinnerten.

Die Arbeit an dem Tempel begann 1890, die Hauptgebäude waren 1904 fertiggestellt, der große Pagodenturm wurde erst 1930 vollendet. Der Tempel

Dramatisch, farbig, schrill: die chinesische Oper.

ist sämtlichen Buddha-Manifestationen gewidmet, deshalb wird er auch „Pagode der Millionen Buddhas" genannt. Er ist auch deshalb berühmt, weil er drei verschiedene architektonische Stile in sich vereinigt, ein chinesisches Fundament, ein thailändisches Mittelteil und ein birmanisches Dachgeschoß.

Als der Tempel fertig war, wurde er schnell zu einem Zentrum buddhistischer Verehrung und zu einer Touristenattraktion. Das letztere überwiegt: Die Besucher wandern durch ein Spalier von Andenkenbuden zur Pagode. Jeder, der zum Turm hinaufgeht, gibt eine „freiwillige" Spende.

Wenn am Sonntag chinesische Familien ihren freien Nachmittag in den üppigen Gärten an der Schwelle zum Paradies verbringen, erlebt Kek Lok Si eine Invasion.

Die Tempelanlage ist in drei Etagen an einen felsigen Hang gebaut. Die drei „Hallen der Großen" sind Kuan Yin, der Göttin der Barmherzigkeit geweiht, Bee Lay Hood, dem lachenden Buddha, und Gautama Buddha, dem Begründer der Religion. Hier verbringen die Mönche ihre Zeit in Meditation. Der „Turm der Heiligen Bücher" im Obergeschoß beherbergt eine Sammlung buddhistischer Schriften und *sutras*. Viele sind ein Geschenk des chinesischen Herrschers Kuang Hsu. In die Wand ist eine Tafel eingelassen, auf der Kuang Hsu die Errichtung des Tempels lobt.

Hügel in der Nachbarschaft: Die Jalan Ayer Hitam führt in nördliche Richtung zum **Penang Hill**. Auf den ersten Blick kann man leicht den Eindruck gewinnen, Georgetown sei eine unruhige, rastlose Stadt. Beim zweiten Hinsehen findet man gelassene Gemütlichkeit. Die Bewohner genießen ihre Stadt und die Insel. Sie besuchen regelmäßig die Parks und Gärten, machen Ausflüge rund um Penang und besuchen die zahlreichen Tempel. Penang Hill ist eines der beliebtesten Ausflugsziele. Schon 1897 sprach man begeistert von der malerischen Schönheit des Hügels.

Es gab nur ein Problem: Wie sollte man hinaufkommen? Schließlich kam jemand auf die Idee, eine Bergbahn zum

Die Kapitan Kling Moschee im indischen Mogul-Stil.

172

Gipfel zu bauen. Nach Jahren mühsamer Arbeit war das Werk vollendet. Zwei auf Schienen laufende Wagen hingen an einem über Rollen laufenden Seil, für den Antrieb installierte man eine Wasserturbine. „Eine geniale Methode", hieß es damals. Aber als der Tag der Eröffnung kam, wollte die Wasserturbine absolut nicht funktionieren.

Während der nächsten 25 Jahre schritt die Technik voran, man studierte die Schweizer Kabelbahn und konnte am 21. Oktober 1923 die heutige Linie in Betrieb nehmen. Seitdem gehört die Fahrt auf den Gipfel zu einem der schönsten Erlebnisse. Wenn die Wagen den steilen Hang hinaufrattern, entfaltet sich langsam das ganze Panorama der Insel: das Meer, die Berge und tropischen Täler. Von jeder kleinen Zwischenstation aus führen Pfade in die kühlen Wälder und Gärten der privaten Bungalows, die an den Hängen stehen. Sehr empfehlenswert ist es, ein oder zwei Tage im Gipfelhotel zu verbringen. Die 500 Menschen, die den Hügel bewohnen, errichteten einen kleinen Hindutempel und eine Moschee. Die Bergbahn fährt täglich von 6.30 morgens bis 9 Uhr abends und kostet drei Dollar für Erwachsene und einen Dollar für Kinder.

Neben einer Fahrt mit der Bergseilbahn bietet Penang eine Vielzahl von Erholungsmöglichkeiten. Georgetown, bekannt als das Monte Carlo Asiens, veranstaltet einmal jährlich den Grand Prix Malaysia. An diesem kurvenreichen Autorennen nehmen Rennfahrer aus ganz Südostasien teil. Ebenso beliebt sind die fünfmal jährlich stattfindenden Pferderennen im Penang Turf Club. Ein großer 18-Loch-Golfplatz steht für 20 Dollar pro Tag zur Verfügung.

Es gibt zahlreiche Kinos, in denen Filme in englischer Sprache laufen. Wer noch nie einen chinesischen Schwertkämpfer auf der Leinwand gesehen hat, der eine fast aussichtslose Übermacht besiegt, hat hier Gelegenheit dazu.

Segensreicher Wasserfall: „Was man des weiteren für die Planung einer Kolonie bedenken muß, ist die Verfügbarkeit von Süßwasser", schrieb Leutnant Popham von der Royal Navy. „Kein

Land kann man leichter mit diesem kostbaren Artikel versorgen als Prince of Wales' Island. Das Wasser fließt von den Hügeln und sammelt sich in zahlreichen kleinen Bächen; die beiden wichtigsten münden in den Hafen: der eine ganz in der Nähe, der andere etwa fünf Kilometer von der Stadt entfernt. Im letzteren kann man mit Beibooten Trinkwasser aufnehmen."

Die Quellen auf den Hügeln ziehen nach beinahe 200 Jahren noch immer Besucher aus dem Flachland an. Drei Kilometer nordöstlich des Penang Hill gibt es den **Botanischen Garten** (Waterfall Gardens) mit den schönsten tropischen Pflanzen der Insel. Affen bevölkern die Bäume und erheitern die Besucher, wenn sie herunterklettern und gefüttert werden wollen, besonders am frühen Morgen oder späten Nachmittag. Die Wasserfälle beginnen über hundert Meter oberhalb der Gärten und stürzen hinab durch die grüne Landschaft, in der es, ähnlich wie in den japanischen Gärten, Fußwege und kleine hölzerne Brücken gibt. An Feiertagen ist dies ein sehr beliebter Ort für Familien, Kinder und Liebespaare. Überall stehen Parkbänke und bieten schattige Ruheplätze.

Eine der malerischsten Stellen der Insel ist der **Ayer Hitam Dam** mit seinem 18 Hektar großen Stausee. In ihm spiegelt sich das satte, üppige Grün des umliegenden Dschungels. Eine drei Kilometer lange Straße schlängelt sich vom Kek Lok Si Tempel aus hinauf. Die Luft ist hier kühl und erfrischend, besonders abends, wenn der Wind über den See streicht.

Auf einer Hügelkette oberhalb des Damms liegt das indische Heiligtum **Nattukotai Chettiar**. Wie in Kuala Lumpur wird auch hier das Thaipusam-Fest gefeiert. Manche behaupten, das Fest in Penang sei noch dramatischer und interessanter als das in den Batu-Höhlen; jedenfalls braucht es den Vergleich nicht zu scheuen.

Neben dem Damm von Ayer Hitam besitzt Penang noch zahlreiche kleinere Stauseen. Die meisten davon sind recht zweckmäßig und zugleich mit einem sicheren Blick fürs Ästhetische gestal-

Unten links: Die Kabelbahn erklimmt den Penang Hill. **Unten rechts:** Der Kek Lok Si Tempel.

tet. Das **Guillemard Reservoir** liegt auf einer Hügelkuppe am Mount Erskine. Seine glänzende Wasseroberfläche ist das erste, was ankommende Flugreisende von Penang sehen.

Penang besitzt viele Flüsse und Wasserfälle. Die alten Malaien glaubten, das viele Wasser der Insel stamme aus Quellen, die mit dem Toba-See in Sumatra verbunden wären. Tatsächlich wird es vom Regenwasser gespeist. Der durchschnittliche jährliche Niederschlag beträgt 325 Zentimeter. Trotzdem bleibt das Wasser ein „kostbarer Artikel", vor allem wenn es durch die malerischen Gärten hinter der Stadt fließt.

Ausflug rund um die Insel: Jenseits der Stadtgrenzen von Georgetown beginnt ein anderes Penang. Wenn ein Besucher morgens in der Hafengegend nach Süden startet und der kurvenreichen und gelegentlich bergigen Straße 74 Kilometer weit folgt, erreicht er abends wieder den Ausgangspunkt. Er kann auf diesem Weg einen Tempel besichtigen, in dem giftige Schlangen von den Dachsparren hängen, kann tropische Fische in einem Aquarium beobachten, den angeblichen Fußabdruck eines chinesischen Admirals bewundern, in einem Teich unter einem Wasserfall schwimmen, malaiische Fischer in abgelegenen Dörfern kennenlernen, in einem teakholzgetäfelten Restaurant zu Mittag essen und den Nachmittag an einem feinen weißen Sandstrand genießen.

Es gibt verschiedene Möglichkeiten für einen Ausflug rund um die Insel: Hotels und Reisebüros vermitteln Gruppenfahrten in klimatisierten Bussen mit Reiseführern. Auf dem gleichen Weg kann man Wagen mit Fahrer, mit und ohne Reiseführer mieten. Es gibt auch einen Selbstfahrerservice, der Limousinen für 32 Dollar pro Tag anbietet. Oder man fährt mit dem öffentlichen Bus; für weniger als einen Dollar gelangt man überallhin, allerdings nur entlang der Hauptstraßen.

In den Außenbezirken von Georgetown trifft man auf Fabriken und Handwerksbetriebe, dann beginnt das offene Land. Die Straßen sind gut mit Kilometersteinen markiert, die die Entfernung

nach Georgetown anzeigen. Eine Straßenkarte ist deshalb nicht unbedingt nötig. Es gibt eine Anzahl interessanter Nebenstrecken. Die meisten führen in entlegene Dörfer an der Küste. Wo wenig Verkehr herrscht, trocknen die Fischer ihre *ikan bilis* (winzige Fische) mitten auf der Fahrbahn. Oft ist die Straße über einen halben Kilometer mit Fisch bedeckt, und nur eine schmale Fahrspur ist freigelassen.

„Nix Angst, nix beißen", erklärt ein chinesischer Junge, während er in einem kleinen Baum herumstochert. Zwischen den Zweigen ringelt sich eine armlange grüngelbe Viper. Ihr Maul öffnet sich, und sie stößt Zischlaute aus. „Du sehen", wiederholt der Junge, „nix beißen!"

Die Schlange lebt in dem berühmten **Temple of Azure Cloud**, der bekannt und berühmt ist unter dem Namen Snake Temple (Schlangentempel). Vom Aquarium führt die Straße in südlicher Richtung an der Technischen Universität von Malaysia, **Universiti Sains Malaysia**, vorbei; der Schlangentempel liegt bei Kilometer 14. Wenn man die Treppen zu der reichverzierten heiligen Stätte hinaufsteigt, mag zunächst nichts Außergewöhnliches auffallen. Selbst die wenigen zusammengerollten Schlangen am Weg rufen kaum Erstaunen hervor. Aber dann traut man seinen Augen nicht: Drinnen schlängeln sich giftige Vipern um Altäre, Schreine, Räucherschalen, Kerzenhalter, Vasen, auf dem Boden und an der Decke. Sogar einen „Säuglings"-Baum gibt es, in dessen Zweigen sich zahlreiche neugeborene regenwurmgroße Schlangen ringeln. Im Nebenraum wartet ein Fotograf auf Besucher, die sich gerne mit ein paar Schlangen um Hals und Arme verewigen lassen wollen. Natürlich, so versichert er, haben sie keine Giftzähne.

Die Schlangen werden verehrt wegen ihrer Verwandtschaft mit den mythischen Drachen der chinesischen Folklore. Angeblich sind sie tagsüber von den Räucherstäbchen halb betäubt. Bei Nacht lassen sie sich von Decken und Ästen herab und saugen die Hühnereier aus, die die Gläub~igen für sie hinlegen.

Ein echtes Kampong-Haus ist bunt und peinlich sauber.

Heilige Spuren: Kein Glück in der Lotterie? Schlechte Gesundheit? Ärger mit der geschäftlichen Konkurrenz? Keinen Erfolg in der Liebe? Dann ist dies die beste Gelegenheit, sich einmal dem Strom der Gläubigen anzuschließen, die zu einem kleinen Tempel auf dem felsigen Vorgebirge bei **Batu Maung** pilgern, einem Fischerdorf an der Südostspitze der Insel, vom Bayan Lepas Airport nur drei Kilometer entfernt. Der Altar des Tempels zeigt angeblich den Fußabdruck des Admirals Cheng Ho, des chinesischen „Kolumbus". Auf der Insel Langkawi, 96 Kilometer weiter nördlich, ist ein ähnlicher Fußabdruck zu besichtigen. Die beiden werden für ein Paar gehalten, und es heißt, jeder, der seine Räucherstäbchen neben dem Abdruck in eine Urne steckt, wird Glück haben und reich werden.

Die Fischerboote von Batu Maung, die bei Flut ans Ufer fahren können, liegen bei Ebbe auf dem Trockenen. Das machen sich die Schiffszimmerer für ihre Reparaturarbeiten zunutze. Die Werkzeuge der Bootsbauer sind längst museumsreif und wahrscheinlich genauso alt wie die Kunst dieser äußerst geschickten Handwerker. In solchen Booten erkundeten ihre Ahnen die Inselwelt des Malaiischen Archipels und trieben Handel. Inzwischen sind zwar aus den Händlern Fischer geworden, aber die handwerklichen Traditionen sind ihnen geblieben.

Auf dem Lande: Im Süden der Insel zweigen etliche Straßen zur Küste hin ab. Das sind zumeist die Wirtschaftswege zwischen der Hauptstraße und den Fischerdörfern. In solchen Dörfern lebten die Malaien schon, als Francis Light seine erste Niederlassung gründete. Während sich in Malaysias Städten und größeren Orten das äußere Bild stetig ändert, sehen die Kampong-Häuser noch genauso aus wie vor hundert Jahren. Die Malaien sind stolz auf sie, und in viele von ihnen kann man von der Straße aus hineinsehen: Die Einrichtung ist einfach, und jedes Haus besitzt ein gerahmtes Foto des Königs und der Königin. Die Häuser stehen auf Pfählen; dadurch ist es drinnen kühl, trocken und

Pool und Strand in Batu Ferringhi.

sauber. In den reinlich gefegten Höfen stehen Obstbäume voller Rambutans, Mangostanen, Bananen und Papayas. Vor jedem Haus gibt es ein Wasserbekken zum Waschen der Füße, bevor man die Treppe hinaufsteigt. Malaiien lassen immer ihre Schuhe vor dem Haus. Sauberkeit ist eine Haupttugend im Koran, und die meisten Frauen wischen zweioder dreimal täglich feucht auf.

Kurvenreich in den Norden: Die Straße führt um das Südende der Insel herum und biegt dann wieder nach Norden ab. Die Szenerie wechselt von flachen Reisfeldern zu grünem Hügelland mit dichtem, feuchtem Dschungel. Der Weg windet sich bergan, von manchen Stellen hat man einen herrlichen Blick auf die tieferliegenden Gebiete der Insel. Auch hier gibt es Gewürzplantagen mit Pfeffersträuchern, Nelken- und Muskatbäumen, die bereits vor langer Zeit arabische, spanische, portugiesische und andere westliche Händler angelockt hatten. In den Bergen um **Titi Kerawang** gibt es Wasserfälle, von denen man einen phantastischen Blick auf den Indischen Ozean hat. Die natürlichen Bassins, in denen sich das frische Wasser sammelt, sind ideal zum Baden.

Schließlich erreicht die Straße bei **Telok Kumbar** die Nordspitze der Insel, von wo sie sich wieder ostwärts windet und entlang der Küste im Gebiet der Ferienstrände verläuft. Bald läßt sie auf diese Weise das zerklüftete und von Dschungel bewachsene Vorgebirge von **Muka Head** mit seinem einsamen Leuchtturm hinter sich. Muka Head ist ein Schutzgebiet, zu dem keinerlei Straßen führen. Um in den Genuß seiner stillen Buchten zu kommen, muß man von Telok Kumbar aus ein Boot heuern. Die kleine Waldstation selbst ist von herrlichem Baumbestand umgeben.

An Penangs Nordküste folgt die Straße den Konturen des Geländes, steigt Hügel hinauf, umrundet sie oder streift die Uferzone. Felsige Vorgebirge, die weit in die See hinausragen, unterteilen die Küstenlinie in kleinere und größere Buchten. Obwohl das Wasser nicht so klar ist wie an der Ostküste, sind doch alle zum Schwimmen und Sonnenbaden wunderbar geeignet.

Batu Ferringhi ist einer der beliebtesten Ferienstrände Südostasiens. Das **Rasa Sayang**, das **Casuarina**, das **Golden Sands** und das **Holiday Inn** sind die größten Luxushotels. Sie bieten Möglichkeiten zum Wasserskilaufen, Segeln, Windsurfen, Motorbootfahren, Pferde- und Ponyreiten. Kleiner und älter, aber durchaus komfortabel und preiswert sind das **Palm Beach** und **Lone Pine**. Außerdem gibt es Gasthöfe und Motels. Auch viele Privathäuser bieten Übernachtungsmöglichkeiten.

In **Telok Bahang** gibt es einen 100 Hektar großen Erholungspark zum Wandern und Rasten. Hier ist die beste **Butterfly Farm** des Landes zu finden, mit wundervollen Schmetterlingen und bizarren Insekten – natürlich lebend und nicht aufgespießt!

Die Strände sind von Georgetown aus leicht erreichbar; die Straße ist gut, die Entfernung kurz. Mit dem Bus muß man ein paarmal umsteigen.

Am Strand von Batu Ferringhi liegt zwischen dem Hotel Rasa Sayang und dem Casuarina die **Yahong Art Gallery**. Diese Galerie ist eine Fundgrube für malaiische und chinesische Kunst, Kunsthandwerk und Antiquitäten. Außerdem wohnt Chuah Thean Teng dort, Malaysias renommiertester Batik-Künstler, dessen Werk durch Ausstellungen in den großen Weltstädten internationale Anerkennung gefunden hat.

Restaurants gibt es massenweise, vom einen Ende des Strandes in **Tanjong Tokong** bis zu dem elf Kilometer entfernten Telok Bahang. Oft bestehen sie aus nichts weiter als einer Ansammlung von wackligen Holztischen am Sandstrand. Die Kellner sind meist salopp gekleidet. Was sie jedoch zu essen anbieten, läßt einem das Wasser im Mund zusammenlaufen: köstliche Haifischflossensuppe, große knusprige Frühlingsrollen und gebratene Hähnchen in einer scharfgewürzten schwarzen Soße. In Tanjong Tokong bietet das **Sayang Masmera Restaurant** eine ausgezeichnete malaiische Küche. In **Tanjong Bungah** kann man im **Hollywood** moslemisch, chinesisch und europäisch speisen, das **Seri Batik** wartet mit original malaiischer Küche auf.

Rechts: Sonnenuntergang vor Batu Ferringhi – die allabendliche Show.

KEDAH UND PERLIS

Eine der besten Aussichten in Penang bietet sich von der Esplanade über das Wasser zum Festland hinüber, wo der **Gunung Jerai** und der **Kedah Peak** sich majestätisch erheben; letzterer ist mit 1202 Metern die höchste Erhebung im Nordwesten der Halbinsel. Diesen Gipfel sahen damals die landhungrigen Seeleute, die über die Bucht von Bengalen die malaysische Küste ansteuerten. Kein Wunder, daß sich auch die seefahrenden Händler am Kedah Peak orientierten und daß die erste Niederlassung am Fuß dieses Berges entstand.

Da Kedah an einem Schnittpunkt des Handels in Südostasien lag, war es ständig gefährdet. Zunächst hatte das große Handelsimperium von Funan die Kontrolle über den Staat, danach das Reich von Sri Vijaya, das bei Palembang im Süden von Sumatra seinen Mittelpunkt hatte. Später stand Kedah ganz im Schatten des Sultanats von Malakka und

hatte anschließend nacheinander gegen die Portugiesen, die Thais, die Bugis, Birmanen und Holländer ums Überleben zu kämpfen.

Bis zu Beginn des 19. Jahrhunderts gelang es den Herrschern von Kedah erstaunlich gut, eine unabhängige Position zu bewahren. Erst als sie sich den Briten verschrieben und dadurch Penang verloren, fielen sie den Thais in die Hände. 20 Jahre wurde Kedah von Bangkok aus regiert; um wieder frei zu kommen, mußte man Perlis an die Thais abtreten; 1842 wurde es ein Staat unter der Protektion der Thais. Bis 1909 waren dann Kedah und Perlis Vasallenstaaten Bangkoks; danach kamen sie unter britische Oberhoheit. Man fügte sich in sein Schicksal, konnte sich jedoch eine größere Unabhängigkeit bewahren als die meisten anderen Staaten der Halbinsel unter britischer Herrschaft.

Bewohnt werden Kedah und Perlis vorwiegend von Malaien; daß es malaische Staaten sind, erkennt man sofort nach Überschreiten der Grenze.

Uralte Tempel: Am Übergang nach Kedah spannt sich eine Stahlbrücke über den breiten Muda River. Die Insel Penang erscheint im Hintergrund als flache Erhebung, im Vordergrund steht der massive Kedah Peak. **Sungai Patani**, die zweitgrößte Stadt Kedahs, liegt 15 Kilometer entfernt von der Route in den Norden. Ein paar Kilometer weiter biegt in **Bedong** eine Straße nach Merbok und ins Bujang-Tal ab.

Das gesamte Gebiet zwischen dem Bujang-Tal und dem Fluß Muda ist übersät mit Ruinen aus der Frühzeit Malaysias, mit Tempeln, alten Inschriften in Sanskrit, der heiligen Sprache der Hindus; mit zahlreichen Porzellangegenständen aus China, mit indischem Schmuck, mit Glasgefäßen aus dem Nahen Osten.

Man kann sich ein plastisches Bild von den alten Kulturen machen, die hier alle eine Blütezeit hatten. Es ist eine Fundgrube für Archäologen, die seit über hundert Jahren an Dorfrändern, Flußufern und am Fuß von Dschungelbergen nach Schätzen graben.

Um einen Überblick über die bisherigen Funde zu bekommen, fährt man in

Vorherige Seiten: Zahir-Moschee in Alor Setar. **Links:** Wo bleibt der Schulbus?

Bedong auf die Straße nach **Merbok**, das am Fuß des Kedah Peak gelegen ist. Hier steht der Tempel **Candi Bukit Batu Pahat** („Tempel des Berges aus gemeißeltem Stein") neben einem rauschenden Bergbach. Der Candi ist von allen neuentdeckten Tempeln der bekannteste und wurde von der Museumsverwaltung sehr sorgfältig wiederhergerichtet.

Hinter Merbok schlängelt sich die Straße langsam nach Süden und kommt schließlich nach **Tanjong Dawai**, einem Fischerdorf wie auf der Postkarte an der Mündung des Muda. Hier wird der Fang des Tages auf Betonplatten zum Trocknen ausgelegt. Mit der Fähre kann man die Mündung überqueren (ohne Auto) und kommt nach **Pantai Merdeka**, einem beliebten Strand für Badelustige. Sie können auch direkt von Penang zu diesem Strand fahren.

Junge und sportliche Leute nehmen den Bergpfad zum Kedah Peak, während die anderen die schmale Einbahnstraße hinauffahren, die von der Hauptstraße bei Guar Chempedak abzweigt.

Die Zimmer des kleinen staatlichen Rasthauses kann man bei den Touristenbüros in Sungai Patani oder in Alor Setar vorbestellen.

Die Reiskammer Malaysias: Wir lassen den Kedah Peak hinter uns und fahren geradewegs nach Norden, bis die kurvenarme Straße nach etwa 40 Kilometern die Landeshauptstadt **Alor Setar** erreicht. Wir durchqueren auf dieser Strecke reines Flachland; so weit das Auge reicht, sieht man je nach Jahreszeit grüne oder fahlgelbe Reisfelder, die am Horizont in die Hügelkette der Main Range übergehen, über der oft ein Wolkenschleier liegt. Hin und wieder ragen Bambus- oder Palmenhaine aus der Ebene auf, in deren Schatten sich kleinere Ortschaften oder Höfe ducken.

Parallel zur Straße nach Alor Setar verläuft ab dem Kedah Peak ein breiter Graben. Er war Teil eines Bewässerungssystems, das der *menteri besar* (Hauptverwalter) Wan Mat Saman im 19. Jahrhundert bauen ließ, um den Reisanbau zu verbessern. Nachdem im Oberlauf des Muda ein Staudamm er-

Die „Krone von Kedah" bildet den Mittelpunkt der Stadt.

richtet wurde, konnte der Reisertrag in den letzten Jahren um das Vierfache gesteigert werden. Überall legte man Bewässerungskanäle an. Das von der Weltbank finanzierte **Muda Irrigation Project** konnte als eine der wenigen Unternehmungen dieser Art die Erwartungen erfüllen. Alor Setar war mit einem Male nicht mehr das verschlafene Landstädtchen, als das es jahrhundertelang vor sich hingedämmert hatte.

Im Herzen von Alor Setar liegt der alte **Padang**, den ein moderner, etwas monströs geratener Brunnen leider etwas verunstaltet hat. Nichts kann jedoch die Grazie und Schönheit der **Zahir-Moschee** beeinträchtigen, die ebenfalls am Padang steht. Die im Thai-Stil errichtete **Balai Besar** (Große Halle) von 1898 steht an einer anderen Ecke des Padang. Die Balai Besar diente den Sultanen Kedahs als Audienzsaal; hier zeigten sie sich dem Volk und nahmen seine Gesuche und Klagen entgegen. Auch heute noch steht sie an der Stelle, wo Seine Hoheit der Sultan von Kedah bei offiziellen Feierlichkeiten sich der Öffentlichkeit zeigte. Die gegenüberliegende **Balai Nobat** beherbergt die Musikinstrumente *(nobat)* des königlichen Orchesters von Kedah. Außer in Kedah gibt es heute nur noch in Trengganu, Selangor und Johore Staatsorchester dieser Art.

Aufgrund von Aufzeichnungen wissen wir, daß die Trommeln des *nobat* von Kedah ein Geschenk des letzten Sultans von Malakka an den Herrscher von Kedah im 15. Jahrhundert waren. Das *nobat* ist das Prunkstück der Regalien dieses Staates; ein Sultan, zu dessen Inthronisation das Orchester nicht spielt, gilt nicht als rechtmäßig eingesetzt. Außer bei offiziellen Anlässen kann es auch im Fastenmonat immer fünf Minuten vor dem Ende der täglichen Fastenzeit vom Balai Nobat aus gehört werden. Die Zugehörigkeit zum königlichen Orchester wird vererbt und ist über viele Generationen weitergegeben worden. Mit Erlaubnis des Sekretariats, das im nahegelegenen staatlichen Gebäude untergebracht ist, kann man das Nobat auch in Augenschein nehmen.

Wasser ist wichtig in Kedah; die Reisproduktion konnte vervierfacht werden.

Das **State Museum** beim Stadion an der Straße zum Flughafen bietet eine interessante Sammlung von Gegenständen, die mit der Geschichte von Kedah verknüpft sind. Auch Geschichtliches aus dem Bujang-Tal wird ausgestellt. Wenige Kilometer von hier, in **Anak Bukit**, steht der moderne *Istana* des Sultans; werktags ist das Palastgelände der Öffentlichkeit zugänglich.

Abstecher: In dem kleinen Fischerdorf **Kuala Kedah**, 12 Kilometer von Alor Setar, steht eines der besterhaltenen Forts des Landes: es ist auch für seine ausgezeichneten Fischmahlzeiten bekannt. Man erhält sie „an Bord" zweier schiffsähnlich konstruierter Restaurants, die man über dem Wasser gebaut hat.

Hier kann man die gedünsteten Krebse in Chilisoße, die gegrillten Tintenfische oder das *otak-otak,* ein Fischgericht der Thais, das in Bananenblättern serviert wird, genießen, während man gleichzeitig die frische Meeresluft atmet und über Pulau Langkawi, in 50 Kilometer Entfernung, die Sonne untergehen sieht.

Kuala Perlis ist das Sprungbrett nach Pulau Langkawi.

Das alte Fort auf der anderen Seite des Flusses ist mit einem *sampan* leicht zu erreichen. An einem friedlichen Novembersonntag des Jahres 1821 war zur Mittagszeit „eine große Flotte von siamesischen Schiffen auf dem Quedah zu erkennen". Unter dem Vorwand, Reis zu laden, gingen die Siamesen an Land; unvermittelt fielen sie dann über die malaiischen Würdenträger her, die zu ihrer Begrüßung gekommen waren. Binnen einer Stunde war fast die gesamte Aristokratie von Kedah ermordet oder gefangengenommen. Trotzdem konnte das Fort sechs Tage lang gehalten werden. Der katastrophale Überfall leitete eine 20jährige Periode direkter Unterdrückung durch die Siamesen ein. Das Fort war 1770 in Erwartung eines Angriffs errichtet worden, der dann 1821 erfolgte. Der Besucher kann die teilweise restaurierte Anlage mit ihrem hübschen Haupteingang besichtigen; deutlich zu erkennen ist der Einfluß westlicher Architektur.

Von Alor Setar aus kann man auch entlegenere und dünn besiedelte Teile

im Innern des Staates erreichen. In **Langgar** an der Straße nach Kuala Nerang liegen in einem imposanten Mausoleum die Herrscher von Kedah begraben. **Kuala Nerang** ist ein kleiner Marktflecken, der malerisch am Zusammenfluß zweier Ströme gelegen ist. Viele seiner Bewohner sind Thais.

Eine andere Straße, die von Pokok Sena abzweigt, verläuft durch ungebändigtes Bergland und vorbei an kleinen Siedlungen nach Nami, Sik und schließlich nach Baling. In **Nami** finden Mak-Yong-Aufführungen statt; dieses alte thai-malaiische Tanztheater ist ansonsten nur in Kelantan zu sehen.

Baling kam in die Schlagzeilen, weil Tunku Abdul Rahman, der ehemalige Ministerpräsident, hier 1955 mit Chin Peng, dem Vorsitzenden der kommunistischen Partei ein Treffen hatte. Es ging um die friedliche Beilegung der kommunistischen Aufstände. Die Gespräche scheiterten zwar, der kommunistische Einfluß ging aber zurück. Der massige Kalkstein, der über dem Städtchen thront, ist ein weithin sichtbares Wahrzeichen. Die Straße windet sich von hier bis nach Keroh und zur Grenze nach Thailand hinauf; von Keroh geht es wieder hinunter nach Gerik und zur Fernstraße an die Ostküste bzw. zum Perak River Valley. Eine andere Strecke verläuft von Baling nach Sungai Patani und Penang.

Streifzug durch Perlis: Perlis ist der kleinste Bundesstaat Malaysias und schließt sich geographisch an die Ebene von Kedah an. Abgesehen von zwei großen Tafeln, ist die Grenze zwischen den beiden Staaten unsichtbar. Allerdings ändert sich der Charakter der Landschaft. Die Reisfelder der Ebene machen markanten, freistehenden Kalksteinerhebungen Platz, die wie Vulkankegel aus dem flachen Land aufragen. Die auffallenden Aushöhlungen geben den Forschern heute immer noch Rätsel auf. Viele waren von Steinzeitmenschen besiedelt.

Die wichtigsten Ortschaften in Perlis heißen **Arau** und **Kangsar**. Arau ist der Sitz des Raja von Perlis. Das Stadtzentrum ist ganz hübsch, hat aber dem Besucher wenig zu bieten.

Fünzig Kilometer weiter nördlich kommen wir nach **Padang Besar**, dem Knotenpunkt der thailändischen und malaysischen Eisenbahn. Auf der thailändischen Seite findet an den Wochenenden ein sehr beliebter Markt statt. Die Straße nach Padang Besar führt auch nach **Kaki Bukit**, wörtlich „der Fuß des Berges". Hier gelangt man durch einen interessanten Tunnel, der beleuchtet ist, zu einer Zinnmine auf der anderen Seite. Im Januar 1984 wurde die Straße zwischen Kaki Bukit und Wang Kelian sowie Setul (Satun) jenseits der Grenze zu Thailand eröffnet.

Insellabyrinth: Eingeschmiegt in die nordwestliche Ecke der Halbinsel und nur einen Steinwurf von der Grenze zu Thailand entfernt liegen die **Langkawi-Inseln** – 99 an der Zahl. Im Unterschied zu den Inseln an der Westküste sind die meisten der 30 000 Inselbewohner Malaien. Nur drei dieser Inseln sind bewohnt, zwei nur von wenigen Menschen. Die Regierung hat in den letzten Jahren verstärkt versucht, Langkawi für den Tourismus leichter zugänglich und

Eine der modernen Feriensiedlungen auf Langkawi.

insgesamt attraktiver zu machen. Ein Flugplatz wurde gebaut, ein regelmäßiger Fährverkehr eingerichtet, und 1987 bekam die Insel den Duty-free-Status. Der Ansturm der Massen, den sich die Regierung erhofft hatte, ist jedoch ausgeblieben, und selbst während der Hauptsaison ist Langkawi bislang eine ruhige und relativ heile Insel. Die Fähren haben in **Kuala Perlis** ihren Ausgangspunkt, einem kleinen Hafen, der eine Stunde von Alor Setar entfernt liegt. Die Überfahrt dauert nur zwei Stunden. Mit dem Flugzeug erreicht man Langkawi von Penang, Kuala Lumpur, Alor Setar und Singapur aus.

Von weitem sehen die zahlreichen kleinen Eilande wie eine einzige Insel aus, deren zerklüftete Silhouette sich am Horizont abzeichnet. Wenn die Fähre näherkommt, ändert sich dieses Bild. Schattige Felsen, auf deren Spitzen dichter Dschungelwald gedeiht, fallen über 600 Meter steil zum Meer ab, wo sie ein Labyrinth von Kanälen, engen Buchten und Durchfahrten bilden. Man versteht sofort, daß einst Piraten, die auf Handelsschiffe in der Straße von Malakka Jagd machten, auf diesen Inseln ihre Zuflucht hatten.

Die Fähre fährt vorbei am **Langkawi Island Resort**, das etwas versetzt von **Kuah**, dem Hauptort der Insel, liegt. Dieses kleine Fischerdorf ist durch die Zollfreiheit völlig umgekrempelt worden. Jeder Laden ist vollgepackt mit Alkoholika, Zigaretten und Elektroartikeln. Verglichen mit Penang oder Singapur, sind die Preise keineswegs günstiger, aber es lohnt sich sicher, einen Blick in die Geschäfte zu werfen. Es gibt auch ein oder zwei Läden mit einheimischem Kunsthandwerk, handbemalten Stoffen, Arbeiten aus Muscheln und bemalten Steinen von Langkawi.

Noch vor ein paar Jahren war Kuah der einzige Ort, wo man als Tourist unterkommen konnte. Es gibt mehrere kleine Hotels in der Stadt, ein staatliches Rasthaus und das Langkawi Island Resort der TDC (Tourist Corporation). Heute stehen dem Besucher auf der ganzen Insel eine große Auswahl an Hotels, Chalets und Strandhütten offen.

Die goldene Flut der Reisfelder.

Korallen, Buchten und Höhlen: Vogel- und Schmetterlingsfreunde werden auf den Langkawi-Inseln seltene Exemplare antreffen, wie es sie an keinem anderen Ort in Malaysia gibt. Ansonsten locken die menschenleeren Strände und die kleinen Inseln vor der Küste. Vor allem die Hauptinsel hat große Korallenbänke und reiche Fischvorkommen.

In Strandnähe kann man vor allem in **Pantai Cenang**, im Südwesten der Insel, Unterkunft finden, es ist mit dem Bus in einer Stunde von Kuah erreichbar. Das weitläufige Pelangi Beach Resort wurde 1988 im traditionellen Landesstil gebaut. Kleine Jeeps und Fahrräder mit Anhängern verkehren zwischen den Chalets und befördern Passagiere, Gepäck, frische Handtücher und den Cocktail für den Sonnenuntergang. Obwohl sich der Service nicht viel von jenem ähnlicher Hotels der Oberklasse unterscheidet, machen die wunderschöne Landschaft und das spezielle Arrangement der Gebäude gerade diesen Ort zu einem sehr entspannenden und luxuriösen Erlebnis.

Weiter südlich findet man auch noch preiswertere Unterkünfte, in denen die Betreuung nicht weniger freundlich ist. Einige der schönsten Chalets stehen in **Semarak**, am vielleicht schönsten Abschnitt des ganzen Strandes.

Im Westen, hinter dem Flugplatz, hat **Pantai Kok** einige Chalets anzubieten, die direkt am wunderschönen Strand liegen. Im Norden besitzt **Pantai Rhu** mit dem Mutiara Hotel einen relativ häßlichen Bau, der gar nicht zum perfekten Bild des Strandes paßt. In Tanjong Rhu kann man Fischerboote mieten, die das Kap umrunden, und den grauen Kalksteinklippen einen Besuch abstatten; dort wartet **Gua Cerita**, die Höhle der Legenden, deren Wände mit Texten aus dem Koran bedeckt sind.

Nachdem man eine Bleibe gefunden und auch schon das Meer um die Insel erkundet hat, ist es vielleicht ganz reizvoll, eine Rundfahrt zu machen und dabei die wichtigsten Orte und Plätze des Inneren der Insel kennenzulernen, zusammen mit den Legenden, die sich um sie ranken.

<u>Unten links:</u> **Ein luftiger Angelplatz.** <u>Unten rechts:</u> **Warten auf die Flut.**

Auf den Spuren der Legende: In den Hotels und Läden kann man Fahrräder oder Motorräder mieten, aber das verläßlichste Fahrzeug ist immer noch ein Jeep mit Allradantrieb, denn die Straßen im Inneren der Insel sind holprig. Das Pelangi Beach Resorts verleiht solche Vehikel an seine Gäste.

Sie starten in Pantai Cenang und folgen der neuen Straße vorbei am Flugplatz und durch **Pantai Tengah** und **Kampong Kok**. Nach einem Sprung ins Wasser am dortigen Strand wenden Sie sich nun landeinwärts und lassen sich zunächst vom Anblick der herrlichen schroffen Berggipfel leiten, über die die Wolken ziehen.

Ihr nächstes Ziel ist **Telaga Tujuh** (Sieben Teiche), zu denen Sie nun von der Nordwest-Route abbiegen. Die Schotterstraße endet an einem *warong*, einem kleinen Café, wo Sie den Wagen parken. Ein kurzer Spaziergang führt den Hügel hinauf zu den Teichen, die in Stufen am Berghang liegen. Der Legende nach kommen die Bergfeen hierher zum Baden und um ihr langes Haar mit Baumwurzeln und duftenden Kräutern zu pflegen. Sie werden allerdings kaum welche sichten, denn beim Anblick des Menschen verschwinden sie und hinterlassen lediglich ihren süßen Duft.

Die Straße verläuft nun nach Nordosten, linker Hand erheben sich die Berge, rechts breiten sich Reisfelder aus. Nach der Abzweigung nach **Pantai Datai** halten Sie sich östlich, bis Sie bei **Pasir Hitam**, dem Strand des schwarzen Sandes, wieder an die Küste kommen. Tatsächlich ist der Sand hier von dunklen Streifen durchzogen. Als nächstes erreichen Sie **Tanjong Rhu**, eine kleine Stadt mit Hafen, die äußerlich sogar einen besseren Eindruck als Kuah macht. Das hat seinen Grund darin, daß hier die größeren Schiffe von Penang ankommen sollen. Allerdings bestand bisher so wenig Bedarf, daß der Hafen zwischenzeitlich außer Betrieb ist. Eine Straße nach Norden führt nach Pantai Rhu und Gua Cerita.

Um auf die Hauptstraße zurückzukommen, müssen Sie umkehren. Dann biegen Sie links ab, und nach einem

Bei Strandspaziergängen kann man ganz alleine sein.

Kilometer sehen Sie ein kleines, eingezäuntes Areal. Dies ist **Telaga Air Panas** (Teiche mit heißem Wasser). Man kann es eigentlich aus keiner Richtung verfehlen, da es gut ausgeschildert ist. Die drei heißen Quellen sind in Beton gefaßt, haben lediglich die Größe einer Badewanne und sehen nicht sehr verlockend aus. Mehr Beachtung verdient allerdings die herrliche Legende, die sich um den Ort rankt:

Einst lebten zwei reiche Familien auf Langkawi. Der Sohn aus der einen Familie verliebte sich in die Tochter der anderen, aber ihre Eltern widersetzten sich dieser Verbindung. Der Sohn war darüber so verärgert, daß er eine regelrechte Fehde vom Zaun brach. Es kam zu einer richtigen kleinen Schlacht, an der sämtliche Familienmitglieder teilnahmen. Töpfe und Teller flogen, der Soßentopf landete in Kuah (was soviel wie Soße bedeutet), die Töpfe mit heißem Wasser landeten in Telaga Air Panas, und ihr Wasser schwappte bis **Kisap** (Leck). Der Streit der Familien hörte nicht auf, bis die Väter in zwei Berggipfel verwandelt wurden.

Fahren Sie nun in Richtung Kuah weiter. Fünf Kilometer nach Tanjong Rhu führt ein Weg nach rechts zum **Durian-Perangin-Wasserfall**. Der Weg hat tiefe Fahrrinnen und ist nur mit Vierradantrieb oder Motorrad zu bewältigen. Neben dem Wasserfall führt ein kleiner Pfad durchs Unterholz den Hang hinauf. Oben sammelt sich das Wasser in einem Becken, bevor es über den Fels stürzt. Rundum breitet sich dichter Dschungel aus und läßt die Zivilisation plötzlich weit weg erscheinen.

Nun werden Sie einen gesunden Appetit verspüren, und es ist Zeit, nach Kuah zu fahren und in einem der ausgezeichneten Fischrestaurants am Meer einzukehren.

Um nun unsere Inselrundfahrt abzuschließen, wenden Sie sich von Kuah nach Westen. Nach zehn Kilometern führt eine Abzweigung zu **Mahsuri's Tomb** (Grab). Diese berühmte Frau wurde vor etwa 200 Jahren fälschlicherweise des Ehebruchs angeklagt, weil sie sich Derembang, einem müden Reisenden gegenüber freundlich gezeigt hatte. Der hatte ihre Gastfreundschaft mit Respekt und Dankbarkeit angenommen. Die Frau des Häuptlings war darüber so eifersüchtig geworden, daß sie Mahsuri des Ehebruchs beschuldigte. Diese wurde zum Tode verurteilt. Als ihr jedoch ein Soldat den Kris ins Herz stieß, quoll weißes Blut aus der Wunde. Im Sterben sprach Mahsuri einen Fluch über die Insel aus, der über sieben Generationen dauern sollte. Während dieser Zeit soll Langkawi einsam und verlassen im Meer gelegen sein. Mahsuri aber wird bis heute verehrt, und ihr Grab ist zu einem Heiligtum geworden.

Bei **Padang Mat Sirat** (Feld des verbrannten Reises) im Innern der Insel kann die Wirkung ihres Fluches noch gesehen werden, wenn der Monsunregen schwarze Erde in den Feldern freiwäscht. Es sollen die Reste des Reises sein, den die Einwohner bei Überfällen der Siamesen lieber verbrannten, als ihn in die Hände der Feinde fallen zu lassen.

Eine weitere Legende rankt sich um die Insel **Dayang Bunting**, die vor dem Festland liegt. Im Dschungel dieser Insel liegt ein Süßwassersee, der durch einen schmalen Landstreifen vom Meer abgetrennt ist. Er wird der „See der schwangeren Jungfrau" genannt. Die Jungfrau war eine Prinzessin aus Kedah, die ihren Geliebten, einen malaiischen Prinzen, nicht heiraten durfte. Nachdem Telani, so hieß sie, von dem See getrunken hatte, wurde sie schwanger. Als der König das bemerkte, verbannte er seine Tochter auf diese verlassene Insel. In ihrer Not ertränkte sich Telani in dem See und wurde in den Felsen Sang Kelembai verwandelt. Ihr Kind, das ins Wasser fiel, wurde zu einem weißen Krokodil. Der See ist dadurch berühmt, daß viele unfruchtbare Frauen sein Wasser getrunken haben und danach auch tatsächlich schwanger wurden.

Von Tanjong Rhu, Pantai Cenang und Kuah kann man ein Schiff zu dieser und den andern Inseln nehmen, darunter zu der besonders schönen **Pulau Bumbon**. Überall in den Gewässern trifft man Korallenbänke, zu denen man hinuntertauchen kann. Informationen hierzu gibt es in Kuah, im Island Resort oder am Pelangi Resort auf Pantai Cenang.

Rechts: Heimkehr vom Fischfang.

NEGRI SEMBILAN

Gummiplantagen und Zinnminen säumen den Weg nach Süden. Auf der Straße nach Port Dickson verlassen wir den Bundesstaat Selangor und kommen nach **Negri Sembilan**. Der Name bedeutet „neun Staaten" und bezieht sich auf die lose Vereinigung malaiischer Stammesführer, die diese Länder regierten, bevor sie unter britischer Verwaltung vereinigt wurden.

Kleine Holzhäuser mit Batiktüchern auf der Wäscheleine und Papaya-Bäumen im Vorgarten erinnern an die friedlichen malaiischen Dörfer, die schon vor Jahrhunderten über das Gebiet von Negri Sembilan verstreut lagen.

Der Staat verdankt seine Existenz Malakka, das zu Beginn des 15. Jahrhunderts zum bedeutenden Handelshafen gedieh. Je größer Malakka wurde, desto mehr Menschen kamen aus Sumatra über die Straße von Malakka herüber und ließen sich in den fruchtbaren

Tälern und Hügeln hinter dem Hafen für immer nieder. Mit sich brachten sie ihre traditionelle Kultur – das Matriarchat zum Beispiel, das das Familienerbe über die Mutter regelt, sowie ihre Gesetzgebung, ihr Verwaltungssystem und ihre Architektur.

Negri Sembilan könnte man als Föderation innerhalb der Malaysischen Föderation bezeichnen. Einige der ehemals neun Staaten sind jedoch verschwunden, und statt des Sultans steht ein *Yang Tuan Besar* („Er, der der Größte ist") an der Spitze. Der erste *Yang Tuan* wurde um 1770 gewählt. Seine Nachfolger hatten mit den großen Schwierigkeiten des Zinnbooms im 19. Jahrhundert zu kämpfen, was zu Bürgerkriegen führte, die das Land schließlich in die Arme der Briten trieben.

Seremban, die wichtigste Stadt in Sungai Ujong, dem größten der neun Staaten, wurde von den Briten zum Verwaltungszentrum gemacht, während der Yang Tuan in sicherem Abstand im 49 Kilometer entfernten Sri Menanti weiterresidierte.

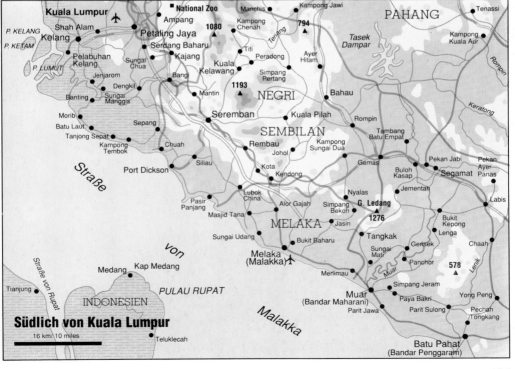

Seremban – der Tradition verhaftet: Die alte Straße nach Seremban windet sich südlich von Kuala Lumpur durch Kajang und über den reizvollen Mantin-Paß. **Seremban**, die Landeshauptstadt, ist typisch für die malaiisch-chinesischen Städte, die als Folge des Zinnbooms vor achtzig Jahren entstanden.

Das chinesische Zentrum liegt mitten im Einkaufsviertel der Stadt. Charakteristisch sind die einstöckigen chinesischen Geschäftshäuser, die sich gleichförmig aneinanderreihen und aus denen nur das eine oder andere moderne Gebäude hervorragt. Hoch über dem Lärm der Trishaw-Glöckchen und dem Feilschen der Händler arbeiten die Beamten der staatlichen Verwaltung in den neoklassizistischen Kolonialbauten auf den Hügeln hinter der Stadt. Sie blicken auf die **Lake Gardens**, die in einem kleinen Tal angelegt sind, das mitten durch die Stadt verläuft. Entsprechend der Tradition von Negri Sembilan ist die Landesmoschee auf neun Säulen errichtet, die die neun Staaten der Föderation symbolisieren.

Seremban liegt im „Menangkabau-Gebiet", das hauptsächlich von Malaien aus dem westlichen Sumatra besiedelt ist. *Menangkabau* bedeutet „Büffelhörner"; und tatsächlich tragen viele Häuser noch Dächer, die in hornähnlichen Spitzen auslaufen. Das **Arts and Handicrafts Center** an der großen Straße zwischen Seremban und Kuala-Lumpur ist ein beeindruckendes Beispiel für die Architektur dieses Landesteils. Auf seinem Gelände stehen auch ältere Gebäude dieser Tradition, die auf das letzte Jahrhundert zurückgehen. Eines davon war die Residenz einer malaiischen Prinzessin, die einst in Ampang Tinggi lebte. Es wurde an seinem ursprünglichen Standort zerlegt und Stück um Stück wiederaufgebaut; lange diente es als Landesmuseum. Unter den Ausstellungsstücken des Zentrums fallen besonders die Krise, eine Sammlung von Menangkabau- und Dayak-Schwertern sowie der königliche Kopfschmuck ins Auge.

Von Seremban aus läßt sich sehr gut das umliegende Land erkunden. Flache

Was braucht man mehr als Strand, Sonne und Eiscreme?

Hügelketten verbergen die kleinen Dörfer, die inmitten von Obsthainen und Reisfeldern liegen. Sie tragen exotische Namen wie Johol, Kuala Pilah, Jelebu, Inas, Terachi und Rembau, haben aber außer ihrer reizvollen Lage nichts Sehenswertes zu bieten.

Etwa 25 Kilometer südlich von Kuala Lumpur liegt **Kajang**. Wenn Sie Hunger verspüren, sollten Sie dort unbedingt anhalten. Kajang bietet den besten *satay* von ganz Malaysia. Nicht, daß es dort besseren Fisch als anderswo gäbe – in Kajang gibt es einfach die besten Soßen dazu.

Satay ist der „Hamburger" Südostasiens. Hühnerfleisch, Rind- oder Hammelfleisch wird in mundgerechte Stücke geschnitten, mit Gewürzen, Salz und Zucker vermengt und mindestens sechs Stunden lang mariniert. Dann wird das Fleisch auf Spieße gesteckt und über einem offenen Holzkohlefeuer gegrillt. Von Zeit zu Zeit begießt man es mit Öl. Die Soße besteht aus Erdnüssen, Chili und Kokosmilch und wird mit Salz und Zucker abgeschmeckt.

Um einen Geysir hautnah zu erleben, muß man zu den **Pedas Hot Springs** fahren, die im Bezirk Rambau am Eingang zum Dorf Pedas entspringen (30 Kilometer südöstlich von Seremban).

Zimmern ohne Nägel: 49 Kilometer westlich von Seremban liegt das Nachbarstädtchen **Sri Menanti** mit dem schönen **Istana Lama** („alter Palast"). Dieser ist zwar erst nach 1900 von zwei berühmten Handwerksmeistern erbaut worden; er ist also nicht sehr alt, verblüfft aber durch die Tatsache, daß für seine Holzkonstruktion kein einziger Nagel verwendet wurde. Der 21 Meter hohe Turm war einmal die Privatwohnung des Yang Tuan und barg das königliche Archiv und den Landesschatz. Bis 1931 diente er auch als fürstliche Residenz, heute ist er Museum.

Lebende Steine: Große, ungleichmäßig geformte Steine am Straßenrand sind für Besucher in der Umgebung von Seremban ebenfalls von Interesse. In den Dörfern verehrt man diese Steine geradezu religiös; sie gelten zuweilen gar als *keramat* (heilige Stätte).

Diese Bergzunge bei Port Dickson ragt hinaus in die Straße von Malakka.

Diese „lebenden" Steine heißen deshalb so, weil sie angeblich immer größer werden. In den letzten Jahren konnte jedoch niemand diese Behauptung bestätigen. Viele Leute meinen, es seien die Grabsteine lange vergessener Stammesführer. Meist sind sie paarweise in deutlicher Nord-Süd-Orientierung aufgereiht. Im Bezirk Kuala Pilah hat man dreißig solcher Steingruppierungen ausgemacht.

In **Pengkalan Kempas**, einem kleinen Dorf an der Straße zwischen Port Dickson und Malakka, stehen die wohl rätselhaftesten Exemplare. Sie heißen „das Schwert, der Löffel und das Ruder" (so genannt nach ihrer jeweiligen Form). Diese drei Steine sind sorgfältig behauen und verraten deutlich ihre hinduistische Herkunft, auch wenn auf einem das Wort „Allah" zu lesen ist.

Die Steingruppe liegt in der Nähe des Grabs von Scheich Ahmad Majnun, ebenfalls eine rätselhafte Figur. Laut Grabinschrift starb der Scheich 1467 den Heldentod, als er um die Rettung „der Prinzessin" kämpfte. Im Laufe der Zeit verblaßte bei der Bevölkerung die Erinnerung an diese Ereignisse, obwohl dieses Grabmal noch immer von Pilgern besucht wird.

Sehr geheimnisumwittert ist auch der „Urteilsstein". Er weist ein Loch auf, in das gerade eine Menschenfaust paßt. Angeblich schließt es sich, wenn ein Lügner seine Hand hineinsteckt.

An der blauen Lagune: 32 Kilometer südlich von Seremban liegt die malerische Küstenstadt **Port Dickson** mit ihrem herrlichen Strand. Die Stadt wurde Ende des 19. Jahrhunderts als Umschlaghafen für das Zinn von Sungai Ujong gebaut, diente aber auch überarbeiteten britischen Kolonialoffizieren als Erholungsort. Heute ist Port Dickson vor allem ein beliebtes Wochenendziel der malaiischen Bevölkerung. Es ist kein besonders geschäftiger Hafen und besteht aus kaum mehr als einer Straße. Aber als Entschädigung gibt es den Sandstrand, der sich 16 Kilometer nach Süden bis hin zum alten **Rachado-Leuchtturm** erstreckt. Der erste Blick durch Kokospalmen auf das einsame

Die Staatsbibliothek von Negri Sembilan.

196

Meer ist beeindruckend. Die See ist tief blau und lädt auf der Fahrt nach Süden entlang der dünnbesiedelten Küste immer wieder zum Baden ein.

Der **Yacht Club**, sieben Kilometer vor der Stadt, bietet Übernachtungsmöglichkeiten; man muß jedoch von einem Mitglied eingeführt sein, und die vier Fremdenzimmer können nicht im voraus gebucht werden. Er besitzt ein Schwimmbecken und vier gute Tennis-Hartplätze, aber seine Boote sind ausschließlich den Mitgliedern vorbehalten. Auf der anderen Seite der Straße befindet sich der **Garrison Golf Club** mit einem Neun-Loch-Platz.

Boote können jedoch im **Si-Rusa Inn**, zwölf Kilometer außerhalb der Stadt, gemietet werden. Daneben steht gleich das **Federal Hotel**, das mit einem Swimmingpool, einer Diskothek und anderen Annehmlichkeiten das Angebot abrundet. Unter den anderen Hotels an diesem Strand wären zu nennen: das **Ming Court Beach Hotel**, das **Blue Lagoon Village**, das **Holiday Inn** und der **Sunshine Rotary Club**.

Fische und Korallen: Clownsfische, Stabfische und lebende Korallen entschädigen reichlich für das etwas getrübte Wasser der Blauen Lagune. Riffalgen schlängeln sich in den Wellen und verbergen eine Unterwasserwelt, die reichlich mit Seeigeln übersät ist.

Eine Fahrt von einem halben Kilometer und dreiundsechzig Stufen durch den dichten Dschungel führen zu einem **portugiesischen Leuchtturm** aus dem 16. Jahrhundert. Er diente Schiffen als Wegweiser, die zu der damals wichtigsten Handelsstation in Südostasien, dem Hafen von Malakka, fuhren. Obwohl der Leuchtturm für Besucher nicht zugänglich ist, wird ein freundliches Lächeln seine Tür öffnen. Der Leuchtturmwärter wird Sie über eine schmale Wendeltreppe in die Spitze führen, wo sich ein atemberaubender Blick eröffnet. Wer auf Nummer Sicher gehen will, kann sich eine Erlaubnis im Fremdenverkehrsbüro von Malakka holen, das nur 90 Autominuten von Port Dickson entfernt ist. Dort ist die Vergangenheit der Südwestküste noch ganz lebendig.

Ein Beispiel für den Menangkabau-Stil, wie er in Seremban anzutreffen ist.

MALAKKA

In Malakka blickt uns die Geschichte aus jedem Winkel entgegen; alte Inschriften versprechen uns Wahrheiten, ohne sie einzulösen; nur eines wird klar: Diese Stadt hat eine große Vergangenheit. Vor etwa 400 Jahren machte ein portugiesischer Chronist folgende Feststellung: „Wer Malakka besitzt, hat Venedig an der Gurgel." Heute kommt der Stadt zwar keine Schlüsselrolle im Welthandel mehr zu, in dem Venedig zu seinen Blütezeiten „den märchenhaften Osten in seiner Schuld hatte", aber in den Herzen der Malaysier hat Malakka immer noch einen Ehrenplatz.

Die Geschichte von Ruhm und Macht dieser Stadt ist nicht lang. Kaum hundert Jahre alt, wurde sie schon von den Portugiesen erobert. Wäre nicht ein malaiischer Prinz aus Sumatra zufällig vorbeigekommen, wäre es vielleicht jenes unbekannte Fischer- und Vagabundennest geblieben, das es war.

Aber 1400 kam Parameswara, der Prinz, der aus seinem Land Tumasek hatte fliehen müssen, ernannte sich zum Herrscher von Malakka und brachte es fertig, aus dem obskuren Fischernest ein mächtiges Handelszentrum zu machen. Ende des 15. Jahrhunderts war aus Malakka der Mittelpunkt eines riesigen Handelsimperiums geworden, das den gesamten Südteil der malaiischen Halbinsel und die gegenüberliegende Küste von Ost-Sumatra kontrollierte.

Alle großen seefahrenden Nationen gaben sich hier ein Stelldichein: Perser, Araber, Tamilen, Malabaresen und Bengalen aus dem Westen; Javaner, Sudanesen und Sulus vom Archipel; Chinesen, Thais, Birmanen, Chams und Khmers; sie alle liefen in diesen Hafen ein, auf der Suche nach dem großen Profit, den sie mit Handel oder aber mit Piraterie und Plünderung zu machen hofften. Und alle hinterließen sie die Ingredienzen ihrer Kulturen, die sich zu einem bunten Cocktail mischten, der in der ganzen Welt einzigartig war.

Vorherige Seiten: A Famosa und ein freundliches Gesicht.

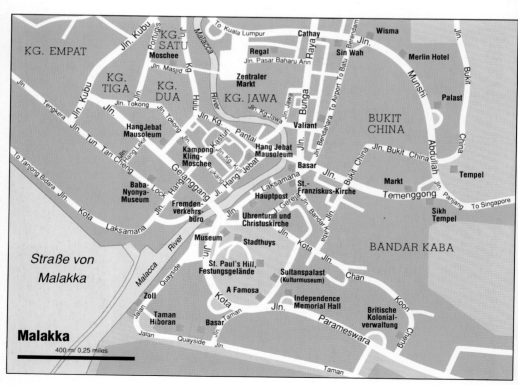

Die Baba und die Nonya: Eine kleine Kolonie chinesischer Kaufleute blieb jedoch für immer. Sie schlossen sich in den Gemeinschaften der Baba und Nonya zusammen, deren faszinierende und schillernde Bruderschaften bis auf den heutigen Tag überlebt haben. Die Baba stammen von chinesischen Pionieren ab, die sich mit den Lebensbedingungen vor Ort abfanden, geistig jedoch dem Denken ihrer Vorfahren in den Dörfern von Fukien verhaftet blieben. Ihre Frauen besuchten die *keramat* (Reliquienschreine) der Moslems, weniger der Religion wegen, als aus dem Bedürfnis, auf der richtigen Seite der überirdischen Mächte zu stehen, egal welchen Ursprungs sie nun waren. Die Malaien ihrerseits blieben von der spirituellen und sozialen Kultur der Chinesen relativ unbeeindruckt.

Der Islam verbreitet sich: Malakka war auch das Einfallstor des Islam in Malaysia. Seit der zweiten Hälfte des 15. Jahrhunderts sind alle Malaien Moslems. Damals ließen sich reiche maurische Händler aus Pasai auf Sumatra in Malakka nieder. Von da breitete sich der Islam über die ganze Halbinsel aus.

Die Voraussetzung dafür war die geographische Lage der Stadt an der Mündung des gleichnamigen Flusses und zugleich an der Seeroute, die den Indischen Ozean mit dem Südchinesischen Meer verbindet. Auch trafen sich hier die Monsunwinde, auf die die Akkerbauern und die Seeleute gleichermaßen angewiesen waren. Die stabilen Dschunken aus den Häfen Chinas und Japans kamen mit den Schätzen des Ostens – Seide, Porzellan und Silber – und ließen sich vom Nordostmonsun die Straße von Malakka hinauftreiben. Die Handelsleute von den Inseln des Archipels brachten Kunsthandwerk, Kampfer, Sandelholz, Muskat, Nelken und andere Gewürze. Im Hafen wurden ihre Schiffe entladen, und dafür nahmen sie andere wertvolle Güter aus Indien und dem Mittleren Osten an Bord – Stoffe, Teppiche, Glaswaren, Eisen und Schmuck. Sobald der Wind drehte, konnten dieselben Schiffe dann mit Hilfe des Südwestmonsuns in ihre Heimathäfen zurückkehren.

Da Malakka eine Schlüsselstellung im Gewürzhandel innehatte, war es auch ein Faktor in den ersten Machtkämpfen zwischen Ost und West. 1511 fiel Malakka den Portugiesen in die Hände, die es über 100 Jahre lang zu ihrer Festung machten, bis sie schließlich von den Holländern abgelöst wurden. Nach 150 Jahren mußten diese den Briten weichen. Sein goldenes Zeitalter jedoch erlebte Malakka unter dem malaiischen Sultanat; aber jene ruhmreichen Tage waren zu Ende, als 1511 die ersten Europäer in der Stadt auftauchten. Auf malaysisch heißt die Stadt heute Melaka, aber für Besucher ist und bleibt es immer noch das alte Malakka.

Spaziergang durch die Geschichte: Die Geschichte Malakkas und in gewissem Sinne ganz Malaysias kann man besser als in einem Geschichtsbuch auf einem kurzen Spaziergang oder bei einer Trishawfahrt durch die Stadt studieren. Trishaws sind in Malakka ein sehr empfehlenswertes Transportmittel. Die Fahrer kennen die Sehenswürdigkeiten und sprechen meist passables Englisch.

Eine Luxus-Trishaw lädt zur Stadttour ein.

Der Besucher erfährt nicht nur, daß Portugiesen „a much long time ago" kamen, sondern auch daß es im Hafenviertel eine berühmte Imbißbude gibt, die die besten *mee hoon* (dünne Fadennudeln) in ganz Malaysia verkauft.

Schwierig scheint es zunächst zu sein, sich das Leben in der Festung vor 400 Jahren vorzustellen. Aber wenn man eine Weile durch die engen Straßen gestreift ist, einen Blick in die alten Tempel und Moscheen geworfen hat, auf Ruinen und Inschriften, dann bildet sich langsam eine Vorstellung von dem, was sich hier in der Vergangenheit abgespielt hat.

Es gibt viel zu sehen, doch wenn man nicht gerade passionierter Historiker ist, kann man Malakka in einem Tag „schaffen". Wer jedoch etwas länger bleiben und die Atmosphäre der traditionsreichen Stadt in sich aufnehmen möchte, wird rasch feststellen, daß sich die Besichtigungen sehr angenehm mit Schwimmen und Sonnenbaden verbinden lassen. Dazu fährt man acht Kilometer auf der Straße nach Port Dickson.

Vor der Küste liegen einige kleine Inseln. Am Wochenende fahren Schiffe von Umbai nach Pulau Besar, der größten von ihnen.

Ein Fluß erzählt: Der beste Ausgangspunkt für eine Besichtigung ist die Brücke in der Stadtmitte, wo die Portugiesen ihren entscheidenden letzten Angriff auf die Stadt ausführten. Die Zeit scheint stehengeblieben zu sein in diesem Teil der Stadt. Riesige alte Dschunken mit starken Masten und erhöhtem Achterdeck schwojen gegen die hölzernen Geländer des Docks und erinnern an ihre Vorgänger, die einst Admiral Cheng Ho und seinen Drachenthron nach Malakka brachten.

Die kostbaren Ladungen aus Gewürzen, Seidenstoffen und Kampfer werden von den heutigen, recht heruntergekommenen Kähnen nicht mehr befördert, dafür schwere, sperrige Säcke voll Holzkohle, mit der in der Stadt geheizt wird. Die Arbeiter schleppen schwankend ihre unhandliche Last über die schmalen Planken, und auch sie scheinen Relikte der Vergangenheit zu sein.

Fast schieben sich die Häuser in den Fluß hinein.

Fahrten auf dem Fluß zu den portugiesischen Siedlungen können gebucht werden. Für eine Mitfahrt bei den einheimischen Fischern bestehen jedoch kaum Chancen, denn sie sind sehr abergläubisch. Frauen sind an Bord sowieso nicht erlaubt, und keiner darf ein unschönes Wort sprechen oder den anderen beim Namen nennen, denn das könnte die Götter auf den guten Fang eifersüchtig machen.

Das alles war einmal anders. Als die portugiesische Kolonie in voller Blüte stand, drängten sich die Schiffe vieler Nationen auf dem Fluß, der damals noch tief war. Große Segler, bis zu den Speigatten beladen, versuchten sich auf dem Weg flußaufwärts auszumanövrieren, um den besten Platz am Kai zu ergattern, während eine Unzahl kleinerer Schiffe auf Leichter wartete, die ihnen die kostbare Ladung abnahmen oder brachten. Schiffsausrüster machten gute Geschäfte mit den Vorräten, die sie an die Kapitäne verkauften.

Die Stadt hatte eine solche Ausdehnung, daß, so ein Sprichwort, eine Katze ein ganzes Jahr gebraucht hätte, um auf ihren Dächern die Runde zu machen. Die Chronisten mögen übertreiben, aber wir wissen, daß d'Albuquerque mit seinen Kriegsschiffen die ganze Mündung hinaufsegeln mußte, um Malakka zu belagern.

Architektur aus Holland: Wenn man die Brücke über den Malakka River überquert und einen hübschen kleinen Platz mit einem Uhrtürmchen erreicht, der von lachsfarbenen Verwaltungsgebäuden und einer Kirche umgeben ist, erwartet man fast, Tulpen in den Vorgärten blühen zu sehen oder einen vorüberfahrenden Radfahrer mit Holzpantinen. Der Platz wurde ganz offensichtlich von den Holländern gebaut, und die Architektur ist denn auch Hollands wichtigster kultureller Beitrag zur Entwicklung Malakkas.

Das große Gebäude an diesem Platz ist das alte holländische **Stadhuys** (Rathaus). Eine breite Flucht von Steinstufen führt hinauf. Das Gebäude selbst ist mit unglaublich dicken Mauern und Hartholztüren mit schmiedeeisernen Angeln ausgestattet. Nach seiner Fertigstellung diente das Stadhuys 300 Jahre als Behördensitz; erst 1980 zogen die letzten Beamten ab. Nun finden wir in seinen Räumen das gutbestückte **Malakka-Museum**, das ein faszinierendes Bild von der Geschichte der Stadt vermittelt – angefangen vom malaiischen Reich über die Zeit der Portugiesen und Holländer, die Besetzung durch die Engländer bis zur heutigen Föderation von Malaysia.

In keiner anderen Stadt auf der Halbinsel wird dem Besucher die Vergangenheit nähergebracht als in Malakka, das schließlich einer der größten Seehäfen ganz Asiens war. Das Museum enthält auch eine einmalige Sammlung alter Münzen und Stempel, eine Rikscha, Kleider aus dem Portugal des 16. Jahrhunderts, Waffen der Holländer, Kanonen der Briten, Schmuckstücke aus Gold und Silber sowie alte gerahmte Fotografien von Segelschiffen, die in Malakka einst vor Anker gingen. Natürlich sind auch Schilde und juwelenbesetzte Krise ausgestellt, die Symbole des malaiischen Herrschertums.

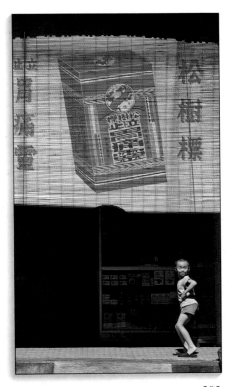

Ob er hier wohl findet, was er sucht?

Das Stadhuys selbst ist natürlich auch historisches Museum. Es entstand im Jahr 1650 und gilt als das älteste holländische Gebäude, das heute noch im Fernen Osten zu sehen ist.

Am Ufer, nahe beim Eingang zum Stadhuys, steht ein altes Denkmal, dessen Sinn und Zweck nicht mehr zu entschlüsseln ist. Es hat die Gestalt eines stark verwitterten Fischs mit dem Kopf eines Elefanten; ein Monument der Hindus, das auf die Zeit vor dem ruhmreichen Sultanat Malakka zurückgeht.

Hügel der Erinnerung: Die Bürger der Stadt sind sehr vergangenheitsbewußt, aus diesem Grund gibt es auch viele Museen. Am Hang über dem Stadhuys steht der sagenumwobene Sultanspalast, der allerdings in diesem Jahrhundert nachgebaut wurde und heute das **Kulturmuseum** birgt. Er wurde getreu nach den Beschreibungen von Augenzeugen entworfen, die den ursprünglichen Palast gesehen hatten. Das Museum dokumentiert die Anfänge der malaiischen Kultur in Malakka.

An der Spitze des Hügels von St. Paul stehen die Ruinen der **St.-Pauls-Kirche**. Ein portugiesischer Adliger ließ dieses Gotteshaus einst errichten, um damit ein Gelübde zu erfüllen, das er nach seiner Errettung aus dem Südchinesischen Meer gegeben hatte. Die Jesuiten übernahmen die Kirche, vollendeten sie und strichen sie weiß an, damit sie den Schiffen in der Straße von Malakka als Orientierungspunkt dienen konnte. St. Franziskus Xavier zelebrierte hier anläßlich seiner zahlreichen Besuche die Messe. Er starb in Kanton und wurde mehrere Monate in St. Paul aufgebahrt, bis er schließlich in Goa die letzte Ruhe fand. Die Holländer benutzten St. Paul nicht mehr, nachdem sie eine eigene Christuskirche gebaut hatten. Auf dem anliegenden Friedhof begruben sie aber ihre edelsten Bürger. An den Innenwänden der Kirche reihen sich heute noch die Grabplatten.

St. Paul ist deshalb so schön, weil es eine Ruine ist; eine Restauration würde ihr sicherlich viel von ihrem Reiz nehmen. Die beste Zeit, den Hügel zu erklimmen, ist der frühe Morgen oder der späte Nachmittag.

Wasserbrunnen und Zwergböcke: Als wollte man sichergehen, daß die 150 Jahre dauernde holländische Besatzung der Stadt nicht in Vergessenheit gerate, wurden die roten Ziegel für die **Christuskirche**, die gleich neben dem Stadhuys steht, aus dem fernen Holland herbeigeschafft. Malaiische Maurer haben sie dann mit einheimischen Lateriten überdeckt. Die Kirche steht voller alter, behauener Grabsteine, die die traurige Geschichte der Entbehrungen erzählen, die die ersten Siedler aus Holland zu erdulden hatten.

Die riesigen Dachbalken im Kirchenschiff sind aus einem einzigen Baum gehauen und gehen auf die Zeit zurück, in der das Gotteshaus gebaut wurde. Auch das schwere Kirchengestühl von damals ist noch heute in Gebrauch; über dem Altar schwebt ein Holzkruzifix, das an Ösen aus Eisen aufgehängt ist. Anfangs war die Kirche ohne Kanzel, und es ist überliefert, daß sich der Pastor zum Predigen mit einer Seilwinde von den Meßknaben in seinem Stuhl hochziehen ließ.

Trishaws, das ideale Transportmittel in Malakka.

Außen steht der berühmte hundert-jährige **Uhrenturm**, eine Schenkung der reichen Familie Tan und ein Wahr-zeichen der Stadt. Der kleine Brunnen in der Nähe wurde anläßlich des dia-mantenen Jubiläums von Königin Vic-toria gebaut. Vier weiße Zwergböcke (*pelandok*) stehen um den Brunnen und erinnern daran, wie Parameswara Ma-lakka einst zum Standort seines neuen Hauptquartiers erkor (siehe S. 47).

Ein paar Minuten entfernt in Rich-tung Meer steht eine ganze Reihe Im-bißbuden; daneben nehmen fest eta-blierte Restaurants einen ganzen Block ein. Der Volksmund nennt dies die „Freßecke". Die Köche hier zaubern im Handumdrehen malaiische Satays, in-dische Currys mit gebratenem Reis oder chinesischen Fisch mit Nudeln. Gerne läßt man sich vom kühlen Schatten zur Einkehr bei den Ständen verführen. Früher blickte man von hier direkt aufs Meer, aber nun ist alles zugebaut, und auch die frische Brise findet den Ort nicht mehr so leicht, was seiner Popu-larität erheblichen Abbruch getan hat.

Tor ohne Mauer: An den Hängen des St. Paul's Hill stoßen wir auf ein weite-res historisch bedeutsames Gebäude – die Ruinen der Festung **A Famosa**.

Die Portugiesen veränderten Malak-ka von Grund auf. Als ihnen die Stadt in die Hände gefallen war, zog sich Sultan Mahmud in der Hoffnung nach Muar zurück, die Eindringlinge würden wie-der abziehen, nachdem sie die Stadt geplündert hätten. Die Portugiesen hat-ten jedoch etwas ganz anderes im Sinn: Sie wollten sie zu einem der wichtigsten Stützpunkte des Orients ausbauen. D'Albuquerque ließ unverzüglich ein gewaltiges Fort bauen. Hunderte von Sklaven und Gefangenen waren im Ein-satz und schleppten Steine von zerstör-ten Moscheen und Grabmälern heran, die für die dicken Mauern der Festung verwendet wurden, die den Namen A Famosa bekommen sollte.

Als sie schließlich fertig war, die Ka-nonen von ihren Wällen herunterschau-ten und die Wache patrouillierte, erfüllte sie alle Bewohner der Stadt mit Stolz und Respekt. Später wurde A Famosa

Leuchtende Backstein-bauten sind das Ver-mächtnis der Holländer.

erweitert und nahm den gesamten Hügel einschließlich des Europäerviertels ein. Innerhalb der Stadtmauer standen eine Burg, zwei herrliche Paläste, eine Versammlungshalle für den portugiesischen Stadtrat und fünf Kirchen. 150 Jahre lang hielt die Festung allen Angriffen stand, bis sie schließlich 1641 von den Holländern gestürmt und eingenommen wurde.

Diesen war es nach achtmonatiger Belagerung gelungen, die Portugiesen zu verjagen und die Stadt zu erobern. Sie fanden aber keineswegs den reichen und blühenden Hafen des fabelhaften Ostens vor, den sie erwartet hatten. Die Stadt, für die sie so hart gekämpft hatten, lag fast vollständig in Trümmern.

Die geschäftigen Holländer ließen sich davon nicht beirren. Sobald sie die Stadt unter Kontrolle hatten, begannen sie damit, sie im holländischen Stil wieder aufzubauen. Die Mauern der Feste wurden ausgebessert, die Bastionen bekamen neue Namen. Ein Stadtgraben wurde gezogen und eine Zugbrücke gebaut. An den Zugängen zur Stadt wurden Schutzgräben ausgehoben und auf allen Wällen neue Kanonen aufgestellt. In kurzer Zeit war Malakka wieder eine gut befestigte Hafenstadt.

Die Briten, denen Malakka zu Beginn des 19. Jahrhunderts in die Hände fiel, faßten den bedauerlichen Entschluß, die Festungsanlage in die Luft zu jagen. Die Wälle und Stadttore wurden schwer beschädigt, und von der einstigen Festung A Famosa blieb allein die Porta de Santiago stehen – ein Tor ohne Mauer.

Nicht weit von diesem Tor kommen wir zum **Padang**, der für das heutige Malaysia von einiger Bedeutung ist, denn auf diesem Platz verkündete der erste Ministerpräsident des unabhängigen Malaysia, Tunku Abdul Rahman, daß die Verhandlungen mit den Engländern in London erfolgreich abgeschlossen seien. Aus diesem Anlaß wurde hier ein kleiner Obelisk aufgestellt.

Noch nachdrücklicher erinnert das imposante **Declaration of Independence Memorial Building** an den Unabhängigkeitskampf. Es wurde gerade erst neu eröffnet und dokumentiert die

Prächtige Beispiele der alten Peranakan-Kultur.

206

Kampagne in Form von Filmen, Videos und diversen Ausstellungstücken. Das Gebäude stammt von 1911; damals diente es britischen Kolonialoffizieren und Plantagenbesitzern als Club.

Ein zweiter Obelisk erinnert an die Soldaten, die im Naning-Krieg fielen, der um 1830 stattfand und fast zur militärischen Farce geriet, denn die Briten brauchten zwei Anläufe in zwei Jahren, um Penghulu Dol Said, den aufständischen Häuptling des kleinen Fürstentums Naning, zu unterwerfen.

Ein paar Kilometer südlich liegt **St. John's Fort**. Nach einem kurzen, aber anstrengenden Aufstieg erreicht man die Hügelkuppe, auf der das Fort steht, und genießt einen herrlichen Panoramablick über Malakka. Bis auf die fehlenden Kanonen sieht die Festungsanlage noch genauso aus, wie sie die Holländer hinterließen, nachdem die Briten Malakka im Austausch gegen Bencoolen auf Sumatra übernahmen.

Die Prinzessin und der Zauberbrunnen: Auf einem Hügel hinter der Stadt stehen verfallene und ungepflegte chinesische Grabmäler. Nach Ansicht chinesischer Geomanten sind Hügel als Begräbnisstätten gut geeignet, weil sie böse Winde abhalten und den Geistern der Ahnen einen guten Blick auf ihre Nachkommen ermöglichen. Doch auf dem **Bukit China**, dem Chinesenhügel, sind die meisten Namen und Daten verwittert und unleserlich. Was bleibt, ist ein alter, vergessener Friedhof und die Geschichte einer Ming-Prinzessin.

In alter Zeit führten Malaya und China einen diplomatischen Krieg mit geistigen Waffen, der zur Legende wurde. Etwa 1460, als Sultan Mansur Shah in Malakka regierte, traf ein chinesisches Schiff unter dem persönlichen Befehl des „Sohns des Himmels" ein. Das gesamte Innere des Schiffes war übersät mit goldenen Nadeln, und die Botschaft an den Sultan lautete: „Für jede goldene Nadel habe ich einen Untertan; wenn Du sie zählen könntest, würdest Du meine Macht kennen."

Dem Sultan verschlug es keineswegs die Sprache. Er sandte ein Schiff nach China, beladen mit Sagosäcken, und

Holländische Grabsteine im Innenhof der St.-Pauls-Kirche.

ließ dem Kaiser ausrichten: „Wenn Du die Sagokörner auf diesem Schiff abzählst, wirst Du wissen, wie viele Untertanen ich habe und welche Macht ich besitze." Der chinesische Kaiser war so beeindruckt, daß er seine Tochter, Prinzessin Hong Lim Poh, schickte und sie dem Sultan zur Frau gab. Sie traf mit nicht weniger als 500 Hofdamen ein, alle von außergewöhnlicher Schönheit. Der Sultan gab ihnen den „Hügel ohne Stadt" als Lehen auf unbeschränkte Zeit. Bis auf den heutigen Tag gehört Bukit China der chinesischen Kommune von Malakka. Mehrere Gräber stammen noch aus der Zeit der Ming-Dynastie; sie gehören zu den ältesten chinesischen Überresten in Malaysia.

Prinzessin Hong Lim Pohs Gefolge baute am Fuß des Hügels einen Brunnen, dessen Wasser bald so legendär wie der Ehekontrakt wurde. Nachdem Admiral Cheng Ho von dem Wasser getrunken hatte, entwickelte es eine ganz außergewöhnliche Reinheit, behaupten die Chinesen. Der Brunnen trocknet selbst während der schlimm-sten Dürreperioden nicht aus, und viele glauben, wer einmal von dem Wasser getrunken habe, würde vor seinem Tode wieder nach Malakka zurückkehren.

Nun ist der **Perigi Raja**, der „Sultansbrunnen", von einem Drahtzaun umgeben. Junge chinesische Studenten aus Malakka kommen gelegentlich vorbei und schießen ein paar Fotos, aber nur wenige steigen den Hügel hinauf zu der Stelle, wo ihre Vorfahren begraben liegen. Malakka verändert sich, und seine Geheimnisse werden vergessen.

Die katholische Gemeinde: Nur einen Steinwurf entfernt in nordwestlicher Richtung an der Jalan Bendahara liegt die **St.-Peters-Kirche**. Nach der Einnahme der Festung gewährten die Holländer den portugiesischen Soldaten freien Abzug und den Bewohnern Amnestie. Viele zogen es jedoch vor, in der Stadt zu bleiben, statt ein neues Leben in Goa anzufangen.

1710 bauten die portugiesischen Eurasier von Malakka eine neue Kirche und benannten sie nach St. Peter. Sie ist einfach und ganz schmucklos gehalten.

Traditionelles Holzhaus mit gekachelter Vortreppe, breiter Veranda und geschnitztem Dachfirst.

Das Jahr über spielt sich dort bis auf eine gelegentliche Hochzeit oder eine Beerdigung nicht viel ab. Die Ausnahmen bilden Karfreitag, Ostern und die Weihnachtsfeiertage.

Der Gottesdienst am Karfreitag ist der aufwendigste in ganz Malaysia. Tausende von Eurasiern, Chinesen und Indern drängen sich in der Kirche und nehmen an einer Kerzenprozession teil. Eine lebensgroße Christusstatue wird durch die katholische Gemeinde getragen. Der Hof vor der Kirche verwandelt sich in ein Lichtermeer. In Malakka geborene Chinesen und portugiesisch-eurasische Katholiken, die im ganzen Land verstreut leben, versuchen an Ostern in ihre Geburtsstadt zurückzukehren und an der Messe in der Kirche teilzunehmen.

Trotz des feierlichen Zeremoniells herrscht nach dem Gottesdienst vor der Kirche eine ausgelassene Karnevals-Stimmung. Kinder tollen in ihren besten Sonntagskleidern auf dem Rasen umher und feilschen mit dem indischen Erdnußverkäufer. Alle zeigen lachende Gesichter, selbst der Priester und die jungen Mädchen, die ganz fromm religiöse Traktate verkaufen.

Am Ende von Jalan Bendahara, in der Nähe des holländischen Viertels, steht die **St.-Xavier-Kirche** mit ihren beiden neugotischen Glockentürmen. Sie wurde 1849 von dem französischen Pater Farve an der Stelle einer portugiesischen Kirche erbaut und ist dem „Apostel des Ostens", dem heiligen Franziskus Xavier, gewidmet, der den Katholizismus im 16. Jahrhundert in ganz Südostasien verbreitete.

Ein 350 Jahre altes Erbe: Aus der Zeit der portugiesischen Besatzung hat weit mehr überlebt als die Reste einiger Ruinen. Wir stoßen hier auf die stolzen Nachfahren der alten Kolonialherren mit Namen Sequiera, Aranjo, Pinto, Dias, D'Silva und D'Souza, die sehr traditionsbewußt denken. „Ich gebe jedem Mann ein Pferd, ein Haus und ein Stück Land", schrieb d'Albuquerque 1604. Stolz konnte er nach Portugal berichten, daß 200 Mischehen geschlossen wurden. Auf Geheiß des Königs ermutigte d'Albuquerque die Männer der Garnison, sich einheimische Mädchen zur Frau zu nehmen. Er nannte sie schlicht „seine Töchter". Auch umgekehrt florierte das Heiraten, denn aus Portugal holte man Frauen ins Land, die sich an Malaien verehelichen sollten. Die Portugiesen mußten die Eingeborenen als Gleichberechtigte behandeln. D'Albuquerque persönlich soll eingeheiratete Malaiinnen in der Kirche zu ihrem Platz geführt haben, als wären es portugiesische Adelsfrauen.

Religion und Blutsbande sorgten dafür, daß eine starke eurasische Gemeinschaft entstand, die immer loyal zu Portugal hielt. Auch noch nach 400 Jahren sprechen die portugiesischen Eurasier in Malakka und anderen Städten Malaysias das *Cristao*, einen mittelalterlichen Dialekt, der im Süden Portugals gesprochen wurde. „Es ist reines Portugiesisch aus dem 16. Jahrhundert, wie es sonst nirgends mehr gefunden wird", meint Pater Manuel Pintado aus Malakka.

Die heutigen Nachfahren der Portugiesen leben in einem eigenen Stadtteil, drei Kilometer vom Zentrum Malak-

Ein malaischer Garnelen-Fischer an der Straße von Malakka.

kas, in der Nähe des Strandes. Die meisten der etwa 500 Eurasier ernähren sich vom Fischfang. Die Bezeichnung „Portuguese Eurasian Settlement" ist irreführend, denn nirgends findet man hier befestigte Wege, saubere weiße Stuckwände oder rote Ziegeldächer wie in den Ortschaften Portugals. Vielmehr ähneln die Behausungen stark den malaiischen Kampong-Häusern; die Wände sind aus Holz, die Dächer aus Blech. Es sind kleine, unscheinbare Häuschen, die alle gleich aussehen und blau und grün bemalt sind. „Es sind stolze Menschen, die für sich in ihren vier Wänden leben", erklärt uns der Pfarrer. „Die Holländer hatten Malakka viel länger und viel später besetzt gehalten als die Portugiesen, und doch erinnert kaum etwas an die Zeit der holländischen Besatzung."

Gerne läßt man die portugiesisch-eurasische Siedlung hinter sich, denn viel zu sehen gibt es hier wahrlich nicht. Vielleicht kommen Sie mit den Kindern ins Gespräch. Die Buben können noch die schönen portugiesischen Balladen singen, und die Mädchen zeigen dem Besucher einen Tanz, den ihre Großmutter von ihrer Großmutter gelernt hat. Der alte Mann am Obststand munkelt etwas von einem verborgenen Tunnel zwischen dem St. John's Fort und dem St. Paul's Hill, wo die Portugiesen ihre Schätze versteckten, bevor die Holländer die Stadt überrannten.

Der Feiertag *Festa de San Pedro* im Juni ist der alljährliche Höhepunkt im Leben dieser bemerkenswerten Menschen. Die Fischer schmücken ihre Boote, im Freien wird eine Messe zelebriert, und wenn der Pfarrer die Boote gesegnet hat, geht man zum gemütlichen Teil über.

Ungewöhnlich ist auch der Brauch des *Intrudu*, wörtlich „Einführung", der am Sonntag vor dem Aschermittwoch stattfindet. An diesem Tag verkleidet sich das ganze Viertel, und man besprengt sich gegenseitig mit Wasser. Auch die Daheimgebliebenen werden nicht verschont. Sobald sie die Tür aufmachen, wird ihnen von den Narren Wasser ins Gesicht gespritzt. Zum Zei-

Nicht nur Touristen zieht es nach Malakka.

chen, daß alles nicht so ernst gemeint ist, werden die Narren zu einem Drink ins Haus gebeten. Im Laufe des Tages verkleiden sich dann die Männer als Frauen und die Frauen als Männer, gehen durch die Straßen und verkaufen Kuchen und Obst.

Um den **Medan Portugis** (Portugiesischer Platz) kann man am besten die malaiisch-portugiesische Küche studieren, wobei man die Fischgerichte mit würzigen Soßen am meisten empfehlen kann.

Straßen mit wechselnden Namen: Das Geschäfts- und Einkaufszentrum liegt auch heute noch am westlichen Ufer des Malakka River, also abseits von den Hügeln und Befestigungsanlagen. Auf dieser Seite des Flusses findet sich der Besucher in einem Gewirr alter enger Sträßchen wieder, die laufend ihre Namen änderten. Aus der Heeren Street wurde die **Jalan Tan Cheng Lock**, benannt nach einem bedeutenden Baba von Malakka, der für die Unabhängigkeit des Landes kämpfte. Sein Privathaus weist wie auch die Stadthäuser

einiger anderer chinesischer Baba-Familien an dieser Straße sehr schön geschnitzte Türen auf, hinter denen im Inneren der Häuser alte Webstühle und andere Antiquitäten zu sehen sind.

Hausnummer 48-50 ist ein Peranakan-Haus aus dem 19. Jahrhundert, dessen prunkvoll eingerichtete Räume besucht werden können. Möblierung und Dekor bilden eine Stilmixtur, in der sich Chinamöbel mit Perlmuttintarsien, viktorianische Uhren und holländische Kacheln wunderbar ergänzen. Der kleine Innenhof ist ein typisches Beispiel für das, was man heute „Chinesisches Barock" nennt. Die Hausbesitzer bieten Führungen an und geben aufregende Geschichten über einige der kostbaren antiken Stücke zum Besten.

Viele schöne Stücke sind in den Antiquitätenläden an der **Jalan Hang Jebat** zu sehen, die parallel zur Jalan Tan Cheng Lock verläuft. Hang Jebat war ein Malaie aus den Tagen des Sultanats Malakka, der im Mausoleum weiter unten an derselben Straße begraben sein soll. Malakkas Hauptdurchgangsstraße

Portugiesische Gesichtszüge sind nicht außergewöhnlich in Malakka.

(früher hieß sie Jalan Jonker und Jalan Gelanggang) gleicht in vielem der Jalan Petaling in Kuala Lumpur und wartet mit einer bunten Ansammlung aller erdenklicher Geschäfte auf.

Schnapsläden und Sportgeschäfte, Friseursalons und Rattanflechtereien unterhalten genauso gutnachbarliche Beziehungen wie der Sargmacher und die chinesische Kräuterapotheke; eine kleine Druckerei quetscht sich zwischen die Akupunkturklinik und eine Möbelwerkstatt; der Zahnarzt von nebenan gibt seine Praxiszeiten in Englisch, Chinesisch, Malaiisch, Thai und Tamil an. Ein halbes Dutzend Tempel halten die Stellung im bunten Treiben der Stadt, im Lärm der Autohupen und Ochsenkarren, im Surren der Schneider-Nähmaschinen und im monotonen Singsang der Straßenverkäufer.

Drei oder vier Antiquitätengeschäfte spiegeln noch das Leben des alten Malaya wider. Hier kann man Kohlezangen aus Messing, kunstvoll verzierte Öllampen, perlenbesetzte Nachttische, Opiumbänke, Metallurnen und ein chinesisches Hochzeitsbett bewundern, und alles steht in einträchtiger Nachbarschaft. Seltene Briefmarken, Münzen aus den Tagen des Sultanats, die vor kurzem irgendwo aus dem Schlamm gefischt wurden, und malaiische Krise können erstanden werden.

Der Ladenbesitzer, es ist ein Pakistani, deutet auf ein Schmuckkästchen aus Holz. „Ich habe es für den Premierminister persönlich zurückgelegt", beteuert er, „aber ich weiß nicht, wann er wiederkommt." Mit einem ungläubigen Blick betrachten Sie das Kästchen. „Ich hab's mir überlegt", meint er, „Sie können es von mir aus haben."

Gotteshäuser: Die Kreuzungspunkte der großen Straßen sind würdige Plätze für drei Andachtshäuser, die zu den ältesten in ganz Malaysia zählen. Im **Cheng Hoon Teng** in der Jalan Tokong beten die Chinesen; zur **Moschee Kampong Kling** in derselben Straße pilgern die Moslems, während sich im **Tempel Sri Poyyatha Vinayagar Moorthi** in der Jalan Tukang Mas die hinduistische Gemeinde trifft.

Ein Ochsengespann von stilgetreuer Eleganz.

Von diesen drei Gotteshäusern ist der Cheng Hoon Teng, der „Tempel der Weißen Wolken", ganz sicher der älteste. Vor etwa 300 Jahren ließ ihn ein Chinese bauen, der vor den Mandschu hatte fliehen müssen. Später erweiterten ihn die Chinesen von Malakka. Der Tempel ist drei Göttern geweiht: Kuan Yin, der Göttin der Barmherzigkeit, Kwan Ti, dem Gott des Krieges, der auch der Gott des Reichtums und der Schutzheilige der Kaufleute ist, sowie Machoe Poh, der Himmelsgöttin.

Das Gebäude ist ein Muster chinesischer Architektur. Das Dach, die Firste und Dachrinnen sind mit geschnitzten Figuren aus der chinesischen Mythologie verziert, mit Tieren, Vögeln und Blumen aus bemaltem Glas oder Porzellan. Beim Eintritt durch die massiven Türen aus Hartholz begibt man sich zurück in die Vergangenheit Malaysias. Unter den Holzschnitzereien und Lackarbeiten findet sich auch eine Steininschrift zum Gedenken an Admiral Cheng Ho, den chinesischen Kolumbus, der im Auftrag des Ming-Kaisers

ganz Asien bereiste und einer der ersten chinesischen Besucher der Stadt war.

Mönche in gelben Umhängen flanieren schweigend unter den vergoldeten Säulen; andächtig, mit gesenktem Haupt gehen die Gläubigen von Bildnis zu Bildnis, die Weihrauchstäbchen halten sie fest in der Hand. Tische und Balken sind schwarz-glänzend lackiert, die Paneele mit Perlen eingelegt. Goldlöwen stehen am Eingang Wache; vom vielen Reiben der Gläubigen, die sich davon Glück versprechen, ist die Farbe von ihren Köpfen verschwunden.

Der *Sri-Poyyatha-Vinayagar-Moorthi-Tempel* ist ein Hindu-Bau aus dem Jahre 1780. Er ist dem Gott Vinayagar geweiht, der Geschäftsleuten zu Reichtum verhelfen und Heiratswilligen die Ehe ermöglichen kann.

Die **Moschee Kampong Kling** ist die älteste der Stadt und wurde nach einem alten Bauplan aus Sumatra errichtet. Der sehr anmutige Bau mit seinen dreistufigen Minaretten und dem eleganten Dach ist typisch für die Architektur Malakkas. Ein weiteres Beispiel dafür ist die Moschee in der Vorstadt Tranquerah, auf deren Friedhof sich auch das Grab des Sultans Husain von Johore befindet, der 1819 Singapur an Sir Stamford Raffles gab.

Umliegende Orte: Es macht wirklich Spaß, durch die Vororte von Malakka zu fahren. Dahinter erstrecken sich an den flachen Hügeln, die sich bis zu den südlichen Ausläufern der Main Range hinziehen, die Reisfelder. Das Gebiet ist seit langem erschlossen, zahlreiche Wege durchschneiden die Kautschuk- und Obsthaine und führen vorbei an friedlichen Dörfchen. Alte malaiische Holzhäuser mit geschweiften Giebeln, fein behauenen Dachtraufen und weißen Veranden sieht man allenthalben auf der Strecke nach Tanjong Kling im Norden bzw. nach Merlimau im Süden.

Tanjong Kling, ungefähr zehn Kilometer von Malakka, besitzt einen eigenen Strandkomplex, wo es billige Hütten zu mieten gibt. Das Wasser ist hier trüb und quallenverseucht, wer also schwimmen will, sollte das besser im Pool des **Shah Beach Hotels** tun.

15 Kilometer von der Stadt in gleicher Richtung liegt das **Hang Tuah's Mausoleum**. Hang Tuah war ein berühmter malaiischer Krieger unter Sultan Mansor Shah; seine Seele soll in einem Brunnen wohnen, der südlich der Stadt bei Kampong Duyong liegt. Sie ist in einem Krokodil gefangen, das sich nur sehr frommen Leuten zeigt. Dem Wasser des Brunnens werden heilende und glückbringende Kräfte nachgesagt.

Weiter in Richtung Negri Sembilan kommt man am **Tanjong Bidara Beach Resort** vorbei, das an einem schönen Strand etwa 20 Kilometer von Malakka liegt.

Kuala Linggi liegt an der Mündung des Flusses Linggi, der die Grenze zum Nachbarstaat Negri Sembilan bildet. Auf einem flachen Hügel stehen die Überreste des holländischen **Forts Filipina**, ein schöner Aussichtspunkt über die Bucht und eine günstige Stelle für ein Picknick.

Ungefähr zwölf Kilometer landeinwärts von Malakka bei Ayer Keroh liegt der **Ayer Keroh Recreational Forest**, ein 68 Hektar großes Stück Dschungel, das so weit gezähmt ist, daß man darin wandern, campieren und Rast machen kann. Im **Malakka Village Resort** gibt es Unterkünfte. Ebenfalls in der Nähe liegt **Mini-Malaysia** mit nachgebauten Häusern im traditionellen Stil der 13 Staaten der Föderation. Ein Hotel mit 50 Betten und 15 Chalets, dazu ein Kultur- und Unterhaltungsprogramm, verlocken zum Aufenthalt. Der **Melaka-Zoo** vermietet Boote, und der **Ayer Keroh Country Club** besitzt einen 18-Loch-Golfplatz, einen eigenen See und ein Stück Regenwald.

Die Straße nach Seremban und Kuala Lumpur führt durch den Distrikt Alor Gajah und durch **Naning**, jenes kleine Fürstentum, das sich so standhaft den Briten widersetzte. Dato' Dol Said ruht jetzt in Frieden direkt am Wegrand. In diesem Gebiet stehen ähnlich wie bei Kuala Pilah 90 Megalithen. Die **Gadek Hot Springs** liegen an der Strecke nach Tampin. Das Wasser wird in Becken aufgefangen; Erfrischungsbuden und ein Kinderspielplatz laden zu einem Zwischenstopp ein.

Links: Freundlich und entspannt verläuft das Leben in Malakka. **Rechts:** Eine malaiisches Lächeln.

TAMAN NEGARA – DAS GRÜNE HERZ

Eine Bootspartie durch gischtende Stromschnellen, eine Angeltour, eine Fotosafari, Bergsteigen, Vogelbeobachtung, Höhlenforschung, Baden in ruhigen Flußarmen, eine Safari durch 130 Millionen Jahre alten Dschungel, der Besuch einer Orang Asli-Siedlung – der Hektik und dem Trubel des 20. Jahrhunderts entfliehen: Malaysia besitzt, was nur wenige Länder zu bieten haben – eine ausgedehnte, unberührte Natur, die nur auf Entdeckung wartet. In einem Land, das noch zu zwei Dritteln von Dschungel bedeckt ist, dessen grünes Blätterdach sich vom Meeresstrand bis unter die höchsten Berggipfel zieht, ist das Abenteuer noch zu Hause.

An der Spitze der Beliebtheit rangiert **Taman Negara**, der Nationalpark, der das nördliche Landesinnere der Malaiischen Halbinsel im Staat **Pahang** ausfüllt. Mitten in diesem Gebiet erhebt sich das Massiv des Gunung Tahan, des höchsten Gipfels der Halbinsel, umgeben von zahllosen Kalksteinbergen, die mit dichtem, wildreichem Wald überzogen sind.

Man benutzt hauptsächlich die Wasserwege zur Fortbewegung, obwohl Besucher von jedem Stützpunkt am **Tembeling River** auch Ausflüge zu Fuß machen können; Ausrüstung, Führer und Träger werden vom Parkservice zur Verfügung gestellt. Für leichtere Spaziergänge sind rund um das Hauptquartier in Kuala Tahan gut ausgeschilderte Pfade und Wanderwege ins Waldesinnere angelegt.

Eine Dschungeltour durch den Nationalpark bringt uns direkt ins grüne Herz Malaysias, und von einem zweitägigen Angeltrip bis zur zweiwöchigen Tropensafari ist alles möglich. Zum Eingang des Parks kann man zwar auch fliegen, aber die Flußfahrt dorthin verschafft eine erste Bekanntschaft mit der Umgebung, und mit jedem Kilometer läßt man ein Stück Zivilisation hinter sich. Boote mit Außenbordmotor befördern die Besucher von Kuala Tem-

Vorherige Seiten: Ein **Blick über den Dschungel.** **Unten:** **Die Schnellen des Sungai Tahan.**

218

beling Halt, einer Station der malaysischen Eisenbahn, zum Hauptquartier des Parks nach Kuala Tahan, das 60 Kilometer flußaufwärts liegt.

Die Züge stoppen in Tembeling Halt nur auf Verlangen, notfalls kann man auch in Jerantut aussteigen und die 30 Kilometer bis zur Bootsanlegestelle mit dem Taxi zurücklegen. Es gibt aber auch einige Touren, die von größeren Städten aus organisiert sind und die An- und Rückfahrt beinhalten.

Bootsfahrt auf dem Sungai Tembeling: Die Bootsreise nach Kuala Tahan dauert je nach Wasserstand zwischen drei und vier Stunden. Bei Niedrigwasser müssen die Passagiere öfter am Fluß entlang gehen, während die Boote einen Weg durch die flachen Stellen suchen.

Nach 35 Kilometern taucht auf der linken Seite der Eingang zum Park auf, an der rechten Flußseite sieht man bebautes Land und malaiische Kampongs. Bei der Ankunft in Kuala Tahan können die Besucher gleich ihre Touren und Unterkunft buchen und alle nötigen Informationen bekommen. Für einen Dollar erhält man einen ausgezeichneten Parkführer mit Landkarten, in dem Pfade und Flußläufe, Flora und Fauna im Detail beschrieben sind. Auch für die Angler gibt es gute Tips.

Im Hauptquartier: Die Unterkünfte im Hauptquartier des Parks reichen vom Rasthaus über Chalets bis zur Jugendherberge und zum Zeltplatz. In der Herberge gibt es Kochgelegenheiten, zwei Restaurants bieten Essen an, und ein kleiner Laden verkauft Lebensmittel für Selbstversorger. Die gängigsten Filme kann man an der Rezeption erwerben. Andere Unterkünfte werden in Kuala Trenggen und Kuala Kangsem angeboten, einige Anglerhütten stehen weiter flußaufwärts. Im Dschungel sind insgesamt fünf einfache Camps mit Schlafmöglichkeiten und mehrere Zeltplätze versteckt.

Das Hauptquartier besitzt Camping-, Angler- und Trekkingausrüstungen, die man allerdings vorbestellen sollte, ehe man sich auf den Weg macht. Die Telefonnummern, Adressen und Buchungsbedingungen finden sich im Kurzführer

Neuankömmlinge in Taman Negara.

dieses Buches zusammen mit einer Liste wichtiger Ausrüstungsgegenstände.

Jeden Abend informiert der Parkdienst mit einer Diashow über Pflanzen und Tiere, die im Wald vorkommen. Auf Wunsch vermittelt die Rezeption auch erfahrene Führer.

Mitfahrgelegenheit durch den Dschungel: 130 Millionen Jahre Evolution haben einheimische Pflanzen und Tiere mit außergewöhnlichen Fähigkeiten ausgestattet. Gerade unter den Pflanzen gibt es hochspezialisierte Einzelgänger, aber auch symbiotische und parasitäre Verbindungen der unterschiedlichsten Art. Die Rattan-Pflanze zum Beispiel hat dicke Reben an einem riesigen Stamm; in ihren kleinen, zarten Ranken verheddert man sich leicht auf dem Weg durch den Dschungel. Auch in der Familie der Orchideen, die mehrere hundert Unterarten hat, gibt es Exemplare, die auf eine solche „Mitnahmegelegenheit" warten. Ein sehr ominöser Zeitgenosse ist die Würgeranke, die als harmloser Samen auf einen nichtsahnenden Baum fällt, dann zu einem kleinen Anhängsel auswächst und sich immer dichter um ihren Wirt schlingt, bis schließlich nichts mehr von ihm zu sehen ist. Nach 100 Jahren hat sie ihn erstickt und steht als hohle Spirale in der Landschaft, bis das Gewicht ihrer eigenen Schmarotzer sie zu Fall bringt.

Eine Nacht im Dschungel: Der Dschungel ist keineswegs ein Ort der Ruhe; das Summen der Insekten, das Zwitschern der Vögel und die Geräusche der anderen Tiere ergeben eine akustische Kulisse, wie man sie in dieser Konzentration und Lautstärke nur von der Großstadt kennt.

Großen Spaß macht die Beobachtung von Vögeln. Mit einem einfachen Fernglas wird man schnell einen kecken Flieger ausmachen, der schon vorher mit aufgeregtem Flügelschlag auf sich aufmerksam gemacht hat. Mehrere Arten von Eisvögeln, den sonst seltenen Nashornvogel, Fischadler und Reiher gibt es reichlich.

Die lauten, aber sehr scheuen Makaken bekommt man selten zu Gesicht, eher schon die Warane, Ottern und natürlich die zahmen Büffel, die am Wasser bei den Dörfern baden.

Das Großwild verbirgt sich tief im Dickicht des Waldes und ist ein äußerst seltener Anblick. Verbringt man eine Nacht auf einem versteckten Hochstand, am besten in der Nähe einer Tränke oder einer Salzlecke, kann man auch die Nachttiere beobachten.

Man sollte an solchen Plätzen früh eintreffen, ein vorbereitetes Abendessen mitbringen, eine Taschenlampe und Nachtgläser und sich dann in aller Stille auf die Lauer legen. Wenn die Nacht hereinbricht, lebt der Dschungel auf; langsam gewöhnen sich die Augen an die Dunkelheit – das Mondlicht flutet magisch durch die Bäume. Bald flirren geisterhafte Lichter durchs Dunkel; es sind Glühwürmchen und Leuchtkäfer mit ihren fluoreszierenden Körpern. Auf dem Boden glimmen trockene Blätter, die von leuchtenden Flechten überzogen sind.

Am häufigsten sieht man Hirsche, aber weiter entfernt von menschlicher Behausung kann man mit viel Glück auch einen Tapir zu Gesicht bekommen, mit sehr viel Glück sogar einen

Der Anblick eines malaiischen Tapirs ist ein seltener Glücksfall.

Elefanten oder malaiischen Tiger. Der Anblick eines dieser großartigen Tiere ist jedoch ein seltenes Geschenk, eine Dreingabe sozusagen zu dem einmaligen und aufregenden Erlebnis, allein im Dschungel zu sein. Im Unterholz wird man auf Spinnen, Frösche, Schlangen und Kröten treffen. Meistens wechseln sich die Besucher ab und knipsen alle zehn Minuten ihre Taschenlampen an.

Nach einer solchen Nacht begegnet man den Kreaturen des Waldes und auch den Menschen, die dort leben, mit neuem Respekt. Die Negritos, die hier im Dschungel noch mit dem Blasrohr jagen, bewegen sich zwischen den Bäumen so lautlos wie die Tiere. Man trifft sie oft in der Nähe des Hauptquartiers, augenscheinlich versorgt sie der Forstdienst mit Nahrungsmitteln, um sie zum Bleiben zu bewegen. In der ganzen Gegend stehen ihre provisorischen Hütten, zu denen sie hin und wieder zurückkehren. Diese Menschen haben eine natürliche Würde, und man sollte sie nicht mit vorgehaltener Kamera zur Touristenattraktion degradieren.

Seit Millionen von Jahren ist der Dschungel unberührt.

Bergwandern und Flußfischen: Vom Hauptquartier des Parks aus kann man auf zehnminütige Spaziergänge am Tahan River gehen, aber auch auf einen neuntägigen Dschungel-Treck zum **Gunung Tahan**, dem höchsten Berg auf der malaiischen Halbinsel.

Der Anstieg zum 2187 Meter hohen Gipfel ist nicht steil, aber der Weg durch den Dschungel kann trotzdem anstrengend und langwierig sein. Deshalb muß die Ausrüstung stimmen, vor allem sollte man nur das Nötigste mit sich tragen. Ein Führer ist eigentlich unerläßlich, denn es gibt immer wieder Abzweigungen, und man verliert im dichten Wald leicht den Weg. Aber für jeden, der gesund und einigermaßen fit ist, kann diese Tour zu einem unvergeßlichen Erlebnis werden.

Wer lieber angeln gehen möchte, kann im Hauptquartier ein Boot mieten; nur so gelangt man zu den guten Fischgründen. Auch hier gilt die Regel: Je weiter man sich vorwagt, desto weniger Menschen und desto größere Fische wird man antreffen.

Die besten Zeiten zum Fischen sind die Monate von Februar bis März und von Juni bis August. Zur Mittagszeit und am späten Abend beißen die Fische gut. Die populärste Form ist das Fischen mit der Fliege. Wer kein eigenes Angelgerät mitbringt, kann es sich im Hauptquartier mieten.

Am meisten zu empfehlen ist eine zwei Meter lange Angel (eine längere ist im Wald sehr hinderlich). Anfänglich wird eine Sechs-Kilo-Schnur reichen, später kann man zu einer Dreieinhalb-Kilo-Schnur übergehen. Die Länge sollte mindestens dreißig Meter betragen. Gebräuchlich ist eine feststehende Spule.

Da fast ausschließlich auf Raubfisch geangelt wird, benutzt man künstliche Köder wie Blinker, Spinne etc. Natürlich gehen die Meinungen darüber auseinander, welcher nun der beste ist; viele Einheimische schwören darauf, daß nur der „Abu Killer" die großen Fische anlockt. Schließlich braucht man noch ein Netz oder einen Haken, um den Fang durch das Ufergestrüpp zu ziehen.

Wildwasserfahrt: Wenn Sie kein passionierter Angler sind, reizt Sie vielleicht eine Fahrt im schmalen Boot den Fluß hinauf. Die erfahrenen Bootsleute, seien es nun Malaien oder Negritos, kennen die Flüsse wie ihre Westentasche und stehen mit ihren Stangen im Heck, um kantigen Felsen und Sandbänken auszuweichen. Obwohl ein Außenbordmotor für die Fortbewegung sorgt, werden an schwierigen Stellen Stangen eingesetzt. Bei entsprechendem Wasserstand kann man sich auf der Rückfahrt von der Strömung des Flusses tragen lassen. Der Bootsmann wird Sie auf Schlangen im Ufergebüsch, auf Spechte, bunte Eisvögel und Hirsche aufmerksam machen, damit Sie rechtzeitig Ihre Kamera zücken können. Am oberen Lauf besitzt der Tembeling eine Gefällestrecke, die in sieben Stufen abfällt und deren Befahrung bei hohem Wasser recht aufregend sein kann.

Ein vielversprechendes Ziel auf dem kleineren Tahan ist ein Wasserfall mit einer Serie von Stromschnellen, die in ein natürliches Becken münden. Das

Taman Negara lernt man am besten mit dem Boot kennen.

222

lauwarme Wasser bedeutet in diesen Gegenden immer noch eine Erfrischung. Wer die Schnellen hinaufsteigt, kann sich in einen echten Dschungel-Whirlpool setzen.

Fledermaus-Höhlen: Fährt man den Tembeling River stromabwärts und geht noch 15 Minuten zu Fuß, kommt man zur **Goa Telinga**, der „Ohrenhöhle", unter deren niedriger Decke tagsüber die Fledermäuse hängen. Der Eingang ist eine winzige Spalte im Fels. Zunächst werden Sie sich durch eine enge Passage vorarbeiten müssen und dabei durch Schlammstellen und den zentimeterdicken Mist der Fledermäuse kriechen; man bringt also nicht die beste Kleidung mit. Schließlich erreichen Sie eine mannshohe Höhle, in der beim Licht der Taschenlampe die zwei verschiedenen Arten von Fledermäusen, die hier wohnen, leicht zu identifizieren sind. Die eine Art, die sich von Früchten ernährt, versammelt sich in der Nähe der Risse, durch die ein wenig Sonnenlicht flutet; die Spezies, die sich von Insekten ernährt, drückt sich in die dunklen Ecken.

Kröten von der Größe einer starken Faust beäugen das Ganze, und eine lange weiße Schlange, die sich ausschließlich von den Höhlenbewohnern ernährt, hängt von der Decke und schlägt von hier aus ihre Zähne in eine fiepende Maus. Auf dem Boden wimmelt es von großen Spinnen und Schaben, wie in einer Szene aus Indiana Jones. Aber all diese Tiere wagen sich nicht an den Menschen heran. Ein Seil, das durch die Kammern geht, führt den Besucher sicher zum Ausgang am gegenüberliegenden Ende.

Zwei Tage sind das Minimum für einen Besuch in Taman Negara, und jeder weitere Tag zahlt sich reichlich aus. Wer auf noch mehr Abenteuer aus ist, kann mit Hilfe von Orang Asli-Führern in die abgelegeneren Teile des Parks im Norden gelangen – dies ist jedoch mit erheblichen Kosten verbunden, weil auch Boote und Träger bezahlt werden müssen. Wer jedoch genügend Zeit und Geld zur Verfügung hat, kann sich kaum ein aufregenderes Erlebnis als Taman Negara wünschen.

Der kleine Zwergbock ist so groß wie ein Kaninchen.

JOHORE – DIE SÜDSPITZE

Der Bundesstaat Johore bedeckt die gesamte Südspitze der Malaiischen Halbinsel. Seine bevölkerungsreiche Westküste liegt an der Straße von Malakka und ist gut entwickelt, während die Dschungelgebiete im Landesinneren und im Südosten nur sehr dünn besiedelt sind. Der normale Reisende sieht vom Dschungel jedoch nichts, denn das Verkehrsnetz ist hervorragend ausgebaut, und entlang seiner Straße erstrecken sich Kokos- und Gummiplantagen, in manchen Gegenden auch Ananasfarmen, bis zum Horizont.

Johore ist die Heimat der alten malaiischen Kultur; hier wird die malaiische Sprache am reinsten gesprochen, und die Frauen tragen selbst an Wochentagen den traditionellen *baju kurong*.

Eine große Anzahl der hier lebenden Malaien stammt aus Java, und deshalb ist Johore der einzige Staat Malaysias, wo man den *Kuda Kepang* trifft, einen

Vorherige Seiten: Prunkvoller Stilmix: die Abu Bakar Moschee. **Links**: Der Blick über die Grenze nach Singapur.

javanischen Tanz, bei dem der Tänzer auf einem „Steckenpferd" reitet und in seiner tiefen Trance magische und visionäre Kräfte entwickelt.

Johore konnte sich erst eigenständig entwickeln, als das Sultanat von Malakka im 16. Jahrhundert den Portugiesen in die Hände gefallen war. Der letzte Herrscher über Malakka kapitulierte nicht, sondern floh hierher. Die heutige Königsfamilie von Johore ist mit Sultan Mahmud nur über eine Seitenlinie verwandt. Trotz dieser familiären Verbindung gelang es den Herrschern Johores nie, die Macht, das Ansehen und den Einfluß zu erlangen, deren sich die Sultane von Malakka erfreut hatten.

Johore lebte in erster Linie vom Handel; Zeiten von großer Machtfülle und Wohlhabenheit wechselten mit Zeiten großen Unglücks. Zuerst waren die Portugiesen von Malakka abzuwehren, dann die Holländer; auch die neuen Herrscher von Acheh im Norden Sumatras verwickelten Johore in Kämpfe. Als deren Kräfte nachließen, zeigten die marodierenden Menangkabau und

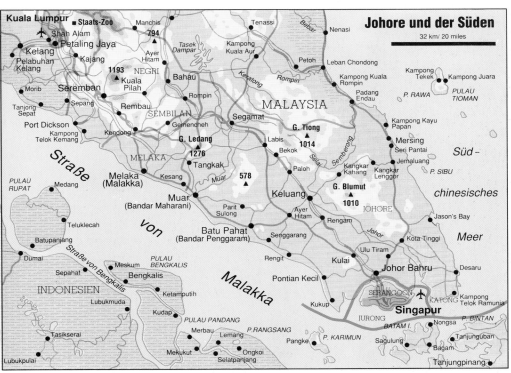

Johore und der Süden · 32 km/ 20 miles

die Bugis ihre Zähne. Anfänglich hatten die Herrscher über Johore ihre Hauptstädte entlang den geschützten Gestaden des Johore River angelegt; später mußten sie sich im Riau-Archipel niederlassen, wo Handelsschiffe besseren Zugang hatten, aber auch potentielle Angreifer. Zweimal wurde ein Sultan von Johore als Gefangener nach Acheh entführt und seine Hauptstadt dem Erdboden gleichgemacht. Am Anfang des 18. Jahrhunderts war der Sultan von Johore nur noch eine Marionette der Bugis, die die Macht fest in den Händen hatten.

Schicksalhafter Wendepunkt: Im 19. Jahrhundert wendete sich das Schicksal des Sultanats endlich zum besseren. Damals war Johore im Lehensbesitz des *temenggong*, des höchsten Beamten des Sultans. Abu Bakar, der 1862 *temenggong* wurde, machte sich 1868 zum Maharadscha und wurde 1885 von den Briten als der neue Sultan von Johore anerkannt; die alte Dynastie wurde entmachtet. Die jetzige Königsfamilie geht direkt auf Abu Bakar zurück.

Sultan Abu Bakar wurde in Singapur von britischen Geistlichen erzogen. Er sprach fließend Englisch und lernte dort zahlreiche einflußreiche Europäer kennen. Unter seiner Herrschaft wurden die Grundlagen des heutigen Staates geschaffen; deshalb heißt er im Volk auch „Vater des modernen Johore". 1866 machte er Johore Bahru zur Hauptstadt und verwandelte den verschlafenen Fischerhafen innerhalb weniger Jahre in eine pulsierende Großstadt. Er war es auch, der die Städte Muar und Batu Pahat gründete; er führte ein modernes Verwaltungssystem ein und gab Johore die erste Verfassung, die je in einem malaiischen Staat geschrieben wurde.

Der Stil, mit dem er die Verwaltung und die Innenpolitik Johores betrieb (nach außen wurde es von den Briten vertreten), orientierte sich am Westen und konnte die Briten soweit überzeugen, daß sie davon absahen, einen „Berater" an seine Seite zu setzen. Als erster malaiischer Herrscher besuchte er England und wurde ein persönlicher Freund von Königin Victoria.

Malaysia ist ein Land des Lächelns.

Nach seinem Tode im Jahr 1895 verstärkte sich jedoch der Druck der Engländer, und 1914 mußte sein Sohn und Erbe widerstrebend einen „General Advisor" hinnehmen. Damit war Johore der letzte Staat auf der Halbinsel, der unter britische Kontrolle kam.

Schwefelquellen und Sultansgräber: Die nette kleine Stadt **Muar** liegt genau an der Grenze zwischen Malakka und Johore. Hier ist die malaiische Kultur noch sehr lebendig, und manchmal kann man sogar die für Johore typische *ghazal*-Musik hören oder den Trancetanz *Kuda Kepang* mitverfolgen.

Fährt man von Malakka nach Muar hinüber, sollte man einen Abstecher in Richtung Segamat zum **Gunung Legang** (Mount Ophir) machen. Dieser Berg ist besonders für Naturfreunde attraktiv, denn in der Nähe stürzen die **Sagil-Fälle** 250 Meter tief über die Felsen in kristallklare Becken hinab. Die heißen Schwefelquellen von **Sungai Kesang** liegen etwa fünf Kilometer abseits der Hauptstraße. (Es gibt einfache Umkleidekabinen.)

In **Pagoh**, 26 Kilometer von Muar, gibt es ein altes Fort, in dem zwei Sultane aus Malakka begraben sind. Die Festung liegt auf einer kleinen Anhöhe und diente einst der Abwehr von Piratenüberfällen. Ganz in der Nähe, auf dem Friedhof von **Kampong Parit Pecah**, stehen 99 Grabsteine, die die Gräber der Bewohner eines Dorfes schmücken, die vor 500 Jahren mit einem einzigen Speer getötet wurden. Diese Tragödie fand der Legende nach während einer Hochzeit statt. Ein eifersüchtiger Liebhaber der Braut brachte mit der Waffe nicht nur sie und den Bräutigam, sondern auch alle Gäste um.

Batu Pahat, dafür bekannt, daß es bei Flut überschwemmt wird, ist ein Konferenz-Zentrum. Ein Strand und ein legendärer Brunnen liegen unweit des Ortes **Minyak Beku**. 19 Kilometer südlich von Pontian Kechil, das ein gutes Rasthaus besitzt, endet die Straße in Kukup, an der äußersten Südwestspitze der Halbinsel.

Chili-Krabben und Keramik: Die auf Pfählen gebauten Häuser von **Kukup**

Ein Tempel auf Rädern in Kukup.

sind durch Plankenstege miteinander verbunden und sehen aus, als würden sie jeden Augenblick im Meer versinken. Am besten kommt man am späten Nachmittag hier an, wenn die Sonne tief steht und eine leichte Abendbrise weht. Kukup ist berühmt für seine delikaten Chili-Krabben. Die anspruchslosen Restaurants sind kein bißchen vornehm eingerichtet, sie haben nicht einmal Wände. Aber sie strahlen Atmosphäre aus und bieten lukullische Gerichte. Da sich dies auch in Singapur herumgesprochen hat, ist Kukup nicht mehr so billig wie früher einmal, das gilt besonders für die härteren Drinks.

An der Seeseite eines Restaurants hängt ein riesiges Netz ins Wasser, das mit einer altertümlichen Holzwinde auf und ab bewegt wird. Kleine Jungen holen damit das tägliche Menü aus dem Meer: Aale, Fische, Hummer, Krebse. Chili-Krabben werden mit den Fingern gegessen, nicht sehr fein, aber sehr delikat. Alle Geschmacksrichtungen werden geboten – Chili-Garnelen, Fisch süßsauer oder Chili-Muscheln.

Man kann die **Aw Potteries** gar nicht verfehlen, da sie direkt an der Hauptstraße nach Ayer Hitam, 93 Kilometer von Johore Bahru und 32 Kilometer von Batu Pahat, liegen und von zwei gigantischen Steingutdämonen angekündigt werden. Hinter dem Verkaufsraum, in dem diverse Keramikwaren mit der typischen Aw-Glasur ausgestellt sind, ist das Studio. Dort kann man Töpfern bei allen Arbeitsgängen zuschauen und dabei den riesigen chinesischen Brennofen bestaunen, der 48 Meter lang und nach traditionellen Entwürfen aus Ziegelsteinen gebaut ist. Wenn er auf vollen Touren läuft, speit sein glühender Schlund nach jedem Brennvorgang ungefähr 2000 Keramikteile aus.

Der Firmengründer, Mr. Aw Eng Kwang, kam 1940 aus China und ließ sich in Kampong Machap nieder, wo es genügend Ton und Feuerholz gibt. Aus der anfänglich bescheidenen Produktion von Schüsseln und Blumentöpfen hat sich inzwischen ein blühendes Unternehmen mit internationalem Ruf entwickelt.

Johore Bahru entfaltet seinen Zauber bei Nacht.

230

Verkauf an der Straße: Ayer Hitam ist ein staubiger Basar, der sich zu einem beliebten Zwischenaufenthalt für Touristen gemausert hat, die von Kuala Lumpur nach Singapur unterwegs sind. Das sieht man an den allgegenwärtigen Reisebussen und den vielen Wagen mit Singapur-Kennzeichen, die auf dem Sandstreifen am Straßenrand geparkt sind. Die kleinen düsteren Cafés und die mit Waren überladenen Straßenstände sind zu einer Art Tränke und Einkaufszentrum der müden Reisenden geworden, die in letzter Minute noch ein Souvenir ergattern oder sich an Trockenobst, Duriankuchen und anderen Süßspeisen laben möchten. Das meiste davon wird am Ort hergestellt. Auch *chempedak* und Bananen, die an großen Stauden herabhängen, gedeihen hier.

Wer sich ein bißchen auskennt, steuert das **Claycraft Coffee House** an, ein klimatisiertes Restaurant und zugleich ein Töpferladen. Das Haus versteckt sich hinter den Ständen; beim Eintritt ist man überrascht von seinem Dekor. Die Gäste sitzen auf Steinstühlen und schlürfen den Tee aus zierlichen Tontäßchen. Die Hälfte der Tische quellen über mit Keramikwaren, Antiquitäten und allerlei Krimskrams.

Die Singapur-Connection: **Johore Bahru** ist mit Singapur durch einen Damm verbunden, über den der Auto- und Schienenverkehr geführt wird. Dies macht die Stadt zu einem erstrangigen Ziel für Wochenendurlauber. Manchmal bewegen sich die Autos im Schneckentempo voran. Holzbeladene Lastzüge, Touristenbusse, Mietautos, Motorroller und die vielen Stadtbewohner in ihren Holden- und Daimlerwagen stauen sich an der Grenzkontrolle. Die einen wollen sich in Malaysia Filme anschauen, die in Singapur verboten sind, andere möchten zu den Sandstränden oder zum Roulette in die Genting Highlands, jedenfalls verstopfen die Massen aus Singapur die Straßen auf der malaysischen Seite. Eine zweite Dammstraße ist im Südwesten zwischen Johore und Jurong, einem der industriellen Zentren Singapurs, geplant. Sie soll den gesamten Lastwagenverkehr aufnehmen.

Ein Blick durch die Grille des Bukit Serene, Johore Bahru.

Im Westen sieht man die **Istana Gardens**, die Parks, in denen der Sultanspalast liegt. Hier steht die Replik eines japanischen Teehauses. Daneben breitet sich der berühmte **Johore Zoo** aus. Er war früher Privatbesitz des Sultans, ist aber seit 1962 für die Öffentlichkeit freigegeben.

Der **Istana Besar** (der große Sultanspalast) wurde 1860 von Abu Bakar im neoklassizistischen Stil gebaut. Seine Funktion als königliche Residenz hat er verloren, wird aber immer noch zu Repräsentationszwecken genützt. Das Innere ist vollgestopft mit Antiquitäten, vor allem aus der viktorianischen Zeit, und kann nur mit einer Sondergenehmigung besichtigt werden. Der Sultan lebt heute in **Bukit Serene**, seiner Privatresidenz, nur einige Kilometer entfernt. Der Palast ist von schönen Gärten umgeben, sein 32 Meter hoher Turm ist das Wahrzeichen der Stadt. Am eleganten Bau der **Abu Bakar Moschee** mischt sich islamischer Stil mit italienischer Klassik. Das geräumige Innere bietet Platz für 2000 Gläubige.

In Johore Bahru gibt es einige kunsthandwerkliche Zentren. Körperbehinderte verkaufen ihre Produkte in den Jalan Waterworks und auf der Jalan Skudai, einer Nebenstraße der Jalan Abu Bakar. Hier werden handgefertigte Batiken, Malereien und Strohmatten angeboten. Die Sri Ayu Batik Industries an der Jalan Persira Satu in Taman Ungku Tun Aminah geben Einblick in die Herstellung von Batiken, *kain songket*-Weberei und die handwerkliche Kunst der Kupferbearbeitung.

Eine interessante Einführung in das, was Malaysia einst reich machte, ist der 26 Kilometer von Johore Bahru gelegene **Ulu Tiram Estate**, eine Gummiplantage, wo man zusehen kann, wie die Gummibäume angezapft werden und der Rohstoff so weit verarbeitet wird, bis er als Latex in den Export geht. Auch die Ölpalme wird hier angebaut; auf der Plantage kann man die Verarbeitung der Frucht besichtigen. Das extrahierte Palmöl wird vor allem zur Herstellung von Seife, Margarine und Kosmetikartikeln verwendet.

Diese moderne Moschee sieht aus wie ein Märchenschloß.

Wasserfälle und Feriendörfer: 15 Kilometer nordöstlich der recht ruhigen Kleinstadt **Kota Tinggi** donnern die **Kota Tinggi Wasserfälle** mit lautem Getöse 36 Meter in die Tiefe. Wer sich genügend abgehärtet fühlt, darf in dem eiskalten Wasser am Fuß der Fälle schwimmen. Gut ausgestattete Chalets mit Blick auf die Wasserfälle laden zum Bleiben ein. Sie enthalten eine Kücheneinrichtung mit Gaskochern und Kühlschränken. Ein Panoramarestaurant serviert chinesische und europäische Küche. Abends sind die Wasserfälle bunt angestrahlt und bieten dem Dinnergast eine romantische Kulisse.

Am Stadtrand von Kota Tinggi, in **Kampong Makam**, steht das alte Königliche Mausoleum, in dem die Sultane von Johore während des 17. Jahrhunderts bestattet wurden. Nach weiteren 54 Kilometern auf der Straße nach Mersing nimmt man die linke Abzweigung zu Malaysias modernstem Feriendorf, das unter dem Namen **Desaru** bekannt ist. Auf halbem Wege dorthin zweigt eine Fahrspur nach rechts ab und führt durch eine Palmöl-Plantage nach **Johore Lama** (Alt-Johore) am Johore River. Es war einst Königsstadt und Handelszentrum und besaß eine der größten Festungsanlagen des ganzen Landes. Aber bis vor kurzem konnte es nur auf dem Fluß erreicht werden. Heute ist Johore Lama ein verschlafenes Nest, in dem einige Archäologen dabei sind, die Wälle der alten Festung freizulegen. Der Weg durch die Palmöl-Plantage ist nur mit Vorsicht oder mit einem Vierradantrieb zu genießen, und vom Dorf selbst kann man leicht enttäuscht sein, denn sogar die Bewohner scheinen sich nach einem Ort umzusehen, in dem mehr los ist. Der Blick über die Meeresstraße von Johore auf Johore Bahru entschädigt jedoch für vieles.

Schließlich kommen wir doch noch nach Tanjung Penawar und zum **Desaru Resort**, das im Rahmen eines staatlichen Entwicklungsprogramms für die abgelegene Ecke des südwestlichen Johore hier gebaut wurde, in einem Gebiet, in dem bis vor kurzem noch der Dschungel wucherte.

Dieser Kleine wartet auf eine Mitfahrgelegenheit.

Insbesondere die wohlhabenderen Touristen aus Singapur und Malaysia kommen fürs Wochenende hierher und wohnen entweder im **Desaru View Hotel** oder im **Desaru Golf Course Resort**. Wer eine rustikalere Unterkunft in Strandnähe vorzieht, kann sich in den **Desaru Chalets** einquartieren. Auf dem Gelände befinden sich auch eine Jugendherberge, ein Campingplatz und die üblichen Strandhütten; es wird in den Schulferien also recht voll sein. Hotels und Chalets bieten alle möglichen Aktivitäten an, angefangen mit Wassersport über Ponyreiten bis zu Golf und Tennis; im Desaru Golf Hotel gibt es auch ein **Taucher-Zentrum**.

Die Straße im Norden von Kota Tinggi windet sich einsam über 13 Kilometer zur **Jason's Bay**, auch Telok Mahkota genannt, wo eine Nebenstraße abzweigt. Früher war dies der bekannteste Strand von Johore, heute ist der endlos lange Sandstrand bei Ebbe leider ziemlich verschlammt. Da es keinerlei Versorgungseinrichtungen mehr gibt, ist die Bucht menschenleer, ein idealer Ort für jeden, der die Einsamkeit zu schätzen weiß.

Mersing, am rechten Ufer der Mündung des Mersing River gelegen, ist eine ruhige, freundliche Stadt. Mit Ausnahme der Flußmündung: Dort kreieren die ein- und auslaufenden Boote die aufregende Atmosphäre eines Fischereihafens. Man kann in dem **staatlichen Rasthaus** auf einem steilen Felsenufer am Meer übernachten, dem ein Neun-Loch-Golfplatz vorgelagert ist. Es gibt darüber hinaus verschiedene einfache chinesische Hotels, von denen das **Mersing Hotel** mit seinem ausgezeichneten Restaurant sowie das **Embassy** empfehlenswert sind. Um den ersten Mai findet in Mersing alljährlich das Festival von Kayu Papan statt, bei dem man mit viel Glück auch den Trancetanz *Kuda Kepang* sehen kann.

„Islands in the Sun": Mersing vorgelagert ist eine Gruppe von 64 Inseln vulkanischen Ursprungs im Südchinesischen Meer. Eine dieser idyllischen Inseln mit Namen **Pulau Tioman** wurde bereits vor 2000 Jahren im wohl

Inseln wie im Traum vor der Küste von Johore.

ersten Malaysia-Führer erwähnt. Arabische Händler hielten damals in ihren „Segelrichtungsangaben" fest, daß Tioman, das 56 Kilometer vor der malaiischen Küste gelegen ist, ein guter Ankerplatz sei, der über frisches Wasser verfüge. Später diente der Zwillingsgipfel namens „Eselsohren" an der Südspitze der Insel den vorbeifahrenden Schiffen zur Orientierung. An den Funden von Ming-Keramik, auf die man in Höhlen stieß, war abzulesen, daß auch die ersten chinesischen Handelsschiffe in Tioman angelegt hatten.

Die Kaufleute aus Arabien und China sind längst verschwunden. An ihre Stelle sind heute Besucher aus aller Welt getreten. Tioman ist und bleibt aber eine tropische Trauminsel. Als man in Hollywood nach einem Eiland Ausschau hielt, das in dem Film *South Pacific* das legendäre Bali Hai repräsentieren sollte, fiel die Wahl auf Tioman. Herrliche Sandstrände säumen die Insel, das Wasser ist kristallklar. Allerdings ist Vorsicht geboten vor den allgegenwärtigen Seeigeln.

Tioman zählt zu den schönsten Inseln der Welt.

Wer nicht bloß schwimmen, sonnenbaden oder angeln will, kann eine Wanderung über die Insel machen. Der Pfad beginnt beim Flughafen und endet auf der Ostseite bei **Kampong Juara**. Von hier nimmt man ein Boot zurück an die Westküste. Die Wanderung dauert zwei bis drei Stunden. Man sollte allerdings die Augen offenhalten und den Schildern folgen, denn unterwegs gehen immer wieder Pfade ab, so daß man sich leicht verirren kann.

Die Korallenriffs um die Insel laden mit ihrem reichhaltigen Meeresleben zum Tauchen ein. Die schönsten Korallen findet man bei einem kleinen Eiland in der Bucht des Tioman Resort und bei **Pulau Rengis**, das in einer Stunde mit dem Fischerboot von Kampong Tekek aus zu erreichen ist.

Es gibt viele Möglichkeiten, von Kuala Lumpur oder Singapur nach Tioman zu kommen. Ein Fischerboot benötigt vier Stunden, eine zwölfsitzige Propellermaschine schafft es in 30 Minuten. Weitere Einzelheiten dazu finden Sie im Kurzführer.

Das **Tioman Island Resort** erfüllt wie die Hotels in Desaru alle Ansprüche eines internationalen Standards. Um enger mit der Insel in Kontakt zu kommen, muß man jedoch in einem der Chalets am Strand von **Kampong Tekek** (Dorf der Eidechsen) wohnen.

Die Vermieter der Chalets machen Pauschalangebote, die sogar die Überfahrt von Mersing abdecken. Die Unterkünfte werden in allen Preisklassen angeboten, vom klimatisierten Chalet bis zur Hütte aus Kokosmatten. Sie stehen verstreut über die Strände von Tekek bis Salang Beach im äußersten Norden. Nicht entgehen lassen sollte man sich einen Strandspaziergang bei Sonnenuntergang, wenn die Luft kühler wird und der Himmel alle Farben zeigt.

Kleiner als Tioman ist die wunderschöne Insel **Rawa**, die man von Mersing in etwa einer Stunde erreicht. An Wochenenden kann es in dem dicht bebauten Ferienort eng werden, aber auch die Woche über muß man darauf eingerichtet sein, im Restaurant zu essen, denn Picknicks sind nicht erlaubt.

Als Unterkunft dienen Chalets in verschiedenen Preisklassen, allerdings ohne separate Toiletten. Die Angestellten sind sehr freundlich und werden Ihnen die besten Plätze zum Schnorcheln nennen. Auch einen kleinen Zoo gibt es im Feriendorf mit Affen, Vögeln und kleineren Säugetieren.

Wenn Sie aus Ihrer Unterkunft an den Strand kommen, gehen Sie nach links bis zum Ende der Bucht. Hinter den Felsen erwartet Sie eine Meeresgrotte mit einem spektakulären Felsbogen, gegen den die Brandung anstürmt, als wolle sie ihn endlich zu Fall bringen.

Unter den anderen Inseln dieser Gruppe wäre noch **Sibu Besar** zu nennen, wo es Unterkunft und Wassersportmöglichkeiten gibt. **Pulau Babi Besar** liegt am dichtesten bei der Küste; hier gibt es nur einfache, aber sehr ruhig gelegene Hütten. Auf **Pulau Hujong** ist man in Privathäusern untergebracht, die man von Mersing aus buchen kann. Die Bootstickets gibt es in den Büros am Hafen von Mersing oder aber direkt auf den Schiffen.

Der Endau River: An der Grenze zwischen Johore und Pahang fließt der wenig bekannte **Endau River** und mündet bei Endau ins Meer. Von hier kann man per Boot flußaufwärts reisen, ein Trip für Abenteurer, der eine besondere Ausrüstung erfordert.

Neben einer guten Camping- und Trekkingausrüstung sind ein Führer, am besten ein Orang Asli, und ein Boot unabdingbar. Kein Fluß auf der ganzen Halbinsel ist so unzugänglich und doch so dicht bei der Zivilisation gelegen wie der Sungai Endau. Am Unterlauf ist er von Mangrovensümpfen eingefaßt, weiter oben fließt er durch dichten Dschungel, in dem noch Tiger und Nashörner vorkommen.

Dieses unwegsame Gebiet ist noch ganz den Orang Asli vorbehalten, denn die starken Stromschnellen halten die meisten Fremden fern. Man kann sie in ihren Siedlungen besuchen und wird sicher freundlich aufgenommen. Aber da die Orang Asli unter dem Schutz des Staates stehen, muß man sich beim State Security Council in Johore Bahru eine Zugangserlaubnis besorgen.

Links: Die Wirklichkeit übertrifft jedes Klischee. Rechts: Hoffentlich kein Schlag ins Wasser.

IPOH

204

UNTERWEGS ZUR OST-KÜSTE

Nachdem wir die Westküste Malaysias nun erforscht haben, mit ihren modernen Großstädten, ihren Gummi- und Palmölplantagen und ihren stillgelegten Zinnminen, wenden wir uns der verlockenden Ostküste zu, die noch überwiegend ländlich geprägt ist.

Hier gibt es noch die authentischen malaiischen Kampongs, das traditionelle Kunsthandwerk, Sport und Spiele und eine gemächliche und entspannte Lebensart. Besondere touristische Leckerbissen sind die wunderschönen Strände, die sich an der ganzen Küste entlangziehen, und Inseln mit Korallenriffen, die leicht von der Küste aus zu erreichen sind.

Noch vor nicht allzu langer Zeit war der Osten völlig abgeschnitten von der Westküste, denn die Berge der **Main Range** und dichter Dschungel verhinderten jegliches Durchkommen. So blieb nur der Seeweg.

Heute verbinden drei gut ausgebaute Überlandstraßen die Küsten, auf denen der Geschäftsverkehr mit Gütern und Nachrichten und auch der Tourismus in beiden Richtungen rollen.

Die erste Strecke verläuft von Johore Bahru im äußersten Süden nach Mersing, einem Fischereihafen an der Ostküste im Staate Johore. Die zweite wird mit Abstand am häufigsten befahren; sie geht genau durch die Mitte des Landes von Kuala Lumpur nach Kuantan im Staate Pahang. Von dieser Route führt eine Abzweigung in den Nationalpark Taman Negara.

Die dritte Straße ist ganz neu und noch wenig benutzt. Sie verbindet Butterworth und Penang mit Kota Bharu im Staat Kelantan, dem nördlichsten Teil der Ostküste. Diese wildromantische Gegend erstreckt sich entlang der thailändischen Grenze und ist eines der am wenigsten besiedelten Gebiete des ganzen Landes.

Für diejenigen, die am liebsten abseits der großen Straßen reisen und sich in aller Ruhe das Leben in den entle-

Vorherige Seiten: Auf der großen Straße durch Malaysia. **Unten**: Plötzlich eröffnet sich ein faszinierendes Panorama.

genen Dörfern im Dschungel und in den Bergen anschauen wollen, gibt es noch einige sehr einsame und kaum bekannte Routen. Hier ist man weit und breit der einzige Fremde und wird noch freundlich und neugierig von den Einheimischen begrüßt.

Von Johore Bahru nach Mersing: Die Straße verläuft durch riesige Gummi- und Palmölplantagen, die man auf der Durchfahrt besuchen kann. In **Kota Tinggi** (41 Kilometer von Johore Bahru) kann man in einem Chalet wohnen und die Wasserfälle besuchen. Danach gibt es die Möglichkeiten, nach Süden zum **Desaru Resort** weiterzufahren oder den Weg nach Norden bis Mersing zu nehmen (134 Kilometer von Johore Bahru). In ihrem weiteren Verlauf zieht sich diese Strecke an der gesamten Ostküste entlang und hält sich dabei immer dicht am Meer.

Von Kuala Lumpur nach Kuantan: Die Route von **Kuala Lumpur** nach **Kuantan** überquert die gesamte Landmasse von Westen nach Osten. Man folgt den klaren Wegmarkierungen durch die nordöstlichen Vororte von KL und kommt dabei an den Batu-Höhlen vorbei. Nach kurzer Zeit überschreitet man die Grenze in den Staat Pahang und trifft auf die Abzweigung in die **Genting Highlands**, das Paradies der Glücksspieler.

Die Straße überquert die Wangsa Mountains und erreicht dann das Flachland von Pahang. Etwa 150 Kilometer von der Hauptstadt entfernt liegt **Mentakab**, eine Stadt an der Dschungelbahn (von Kota Bharu nach Thailand). Nach Mentakab zweigt eine Straße zu der kleinen Siedlung **Tembeling** ab, wo die Boote nach **Taman Negara** abgehen. Die Hauptstraße führt weiter in Richtung Osten nach Temerloh.

Auf dem Weg nach **Gambang** liegen viele kleine Dörfer. Hier zweigt eine weitere Straße ab nach Segamat und in den Staat Johore. Auf dieser Strecke überquert man den Pahang River. Kurz nach der Brücke biegt eine kleine Straße rechts ab nach Kampong Kuala Chini und zum legendären **Chini-See** (siehe hierzu das Kapitel *Abseits der großen Masse*).

Gambang ist nur 19 Kilometer von Kuantan entfernt. Von Kuantan kann man sich entweder in südliche Richtung nach Mersing und Tioman wenden, oder nach Norden zu den Stränden von Kuala Terengganu und Kota Bharu.

Von Butterworth nach Kota Bharu: Die dritte und vielleicht aufregendste Strekke zur Ostküste verläuft im äußersten Norden entlang der thailändischen Grenze und durchquert eine wilde, fast gänzlich menschenleere Landschaft. Von **Butterworth** geht es vorbei an Bukit Mertajam und dann nach Norden bis **Keroh,** an der Grenze zu Thailand. Die Zahl der anfänglich dicht aufeinanderfolgenden Siedlungen nimmt bis **Gerik**, das 160 Kilometer von Butterworth entfernt liegt, immer mehr ab. Dies ist ein Siedlungsgebiet der Orang Asli, und für all diejenigen, die hier die Wildnis näher erforschen wollen, gibt es in Gerik ein staatliches Rasthaus und ein paar kleinere chinesische Hotels. Östlich davon liegt das riesige **Temenggor Reservoir**, an seinem Ufer das **Banding Fishing Resort**.

Doch oft führt die Straße durch dichte Wälder.

Wer sich eine Weile in einem der am wenigsten besiedelten Gebiete der ganzen Malaysischen Halbinsel aufhalten will, kann hier auf dem Campingplatz oder im Rasthaus unterkommen. Es gibt die Möglichkeit, zu fischen, zu wandern oder einfach ein Picknick zu machen. Auf diesem Streckenabschnitt werden Sie die Straße fast ganz für sich alleine haben.

Hinter Gerik wird Sie ein Kontrollposten der Armee anhalten. In diesem Gebiet hatten die kommunistischen Rebellen ihren letzten Unterschlupf auf malaysischem Gebiet, und immer noch ist die Armee stark präsent. Man fürchtet, daß in der verlassenen Gegend wieder einmal ein Aufstand aufflammen könnte. Deshalb ist die Straße zwischen Gerik und Tanah Merah in Kelantan von sechs Uhr abends bis sechs Uhr morgens geschlossen. Man sollte also früh aufbrechen und spätestens um vier Uhr nachmittags diesen Streckenabschnitt erreicht haben.

Die Landschaft ist hier von einer wilden Schönheit, die Luft ist kühl und angenehm. Die Straße führt am **Temenggor Reservoir** vorbei, einem geheimnisvoll entrückten Gewässer. 133 Kilometer von Gerik entfernt berührt man zum zweitenmal die thailändische Grenze, diesmal bei Kampong Nibong.

Nach weiteren 29 Kilometern kommt dann **Tanah Merah** (Rote Erde) am Kelantan River in Sicht; man kehrt zurück in die Zivilisation. Und sofort fällt ins Auge, daß Land und Leute hier ganz anders aussehen als an der Westküste.

Von Tanah Merah kann man nach Süden fahren bis **Kuala Krai** am Pahang River. Von hier verkehren Schiffe nach Kota Bharu an der Mündung des Flusses. Am Ufer sieht man malerische Malaien-Dörfer, in denen das Kunsthandwerk in Blüte steht. Wer weiterfährt, kommt nach **Pasir Puteh** mit seinen zahlreichen Wasserfällen. Von dort ist es nur noch eine kurze Fahrt zur Küste nach Kuala Besut. Es besitzt zwar ein Rasthaus und seine eigenen Strände, ist aber vor allem Sprungbrett zu den ungleich reizvolleren **Perhentian Islands**.

Auf den Fernstraßen durchs Landesinnere.

242

Die Straße von Tanah Merah nach Norden windet sich zunächst durch stille, kleine Dörfer, überquert dann den Kelantan River und endet schließlich in **Kota Bharu**, der Hauptstadt des Staates Kelantan.

Neben diesen drei meistbefahrenen Routen gibt es jedoch auch andere Strecken für all diejenigen, die eine Vorliebe für wirklich einsame Landstraßen haben. Sie zweigen meist von den eben beschriebenen Hauptverkehrsstraßen ab.

Die Alternativen: Eine dieser Nebenstraßen hat ihren Anfang in **Batu Pahat** an der Westküste von Johore, kreuzt die Nord-Süd-Strecke bei **Ayer Hitam** und verläuft als schmale Landstraße entlang der Bahn weiter durch **Keluang** über eine Ebene mit kleinen Flüssen und Dörfern, um bei **Jemaluang** auf die Straße von Johore Bahru nach Mersing zu treffen .

Eine andere größere Straße führt von **Malakka** nach **Segamat** im nördlichen Teil des Staates Johore. Von hier kann man sich entweder nach Süden wenden oder schnurgerade nach Norden fahren in ein entlegenes ländliches Gebiet im südlichen Pahang.

Eine Nebenstraße folgt dem **Rompin River** bis zur Küste bei Kampong Leban Chondong, nördlich von Kuala Rompin. Statt zur Küste kann man auch weiter nach Norden fahren, vorbei am Chini-See, und trifft dann wieder auf die große Straße von Kuala Lumpur nach Kuantan.

Eine andere Möglichkeit von Malakka aus ist die Strecke nach **Gemas**. Kurz vor Gemas nimmt man die Abzweigung nach Norden in Richtung **Temerloh**, das an der Kreuzung der Dschungelbahn mit der Fernstraße zwischen Kuala Lumpur und Kuantan liegt.

Wenn man im Osten des Staates Negri Sembilan die Stadt Bahau hinter sich gelassen hat, geht eine Abzweigung zum **Tasek Dampar**, einem großen See, der mit dem bekannteren **Tasek Bera**, dem größten natürlichen Binnengewässer Malaysias verbunden ist. Dorthin kommt man aber einfacher über Temerloh, wenn man bei **Triang** die unbefestigte Straße nimmt.

An den Ufern des Tasek Bera liegen fünf Dörfer der Orang Asli; in **Pos Iskandar** gibt es ein staatliches Rasthaus, falls man seinen Aufenthalt in dieser entlegenen Gegend verlängern möchte. Zum Besuch dieser Dörfer braucht man eine Erlaubnis, die per Post oder aber direkt bei der Polizei in Temerloh eingeholt werden kann. Sie ist zwar kostenlos, gilt aber nur in Verbindung mit einem Paßfoto.

Eine Abzweigung von der Fernstraße zwischen Kuantan und Kuala Lumpur nach Norden führt nach Mentakab und weiter nach **Taman Negara**. Nach einem Besuch des Naturparks kann man auf einer kleinen Straße an seiner Westgrenze entlangfahren. Bei **Gua Musang** nimmt diese Straße den örtlichen Verkehr nach **Kuala Krai** auf und endet dann in Kota Bharu.

Die letzte Möglichkeit ist schließlich die einsame Straße durch **Upper Perak**, die von **Kuala Kangsar** ausgeht und durch Orang Asli-Dörfer nach Gerik führt. Hier trifft sie wieder auf die Fernstraße nach Kota Bharu.

ür erschöpf-
e Augen ein
rfrischender
nblick.

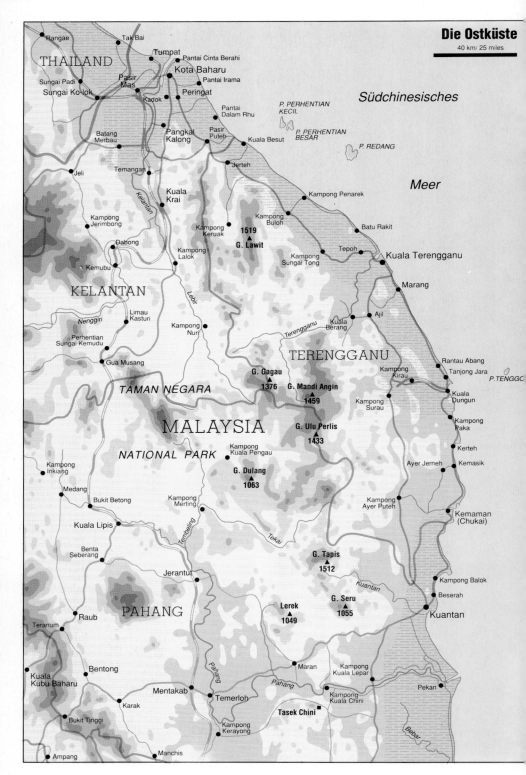

Die Ostküste
40 km/ 25 miles

THAILAND

Rangae
Tak Bai
Tumpat
Pantai Cinta Berahi
Kota Baharu
Pasir Mas
Pantai Irama
Sungai Padi
Peringat
Sungai Ko-lok
Kadok
Pantai Dalam Rhu
Batang Merbau
Pangkal Kalong
Pasir Puteh
Kuala Besut
Jeli
Temangan
Jerteh
Kuala Krai

Südchinesisches

P. PERHENTIAN KECIL
P. PERHENTIAN BESAR
P. REDANG

Meer

Kampong Penarek
Kampong Buloh
Kampong Keruak
1519
G. Lawit
Batu Rakit
Kampong Jerimbong
Dabong
Kampong Lalok
Kampong Sungai Tong
Tepoh
Kuala Terengganu
Kemubu

KELANTAN

Marang
Limau Kasturi
Nenggiri
Kampong Nuri
Kuala Berang
Ajil
Perhentian Sungai Kemudu
Gua Musang
Terengganu

TERENGGANU

Rantau Abang
Tanjong Jara
P. TENGGC
Kampong Kirau
G. Gagau
1376
G. Mandi Angin
1459
Kampong Surau
Kuala Dungun

TAMAN NEGARA

MALAYSIA

G. Ulu Perlis
1433
Kampong Paka

NATIONAL PARK

Kampong Kuala Pengau
G. Dulang
1063
Kerteh
Ayer Jerneh
Kemasik
Kampong Inkiang
Medang
Bukit Betong
Kampong Merting
Kampong Ayer Puteh
Kemaman (Chukai)
Kuala Lipis
Tekai
Benta Seberang
G. Tapis
1512
Jerantut
Kampong Balok
Kuantan
Beserah
Raub
G. Seru
1055
Teranum
Lerek
1049
Kuantan

PAHANG

Bentong
Maran
Kampong Kuala Lepar
Kuala Kubu Baharu
Karak
Mentakab
Pahang
Kampong Kuala Chini
Pekan
Bukit Tinggi
Temerloh
Tasek Chini
Ampang
Manchis
Kampong Kerayong
Bebar

Kelantan
Lebir
Pahang
Tembeling

246

ABSEITS DER MASSEN

Um die Seele Malaysias zu entdecken, sollte man die Ostküste besuchen. Begrenzt von Thailand im Norden, isoliert vom Westen durch Gebirgsketten und vom Süden getrennt durch Sümpfe und Flüsse, hat sich die Ostküste seit Jahrhunderten ihren eigenen Charakter bewahrt. An den gemütlichen Dörfern und Kampongs ist die Zeit fast spurlos vorübergegangen. Der Sultan von Johore gibt eine Geburtstagsfeier, und die Tänzerinnen werden aus Kota Bharu herbeigeholt. Die Universität von Malaya bietet einen Folkloreabend und rekrutiert die *Mak-Yong*-Akteure in Kelantan. Ausländische Würdenträger werden unterhalten, und das *Wayang-Kulit*-Schattenspiel kommt aus Terengganu. Die Silberschmiede der Ostküste, die Weber und Batikhersteller sind im ganzen Land berühmt. Und nur hier kann man erwachsenen Bauern beim Kreisel-Wettkampf und beim Drachensteigen zusehen oder drei Meter lange und 750 Kilo schwere Schildkröten beim Eierlegen beobachten.

Friedliche Fischerdörfer, an denen die Zeit vorübergegangen ist, Palmen am tiefblauen Meer, buntbemalte Fischerkähne, die am Strand auf die nächste Flut warten, Inseln unter dem fernen Horizont – das sind Bilder von der ruhigen Seite der Malaiischen Halbinsel.

Das Öl verändert die Welt: Noch immer ist die Ostküste im besten Sinne des Wortes unverfälscht; und doch dringt der Fortschritt unaufhaltsam ein. In kürzester Zeit wurde aus einem der ärmsten Staaten Malaysias einer der reichsten. Vor Terengganu wurden riesige Ölförderungsanlagen ins Südchinesische Meer gesetzt. Kuala Terengganu hat sich aus einem Ort, in dem die Zeit stillstand, zu einer rasch expandierenden Stadt gewandelt; die Küste entlang schießen Ölraffinerien, Tankanlagen, moderne Bungalows und Wohnhäuser aus dem Boden, wo einst in goldener Einsamkeit an verlassenen Stränden die Palmen im Wind säuselten. Am ehesten haben noch Kelantan und Terengganu

etwas von ihrem eigenständigen Charakter bewahren können; sie sind nämlich durch die dschungelbedeckten Gipfel der Main Range von der restlichen Halbinsel getrennt. Bis Ende des 19. Jahrhunderts waren die beiden Staaten die am dichtesten besiedelten der Halbinsel. Auch heute leben hier vorwiegend Malaien.

Streifzug durch die Geschichte: Kelantan hat seit urdenklichen Zeiten eine eigene Geschichte durchgemacht. An verschiedenen Stellen ist man auf wichtige Relikte der Steinzeit gestoßen. Zur Zeit des Sultanats Malakka entstand hier ein großes Reich, das im 17. Jahrhundert von der legendären Schönheit Puteri Sa'adong regiert wurde. Später stand Kelantan im Schatten Thailands, dessen Vasall es bis 1909 blieb; dann unterzeichneten Thais und Briten einen Vertrag, durch den Kelantan britisches Schutzgebiet wurde. Aufgrund der langen Abhängigkeit von Thailand haben sich im Baustil, im Dialekt und bei den Künsten viele Einflüsse der Thais erhalten können.

Vorherige Seiten: Die Stille einer Lagune an der Ostküste. **Rechts**: Er lebt vom Drachenbau in Kota Bharu.

Der Sultan von Terengganu stammt direkt von den Herrscherfamilien Johores und Malakkas ab; der Staat war ein Lehen dieser Sultanate, bevor auch er unter die Souveränität der Thais fiel. Obwohl von Terengganu „goldene Blumen" als Tributzahlungen nach Bangkok geschickt wurden, blieb dieser Staat weitgehend sich selbst überlassen; 1909 wurde er zusammen mit Kelantan britisches Schutzgebiet.

Die Vergangenheit von Pahang unterscheidet sich nur unwesentlich von der seiner Nachbarstaaten im Norden und Nordosten. Es war Teil des Reiches von Malakka und unterstand später der Regierung von Johore. Die *bendehara* (Landesherren) konnten sich bis in die achtziger Jahre des letzten Jahrhunderts eine gewisse Unabhängigkeit sichern; einer dieser Herrscher brach schließlich sogar die Verbindung zu Johore ab und machte aus seinem Land ein Sultanat. Der Sultan konnte sich allerdings nicht lange an seinem neuen Status freuen, denn bald übernahmen die Briten auch hier die Macht.

Bis in dieses Jahrhundert hinein gab es im Osten keinerlei Straßen. Man bereiste die Küste per Boot; ins Innere drang man auf einem der Flüsse oder auf Dschungelpfaden vor. Von November bis Januar waren die Staaten an der Ostküste von der Außenwelt praktisch abgeschnitten, da der Nordwestmonsun das Land überschwemmte und die Strände unzugänglich machte. Auch heute noch sollte man den Osten während des großen Regens meiden.

Diese Küste muß man auf eigene Faust erforschen und dabei auch abbiegen von den großen Straßen in eines der abgelegenen Fischerdörfer. Jedes Lächeln wird mit einer freundlichen Geste beantwortet werden, vielleicht mit einer Einladung ins Dorf, wo das Leben der Malaien seit Jahrhunderten einem wohltuenden Rhythmus folgt.

Flußmündungen: Zahlreiche Flüsse ergießen sich entlang der Küste von Pahang ins Meer. Die Staatsgrenze zu Johore verläuft auf dem **Endau River**, der sich durch das Gebiet der Orang Asli schlängelt. Nur wenige Kilometer

Es könnten Zwillinge sein.

nördlich von hier mündet der **Anak Endau** (Kind des Endau), bei Kuala Pontian der **Pontian River** und bei Kuala Rompin der **Rompin River** ins Meer. Bei dieser Stadt gibt es ein gemütliches **staatliches Rasthaus**. Mit einem gemieteten Geländewagen kann man ins Landesinnere fahren, wo man nach zehn Kilometern das Dorf **Iban** erreicht, nach 25 Kilometern **Kampong Aur**. Hier gibt es Orang Asli-Siedlungen des Jakun-Stammes.

Das Gebiet um die Flüsse **Sungai Merchong** und **Bebar** weiter nördlich läßt sich nur mit dem Boot erschließen.

Königliche Hoheiten spielen Polo: Pekan liegt am Südufer der Mündung des Pahang River, dem längsten Fluß auf der Halbinsel. Er bietet an dieser Stelle einen recht malerischen Anblick und erinnert mit seinen gepflegten kleinen Hausbooten eher an die Themse bei Henley. Pekan ist die frühere Hauptstadt von Pahang und noch immer Sitz des Sultans. Die Stadt ist klein und unscheinbar, aber in der Nähe des **Istana Abu Bakar**, des Sultanspalastes,

Die Ostküste ist bekannt für ihre malerischen Fischerdörfer.

stehen ein neuerrichtetes Mausoleum und zwei schöne Moscheen aus weißem Marmor mit einer Unzahl von goldenen Kuppeln. Eine davon wurde erst vor kurzem gebaut und weist auf den starken Einfluß des Islam in diesem Landesteil hin. Auf dem Gelände des Istana erstreckt sich ein riesiger Pololatz, der auch als Golfplatz verwendet wird – vermutlich der flachste Golfplatz auf der ganzen Erde.

Das **Staatsmuseum** von Pahang birgt Exponate von historischem Wert. Zu seinen jüngsten Errungenschaften zählen die Schätze einer alten chinesischen Dschunke, die auf dem Grund des Südchinesischen Meeres liegt. In **Kampong Pulau Keladi**, fünf Kilometer von Pekan, steht den Besuchern eine Seidenweberei offen.

44 Kilometer nördlich von Pekan liegt **Kuantan**, Landeshauptstadt und wirtschaftliches Zentrum von Pahang. Außer dem neuen Stadion, einem schönen Kinderspielplatz am Kuantan River und einer langen Budenreihe an der Uferpromenade, wo man gute mosle-

mische Speisen bekommt, gibt es für den Besucher in der Stadt selbst nicht viel zu sehen. Dafür bietet die Umgebung von Kuantan jedoch reichlich Abwechslung.

Es wird in Kuantan eine Vielzahl von Übernachtungsmöglichkeiten angeboten, die meisten Touristen bleiben jedoch am Strand. Drei Kilometer hinter der Stadt liegt eine Kreuzung, an der die kleine Villa des Sultans steht. Wenn Sie noch einen Kilometer geradeaus weiterfahren, erreichen Sie den herrlichen Strand von **Telok Chempedak** mit dem Hotel Merlin, dem Kuantan Hyatt und anderen, etwas preiswerteren Unterkünften. Oder Sie biegen an der Kreuzung rechts ab und erreichen nach einem Kilometer das staatliche Rasthaus. Es ist eines der komfortabelsten in ganz Malaysia und erinnert in keiner Weise mehr an die Tage, als sich die Reisenden noch mit Wasser aus einem Porzellankrug waschen mußten und ihnen nur ein handgetriebener *punkah*-Fächer Kühlung brachte. Jetzt gibt es Badewannen und Duschen mit heißem Wasser aus der Leitung, sanfte Hintergrundmusik und einen wunderbaren Strand, der hinter einer Sandbank geschützt liegt und sich ideal für Kinder eignet. Direkt finden Sie das Klubhaus eines guten 18-Loch-Golfplatzes und ein öffentliches Schwimmbad mit einem 30 mal 50 Meter großen Becken. Etwa 200 Meter weiter liegt ein ausgezeichneter Kinderspielplatz.

Das Verkehrsbüro organisiert auf Wunsch (es kann zwei bis drei Tage dauern) folkloristische Darbietungen: Silat, Wayang Kulit (siehe Seite 71-75) und zwei einheimische Tänze – *Olek Mayang* und *Rodat*.

Der *Rodat* ist ein traditioneller Tanz der Fischer, bei dem vor allem die Handbewegungen wichtig sind. Beim *Olek Mayang* packt einer der Tänzer einen Strauß Betelnußblüten und wird von den anderen durch monotonen Sprechgesang in Trance versetzt. Der Gesang beschwört die Geister von sieben Prinzessinnen, die einen Zauber über den Tanzenden werfen sollen. Wie eine Marionette führt er dann die Tanz-

Cocktail am Pool mit Blick aufs Meer: das Hyatt Kuantan.

schritte und Bewegungen aus, die sie ihm befehlen. Wenn der Gesang dann abbricht, sinkt der Tänzer in sich zusammen, und es braucht die Kraft mehrerer Männer, um ihm seinen Betelnußstrauß zu entreißen.

Natürlich sieht man sich diese Vorführungen am besten während eines Festivals an. Andernfalls kann man über das Verkehrsamt ein ganzes Dorf für ein privates Fest anheuern. Es ist relativ preiswert, wenn sich mehrere Auftraggeber die Kosten teilen.

Kuantan und seine Umgebung ist bekannt für traditionelles Kunsthandwerk – Holzschnitzereien, Brokatstoffe, Batiken und Webereien. Orte mit Kunsthandwerk oder Tanzaufführungen sind durch ein Schild gekennzeichnet, das grüne, gelbe und rote Kreise und einen Stern zeigt. Allerdings sind manche Zeichen veraltet und deshalb mit Vorsicht zu genießen. Das **Brocade Weaving Center** (Brokatweberei) in **Selamat**, einem Stadtteil von Kuantan, wo seidene Sarongs in Handarbeit mit komplizierten Mustern aus Gold- und Silberfäden verziert werden, kann man jederzeit besichtigen, ebenso eine der Stoffdruckereien auf der Jalan Selamat und das Batik-Zentrum in **Beserah,** einem reizvollen Fischerdorf im Norden Kuantans. Hier hat man auch Gelegenheit, den Drachen- und Kreiselwettbewerben zuzuschauen.

Seeungeheuer und Krokodile: Von Kuantan aus kann man einige interessante Ausflüge unternehmen. Einer davon führt an den **Chini-See**, genaugenommen eine Seenplatte aus zwölf miteinander verbundenen Wasserflächen. Von Juni bis September ist der große See mit roten und weißen Lotosblüten bedeckt, die sich gegen die grünen Hügel deutlich abheben.

An den Ufern wohnen *Jakun*-Stämme. Mit ihren Blasrohren jagen sie Affen und andere Dschungeltiere und sammeln die Samen des Lotos als zusätzliche Nahrungsquelle. Die cremefarbenen Samen sind in voller Reife etwas kleiner als Wachteleier, haben einen kräftigen Nußgeschmack und sind eine gute Proteinquelle.

Entspannt im Hier und Jetzt: der Ruhende Buddha von Kota Bharu.

Das Volk der *Jakun* lebt schon lange an diesem See, und viele seiner Legenden handeln von dieser Gegend. So erzählt der Häuptling von seinen Vorfahren, die bei der Rodung des Dschungels eines Tages eine alte Frau mit einem Stock trafen, die behauptete, dies sei ihr Land. Zur Bekräftigung steckte sie ihren Stock an jener Stelle in den Boden und verschwand. Vom Gebell eines Hundes angelockt, fanden die Männer gleich darauf einen schwarzen Baumstamm auf der Erde. Neugierig stießen sie ihre Speere hinein, und bald fing der Baumstamm zu bluten an; gleich darauf verdunkelte sich der Himmel, und von Donner und Blitz geängstigt, gerieten die Männer in Panik. In dem Chaos, das nun folgte, wurde der Stock aus der Erde gerissen, und aus dem Loch schoß das Wasser heraus, das mit der Zeit die ganze Gegend überflutete. So entstand der Chini-See.

Andere Legenden haben die *nagas* zum Gegenstand, die Drachen und Monster, die im See leben. Zwei dieser mythischen Tiere sollen zu den Inseln Tioman und Daik geworden sein. Britische Regierungsbeamte behaupteten, vielleicht in Anlehnung an Loch Ness, ein merkwürdiges Tier im See beobachtet zu haben. Ganz sicher sind Krokodile hier gesichtet worden. Eine alte Frau, die noch am See lebt, soll eine besondere Freundschaft mit diesen Tieren pflegen. Man sagt, daß sie sie vor den Jägern bewahrt habe und ihrerseits zum Dank von ihnen aus dem Wasser gerettet worden sei. Sie ist über hundert Jahre alt, und ihre Berichte klingen etwas konfus, aber an ihre Freunde scheint sie sich sehr gerne zu erinnern.

Anderen Erzählungen zufolge soll es auf dem Grund des Chini-Sees eine versunkene Stadt geben; und tatsächlich hat man bei archäologischen Forschungen in zwölf Metern Tiefe die Überreste einer Khmer-Siedlung entdeckt, die auch in historischen Beschreibungen dieses Gebietes nachzuweisen ist.

Man biegt von der Straße zwischen Kuantan und Segamat auf eine unbefestigte Fahrspur ab, die nach **Tasek Chini** führt. Hier kann man ein Boot und

Feiner Sand am Strand von Tanjong Jara.

einen Führer mieten, über den Pahang River setzen und auf verschlungenen Wegen den See erreichen. Der Ausflug ist ohne weiteres an einem Tag zu schaffen. Für diejenigen, die etwas länger an diesem sagenumwobenen Ort bleiben, gibt es Campingplätze und kleine Hütten. Ein Rasthaus ist weiter entfernt. Wer allerdings zum Club Mediterranée in Cherating Beach (nördlich von Kuantan) gehört, für den gibt es hier eine Unterkunft. Auch Trekker und Angler kommen auf ihre Kosten – Zehnpfünder sollen keine Seltenheit sein.

Ausflüge in die Unterwelt: Ein interessanter Ausflug führt nach Nordwesten in Richtung **Sungai Lembing**. Bei Kilometer 24 zweigt ein Weg ab, der durch schattige Gummi- und sattgrüne Palmölplantagen führt, um dann recht abrupt vor einem hochaufragenden Kalksteinfelsen zu enden. Dort sind die **Höhlen von Charah**.

Unten stehen ein paar kleine Läden; von hier kann man den Gipfel nicht sehen, nur ziemlich weit oben sind eine Felsleiste und ein Geländer zu erken-

nen; eine halsbrecherische Stiege führt dort hinauf. Sie befinden sich am Fuße des **Gua Panching**.

Außer einigen Einheimischen wußte bis vor 25 Jahren niemand, daß dieses Kalksteinmassiv in seinem Innern riesige Höhlen birgt. Ein durchreisender thailändischer Mönch ließ sich hier nieder und errichtete in der hintersten Kammer eine Buddhastatue. Die Baumaterialien schleppte er selbst mit einigen Gehilfen die steilen Klippen hinauf. Sein ganzes Leben weihte er diesem Werk, und als er vor wenigen Jahren starb, war es vollendet.

Der Weg zur Felskante ist strapaziös, aber der Ausblick umwerfend. Eine weitere Stiege führt in die Haupthöhle. Ein Führer wird Sie durch den Eingang in die hinteren Räume geleiten, wo der Buddha ruht. Der Weg dorthin führt schräg nach unten und ist schlüpfrig. Ihre Augen brauchen eine Weile, um sich an die Dunkelheit zu gewöhnen. Plötzlich bleibt der Führer stehen und deutet nach oben. Unglaublich! Es ist keine Höhle, sondern eine Kathedrale!

Schwaches Licht fällt durch Risse und Spalten Hunderte von Metern über dem Betrachter. In dem Zwielicht sind Entfernungen schwer zu schätzen. Wasser tropft irgendwo in der Dunkelheit, Fledermäuse flattern vorbei. Der Führer wirft einen Generator an und führt Sie zu einer zweiten Höhle, fast so groß wie die erste. Hier befindet sich das Lebenswerk des Mönches, die neun Meter lange Statue des „Schlafenden Buddhas". Weitere Höhlen, die noch tiefer ins Berginnere führen, können ebenfalls erforscht werden.

Wenn Sie nach Sungai Lembing weiterfahren und sich vorher beim Manager der Pahang Consolidated Ltd. angemeldet haben, können Sie die zweitgrößte und zweittiefste Zinnmine der Welt besichtigen. Diese Minen sind jedoch nicht ungefährlich, und die meisten Aufseher erlauben Besichtigungen nur ungern, schon gar nicht unter Tage. Besucher brauchen deshalb eine Sondergenehmigung, um sich Malaysias drittwichtigsten Exportartikel aus der Nähe betrachten zu können.

Ungefähr 16 Kilometer von Sungai Lembing im Landesinneren liegt der **Gunung-Tapis-Naturpark**. Es ist ein Schutzgebiet, in dem sportliche Aktivitäten erlaubt sind. Man kann Wildwasserfahren, den köstlichen *ikan kelah* angeln, auf Wanderungen die Tierwelt beobachten oder einfach in den heißen Quellen baden, die überall im Park aus dem Boden kommen. Ein Aufenthalt läßt sich im Fremdenverkehrsbüro von Kuantan arrangieren oder über den dortigen Wanderverein.

Strandhütten und Club Med: Die Straße verläßt Kuantan in Richtung Norden und verläuft parallel zur Küste mit ihren palmengesäumten Stränden. Diese beginnen bei Kilometer 15 und erstrecken sich bis in den Staat Terengganu. 40 Kilometer von Kuantan entfernt liegt das **Titik Inn**. Es wurde von einem Engländer gebaut, der hier mit seiner Frau, einer malaiischen Prinzessin, sein Domizil hatte. Die Strandhütten liegen inmitten von Bäumen und grünen Rasenflächen, über die sich ein bunter Blumenteppich ausbreitet.

Kristallklares Meer bei dem Fischerdorf Marang.

254

Die Kilometermarke 45 kündigt das freundlich entspannte Dorf **Cherating** an. Wenn Sie sich bisher noch nicht an die etwas einfacheren Strandhotels in Malaysia herangewagt haben, ist das **Coconut Inn** mit Sicherheit der beste Einstieg. Bei Ilal und seiner holländischen Frau Marina fühlt man sich schnell zu Hause; die Hütten und Häuser stehen nicht weit vom Strand im kühlen Schatten der Palmen und werden peinlichst sauber gehalten. Am Abend bereiten die Gastgeber ein wunderbares Mahl auf dem Grill, während die Besucher zusammensitzen und ihre Reisetips austauschen.

Die beiden arrangieren auch Flußfahrten und eine spezielle Tagestour nach **Pulau Ular**, einer kleinen Insel, die einen Kilometer vor der Küste liegt.

Das andere Extrem ist Asiens erster **Club Mediterranée** zwischen Kemaman (als Chukai ausgeschildert) und Cherating. Eigentlich steht der Club nur Mitgliedern offen; man kann aber an Ort und Stelle beitreten. Auf dem Areal, das nur vom Meer her einsehbar ist,

stehen rötlich-braune Häuser mit spitzen Dächern, umgeben von Olivenbäumen. Die Küche (französisch und malaiisch) ist ausgezeichnet, der Wein wird zum Essen umsonst ausgeschenkt, und auch das Unterhaltungsprogramm entspricht dem exklusiven Standard dieser Einrichtung. Da sich das Leben weitgehend im Freien abspielt, hat der Club während des Wintermonsuns geschlossen.

Etwas weiter in Richtung Kemaman steht das **Chendor Motel**, das Strandhütten und Zimmer anzubieten hat. Am Strand können zur richtigen Jahreszeit Schildkröten beobachtet werden.

Über die Grenze: Hinter der Grenze nach Terengganu führt die Straße nach Norden, durch die Stadt **Kemaman** (oder Chukai) und das Fischerdorf **Kemasik** und weiter zum Meer bis **Kampong Paka**. Es herrscht kaum Verkehr. Die Wellen brechen sich auf den breiten Sandstränden. Links von der Straße liegen Reisfelder, in denen phantasievolle Bauern bunt aufgeputzte, überlebensgroße Vogelscheuchen aufgestellt

Vor der paradiesischen Insel Pulau Kapas gibt es auch Korallenbänke.

haben. Bei Paka führt die Straße über eine Brücke, von der man einen schönen Blick auf das Dorf am gleichnamigen Fluß hat. An diesem Punkt verläßt sie die Küste in Richtung Dungun.

Kuala Dungun, eine verträumte kleine Küstenstadt, war einst der Ausfuhrhafen für den Bergbau in Bukit Besi. Aber die meisten der Minen sind inzwischen stillgelegt, und die Stadt ist wieder zu ihrem traditionellen Fischfang zurückgekehrt.

Von hier fahren Boote nach **Pulau Tenggol**, einer Insel, die 29 Kilometer vor der Küste liegt. 13 Kilometer nördlich von Dungung liegt das staatliche **Tanjong Jara Beach Hotel**, das nach malaiischer Art ganz aus Holz gebaut ist. Empfehlenswert sind die geräumigen Zimmer im ersten Stock mit riesiger Veranda und Blick aufs Meer.

Von Tanjong Jara folgt die Straße 65 Kilometer weit einem sehr malerischen Küstenstreifen, der mit schlanken Casuarinabäumen übersät ist, die nach Aussage der Einheimischen zu ihrem Gedeihen das Geräusch der Brandung

brauchen. Während der trockenen Monate stehen die Häuser der Fischer an der Ostseite der Straße dicht am Meer. Bei Beginn der Regenzeit schaffen sie die Hütten jedoch weiter von der See weg. Hochgezogen auf dem Strand liegen *prahus* mit elegant geschwungenem Bug. Fischernetze hängen zum Trocknen auf Bäumen. Das klare Wasser lädt überall zum Baden ein.

Schildkröten: Eine beliebte Unterhaltung an der Ostküste ist das Beobachten von Schildkröten. An einem Küstenstreifen, etwa 40 Kilometer nördlich von Kuantan, kriechen alle sieben bekannten Arten von Wasserschildkröten an Land, legen ihre Eier ab und verschwinden wieder, ohne je ihre Nachkommen zu sehen. Wenn die Eier nicht geraubt werden, schlüpfen nach sechs bis acht Wochen die Jungen.

Der Star unter ihnen ist ohne Zweifel die riesige Lederschildkröte, möglicherweise das größte Reptil der Welt. Obwohl sie gelegentlich auch am Chendor Beach auftaucht, kann man sie doch am besten im Mekka der Schildkröten-

Erfrischendes Bad im Sekayu-Wasserfall.

fans antreffen. In **Rantau Abang**, 160 Kilometer nördlich von Kuantan und 56 Kilometer südlich von Kuala Terengganu, kehren die riesigen Lederschildkröten jedes Jahr an den gleichen, 32 Kilometer langen, einsamen Küstenstreifen zurück, um dort ihre Eier abzulegen. Andere Spezies benutzen Rantau Abang selten für diesen Zweck.

Im **Visitor's Center** von Rantau Abang gibt es Familien-Chalets zu mieten und ein Schildkröten-Museum zu besichtigen. Aber auch im **Merantau Inn** und in kleinen Hütten direkt am Strand kann man den Auftritt der prachtvollen Tiere abwarten.

Die Lederschildkröte kann bis zu dreieinhalb Meter lang werden und bis zu 750 Kilogramm wiegen. Wie die anderen Arten legt sie ihre Eier zwischen Mai und September ab; die letzten beiden Augustwochen sind Hochsaison. Die beste Zeit für eine Beobachtung ist die Nacht, besonders während der Flut. Man braucht lediglich etwas Geduld und eine Taschenlampe. Die Dorfbewohner haben Schutzhütten am Strand errichtet, in denen Besucher die Nacht auf einfachen Betten verbringen oder Kaffee trinken können. Junge Burschen mit Taschenlampen suchen den Strand ab und geben Alarm, sobald die erste Schildkröte auftaucht.

Schildkrötenbeobachtung ist ein umstrittenes Thema. Besucher sind oft abgestoßen von der Art und Weise, wie die Einheimischen die Eier einsammeln, auf den Rücken der Tiere reiten, sie mit Taschenlampen blenden oder sie sogar quälen. Es mag so aussehen, als seien die prächtigen Lederschildkröten vom Aussterben bedroht, da Schildkröteneier einen guten Preis auf dem Markt erzielen. Aber ein kurzer Spaziergang bei Tag am Strand entlang ergibt ein anderes Bild. Mitarbeiter des Fischereiministeriums überwachen die Schildkröten und registrieren ihre Gewohnheiten und Wanderrouten.

Eine große Lederschildkröte legt gewöhnlich etwa hundert Eier in eine flache Kuhle im Sand. Die Brutzeit beträgt 54 Tage. Gefahr für die Eier droht während dieser Periode nicht so sehr vom Menschen als von bestimmten Räubern wie Krabben und verschiedenen Insekten. Noch kritischer ist die Zeit nach dem Ausschlüpfen, wenn die jungen Schildkröten über den feindlichen Strand zum Wasser kriechen. Viele fallen dabei Raubvögeln zum Opfer.

Sind die Baby-Schildkröten dann geschlüpft, graben sie sich an die Oberfläche. Jeden Morgen vor Sonnenaufgang sammeln Inspektoren die Jungen ein und setzen sie im Meer aus. Erst wenn jedes Jahr gut 40 000 Schildkröten ins Meer zurückgekehrt sind, dürfen die Eier aufgelesen werden. Die große Lederschildkröte wurde sogar schon im Atlantik gesichtet; auch von dort kehrt sie alljährlich zurück und legt an diesem bestimmten Uferstreifen ihre Eier. Ihr dabei zuzuschauen ist schon Grund genug, die Ostküste zu besuchen.

Trotz der vielfachen Anstrengungen, die zum Schutz der Schildkröten unternommen werden, kehren jedes Jahr weniger zurück. Die Wissenschaftler sind ratlos und vermuten die Gründe in der zunehmenden Verschmutzung des Meeres und in Strömungsänderungen.

Modern und verspielt: die Freitagsmoschee in Kuala Terengganu.

Inselreise: Das sehr malerische Fischerdorf **Marang** liegt genau südlich von Kuala Terengganu und ist einen Besuch wert, wenn auch nur, um nach **Pulau Kapas** oder **Pulau Raja** zu gelangen, zwei Inseln, die für Korallenfreunde und Sonnenhungrige gleichermaßen ein Ziel sind. Die Boote des **Beach House** in Marang bringen Sie in 45 Minuten dorthin. Das Meer um Pulau Raja ist zum Naturpark erklärt worden, weil es von seltenen und farbenprächtigen Fischen und Korallen bevölkert ist. Die Inseln **Pulau Redang** und **Pulau Bidong** erreicht man besser von **Merang** aus (nicht zu verwechseln mit Marang), im Norden von Kuala Terengganu.

Terengganu entwickelt sich: In wenigen Jahren ist aus dem verschlafenen Fischerdorf und Marktflecken **Kuala Terengganu** eine betriebsame Stadt geworden, die ihren schnell wachsenden Reichtum der Ölförderung vor der Küste verdankt. Zum Glück ist noch etwas vom alten Reiz des sorglosen Fischerhafens erhalten. Wie im benachbarten Bundesstaat Kelantan, so ist auch im Staat Terengganu Freitag der „Tag des Herrn", das Wochenende beginnt am Donnerstag.

Den Puls der Stadt fühlt man am besten in den frühen Morgenstunden im **Central Market** am Flußufer, wenn die Fischer ihren Fang hereinbringen. Mit ihren Booten gelangen diese direkt dorthin, wo bald lebhaft gefeilscht wird.

Hinter dem Markt in Richtung zum Fluß kommen wir zu einer breiten Esplanade und dem **Istana Maziah**, der offiziellen Residenz des Sultans von Terengganu, der jedoch selbst in einem anderen Palast in der Nähe wohnt. Der Istana gleicht einem französischen Herrenhaus. Er wurde zu Beginn des Jahrhunderts errichtet, nachdem der alte Palast einem Feuer zum Opfer gefallen war. Er ist am Fuß eines kleinen Hügels, des Bukit Puteri, gelegen, was soviel wie der Hügel der Prinzessin heißt. Dahinter steht die neue **Zainal-Abidin-Moschee**. Auch sie wurde an Stelle einer alten Holzmoschee gebaut, die auf Sultan Zainal Abidin zurückging.

Eine Mattenweberin inmitten ihrer schönsten Stücke.

258

Die Straße vom Markt geht in die **Jalan Bandar** (Hauptstraße) über, bis vor kurzem noch die Hauptdurchgangsstraße von Terengganu; an der schmalen, im Halbrund angelegten und stets überfüllten Straße stehen chinesische Geschäftshäuser, die auf die Zeit zurückgehen, da Terengganu noch ein eigenständiges Sultanat war.

Bei einem Bummel oder einer Trishaw-Fahrt durch diese Straße läßt sich vielleicht ein Blick in einen der schmalen Hauseingänge auf das Leben der Bewohner erhaschen. Die besseren Einkäufe macht man aber sicher in den benachbarten, moderneren Vierteln.

An der kleinen Anlegestelle am Ende der Jalan Bandar kann man sich ein Boot mieten und einen Ausflug auf dem Terengganu machen. Diese Fahrt führt an vielen kleinen Inseln im Mündungsbereich des Flusses und an typischen malaiischen Dörfern vorbei. **Pulau Duyung**, die größte der Inseln, liegt der Anlegestelle genau gegenüber. Es gab Zeiten, da entstanden hier die einzigartig schönen Dschunken mit Vorder- und Hauptmast sowie einem Bugspriet; man nannte sie *bedor*. Diese herrlichen Boote fanden in der Fischerei an der Küste Terengganus Verwendung. Nur noch in wenigen Werften entstehen heute Schiffe; meist sind es Yachten für Australier, Amerikaner oder andere Schiffsenthusiasten, die genau wissen, daß die Schiffbauer von Terengganu in der ganzen Region ihresgleichen suchen. Übrigens eignet sich der Terengganu vorzüglich für eine Angeltour; Zwanzigpfünder sind keine Seltenheit.

Im **State Museum** (Landesmuseum) sind feine Stücke einheimischer Künstler und Kunsthandwerker und historische Funde zu besichtigen. Es liegt an der Jalan Air Jerneh und hat leider nur einige bescheidene Räume in einer Ecke des Parlamentsgebäudes zugewiesen bekommen.

Etwa sieben Kilometer weiter an der Wegstrecke nach Marang steht zur Rechten ein sorgfältig gearbeitetes malaiisches Holzhaus, das die traditionellen zwölf Säulen aufweist. Es ist der **Istana Tengku Nik**, in dem einst die

Volle Konzentration beim Drachen-Wettbewerb.

Aristokratie von Kelantan und Terengganu wohnte. Dieser Palast stand ursprünglich beim Istana Maziah am Fuß des Bukit Puteri und stammt aus den achtziger Jahren des letzten Jahrhunderts. Vorübergehend diente das Gebäude als Residenz des Sultans. Auf Kosten einer ausländischen Bergbaugesellschaft wurde es abgetragen und am jetzigen Platz wiedererrichtet. Es mußte dem Ausbau des Istana Maziah weichen und konnte nur so vor der Zerstörung bewahrt werden. Jedes einzelne Paneel, das den Palast ziert, hat die Form einer Koran-Inschrift.

Im **MARA-Centre** im Stadtinneren ist man gerne bereit, eine Führung durch einige Privathäuser zu machen, in denen Kunsthandwerkliches in Heimarbeit gefertigt wird. Im Zentrum selbst sind Batiken aus Terengganu und Umgebung günstig zu erwerben.

Unterkunft bieten die kleineren chinesischen Hotels und das **Pantai Primula**, ein Hotel der gehobenen Klasse. Es liegt nahe beim Zentrum und bietet einen guten Blick aufs Meer.

Den Abenteurern sei der malerische **Sekayu-Wasserfall** empfohlen, 56 Kilometer westlich von Terengganu in der Nähe von **Kuala Brang**. Es erfordert einen drei Kilometer langen Fußmarsch vom Ende der Straße bei Kampong Ipoh, um dorthin zu gelangen. Fototouristen, die nach einem schönen Panorama der Küste von Terengganu und dem Südchinesischen Meer suchen, sollten auf den **Bukit Besar** am Stadtrand von Terengganu steigen. Es sind nur tausend ziemlich steile Meter. In Kuala Brang wurde eine berühmte moslemische Inschrift aus dem 14. Jahrhundert gefunden, die die älteste ihrer Art in ganz Malaysia sein soll.

Wenn sich das ländliche Leben in Terengganu und Kelantan auch gewandelt hat, so sind doch viele der traditionellen Künste noch sehr lebendig. Da man nur zu bestimmten Jahreszeiten fischen und pflanzen konnte, widmete man sich in den Perioden der Beschäftigungslosigkeit vor allem den Volkskünsten. Folkloristische Tänze, Schattenspiele und traditionelle Freizeitver-

Schuluniformen nehmen sich malerisch aus vor dieser Kulisse.

260

gnügen wie das Drachensteigen und Kreiseln wurden vor allem bei den Erntefeiern dargeboten. Viele Prozessionen und Rituale beziehen sich auf den „Reis-Geist", ein Überbleibsel des alten animistischen Glaubens. Heute sind Dorffeste seltener, da die Bauern zweimal im Jahr Reis anpflanzen statt nur einmal und die islamische Doktrin die Geisterverehrung verbietet. Aber die Malaien Terengganus haben die guten alten Zeiten mit ihrem Spiel, Gesang, Tanz und Lachen nicht vergessen.

Das florierende Kunsthandwerk bot seine Produkte einst auf den Märkten der Städte feil. Heute lebt es vor allem vom Tourismus. Im Dorf **Kampong Tanjong** besitzt fast jedes Haus einen mechanischen Webstuhl, an dem die Mütter mit den Töchtern den farbenprächtigen Stoff weben, der als *kain songket* berühmt und begehrt ist.

In **Rusila** gibt es ein Zentrum für Kunsthandwerk, das Besichtigungen anbietet. Man kann aber auch den Matten- und Korbflechtern des Dorfes bei der Arbeit zusehen. Sie benutzen die Blätter der *pandanus*- oder *nipa*-Palme, die in drei verschiedenen Tönen gefärbt sind. Zu den typischen Produkten zählen Matten, mehrfarbige Schachteln, Fächer, Hüte, Tischsets und Körbe. In der Gegend um Terengganu haben aber auch die Messingbearbeitung und die Batik eine lange Tradition.

Abgelegen und unberührt: Von Kuala Terengganu sind es 171 Kilometer nach Kota Bharu; nach den ersten Kilometern verläßt die Straße die Küste. Etwa auf halber Strecke ist bei Pasir Puteh eine Abzweigung, die nach **Kuala Besut** führt, einem unberührten und ganz abgelegenen Fischerdorf an der Küste. Zweimal täglich kommen die Fischerboote herein und laden ihren Fang am Kai ab, wo dann mit Händlern lautstark um Preise gefeilscht wird. Jetzt kann der Besucher fotografieren, soviel er will, niemand wird ihm Beachtung schenken. Unterkunft gibt es in einem Rasthaus am Südufer des Flusses.

Kuala Besut ist auch der Ausgangspunkt für einen Besuch der idyllischen **Perhentian Islands**, 21 Kilometer vor

Ein Trishaw-Fahrer wartet auf Kundschaft in Kuala Terengganu.

der Küste. Einheimische Fischer bringen Besucher gerne zu den unberührten Inseln, von denen die kleinere **Perhentian Kecil**, die größere **Perhentian Besar** heißt.

Obwohl man auf Pulau Perhentian Kecil für wenig Geld übernachten kann, ist doch die größere Insel das begehrtere Ziel. Da es hier keine Siedlung gibt, müssen Selbstverpfleger ihre Lebensmittel über den schmalen Kanal zwischen den Inseln bringen. Dabei bietet sich vielleicht die Gelegenheit, den traditionellen Tänzen und Musikfesten der Dörfler zuzusehen.

Das **Perhentian Island Resort** liegt auf der größeren Insel, an einer Bucht mit kristallklarem Wasser. Hier stehen kleine Chalets am Strand oder halb verborgen an den waldigen Hängen. Es gibt auch eine Art Jugendherberge. Ein einfaches Restaurant bietet einheimische Küche und westliches Frühstück.

An der Bucht gegenüber der kleineren Insel gibt es mehrere einfache Hütten, die den Dörflern gehören. Hier läuft das Leben entspannt, fast in Zeitlupe ab.

Abgesehen von den Strandspaziergängen, gibt es die Möglichkeit, mit einem Führer in den Dschungel einzudringen, der die Insel völlig bedeckt. Für ein Bad muß man das Wasser aus dem Ziehbrunnen holen, für eine Dusche gießt man sich einen Eimer Wasser über den Kopf. Einfache Kochstellen gibt es vor den Chalets. Wer vom frischen Fang kosten will, marschiert zum Café in der Nachbarbucht.

Vielleicht treffen Sie auch das alte Ehepaar am Strand mit seinem zahmen Affen, der auf Geheiß eine junge Kokosnuß mit köstlich frischer Milch von der Palme holt. Das staatliche Rasthaus ist der Öffentlichkeit nicht mehr zugänglich, aber es gibt eine breite Auswahl von Unterkünften für jeden Geschmack. Aber Vorsicht! Es könnte sehr schwerfallen, dieses Paradies am Südchinesischen Meer zu verlassen.

An der Grenze zu Thailand: Kota Bharu, die Hauptstadt Kelantans, ist die nördlichste Stadt an der Ostküste, nur wenige Kilometer von der thailändischen Grenze entfernt. Es besitzt ei-

Gemüse und Obst im Überfluß auf dem Markt von Kota Bharu.

262

nen der bekanntesten und sicher einen der interessantesten Märkte in Malaysia. Am frühen Morgen bringen Fischer ihre Fänge und Bauern ihre landwirtschaftlichen Erzeugnisse dorthin.

Außerdem werden zahlreiche kunsthandwerkliche Produkte angeboten, darunter Batiken und Silberarbeiten. Schöngemusterte Strandmatten sind sehr preiswert, und Handwerker stellen gerne Sonderanfertigungen nach den Wünschen der Kunden her.

Ein beliebter morgendlicher Zeitvertreib ist *burong ketitir*, das Abrichten des Merbok, eines Dschungelvogels, dessen lieblicher Gesang in Malaysia hochgeschätzt wird. Die Besitzer der Vögel bringen für das Training ihrer Schützlinge viel Geduld auf.

Das größte Ereignis findet jedes Jahr im Juni statt: Es ist der Wettbewerb für Singvögel in Kota Bharu. Die Merbok-Käfige schweben auf neun Meter hohen Stangen, und die Sänger werden von einer kleinen Jury nach der Lautstärke, der Tonhöhe und ihrem Melodienreichtum beurteilt.

Hinter dem **Central Market** und den Taxiständen liegt ein freier Platz, der zum Leben erwacht, wenn des Nachts hier die Essensstände aufgebaut sind. Es gibt ausschließlich malaiische Küche. Schauen Sie sich um, bevor Sie wählen, und lassen Sie sich dann bei den Getränkeständen nieder, wo es Kaffee, Tee, Soda und Besteck gibt. Manchmal demonstrieren Quacksalber die Wirkung ihrer Tinkturen, oder jemand führt Zaubertricks vor. Musik und Geplauder erfüllen die Abendluft, und wer genau hinhört, wird merken, daß der hiesige Dialekt beträchtlich vom Standard der Hauptstadt abweicht.

Hinter dem Markt liegt der **Padang Merdeka** (Freiheitsplatz) mit der **Landesmoschee** auf der einen und dem alten Istana auf der anderen Seite. Die Moschee ist ein Mischmasch verschiedener Stile und erinnert, aus bestimmten Blickwinkeln betrachtet, eher an ein christliches Gotteshaus. Aber die meisten Bewohner von Kelantan sind Moslems, darunter auch zahlreiche Chinesen.

Stabil und farbenprächtig: die Fischerboote von Kelantan.

Der alte Istana, der innerhalb eines Forts liegt, wird **Istana Balai Besar** genannt (Palast des Großen Audienzsaals). Sultan Mohamed II. ließ ihn 1844 errichten. Das für die Öffentlichkeit freigegebene Gebäude besteht aus dem Thronsaal, dem Sitzungsraum des Landtags und dem enormen Audienzsaal mit seinen vielen Säulen.

Ein kleinerer Palast steht gleich daneben, auch am Padang Merdeka; es ist der **Istana Jahar**, in dem jetzt das **Landesmuseum** untergebracht ist. Wenn es auch nicht sehr groß ist, so bietet es doch eine sehr gute Einführung in die Kultur und Geschichte Kelantans. Vor dem Haupteingang ist ein *wakaf* aufgebaut, ein ziegelüberdachtes Podium aus Holz, das den Bewohnern Kelantans zum Ausruhen dient und die ansonsten etwas eintönige Stadtlandschaft auflockert.

Kota Bharu ist das wichtigste Zentrum für Kunst, Sport und Freizeitvergnügen in Malaysia. In der Kunsthalle **Gelanggang Seni** an der Jalan Mahmood finden regelmäßig Kulturveranstaltungen statt. Man kann hier eigene Feste organisieren; aber schöner ist es, wenn man in der Stadt oder den umliegenden Dörfern zufällig auf eines trifft.

Am Nachmittag und Abend sind die verschiedensten Sportarten, Kunstformen und Spiele zu sehen. Die Drachen *(wau)* Kelantans schaukeln am Himmel, im kleinen *wakaf* vor der Kunsthalle versuchen ein paar alte Männer ihre Instrumente zu stimmen, während neben ihnen die *rebana* tönt, eine riesige Trommel, die aus einem ausgehöhlten Baumstamm gefertigt wird und nicht einfach zu spielen ist. Auf dem Rasen drehen sich die *gasing*-Spezialisten, um ihren preisgekrönten Kreiseln den nötigen Effet zu geben, bevor sie sie auf das Betonviereck schleudern. Wenn die Kreisel ausrotiert haben, werden sie auf einer Holzpalette zu einem Unterstand gebracht und auf Pflöcke gesteckt. Hunderte von Kreiseln drehen sich gleichzeitig, und ihre Besitzer beobachten aufmerksam, wie lange sich ihr Prachtstück im Vergleich zu den anderen aufrecht hält.

Schmuckstück und Schatztruhe zugleich: das Museum Istana Jahar.

Noch andere Kunst- und Spielformen können hier verfolgt werden, zum Beispiel das Wayang Kulit (Schattenspiel), Kertok (Holztrommeln), Silat (die malaiische Art der Selbstverteidigung) und Mak Yong, eine Mischung aus Theater, Tanz, Oper, Drama und Komödie. Auf einem Faltblatt der Kunsthalle, das in den Hotels ausliegt oder im Fremdenverkehrsbüro auf der Jalan Sultan Ibrahim zu bekommen ist, sind die Zeiten und genauen Orte dieser Veranstaltungen vermerkt.

Zehn Kilometer außerhalb von Kota Bharu an der Straße nach Kuala Krai liegt **Kampong Nilam Puri**, wo ein islamisches Studienzentrum untergebracht ist. Dem Kolleg gegenüber steht ein ebenmäßiger, quadratischer Bau aus Holz mit einem pyramidenförmig zulaufenden Ziegeldach, das die charakteristische Form der Moscheen von Java hat. Es ist die **Old Kampong Laut Moschee**, die älteste ihrer Art in Malaysia. (In Malakka wird man das nicht gerne hören.) Die Moschee wurde im 18. Jahrhundert errichtet und ist vollständig aus *chengal*-Holz gebaut. Früher stand sie in Kampong Laut am Ufer des Kelantan auf der Höhe von Kota Bharu. Da sie bei Überschwemmungen immer wieder gefährdet war, wurde sie an ihren jetzigen Standort verbracht. Die dazu erforderlichen Gelder brachte die Malaysian Historical Society auf.

Verlockende Abstecher: Kota Bharu hat darüber hinaus manch andere Sehenswürdigkeit zu bieten. Es ist die Stadt auf der Halbinsel, die am ehesten malaiisch genannt zu werden verdient. Man braucht sich nur ins Menschengewühl zu begeben oder mit einer Trishaw durch die Stadt kutschieren. Allein die Antiquitätengeschäfte – es gibt deren drei oder vier – sind eine Welt für sich. Man wird sich zwischen alten malaiischen Spielen, wunderschön gestalteten Vogelfallen, handgemalten Laternen aus China, malaiischen Dolchen, Masken, Puppen und alten Münzen gänzlich verlieren. Die Preise sind allerdings ganz schön gesalzen. Oder doch nicht? Es hängt ganz von Ihrer Stimmung, Ihrem Geldbeutel und Ihren Prioritäten ab.

Kota Bharu ist von einem Netz kleiner Dörfer umgeben, die sich zwischen Reisfeldern und Obsthainen eingenistet haben und durch ein dichtes Wegenetz miteinander verbunden sind. Auf einer Erkundungsfahrt durch diese Dörfer wird man auf allerhand Überraschungen stoßen: Ein Thai-Tempel zum Beispiel – schließlich ist es nicht weit zur Grenze – verbirgt sich hinter Lorbeerbäumen und hohen Palmen, etwas entfernt von der Straße. In einem Fischerdorf kann man morgens die Ausfahrt der Boote verfolgen, die nachmittags wieder mit dem Fang zurückkehren. Wenn Sie an buddhistischen Thai-Tempeln interessiert sind, sollten Sie von der Hauptstraße zur Hafenstadt **Tumpat** abbiegen, oder nach **Kampong Perasit** bei Pasir Mas fahren, nur wenige Kilometer südlich von Kota Bharu, wo der **Wat Putharamaram** steht.

Kampong Sireh, ein Vorort von Kota Bharu an der Jalan Sultanah Zainab, ist das Zentrum der Silberschmiede in Kelantan. Man kann den Meistern zusehen, wie sie eine Schmetterlingsbro-

Der Reis wird in den Kampongs gemeinsam gedroschen.

sche in Filigranarbeit herstellen oder Einlegearbeiten an einem Schmuckkästchen ausführen. Die Entwürfe zeigen thailändischen und indonesischen Einfluß, aber auch das indische Lotosmotiv ist anzutreffen.

Kota Bharu hat auch eine Sehenswürdigkeit aus dem 20. Jahrhundert zu bieten: 13 Kilometer nördlich der Stadt liegt der **Pantai Dasar Sabat**, ein breiter, mit Casuarinabäumen bestandener Strand, der bei den Einheimischen sehr beliebt ist. Hier begannen die Japaner am 7. Dezember 1941 um 16.55 Uhr mitteleuropäischer Zeit den Zweiten Weltkrieg im Osten, indem sie zum Marsch auf Singapur starteten. (Der Überfall auf Pearl Harbour fing erst 95 Minuten später an!)

Es gibt viele andere schöne Strände in Kelantan, darunter der **Pantai Dalam Rhu** (auch bekannt unter dem Namen Pantai Bisikan Bayu – Strand der flüsternden Winde), der unweit des Fischerdorfes Semerak im Süden von Kota Bharu liegt. **Pantai Irama** (Strand der Lieder) liegt 25 Kilometer südlich

von Kota Bharu bei Bachok und **Pantai Kuda** (Pferdestrand) 25 Kilometer im Norden der Stadt bei Tumpat.

Wer Ausflüge ins Inland machen möchte, sollte sich nach **Pasir Puteh** wenden. Im tropischen Dschungel findet man Wasserfälle, deren klares Naß natürliche Schwimmbecken speist. **Jeram Pasu** ist bei den Schulkindern der Umgebung sehr beliebt. Man gelangt allerdings nur über einen acht Kilometer langen Dschungelpfad dorthin. Andere Wasserfälle finden sich bei **Jeram Tapeh** und **Jeram Lenang** und **Cherang Tuli**.

Kehren wir zurück ans Meer. Am berühmten Strand von **Pantai Cinta Berahi**, dem „Strand der leidenschaftlichen Liebe", fühlen sich die Einwohner Kota Bharus vor allem am Wochenende wohl. Aber der erste Eindruck der wunderbaren Kulisse von Kokospalmen, feinem gelben Sand und einem blauschimmernden Meer wird bei näherem Hinsehen stark getrübt. Die allgemeine Verschmutzung und Vernachlässigung ist allzu deutlich. Und die „leidenschaftliche Liebe" hat sich wohl auch in andere Gefilde geflüchtet.

Die Straße zum Strand führt an zahlreichen kleinen Songket-Fabriken vorbei, die auch besichtigt werden können. Sie bestehen oft nur aus einem Raum, in dem junge Malaiinnen vor den riesigen Webstühlen sitzen und Massen feinster Seide und Baumwolle in fertige Stoffe verwandeln. Außer diesen Kostbarkeiten wird auch Batik verkauft.

Trotz der Kontakte mit Thais und Japanern hat sich in Kota Bharu der gemäßigte ländliche Lebensrhythmus des alten Malaya erhalten. Der Muezzin ruft jeden Morgen und jeden Abend vom Minarett zum Gebet, und die Vergangenheit ist noch sehr stark präsent.

Seit dem Bau der Fernstraße nach Butterworth ist die Stadt jedoch zu einem Anlaufpunkt für Geschäftsleute und Reisende geworden, nicht zuletzt auch deshalb, weil hier die Ostküsteneisenbahn, die sogenannte Dschungelbahn endet. Nur wenige Kilometer entfernt, auf der anderen Seite der Grenze, beginnt die Bahnlinie zur thailändischen Hauptstadt Bangkok.

Links: Ein ganz zufriedener Blick. **Rechts:** Flammenmuster auf dem Bug eines *prahus*.

INSEL DER SAGEN UND LEGENDEN

Das „Geheimnis Borneo" zieht eine goldene Spur durch die Geschichte der zivilisierten Welt, denn es ist ausgestattet mit all den Wundern und Absonderlichkeiten, um die sich so gerne Gerüchte und Legenden ranken.

Jahrhundertelang kannte niemand Borneos Beschaffenheit und Größe. Schnallen, gefertigt aus „goldener Jade", schmückten den Gürtel des „Himmelssohnes", und doch hatte keiner der wagemutigen chinesischen Kaufleute, die Sung-Porzellan gegen goldene Jade eintauschten, je den heiligen Nashorn-

vogel gesehen, von dem sie stammte. Die Händler überließen dieses Privileg gerne den Eingeborenen, die nach dem Tauschgeschäft wieder im dunklen Urwald verschwanden.

Zur Jahrhundertwende rätselte die Welt noch immer. Europäische Eroberer hatten an der Küste verstreute Siedlungen gegründet und nahmen für sich in Anspruch, riesige Gebiete zu regieren, die sie nie gesehen hatten. Britische Kolonialbeamte schrieben merkwürdige Geschichten über Kopfjäger, die in führenden Magazinen Englands veröffentlicht wurden. Ihre Erzählungen waren eine Mischung aus Wahrheit und Phantasie – und damit ein getreues Spiegelbild von Borneo.

Als 1963 die britische Herrschaft zu Ende ging und Nord- sowie Nordwest-Borneo zu einem Teil der Föderation Malaysia wurden, entstand aus diesem rätselhaften Erbe der Staat Sabah. Er bedeckt die nördliche Spitze der drittgrößten Insel der Welt, im Süden schließt sich Sarawak an. Getrennt durch 1000 Kilometer Meer, bilden sie gemeinsam mit der Malaiischen Halbinsel die Nation Malaysia. Sabah und Sarawak sind zusammen größer als das malaiische Festland; zur Kolonialzeit war Sabah unter dem Namen *British North Borneo* bekannt.

Kota Kinabalu, die Hauptstadt des Staates an der Nordwestküste, strahlt die etwas schwerfällige Würde der fünfziger Jahre aus, mit Ausnahme von Kampong Ayer vielleicht, einem Viertel, das sechs Meter über dem Wasser auf Pfählen erbaut wurde. Aber inzwischen sind bereits einige der soliden Plankenstege dem Fortschritt zum Opfer gefallen. Die Hauptstadt Sabahs verändert sich rasch. Nicht weit von der Siedlung der *Bajau*, die auf Hausbooten leben, ragen das Sekretariatsgebäude und der sechs Meter hohe „Silber-Kris" auf, beides Symbole der nationalen Einheit. Die staatliche Moschee ist ein ganz junger Beitrag zur Skyline der Stadt. Neue Regierungsgebäude mit zwiebelförmigen Kuppeln und Fenstern bereichern die moderne Architektur.

Außerhalb führen frisch angelegte Straßen in die scheinbar unendliche Landschaft und bahnen sich ihren Weg durch die Crocker Range auf die andere Seite des Mount Kinabalu und schließlich an die Küste von Sandakan. Asphaltierte Verbindungen bringen den Reisenden nur bis Ranau, danach geht die Fahrt auf Kieswegen weiter. Doch schwere Lastwagen und riesige Bagger sind bereits dabei, dies zu ändern.

Die Vorfahren der Eingeborenen Sabahs gingen höchst unterschiedlichen Beschäftigungen nach: Die *Kadazan* waren Bauern, die *Murut* Blasrohrjäger, die *Bajau* waren „Zigeuner des Meeres" und die *Illanun* Freibeuter. Die Brunei-Malaien Sabahs gehörten zu einem Sultanat, das einst ganz Borneo regierte und das Land dann Stück für Stück an ehrgeizige und abenteuerlustige Europäer verkaufte.

Die Vorfahren der hier lebenden Chinesen segelten schon vor der Zeit Kublai Khans über das Meer auf der Suche nach den begehrten Federn des Eisvogels und nach *bezoar*-Steinen (Steine aus den Mägen von Affen, denen besondere medizinische Heilkräfte nachgesagt wurden). Bei feierlichen Anlässen legen all diese Volksgruppen die bunten Trachten ihrer Vorväter an. Im Alltag bestellen sie die Reisfelder, bauen Straßen, arbeiten in Fabriken und treiben Handel mit Holz, Palmöl, Kopra (zerkleinerten Kokosnußkernen), Garnelen und Kakao – sie sind die Basis der einheimischen Wirtschaft.

Vorherige Seiten: Der majestätische Berg Kinabalu. *Rafflesia* – die größte Blume der Welt in voller Blüte.

CAGAYAN SULU I.
Cagayan de Sulu

Sulusee

Wildpark von Sepilok
Sandakan
Tg. Bidadari
Abai
Höhlen von Gomantang
Sukau
Kinabatangan
Tomanggong
Tg. Hog
Kilang Balak Dagat
Lahad Datu
Bakapit
Barigas
Kilang Balang Silam
Tg. Membatu
Telok Darvel
Kunak
PULAU TIMBUN MATA
Mostyn
Alice-Kanal
gdalena
347
tai
Semporna
P. BUM BUM
Balung
Tawau
Tg. Tutup
SEBATIK ISLAND
AN TIMUR I.

Besuchern gegenüber verhalten sich die Menschen Sabahs höflich, zwanglos und freundlich. In Ausländern sehen sie den Fremden und zugleich den Gast, und bei dem Wort „Tourist" denkt man hier noch nicht an eine unbegrenzt melkbare Dollarkuh. Das heißt allerdings nicht, daß Sabah preiswert wäre, Hotels und Transportmittel sind teurer als auf der Halbinsel. Unterkunft findet man jedoch in fast allen kleinen Städten Sabahs in den chinesischen Hotels und staatlichen Rasthäusern.

Wer den Staat nicht nach einer schematischen Route bereist, der erhält oft unerwartete Reisetips von Einheimischen, sei es in einem Café, einem Bergdorf, auf einem Flußdampfer oder in einem Hotelfoyer. Guter Rat ist Ihr ständiger Begleiter. Er kann Sie auf die winzige Insel Labuan führen, die jahrhundertelang Umschlagplatz für Diamanten und Saphire war, oder in das auf einer malerischen Halbinsel gelegene Semporna, wo noch immer der Perlenhandel blüht und die Zeit stillzustehen scheint.

Mag sein, daß es Sie in die südöstlichste Ecke zu dem verträumten Tawau verschlägt oder in den Norden nach Kudat, wo die Stämme der *Illanu* und *Rungu* sich zu ihren sonntäglichen Festlichkeiten treffen. Vielleicht wagen Sie sich auch ins grüne Landesinnere, vorbei an der *Murut*-Siedlung Pensiangan, wo die alten Legenden Borneos in den Riesenbäumen schlummern.

„Wo das Auge verweilt": Kota Kinabalu, die Hauptstadt Sabahs an der Westküste, wächst schnell, aber ohne Hektik. Die feuerroten Sonnenuntergänge über den vorgelagerten Inseln erinnern an ihre Geschichte: Zwar ist die Stadt mittlerweile ein friedlicher Ort, aber in vergangenen Tagen wurde sie des öfteren von Feuersbrünsten verwüstet. Häufig waren Piraten aus Nordborneo die Brandstifter. Zeitweise nannte man die Stadt deshalb *„Api! Api!"* (Feuer! Feuer!); doch jedesmal erhob sie sich wieder wie Phönix aus der Asche.

Als die *British Chartered Company* nach Borneo kam, folgte sie der britischen Neigung, Basen auf Inseln vor **Kota Kinabalu im Wandel der Zeit.**

der Küste einzurichten, und ließ sich auf der Insel Gaya nieder. Aber der berühmte Rebell Mat Mohamad Salleh griff den Stützpunkt im Jahre 1897 an und zerstörte ihn. Daraufhin gründete die Gesellschaft eine Stadt auf dem Festland und nannte sie nach ihrem Vizevorsitzenden Sir Charles Jesselton. Als Handelshafen erlangte Jesselton immerhin genügend Bedeutung, um 1945 völlig zerbombt zu werden, damit es nicht den Japanern als Stützpunkt dienen konnte.

Mit der 1968 neu erworbenen Unabhängigkeit erwachte ein neues, malaysisches Selbstverständnis. Kurzfristig wurde die Stadt deshalb in „*Singgah Mata*" umbenannt, was soviel bedeutet wie „wo das Auge verweilt". Später wurde sie jedoch zu Ehren des großen Berges mit seinen schroffen Zinnen in Kota Kinabalu umbenannt.

Im darauffolgenden Jahrzehnt entwickelte sich Kota Kinabalu zu einer ruhigen, unauffälligen Stadt, die vor allen Dingen mit dem Wiederaufbau beschäftigt war. Erst in den letzten zehn Jahren vergrößerte sie sich rapide und hat mittlerweile einige der imposantesten Gebäude des ganzen Landes vorzuweisen, wie sich das für die Hauptstadt eines der am schnellsten wachsenden Teilstaaten Malaysias gehört.

Besonders beeindruckt das Hochhaus der **Sabah Foundation**, einer Stiftung, die von den öffentlichen Holzeinnahmen finanziert wird. Einsam erhebt es sich aus seiner kargen Umgebung. Das 72seitige Vieleck ist über dreißig Stockwerke hoch und gehört zu den wenigen „Hänge"-Konstruktionen der Welt.

Einen Besuch lohnt auch die monumentale **Moschee** mit ihrer zeitgenössischen islamischen Architektur. Ganz in der Nähe befindet sich das neue, im Langhaus-Stil der *Rungu* und *Murut* erbaute **Staatsmuseum**. Weiße Betonpfeiler ragen über das Dach auf wie zum Gebet gefaltete Hände. Im Museum werden eine Vielzahl historischer Schätze sowie ein Großteil der faszinierenden Flora und Fauna des Landes gezeigt. Darüber hinaus hat hier auch eine wissenschaftliche Abteilung mit einer umfangreichen Ausstellung über die Öl-

industrie ihren Sitz. In der **Kunstgalerie** finden regelmäßig Diavorführungen statt. Eine davon heißt „Das Land unter dem Wind" – dies war der einstige Name von Sabah, weil es südlich des Zyklon-Gürtels liegt, der regelmäßig die Philippinen heimsucht. Der Gebäudekomplex umfaßt weiterhin ein Restaurant, ein Café, schön gestaltete Grünanlagen mit künstlich angelegten Teichen und einen Andenkenladen.

Die Stadt selbst ist eine Mischung aus ultramodernen Gebäuden und typischen chinesischen Geschäftshäusern. Direkt am Meer liegen die Hütten des Wasserdorfes **Kampong Ayer**. Vor dem Hyatt Hotel findet der lebhafte **Zentralmarkt** statt, den man am besten am frühen Morgen besucht. Hier kippen die Fischer ihren Fang direkt auf den Marktständen aus, und Frauen des *Kadazan*-Stammes bieten frische Früchte und Gemüse zum Kauf an, die sie am selben Morgen schon von den Hügeln rings um den Kinabalu heruntergebracht haben. An kleinen Imbißständen werden leckere Speisen zubereitet.

Eleganz und Anmut in zeremoniellen Gewändern.

Gegen Abend beleben sich dann die Restaurants von Kota Kinabalu, und in den vielen kleinen Cafés gibt es hervorragendes Essen. Selbst nachts sind noch Märkte geöffnet, auf denen Kleidung, Raritäten und einheimische Leckerbissen feilgeboten werden. Am Samstag findet der beliebte **Gaya-Straßenmarkt** statt, wo man günstig einheimische Handwerksarbeiten erwerben kann.

Wenn Sie sich einen Überblick über die Stadt verschaffen wollen, fahren Sie am besten den östlich gelegenen **Signal Hill** hinauf (entweder per Bus oder mit dem Auto). Von hier aus sehen Sie ein schönes Stück Strand, den **Tanjong Aru**, der bei der Bevölkerung sehr beliebt ist und direkt neben dem **Prince Philip Park** liegt.

Das Meer ist hier klar und der Sand sauber. Wenn Sie besonders hungrig sind, können Sie gleich hier essen oder in den Restaurants in der Nähe die lokalen Fischspezialitäten probieren. Das **Tanjong Aru Beach Hotel** bietet westliche und einheimische Küche. Am Ende der hinter dem Strand verlaufenden Straße liegt der große internationale Flughafen, der sowohl von der Boeing 747 als auch wie von zwölfsitzigen Maschinen angeflogen wird, die ihre Passagiere in die fernen Gebiete von Sabah und Sarawak transportieren.

Vom Signal Hill aus erkennen Sie auch eine kleine, von tiefblauem Wasser umgebene Inselgruppe, den **Tunku Abdul Rahman Meerespark**. Dort dürfen keine Korallen gesammelt und keine Industrien angesiedelt werden.

Das Hauptquartier des Parks befindet sich auf **Gaya**, der bedeutendsten Insel. Bewohnt wird sie hauptsächlich von malaiischen und philippinischen Flüchtlingen, die in einem Pfahldorf über dem Wasser leben. In **Pulau Sapi** sind genauso wie in Pulau Gaya Naturpfade ausgewiesen. Halten Sie Ausschau nach den possierlichen Äffchen, die sich vorsichtig zum Wasser schleichen, um Krabben zu fangen, nach den *pangolin* (ameisenfressenden Schuppentieren) und dem seltsamen Bartschwein. Auch Seeadler statten diesen Inseln häufig Besuche ab.

Bürgersteig auf Pfählen in Kampong Ayer.

276

Die anderen drei Inseln des Parks heißen **Manukan**, **Mamutik** und **Sulug**. Überall kann man gut schnorcheln, vor allem auf Sulug. Auf allen Inseln können Sie zelten. Pulau Mamutik hat ein Gästehaus mit Kochgelegenheit und Schlafplätzen für zwölf Personen. Ein weiteres Gästehaus auf Pulau Manukan sollte inzwischen verfügbar sein.

Wenn Sie im Gästehaus übernachten oder zelten wollen, müssen Sie zuerst zum Büro des Nationalparks in der Stadt gehen. Boote zur Insel gehen vom Aru-Strandhotel aus. Sie können sich aber auch ein Boot in Kota Kinabalu mieten. Ein Besuch dieser Inseln lohnt sich wirklich, und sei es nur, um einmal bei Sonnenauf- oder -untergang die Silhouette des Mount Kinabalu gesehen zu haben, die sich majestätisch über der Stadt erhebt.

Südostasiens höchster Berg: Jedermann in Malaysia kennt eine Geschichte über den geheimnisvollen **Mount Kinabalu**. Je mehr man sich dem berühmten Zakkenprofil nähert, das meist von federweichen Wolkenbällchen umspielt wird,

desto besser versteht man, warum die einheimischen *Kadazan* und *Dusun* seinen Namen von „*Aki Nabalu*" (heiliger Ort der Toten) ableiten. Auf den bedrohlichen Gipfeln lebten angeblich die Geister der verstorbenen Stammesvorfahren, und niemand durfte ihre Ruhe stören.

Trotz der Mythen und Tabus, die den Berg umgaben, wollte ihn Hugh Low, ein junger britischer Offizier, erklimmen. In Begleitung eines *Kadazan*-Häuptlings erreichte er im Jahre 1851 ziemlich schnell den Gipfel, und als Beweis seines Erfolges hinterließ er dort eine Flaschenpost. Mit 4101 Metern ist der nach seinem Erstbesteiger **Low's Peak** benannte Gipfel die höchste Stelle des Kinabalu und zugleich die höchste Erhebung zwischen dem Himalaya und Papua-Neuguinea.

Angeblich wächst der Berg noch immer um einen halben Zentimeter pro Jahr. Erst die letzte Eiszeit meißelte vor ungefähr 9000 Jahren seine gezackte Krone. Obwohl die Gipfel des Kinabalu noch unterhalb der Schneegrenze lie-

Der legendäre Sonnenuntergang von Kota Kinabalu.

gen, sind sogar im August gelegentlich kleinere Wasserflächen vereist, und es sollen auch schon Schneeflocken gesichtet worden sein. 1800 Meter tief stürzt die **Low-Schlucht** nahezu senkrecht ab. Wenn man den steilen Berg hinaufklettert, kann man sich die Begeisterung von Low vorstellen, der als erster Mensch auf dem Gipfel stand.

Die heutigen Gipfelstürmer reisen natürlich auf andere Weise, sie müssen sich nicht tagelang durch den tropischen Regenwald kämpfen, bis sie zu den Granitwänden vordringen. Inzwischen wurden Pfade mit hölzernen Treppen und Geländern angelegt, so daß man den Auf- und Abstieg in nur zwei Tagen bewältigen kann.

Unterkunftsmöglichkeiten gibt es sowohl im Hauptquartier des Parks als auch am Berg selbst. Letztere sind allerdings recht einfache Hütten, in denen man kochen und Schlafsäcke mieten kann. Nur Laban Rata kann mit einem Restaurant und zentralbeheizten Einzelzimmern aufwarten. Im Hauptquartier können Sie zwischen verschiedenen Übernachtungsmöglichkeiten wählen. Vom Hotelzimmer und Apartment bis zum Schlafsaal ist alles vorhanden. Außerdem gibt es zwei Restaurants und einen Laden mit Grundnahrungsmitteln für Bergsteiger. Im zentralen Verwaltungsgebäude (nicht zu verwechseln mit der Rezeption) ist eine Ausstellung über die Tier- und Pflanzenwelt der Region zu sehen, und im Erdgeschoß wird ein Film über den Park gezeigt. Im Hauptquartier wird bald ein Erholungszentrum eröffnet werden sowie ein privater Klub der Regierung.

Zwischen Kota Kinabalu und dem **Kinabalu-Nationalpark** besteht eine Transportverbindung. Buchen Sie aber ein Quartier im Büro des Nationalparks, bevor Sie die Stadt verlassen. Versorgen Sie sich gut mit Nahrungsmitteln und Kochgeschirr, denn im Geschäft im Hauptquartier gibt es außer Nudeln und Schokolade kaum etwas. Man erhält im Park auch kein Kerosin. Handschuhe und eine Kopfbedeckung sind wichtig, da es auf dem Gipfel manchmal eiskalt ist. Wegen der häufigen Schauer emp-

Granitplatten in der Nähe des Gipfels.

278

fiehlt es sich, Regenschutzkleidung mitzubringen. Lassen Sie während der Wanderung möglichst viel Gepäck zurück, denn in der dünnen Luft scheint es viel schwerer. Eine Taschenlampe sollten Sie allerdings für den Aufstieg um drei Uhr morgens mitnehmen.

Parkeigene Landrover bringen Sie von der Hauptstadt zum Hauptquartier. Sie können auch den Minibus Richtung Ranau nehmen und dabei einen kleinen Umweg fahren. Pauschalreisen werden von Kota Kinabalu aus angeboten. Wenn Ihnen das alles nicht zusagt, mieten Sie am besten ein Auto oder nehmen sich ein Taxi, was aber recht teuer ist.

47 Kilometer nördlich von Kinabalu liegt **Tamparuli**, wo alle Busfahrer eine Tasse Kaffee zum Frühstück trinken. Bis dorthin ist die Fahrt ein sanftes Dahinschaukeln durch die tropisch grüne, mit kleinen Bauernhöfen und grasenden Wasserbüffeln übersäte Landschaft. Aber spätestens einen Kilometer hinter Tamparuli beginnt der Anstieg über die Ausläufer des Gebirgsstockes. Plötzlich knackt es in den Oh-

ren, und obwohl Sie den meist in Wolken gehüllten Berg nicht sehen, spüren Sie seine Gegenwart. An bewölkten Tagen kommen Sie im Hauptquartier an, ohne ihn vorher gesichtet zu haben. Wenn das Wetter aber schön ist, hinterlassen die Gipfel, deren Silhouette jetzt auf der Nationalflagge abgebildet ist, einen unvergeßlichen Eindruck.

Bei der Ankunft wird zunächst an der Rezeption Ihre Buchung von einem *Kadazan*-Wildhüter überprüft. Da Sie die Tour nicht am selben Tag beginnen, sollten Sie die Zeit nützen, um sich an die kühle Bergluft zu gewöhnen. Holen Sie sich einschlägige Lektüre aus der Bücherei, und bereiten Sie sich auf die bevorstehende Anstrengung vor.

Zwar ist der Kinabalu wirklich nicht sehr schwer zu besteigen, aber wenn Sie ein typischer Schreibtischtäter sind, dürfte Ihnen das Klettern größere Schwierigkeiten bereiten. Ein regelmäßiges Training im voraus ist daher ratsam, wenn Sie beim Abstieg nicht von Muskelschmerzen und Erschöpfung geplagt werden möchten. Die Aufsichts-

Blick ins Tal vom John's Peak.

behörde hat am Anfang des Pfades eine abschreckende Hinweistafel angebracht: Sollten Sie an Bluthochdruck, Diabetes, chronischem Asthma, Herzerkrankungen, Arthritis, Anämie, Krebs, Gelbsucht oder epileptischen Anfällen leiden, wird Ihnen von der Besteigung dieses Berges dringend abgeraten.

1500 Höhenmeter an einem einzigen Tag zu überwinden – vom Kraftwerk über dem Hauptquartier zur Panar-Laban-Hütte – bedeutet für Menschen, die direkt vom Schreibtischsessel angeflogen kommen, eine außergewöhnliche Anstrengung. Aber man muß aus der ganzen Sache ja keine olympische Disziplin machen. Natürlich entwickelt sich am Lagerfeuer ein gewisser Ehrgeiz, wenn erfahrene Bergsteiger von ihren Rekordzeiten berichten. Aber wenn Sie die berühmte Blume am Wegesrand wahrnehmen und die wirklich unglaubliche Aussicht genießen wollen, dann lassen Sie sich besser Zeit. Es gibt viel zu sehen!

Dem Hauptquartier angegliedert ist eine Gruppe von *Kadazan*-Bergführern, die Sie gegen Entgelt begleiten. Wenn Sie sich besonders für die Pflanzenwelt der Berge interessieren, erkundigen Sie sich genauer bei ihrem Bergführer: Viele von ihnen sind Amateurbotaniker und fachkundige Geologen.

Eines dieser wandelnden Lexika ist Awok. Diese *Kadazan*-Frau ist nicht größer als 1,50 Meter, kaut ständig Betel, dreht sich ihre eigenen Zigaretten und hat nicht weniger als 15 Enkelkinder. Sie ist eine der Trägerinnen und trotz ihrer geringen Größe sehr kräftig. In ihren *burong*, einen Tragekorb, stopft sie eine ganze Fotoausrüstung, einen schweren Rucksack und dazu noch viele Lebensmittelkonserven. Ausdauernd und stetig geht sie ihren Weg, während die Eigentümer der Rucksäcke trotz freien Rückens hinterherkeuchen.

Träger wie Awok bekommt man im Hauptquartier, sie tragen Ihr Gepäck bis zur Panar-Laban-Hütte. Dort machen sie halt, entzünden ein Feuer und warten am nächsten Morgen darauf, daß die erschöpften, aber von freudiger Erregung geröteten Gesichter ihrer Schütz-

Sicheren Schrittes tragen *Kadazan*-Frauen das Gepäck auf den Berg.

linge auftauchen, ehe es wieder an den Abstieg geht. Der Lohn hängt vom Gewicht des Gepäcks ab. Alles über zehn Kilo kostet einen Aufpreis.

Der Aufstieg beginnt um sieben Uhr am nächsten Morgen. Nehmen Sie sich vorsorglich ein oder zwei Tafeln Schokolade mit, damit Sie sofort genug Energie für den Aufstieg haben und gegen die Kälte gewappnet sind. Auch Schmerztabletten sollten Sie mit sich führen, da manche Menschen bei extremen Höhenunterschieden zu Kopfschmerzen neigen.

Zunächst kommen Sie am Kraftwerk zu einer Begrüßungstafel, auf der steht: „Selamat Mendaki" – Frohen Aufstieg! Die nächsten Schritte führen hinab in ein kleines, üppiges Tal, durch das ein Wasserfall rauscht. Danach beginnt der eigentliche Aufstieg durch den tropischen Regenwald – erst gemächlich, dann aber steil bergan.

Jetzt befinden Sie sich in einem Gebiet mit etwa 1500 verschiedenen Orchideenarten, die sich häufig an moosigen Baumstämmen emporranken. Wag-

An den Hängen des Kinabalu tanzen die Geister.

halsig steile Treppen führen Sie immer weiter, werden aber glücklicherweise von etwas gemäßigteren Abschnitten unterbrochen. Auf dem ganzen Pfad laden einfache Hütten zum Rasten und zum Genießen der wunderbaren Aussicht ein. Trinken Sie reichlich Wasser. Trotz der kühlen Luft ist der Wasserverlust durch Schwitzen höher als man meinen sollte.

Ab etwa 1300 Höhenmetern verändert sich die Vegetation. Handelte es sich vorher um tropischen Regenwald, so begegnet man nun Eichen- und Kastanienwäldern, in denen Farne und kleinere Blütenpflanzen gedeihen.

Je höher Sie klettern, desto größer scheinen Sie zu werden. Zunächst hatten die Bäume Sie turmhoch überragt, aber mittlerweile sind die Pflanzen geschrumpft, und Sie scheinen das größte Lebewesen in der Umgebung zu sein. In einer Höhe von 2600 Metern sind die kleinen, knorrigen Bäume von der rauhen Bergluft gekrümmt und verkrüppelt, und dennoch sind einige von ihnen mehr als 100 Jahre alt. Der Boden ist

hier karg, und mühsam halten sich Flechten an den kleinen Bäumchen.

Bei 3300 Höhenmetern verschwindet die Erdkrume völlig, und es bleibt der nackte Granit des Berges. Nur in den Felsspalten, wo sich ein wenig Boden halten kann, wachsen Seggen, Gräser und winzige Blümchen. Gerade wenn Sie glauben, daß Sie die Zivilisation hinter sich gelassen haben, sehen Sie Hütten und gelangen zu dem Camp, in dem Sie die Nacht verbringen werden.

Nach einem gemütlichen Aufstieg dürften Sie die Hütten gegen 14 Uhr erreicht haben. Hier in **Panar Laban** bietet das **Laban-Rata-Rasthaus** Erholung, es verfügt über Strom und ein einfaches Restaurant. Etwas unterhalb können Sie Ihr Essen in einer Herberge selbst kochen. Weiter oben befindet sich die **Gunung-Ladagan-Hütte** mit einfachen Vierbettzimmern, Schlafsäcken zum Mieten und einer Küche mit den wichtigsten Kochutensilien.

Wenn Sie zur Ruhe gekommen sind, werden Sie plötzlich merken, wie kalt es hier oben ist. Nehmen Sie also auf alle Fälle etwas Warmes und Nahrhaftes zu sich, und freuen Sie sich über das, was Sie bereits geschafft haben. Wenn es nicht regnet, machen viele Bergsteiger hier nur eine kurze Rast und steigen dann noch einmal anderthalb Stunden zur **Sayat-Sayat-Hütte** auf, damit sie am nächsten Morgen nicht so früh aufstehen müssen.

Viele können in dieser dünnen Luft nur schlecht schlafen und haben Kopfschmerzen wegen der Höhe. Gehen Sie frühzeitig zu Bett, denn am nächsten Morgen geht es bereits um drei Uhr los. Für alle Hütten außer Laban Rata brauchen Sie Kerzen.

Lange vor dem Morgengrauen weckt Sie Ihr Bergführer. Wenn Sie eine Thermoskanne dabei haben, machen Sie sich einen warmen, süßen Tee, der Sie auf dem Gipfel stärken wird. Ein bißchen Schokolade, den Regenmantel, die Fotoausrüstung, und los geht es! Den Rest Ihres Gepäcks können Sie auf dem Rückweg wieder mitnehmen.

Bei nächtlichen Regenfällen kann der Granit ziemlich rutschig sein, erschwe-

Märchenhafte Welt des Regenwaldes.

282

rend kommt noch die Dunkelheit der Nacht hinzu. Man ist nie sicher, wie steil man wirklich an den Seilen hochklettert, die zum Gipfel hinaufführen. Wenn Sie früh losgehen, sind Sie gerade mitten in den Granitfelsen, wenn sich der Himmel zu färben beginnt. Der Stein ist hier durch den Wind brüchig geworden. Schließlich erreichen Sie den **Low's Peak**. Rauhe Winde peitschen Ihnen hier ins Gesicht.

Die Sonne erscheint am Horizont wie eine reife Aprikose, und zum ersten Mal sehen Sie die Landschaft, durch die Sie während der letzten Nachtstunden blind gegangen sind. An einem klaren Tag sieht man die Lichter von Kota Kinabalu, die Küste und die Umrisse der Tunku-Abdul-Rahman-Inseln.

Wenn Sie einen Blick in die Tiefe der Low-Schlucht wagen, läßt Sie ein Hauch von Ehrfurcht erschauern. Denn es ist wahrhaftig der rechte Ort für Geister. Niemand sonst könnte das stürmische Wetter ertragen, das die Opfergaben der Kadazan hinwegfegt: Hühner, Eier, Tabak, Betelnüsse, Limonen und Reis. Es kommt darauf an, wie gläubig Ihr Bergführer ist, aber es ist gut möglich, daß er ein Opfer darbringt, während Sie ob der phantastischen Landschaft in Entzückensschreie ausbrechen. Vielleicht haben Sie vorher die besonderen Amulette wie Menschenzähne, Holzstücke und andere Dinge nicht gesehen, die er zum Schutz bei sich trägt.

Beim Abstieg können Sie sich mehr Zeit lassen. Nachdem Sie in Panar Laban Ihre Sachen geholt haben, möchten Sie vielleicht jetzt noch einige der Pflanzen finden, die Sie beim eiligen Aufstieg übersehen haben. Wegen der endlosen Treppen fällt vielen Bergsteigern der Weg ins Tal schwer. Da werden selbst die härtesten Knie weich!

Wieder im Hauptquartier angelangt, können Sie mit Recht Ihr Abzeichen holen, das nur diejenigen erhalten, die wirklich ganz oben waren (Ihr Bergführer dient als Zeuge).

Die größte Blume der Welt: Viele der Bergsteiger verlassen den Park noch am selben oder am nächsten Tag, aber wenn Sie mehr Zeit haben, dann bleiben Sie doch noch einige Tage in dieser Gegend. Entdecken Sie den Dschungel rund um das Hauptquartier, in dem es für Naturliebhaber viele angelegte Wege gibt. Ein Führer kann Ihnen die Pflanzenwelt näherbringen und Ihnen vielleicht das eine oder andere Tier zeigen.

Eine der seltensten Pflanzen, die es nur in diesem Teil der Erde gibt, ist die *Rafflesie*, die größte Blume der Welt. Ihr Durchmesser beträgt über einen Meter. Neun verschiedene Arten der fleischfressenden Kannenpflanze sind hier beheimatet. 1858 entdeckte der Naturforscher Spencer St. John ein Exemplar, das vier Liter Regenwasser und eine tote Ratte enthielt!

In dem 750 Quadratkilometer großen Park versammelt sich eine einzigartige Flora. Hier wachsen Pflanzen aus aller Welt: aus Indochina, Australien und Neuseeland, der Alpenregion Europas und Amerika – der Vielfalt sind kaum Grenzen gesetzt. 1500 Orchideenarten, 26 verschiedene Rhododendren, 60 Eichen- und Kastanienarten und 80 unterschiedliche Feigenbäume gedeihen in diesem Areal.

Auf dem Weg zum Gipfel.

Hier gibt es viele Tiere: den berühmten Orang-Utan, Gibbons, blattfressende Affen, Koboldmakis, den *Pangolin* (ein ameisenfressendes Schuppentier), Wildschweine und Rotwild. Viele Arten sind sogar in Malaysia selten, wie die „fliegenden" Eichhörnchen, Lemuren, bestimmte Schlangen- und Eidechsenarten. Es soll hier auch den sehr seltenen Nebelparder und das noch seltenere Sumatra-Nashorn geben.

Zu den 518 Vogelarten zählen verschiedene Arten des Nashornvogels, der scharlachrote Honigfresser, die Grasmücke, der Bülbül und der Brillenvogel. Halten Sie an Wasserfällen nach den farbenprächtigen, mitunter vogelgroßen Schmetterlingen und den gut getarnten Stabheuschrecken Ausschau. Vielleicht entdecken Sie auch Eichhörnchen, Eidechsen und Fledermäuse. Für den Naturfreund ist dieser Park ein Paradies!

Ranau und heiße Quellen: Obwohl der Park so viel Faszinierendes bietet, wird der müde Bergsteiger diesen Spaziergang durch den Wald gar nicht so recht

zu schätzen wissen. Nach einem kurzen Blick in die **Ausstellungshalle** und das **Herbarium** in der Nähe des Hauptquartiers wird er vielleicht einen Minibus mieten und nach **Poring** fahren, das 45 Kilometer entfernt im Osten hinter Ranau liegt. Warum? Dort gibt es herrlich heiße Quellen, die die Muskelschmerzen lindern.

Die Gegend um **Ranau** und die **Kundasong**-Region heißt *Kadazan/Dusun*-Land oder der „Garten von Sabah" und erstreckt sich über das kühle, dem Kinabalu vorgelagerte Hügelgebiet. Auf dem lebhaften Wochenmarkt (*tamu*) in Ranau kann man oft einen Blick von wildaussehenden Landbewohnern erhaschen, die zum Teil ihre traditionelle Kleidung (schwarzer Sarong und lange Ohrringe) tragen, dazu aber auch ganz moderne westliche Klamotten (z. B. falsche Rolex und Coca-Cola-T-Shirt).

Die ungeteerte Straße hinter Ranau ist sehr schlecht. Auf dem Weg nach Poring müssen Sie durch einige Flüsse fahren – manche Fahrer legen hier sogar eine Pause ein und unterziehen ihre Fahrzeuge einer gründlichen Wäsche.

In Poring stehen einige hübsche Wochenendhäuschen und eine Pension, doch nur wenige Besucher halten es hier lange aus, bevor sie zu den heißen Quellen weiterziehen.

Um dort hinzugelangen, müssen Sie einige Stufen hinuntersteigen (die Ersteiger des Kinabalu werden sich vor Schmerzen winden!) und eine Holzhängebrücke über den Fluß überqueren.

Die Badeanlagen selbst sind ziemlich häßlich, doch sie liegen in einer zauberhaften Umgebung zwischen Hibiskusbüschen im Dschungel. Die Becken wurden während des Zweiten Weltkrieges von den Japanern erbaut, deren Liebe für Gemeinschaftsbäder ihnen die Energie gab, dieses Fleckchen Erde dem Dschungel abzuringen.

Es fließt sowohl heißes als auch kaltes Wasser, das letztere ist unbedingt notwendig, um die glühende Hitze des vulkanischen Wassers zu temperieren. Es gibt wirklich nichts Schöneres, als hier des Nachts gemütlich im Wasser zu sitzen und den Geräuschen des Urwaldes zu lauschen.

Fleischfressende Kannenpflanze.

Wer sich vom Bergsteigen bereits wieder erholt hat, den laden Pfade und Wege in Hülle und Fülle zur Erforschung der Natur ein. Hier herrscht dieselbe Vielfalt an Tieren und Pflanzen wie im Kinabalu-Park.

Momentan gibt es kein Restaurant in Poring. Besucher müssen den Weg nach Ranau auf sich nehmen, um dort Lebensmittel einzukaufen, und diejenigen, die kein eigenes Fahrzeug haben, sollten genügend Verpflegung mitbringen. Gegenüber dem Eingang zum Park befindet sich ein kleiner Laden, doch er ist sehr teuer und hat eine sehr beschränkte Auswahl. Sowohl in den Ferienhäuschen als auch in den Gasthäusern können Sie selbst kochen.

Im Park steht ein freundliches Schild des Parkaufsehers: „Bitte, nehmen Sie nichts anderes als Fotos mit. Hinterlassen Sie nichts anderes als Fußspuren."

Kadazan-Märkte und Floßfahrten: Zwanzig Kilometer südlich von Kota Kinabalu liegt **Papar** an der Mündung des gleichnamigen Flusses. Überall erstrecken sich Reisfelder, und an der Küste liegt ein hübscher Strand mit dem Namen **Pantai Manis** (süßer Strand). Auf dem Sonntags-*tamu* herrscht reges Leben: Kadazan-Händler bringen ihre Waren von den Hügeln der Umgebung. Kokosnußwein (*tapai*) wird in dieser Gegend hergestellt, und bei einem Besuch in einem Haus wird Ihnen dieses hochprozentige Wässerchen mit Sicherheit angeboten werden. Api-Tours in Kota Kinabalu veranstaltet hier Floßfahrten, ein Erlebnis, das Sie sich nicht entgehen lassen sollten; wer allerdings nicht tropfnaß werden möchte, sollte lieber eine etwas gemütlichere Bootsfahrt flußaufwärts unternehmen.

Von Papar können Sie auf der Straße Richtung Süden nach Beaufort, Tenom und Labuan (dem Hafen von Sabah) weiterfahren oder Richtung Osten nach Tambunan, Sapulut und von dort an der Kalimantan-Grenze entlang nach Tawau und Sandakan.

Die Straße in den Süden führt Sie zunächst an der Westküste Sabahs entlang nach **Beaufort**, das an den Ufern des Flusses Padas liegt, der die kleine

Provinzstadt in regelmäßigen Abständen überschwemmt. Zwischen Beaufort und Tenom werden die Verkehrsverbindungen plötzlich besser. Hier gibt es nämlich eine kleine, romantische Bahn – die einzige in Borneo.

Der Zug fährt bereits in Tanjong Aru los, doch die schönste Strecke ist die zwischen den Dörfern Beaufort und Tenom. Ein lustiger, kleiner Eisenbahnwagen in der Form eines dreidimensionalen Trapezes flitzt durch das Flußtal des Padas, vorbei an kleinen Städten.

Die *Murut*, oder „Menschen der Hügel", wie sie von den *Bajau* genannt werden, haben immer schon in dieser Gegend gelebt. Wenn auch viele junge Leute des Stammes die Gewohnheiten der westlichen Zivilisation angenommen haben, die sich schnell von der Hauptstadt aus ins Landesinnere ausbreitet, so ziehen noch einige das Leben im Urwald vor, zu dem nicht viel mehr gehört als ein *parang* (Buschmesser) und ein Blasrohr. Andere sind dazu übergegangen, das Land zu bestellen.

Tenom ist das Zentrum der *Murut*-Gemeinde. Die kleine Stadt in den Hügeln ist von *Murut*-Langhäusern umgeben, in denen „Krieger" immer noch die Blasrohre hervorholen und mit ihren Hunden das Abendessen im Urwald jagen. Ein beliebter Zeitvertreib im Langhaus ist das *lansarang*, ein großes trampolinartiges Gerät auf einer Holzplattform. Auf dem größten finden 40 Leute Platz – vielleicht sämtliche Menschen, die unter dem Dach eines Langhauses schlafen. Tenom kann auch mit einer landwirtschaftlichen Forschungsstation aufwarten, die über einen Orchideengarten und ein Rasthaus verfügt. Für den Besuch muß man im voraus eine Genehmigung beantragen. Von Tenom aus kann man weiter nach Keningau und Tambunan reisen.

Südlich von Tenom, in der Nähe des Dorfes **Tomani**, können Sie die einzigen **Felsmalereien** in Sabah bestaunen. Eigenartige, verzerrte Gesichter und rätselhafte Figuren wurden auf riesige Steine gemalt. Sie sind aber nicht älter als tausend Jahre.

Die Eisenbahn von Kota Kinabalu nach Tenom schlängelt sich durch die Wildnis.

286

Keningau ist das Zentrum der Holzindustrie in West-Sabah. Hier gibt es viele Sägewerke und Holzlagerstätten. Die Stadt ist auf dieser wirtschaftlichen Grundlage schnell gewachsen und verfügt inzwischen über mehrere Hotels und eine Sportanlage für die Manager der großen Holzfirmen, die hierher ihre Geschäftsreisen unternehmen.

Von Keningau kann man weiter gen Süden ins Land der *Murut* vordringen oder gen Norden nach Tambunan und an die Küste fahren. Wenn Sie das Abenteuer lieben, lohnt es sich, die südliche Route zu nehmen. Einzelheiten über diese Fahrt entnehmen Sie bitte dem nächsten Kapitel. Diejenigen jedoch, die es vorziehen, in die Zivilisation zurückzukehren, folgen nun der Straße, die von der Keningau-Ebene über das Crocker-Gebiet nach **Tambunan** führt.

Hier kennzeichnet ein alter Stein auf einer grasbewachsenen Ebene die Stelle, an der die letzte Festung des Rebellen Mat Salleh stand. Er baute das Fort mitten im Dschungel unter die Erde und versorgte es über ein ausgeklügeltes Bambusrohrsystem mit Wasser aus einem sechs Kilometer entfernten Fluß. Er hätte sicher länger als bis 1900 überleben können, wenn nicht ein Dorfbewohner sein Versteck an die *Chartered Company* verraten hätte. Die Briten schnitten Mat Sallehs Wasserversorgung ab, umzingelten das Fort und warteten. Der Rebell und seine Anhänger wurden allesamt erschossen, als sie aus ihrem Versteck auftauchten. So wurde der Widerstand eines einheimischen Adligen niedergeschlagen, der keine Steuern an Ausländer zahlen wollte.

Um Tambunan und das kleine Dorf **Sinsuran**, dessen *Dusun*-Häuser aus Bambus erbaut wurden, erstrecken sich Reisfelder. Hier wurde ein Dorf für Touristen mit allen modernen Schikanen errichtet, das von außen aber wie eine traditionelle Ansiedlung aussieht.

Auf dem Rückweg von Tambunan nach Kota Kinabalu kommen Sie durch **Penampang**, ein hübsches *Kadazan*-Dorf, in dem der Sumazau-Ernte-Tanz aufgeführt wird. Die St.-Michaels-Kir-

n abgelegenen Gegenden ist das Familienleben sehr einfach.

che in Penampang ist das älteste christliche Gotteshaus in Sabah. Erinnerungen an die christliche Religion werden wach, wenn man über den Friedhof schreitet. Die Straße führt von hier in die Hauptstadt und an die Küste.

Stromschnellen und Kalksteinhöhlen: Reisende, die beabsichtigen, den Süden Sabahs zu erkunden, sollten mit einem Allradfahrzeug, Essensvorräten und Geschenken für die Langhausbewohner losziehen, die Ihnen gerne einen Schlafplatz unter ihrem Dach zur Verfügung stellen.

Südöstlich von Keningau liegt Nabawan, der letzte Außenposten, der von der Regierung verwaltet wird. Etwas weiter kommen Sie zu der Siedlung **Sapulut**. Von hier können Sie entweder auf einer schlechten Straße nach **Agis** weiterfahren oder aber ein Kanu samt Ruderer mieten, der Sie sicher über die Stromschnellen des Sapulut-Flusses bringt. Unterwegs bieten die Langhäuser eine Bleibe für die Nacht. Nach einer halbstündigen Bootsfahrt von **Tetaluan** erreichen Sie **Batu Punggul**, eine riesige Felsnase aus Kalkgestein, die 150 Meter aus dem Dschungel aufragt. Eine Besteigung ist zwar möglich, aber recht gefährlich. Es empfiehlt sich sehr, in Tetaluan oder einem anderen Dorf einen Führer zu nehmen. Erforschen Sie auch die Höhlen und den nahegelegenen Wald.

Ein halbstündiger Marsch durch dichte Dschungelvegetation führt Sie nach **Batu Tinahas**, das im Dunkel des Waldes liegt. Dieses Kalkmassiv wurde erst kürzlich vom Forscherteam eines Museums in Sabah entdeckt. Es ist zwar nicht so hoch wie Punggul, doch seine Höhlen und Tunnelsysteme sind enorm und kommen den Gomantong-Höhlen im Osten Sabahs gleich.

Der Fluß fließt an Agis vorbei weiter ins nördliche Kalimantan. In **Pegalungan** ist eine Einwanderungskontrolle, und es ist zweifelhaft, ob Sie die Grenze überqueren dürfen, falls Sie noch kein indonesisches Visum haben, aber selbst dann werden Sie vielleicht abgewiesen. An dieser Stelle mündet der Sapulut in den **Tagal-Fluß**.

Aug in Aug mit einem Nashornvogel.

Wenn Sie dem Tagal folgen, erreichen Sie **Pensiangan**, das ehemalige Verwaltungszentrum des Bezirks, das vor drei Jahrzehnten nach Nabawan verlegt wurde, da diese Stadt leichter zugänglich ist. Hier gibt es ein Gasthaus und mehrere Läden, in denen alles doppelt so teuer ist wie in der Stadt.

Die Reise von Pegalungan nach Kalimantan dauert nur vier Stunden und ist ziemlich abenteuerlich. Traditionelle Langhäuser säumen das Flußufer. Boote werden gebaut, und Frauen weben bunte Stoffe und flechten Rattanmatten.

Sie werden für die Nacht willkommen sein, denn die *Murut* sind für ihre Gastfreundschaft bekannt. Denken Sie daran, daß es höflich ist, die Einladung auf einen Empfangstrunk anzunehmen, denn es ist die Pflicht des Gastgebers, seinen Gästen mit einer Tasse *tapai* aufzuwarten. Wenn Sie keinen Alkohol trinken, berühren Sie am besten die Tasse mit Ihren Lippen oder Fingern und lassen den Führer erklären, daß Sie das feurige Getränk nicht zu sich nehmen wollen.

Lebensmittel für die Erwachsenen und Spielzeug für die Kinder sind übliche Geschenke, und Gegenstände aus Ihrer Heimat sind natürlich noch willkommener als Produkte, die auch in Kota Kinabalu erhältlich sind.

Kakao und Holz: Flüge aus Kota Kinabalu und Sandakan kommen in **Tawau** an der Südostküste Sabahs an, denn der Kakaoanbau und die Holzindustrie sind in dieser Gegend von großer Bedeutung. Dies ist auch der Platz, an dem das umfangreiche Aufforstungsprogramm von **Kalabakan** durchgeführt wird: 30 000 Hektar werden mit schnellwachsenden Bäumen wie z. B. *Albizia facalaria* bepflanzt, von denen manche in nur fünf Jahren 30 Meter in die Höhe geschossen sein sollen.

Doch der ganze Stolz Tawaus ist die Kakaopflanze, die auf den fruchtbaren Vulkanböden prächtig gedeiht und Sabah zum größten Kakaoanbaustaat in ganz Malaysia macht. In letzter Zeit kommt auch das meiste malaysische Holz aus Tawau, das Sandakan in seiner Eigenschaft als „Holzhauptstadt" abge-

Stromschnellen im lichten Dschungel von Sabah.

löst hat. Wie in der Gegend um Sandakan werden auch hier die gerodeten Flächen mit Ölpalmen bepflanzt. Tawau wartet mit einem internationalen Hotel, einem Freizeitpark, heißen Quellen und einem Wasserfall auf.

Den Tawau-Bezirk kann man von Sapulut im Landesinneren aus erreichen, indem man den Holzfällerstraßen entlang der Kalimantan-Grenze folgt. Dazu benötigen Sie jedoch vor Reiseantritt eine Genehmigung. Die Fahrt von Sapulut nach Tawau dauert ungefähr fünf Stunden.

Malaysias einzige ozeanische Insel: Die Straße von Tawau führt nun die Küste hinauf nach Lahad Datu und Sandakan. Auf dem Weg dorthin kommen Sie zunächst nach **Semporna**, einer auf einer Landzunge gelegenen Stadt. Die Bewohner der kleinen Siedlung sind Menschen vom Stamme der *Bajau* und *Suluk* sowie chinesische Ladenbesitzer.

Am bekanntesten ist Semporna jedoch wegen **Pulau Sipadan**, der einzigen ozeanischen Insel Malaysias, die 600 Meter vom Meeresboden aufragt.

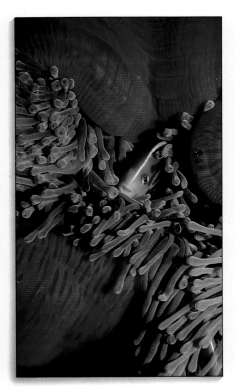

1978 ernannte der World Wildlife Fund (WWF) dieses Eiland zur schönsten Koralleninsel der Welt. Das internationale Interesse weckte den Stolz der Einheimischen, heute bringen Boote regelmäßig geübte Sporttaucher und neugierige Touristen dorthin. Hier wird auch Tauchunterricht erteilt, die Ausrüstung kann gemietet werden. Eine solche Tour können Sie bei einem Reiseveranstalter in Kota Kinabalu buchen.

Eine weitere Insel, **Pulau Bohey Dulang**, liegt näher an Semporna und ist eine Perlenfarm. Die verlassenen Strände der Insel sind wunderschön. Im Meer um Semporna tummeln sich viele köstliche Speisefische, die Sie zur eigenen Zubereitung auf dem Markt in der Stadt erstehen oder als köstliches Mahl in einheimischen Lokalen bestellen können. In der Nähe des Hafens ist ein gutes Fisch-Restaurant auf Pfeilern über dem Meer erbaut. Im Nebengebäude ist ein Motel untergebracht, weitere einfache Unterkünfte finden Sie in der Stadt.

Vogelnester für die chinesische Küche: Eine einstündige Fahrt in nordwestlicher Richtung bringt Sie nach **Madai**, wo sich ein weiterer Kalkfelsen mit großen Höhlen erhebt. Diese Felsnase liegt nur zwei Kilometer von der Hauptstraße entfernt. Außerhalb der Höhlen liegt eine kleine Siedlung, die wahrscheinlich bis auf ein oder zwei Personen verlassen ist. Sie ist nur zweimal im Jahr kurzzeitig bewohnt, wenn die Salanganen in den Höhlen ihre Nester bauen. Die Dorfbewohner erklimmen dann Bambusplattformen und -leitern, um die begehrten Vogelnester zu sammeln.

Es gibt zwei eßbare Arten von Vogelnestern: die schwarzen und die weißen. Auf den Märkten von Hongkong werden letztere mit bis zu 1000 US-Dollar pro Kilo gehandelt. Diese Nester sind die Hauptzutat einer chinesischen Suppe, die in der ganzen Welt als absolute Delikatesse betrachtet wird. Wenn Sie die Höhlen selbst erforschen möchten, benötigen Sie eine Taschenlampe. In manche dringt zwar spärliches Sonnenlicht, doch die tieferen sind pechschwarz. Funde in Madai bestätigen, daß bereits seit 15 500 Jahren Menschen in dieser Gegend leben.

Farbenprächtige Unterwasserwelt in den Gewässern vor der Nordostküste.

Achtzehn Kilometer westlich von Madai liegt **Baturong**, ein weiteres Kalkmassiv, in der Mitte eines Gebietes, das einst ein See mit dem Namen Tingkayu war. Vor 16 000 Jahren trocknete er aus. Mit einem Führer aus Lahad Datu oder Kunak können Sie dieses faszinierende Felsengebilde besichtigen. Die Reise führt eine Stunde lang durch Kakao- und Palmenplantagen zu einem erloschenen Vulkan.

Von hier müssen Sie noch eine weitere Stunde durch jungfräulichen Urwald zum Kalkmassiv wandern. Wenige Besucher schaffen es bis hierher, doch das Erlebnis ist überwältigend. Um die Reise gebührend abzuschließen, sollten Sie hier Ihr Zelt aufschlagen und die Nacht im Dschungel verbringen.

Die Straße von Semporna Richtung Norden bringt Sie nach **Lahad Datu**, Sabahs „Cowboy-Stadt". In Silam, südlich der Stadt, liegt ein Tal mit dem Namen **Danum Valley**. Es wird vom Upper Segama River und seinen Nebenflüssen, dem Bole und dem Danum, durchflossen. In diesem Tal liegt ein 440 Quadratkilometer großes Waldreservat, das von der Sabah Foundation für Forschung und Bewahrung eingerichtet wurde. Hier ist noch kein Wald gerodet. Auf dem Gelände finden Sie lange Wanderwege, ein wissenschaftliches Forschungszentrum sowie eine Herberge. Mit einer Genehmigung können Sie den Park besuchen.

Sabahs einstiges „Hongkong": In **Sandakan**, Sabahs geschäftiger Boom-Stadt, nennen die Menschen die Baumstämme im Sulu-Meer „schwimmendes Geld". Sie werden den Segama River hinuntergeflößt, wandern durch die Hände chinesischer Unternehmer im Hafen und werden dann auf großen Frachtern nach Japan verschifft. Sandakan war so reich, daß viele Investoren dachten, aus der Stadt würde ein zweites Hongkong werden, doch die schnelle Rodung dieses Gebietes verlangsamte den Fortschritt.

Die ehemalige Hauptstadt Nord-Borneos wurde während des Zweiten Weltkriegs dem Erdboden gleichgemacht; die heutige Stadt wurde auf den Trüm-

In Sepilok lebt die größte Orang-Utan-Gemeinde der Welt.

mern erbaut. In seinen Anfängen war Sandakan ein Waffenschmugglernest, das von Spaniern kontrolliert wurde. Die meisten Schmuggler waren jedoch Deutsche; die Einheimischen erinnern sich noch an sie, denn sie nennen alle Weißen „Orang Jerman" (deutscher Mensch) und nicht – wie sonst üblich – „Orang putih" (weißer Mensch).

Früher war die Stadt sehr kosmopolitisch, die Händler Sandakans kamen aus der ganzen Welt: Sie waren Europäer, Araber, Japaner, Dusun, Javaner, Chinesen und sogar Afrikaner. Eine interessante Volkszählung aus dem Jahre 1891 stellte fest, daß 75 von 90 Japanerinnen entweder als Prostituierte oder Bordellbesitzerinnen ihren Lebensunterhalt verdienten. Die Chartered Company hatte hier ihre Hauptniederlassung, da der Hafen als einer der besten in ganz Borneo galt und die Stadt durch die Hügel im Rücken relativ geschützt war. Die Hauptstadt Nord-Borneos wurde 1881 nach Kudat verlegt.

Pulau Selingan ist die größte von drei Inseln vor der Küste Sandakans, auf denen ein Schildkröten-Schutzgebiet angelegt wurde. Bestimmte Schildkrötenarten legen hier angeblich jede Nacht ihre Eier ab, zum Beobachten eignet sich jedoch am besten die Zeit zwischen Juli und September. In den sechziger Jahren wurde hier eine besondere Brutstation für Schildkröten eingerichtet. Die anderen beiden Inseln heißen **Pulau Bakingan** und **Pulau Gulisan**. Auf Selingan gibt es Unterkunftsmöglichkeiten, die jedoch im voraus gebucht werden müssen.

Die bei den Einheimischen beliebteste Insel ist **Pulau Berhata**. Dieses hübsche Eiland mit schönen Stränden, klarem Wasser und wundervollen Felsvorsprüngen hat eine etwas düstere Vergangenheit: Früher war hier eine Leprakolonie und während des Zweiten Weltkriegs ein Gefängnis.

Gegenüber vom Hafen von Sandakan liegen die **Gomantong-Höhlen**, die zu den größten von Borneo zählen. Zweiunddreißig Kilometer südlich von Sandakan gelegen, sind sie die Heimat von einer Million Salanganen, deren Nester

Markttag in Kota Belud.

auf den Tischen der vielen chinesischen Restaurants in der Stadt landen. Die Sammler klettern bis zu 90 Meter hohe Bambusleitern hoch, um diese Schätze zu ergattern.

Eine zwanzigminütige Fahrt nach Westen führt Sie in den **Sepilok Park**, in dem Orang-Utans leben. 1964 wurde auf 4000 Hektar Land ein Zentrum für diese intelligenten Primaten gegründet. Hier werden Orang-Utans, die lange in Gefangenschaft lebten, Schritt für Schritt auf ihre Rückkehr in die Wildnis vorbereitet: Dazu gehört Unterricht im Klettern, im Bauen von Nestern in Bäumen und in der Futtersuche. Langsam werden sie entwöhnt, manche kehren nach einiger Zeit aus dem Urwald zurück, aber nicht sehr häufig.

Besucher können mit diesen umgänglichen Geschöpfen hier Freundschaft schließen und haben die Möglichkeit, Naturpfade zu erkunden und Diashows zu sehen, in denen das Leben der Orang-Utans in freier Wildbahn gezeigt wird. In der Nähe von Sepilok gibt es auch eine Krokodilfarm.

Kota Belud: Auf der Straße von Kota Kinabalu nach Kota Belud und in den Norden kommen Sie durch Tuaran mit seinen berühmten Töpfereien. Das Wasserdorf **Mengkabong** erreicht man auf einer Seitenstraße kurz vor Tuaran. Mengkabong ist ein hübsches *Bajau*-Küstendorf, das auf Pfeilern über dem Wasser erbaut wurde. Die Häuser sind durch gefährlich anmutende Bretterübergänge untereinander verbunden. Kunsthandwerk kann sowohl hier als auch in Kota Belud erworben werden.

Kota Belud liegt anderthalb Autostunden von Kota Kinabalu in nördlicher Richtung und hat zwei Sensationen zu bieten: Die Stadt ist wegen der *Bajau*-Cowboys bekannt, die für ihre Pferdezucht berühmt sind, und sie ist Schauplatz des farbenprächtigsten Marktes in Sabah. *Bajau*-Marktfrauen, in deren Gesichtern das Lachen und die pralle Sonne tausend Fältchen gezeichnet haben, hocken zwischen ihren Tabakblättern und süßen Pfannkuchen und kauen die unverzichtbare Betelnuß, die Zähne und Zahnfleisch grellrot färbt. Der Kunst

Die moslemischen *Bajau* stammen von den Philippinen.

des Betelkauens ist eine ganze Reihe von Verkaufsständen gewidmet, und die Marktfrauen demonstrieren kontinuierlich ihre Fähigkeiten in diesem Metier.

Auf diesem Markt wird alles mögliche feilgeboten, darunter auch Büffel und Ponys. Ein pakistanischer Medizinmann mit weißem Schnurrbart betreibt seine Ein-Mann-Band, die von theatralischem Verkaufsgeschwätz in vier Sprachen begleitet wird, während sein Assistent sich anschickt, die heilenden Produkte an den Mann zu bringen: rosarote Flaschen mit einer klebrigen Flüssigkeit.

Seit den Tagen der British Chartered Company, die die Landbevölkerung dazu ermutigte, in den großen Siedlungen zusammenzukommen, sind die *tamus* bei jung und alt beliebt. Das Wort *tamu* bedeutet eigentlich „Treffpunkt", und auch heute noch hat der ganze Markt den Charakter eines großen Picknicks. Reisende finden hier viele Beispiele des Kunsthandwerks der verschiedenen Stämme.

Langhäuser und verlassene Strände: An der nördlichsten Landspitze Sabahs liegt **Kudat**, die erste Hauptstadt des Staates Sabah, früher ein bedeutender Hafen für den Handel zwischen China und Europa. Die East India Company packte die Gelegenheit beim Schopf und errichtete 1773 einen Handelsposten auf der Insel Belembungan. Doch häufig herrschte Wassermangel, außerdem wurde die Station immer wieder von Piraten heimgesucht. Einheimische Häuptlinge, die wegen der schlechten Bezahlung der Handelsgesellschaft wütend waren, plünderten den Posten.

Selbst heute ist Kudat noch Zankapfel: Lange Zeit pflegte die Gegend rege Beziehungen mit den Philippinen, und die philippinische Regierung weigert sich standhaft, die Region als Teil Malaysias anzuerkennen. Eine große philippinische Gemeinde ist hier bereits seit langer Zeit ansässig.

Das Volk der *Rungu* dagegen ist wesentlich friedlicher, es handelt sich um eine Untergruppe des Stammes der *Dusun* und *Kadazan*. Viele leben um Kudat noch in ihren traditionellen Langhäusern und glauben an Naturgeister.

Ihnen gelang es erstaunlicherweise, ihren Traditionen viel länger treu zu bleiben als anderen Stämmen in Sabah. Ihr Baustil wird im Staatsmuseum von Kota Kinabalu dargestellt. Bekannt sind sie außerdem für die langen Messingringe, mit denen die Frauen ihre Hälse, Arme und Beine schmücken.

Hier lebt auch eine große chinesische Gemeinde, denn Kudat war der erste Platz, an dem sich in den achtziger Jahren des letzten Jahrhunderts Chinesen ansiedelten. Viele von ihnen sind Christen und Bauern. Auf der Insel **Banggi** lebt ein kleiner Stamm, von dem man lange glaubte, daß seine Vorfahren *Dusun* seien, doch der Dialekt dieser Menschen widerspricht dieser Theorie. Sie fristen ihr Dasein abseits von der Zivilisation, und nichts hat sich in den letzten Jahrhunderten für sie geändert.

Die Kudat-Region hat sich noch nicht auf den Tourismus vorbereitet. Wenn auch Ausflüge von der Hauptstadt in touristische Langhäuser angeboten werden, so gibt es in dieser Gegend doch kaum andere Unterkünfte außer ein paar chinesischen Hotels für müde Geschäftsreisende, die sich als Ausgangspunkt für Erkundungen in die Umgebung eignen. Manche versorgen Sie sogar mit Landkarten, auf denen dünne Linien die Feldwege kennzeichnen, die Siedlungen mit Langhäusern oder Fischerdörfern verbinden.

Mit einem eigenen Fahrzeug (in weiser Voraussicht möglichst mit Allradantrieb) können Sie die Dörfer erforschen und sich auf die Suche nach einsamen und schönen Stränden machen, die oft am Ende von kleinen Seitenstraßen versteckt liegen.

Wenn Sie nach einem Strand fragen, wird man Ihnen den Weg zum **Bak Bak** erklären, einem eher flachen kleinen Strand hinter Kudats winzigem Flughafen. In den Augen der Einheimischen kann nur ein Platz als Strand bezeichnet werden, an dem Hotels, Duschen und Picknicktische vorhanden sind. Doch ziehen Sie nur ein kleines Stück weiter, und Sie werden sich sogleich wieder in der Einsamkeit befinden. Vielleicht treffen Sie dann unterwegs auf einen *Rungu* mit seinem Blasrohr.

Jogging am Strand von Tanjong Aru.

294

ERZÄHLUNGEN AUS DEM LANGHAUS

Sarawak ist noch immer ein Name, der eher romantische Assoziationen weckt, der mehr an „weiße Rajas" und Kopfjäger denken läßt als an 125 000 Quadratkilometer Dschungel, Berge und Sumpfland dicht am Äquator. Sarawak ist ein Land überreicher Niederschläge und zahlloser Flüsse, die sich ihren Weg über die Landesgrenze ins indonesische Kalimantan hinein bahnen und die einzigen Zugänge in die entlegenen Dschungelgebiete bilden.

Sarawak steht für vieles zugleich: für die Landwirtschaft der *Kelabit*, für die Fischerdörfer der Malaien, für die Langhäuser der *Iban*, die Dschungelsiedlungen der *Punan*, für die Sagofabrikation der *Melanau* und die Reisfelder der Land-*Dayaks*.

Aber die Tage der weißen Rajas und Kopfjäger sind unwiderruflich dahin. Seit 1963 ist Sarawak Mitglied der Föderation von Malaysia, und die Spuren des Kolonialismus haben sich während des Aufbaus einer neuzeitlichen Staatsstruktur schnell verflüchtigt. Mit ihnen ist auch die alte Gemächlichkeit dahin, und mit der neu entstandenen Ölindustrie und der Diskussion um die Abholzung der Wälder sind ebenso die Interessen Kuala Lumpurs an der Entwicklung des Landes stark gestiegen.

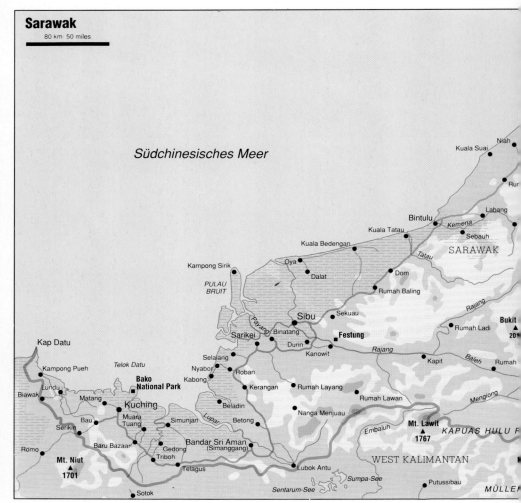

Zweifellos wird Sarawak während der nächsten Jahre erhebliche Veränderungen erleben.

Sarawaks lange Tradition herzlicher Gastfreundschaft ist es, was Reisen in diesem Land so angenehm macht. Man kann sich angeregt mit einer chinesischen Verkäuferin an einem Obststand in Kuching unterhalten, oder man mag in einem Langhaus als Gast eines Iban-Häuptlings bei einem Gläschen selbstgebrautem *tuak*, dem allseits beliebten einheimischen Palmwein, ein faszinierendes Gespräch führen.

Der Tourismus steckt hier noch in den Kinderschuhen und nimmt oftmals spontane und recht improvisierte Formen an. Während einige Veranstalter Touren zu den Höhlen, Langhäusern und Nationalparks des Landesinneren in kleinen Gruppen anbieten – was ein echtes Erlebnis sein kann –, werden andere rücksichtslos über den Stolz und die Würde eines Stammes hinweggehen und Sie in ein Langhaus nahe der Hauptstadt transportieren, dessen Bewohner ihre Tänze und ihre Lebensweise „vorführen", ganz im Stil eines unsensiblen Tourismus der fünfziger und sechziger Jahre.

Da ist es besser, auf eigene Faust loszuziehen oder sich an die Reiseveranstalter zu halten, die wir in diesem Buch empfehlen. Das eigentlich Interessante an Sarawak ist eine Expedition stromaufwärts zu den Langhäusern der *Kayan, Kenyah, Murut, Kelabit* und *Punan*, die seit fast 40 Jahrtausenden dieses Land besiedeln.

Zwei Wochen sollte man sich mindestens Zeit nehmen für eine solche Reise stromaufwärts, die einen weit weg von der Welt des Kommerzes und des üblichen Tourismus führt. Erste Informationen bietet das Fremdenverkehrsbüro in Kuching; die besten Quellen sind jedoch die Menschen, die man auf dem Fluß oder in kleinen Uferstädtchen wie Kapit oder Belaga trifft. Aller Wahrscheinlichkeit nach sind es Angehörige der Iban oder anderer Stämme, die oft auf „Wanderschaft" sind und sich Ihnen vielleicht sogar anschließen.

Um die interessanten kleinen Nebenflüsse zu erreichen, sollte man einen Führer mitnehmen sowie Proviant und Geschenke für den Gastgeber im Langhaus. Hier eignen sich am besten Nahrungsmittel und Kinderspielzeug.

Wenn man nicht aufpaßt, hängen sich bei einem solchen Trip gerne Leute an, die sich als Führer gut bezahlen lassen; man sollte also handeln, um die Kosten nicht ins Uferlose wachsen zu lassen. Alle, die sich gut ausgerüstet am Fluß entlang durch den Dschungel von Sarawak geschlagen haben, schwärmen von diesem unvergleichlichen Erlebnis.

Obwohl es in und um Kuching ein passables Straßennetz gibt, wird man im Landesinneren überwiegend mit dem Schiff, dem Kanu oder einer Fokker 27 reisen. Zwischen Kuching und Sibu

Vorherige Seiten: Steinzeitliches Szenarium – die Niah-Höhlen.

wurde zwar eine Straße eröffnet, die aber sehr schlecht befahrbar ist. Die MAS fliegt alle wichtigen Orte in Sarawak an (siehe die Verkehrsverbindungen im Kurzführer), und es gibt kleine Missionsflugzeuge, die einen gern mitnehmen. Reisen ist in Sarawak jedenfalls noch mit Abenteuer verbunden.

Daß über dieses Dschungelland einst ein weißer Mann herrschte, klingt sonderbar, und noch erstaunlicher ist, daß dies nicht auf der Basis kolonialer Herrschaft zustande kam, sondern aufgrund einer Einladung.

Der junge charmante James Brooke, den seine Bewunderung für Sir Stamford Raffles in den wenig bekannten Osten gelockt hatte, kehrte den Cocktailpartys und den jungen Damen von Singapur den Rücken und reiste weiter nach Borneo.

Außer einem kurzen Zwischenspiel in der indischen Armee hatte Brooke in der Kolonialgesellschaft keinen Rang aufzuweisen, aber er war die Verkörperung des romantischen Abenteurers und machte seinen mangelnden Einfluß durch seine Persönlichkeit wett. Er war außerdem ein Diplomat und Stratege, Eigenschaften, die ihm, in Verbindung mit seinem selbstsicheren Auftreten, fast von selbst die Alleinherrschaft über Sarawak einbrachten.

Als James Brooke 1839 mit seinem Schiff *The Royalist* in Kuching eintraf, stand es um Sarawak nicht besonders gut. Die Dayaks rebellierten gegen die brutalen Tributforderungen des Sultans von Brunei, unterstützt von einheimischen Malaien und Chinesen. Nach einem Jahr drängte ihn die Aristokratie von Brunei, Sarawak als ihr Beauftragter zu befrieden.

Zum allgemeinen Erstaunen gelang es ihm, beide Seiten zu einer Friedensvereinbarung zu überreden; was die Herrscher von Brunei aber noch viel mehr verblüffte, war seine Bedingung, daß die Rebellen am Leben bleiben und in ihre Dörfer zurückkehren dürften. So hatte er nicht nur die Rebellion im Keim erstickt, sondern hatte sich auch die Freundschaft der Dayaks, Malaien und Chinesen erworben und erhielt dafür als **Dayaks sind herzliche Menschen.**

Belohnung von den Herrschern in Brunei das Land Sarawak und den Titel eines Raja. Zudem hatte er eine Neuerung eingeführt, die zur Grundlage der Herrschaft der weißen Rajas wurde: Gerechtigkeit ohne Günstlingswirtschaft.

Wenn das Genie eines James Brooke Sarawak als einen Staat konzipiert hatte, in dem eine Handvoll Europäer zahlreiche fernöstliche Völker zu einem harmonischen Nebeneinander führte, so war es sein Neffe, Charles Brooke, der diesen Plan endgültig verwirklichte.

Im Gegensatz zu seinem Onkel war Charles verschlossener und reservierter. Er hatte monatelang als Distriktoffizier völlig abgeschieden im Dschungel bei befreundeten Dayaks gelebt. Während seiner gesamten Regierungszeit unterhielt er in seinem Palastgarten eine kleine Betelnußplantage, aus der er Dayak-Häuptlinge bewirtete, wenn sie ihn besuchten. In ihrer Gegenwart gab er sich oft ungezwungener als bei den steifen Teegesellschaften mit europäischen Regierungsbeamten.

Typisch für seine wortkarge Natur war der Heiratsantrag, den er der jungen Margaret de Windt in Form eines kleinen Gedichts machte, als sie gerade auf dem Piano spielte:

„With a humble demean
If the King were to pray
That you'd be his Queen,
Would you not say nay?"

Erlauben Sie die bescheidene Frage/ falls der König Ihnen morgen/ die Hochzeit antrage/ würden Sie ihm möglicherweise – nicht absagen?

Zum Entsetzen ihrer Eltern wurde Margaret tatsächlich Rana von Sarawak. Sie schrieb mehrere Bücher über ihr Leben im Land und begleitete ihren Mann auf Reisen ins Landesinnere, wo ihr Charme und ihre Natürlichkeit viel zum ausgezeichneten Verhältnis mit den eingeborenen Gastgebern beitrugen.

Sicherlich war das Zusammenleben mit Charles Brooke nicht immer einfach, aber er hielt große Stücke auf Margaret und gab dem neuen Fort, das er in Kuching bauen ließ, den Namen Fort Margherita.

Goldene Abenddämmerung am Sarawak River.

Charles Brooke war ein wohlwollender Despot, der darauf bestand, sich um alle Angelegenheiten in Sarawak persönlich zu kümmern. Er suchte selbst die weißen Marmorplatten für die Fischstände auf dem Markt von Kuching aus, legte architektonische Richtlinien für alle öffentlichen Gebäude fest, wählte die Farben für Fort Margherita aus und die Uniformen für die Sarawak-Rangers. Er segelte auf die Philippinen, um persönlich einen Dirigenten für die städtische Kapelle auszuwählen, und er legte das gesamte Repertoire fest. Mit Hilfe von Erlassen hielt er einen „heißen Draht" zu seinen Beamten auf den Außenposten aufrecht und bestand darauf, daß man sie niemals in einem Lehnstuhl sitzend antreffen dürfe.

Bis kurz vor seinem Tode stand er mit dem Fünf-Uhr-Böllerschuß auf und begab sich in weißen Hosen und einem blauen Serge-Jacket, immer einen Geißblattzweig im Knopfloch, zum Gerichtsgebäude auf der anderen Seite des Flusses, wo er das letzte Wort hatte. Er verbrachte auch einige Zeit im Schatzamt, und während seine Buchhalter unter seinem scharfen Blick erzitterten, erlebte Sarawak unter seinem Regime eine wirtschaftliche Blütezeit und eine längere Periode des Friedens als je zuvor. 1895 wurde das erste Öl bei Miri entdeckt, und die Sarawak Oil Company begann ab 1910 mit der Förderung. Ebenso wurden Gummibäume eingeführt und brachten die ersten landwirtschaftlichen Exporteinnahmen.

Mit seinen 86 Jahren verbrachte Raja Charles Brooke noch immer seine Vormittage mit Regierungsgeschäften, am Nachmittag machte er seinen drei Kilometer langen Spaziergang.

Als er 1917 starb, ging eine bedeutende Ära zu Ende. Einige Jahre später versammelten sich sein Sohn, der dritte Raja Charles Vyner Brooke, einige europäische Beamte, malaiische Aristokraten, Dayak-Häuptlinge und chinesische Kaufleute vor dem alten Gerichtsgebäude, um des Mannes zu gedenken, der 65 Jahre seines Lebens Sarawak gewidmet hatte, davon 49 als Raja. Als der Iban-Häuptling Penghulu

Kuchings Hafen ist noch überschaubar.

den Obelisk enthüllte, tauchte das erste Flugzeug am Himmel auf, das jemals in Sarawak gesichtet wurde. Einige Gäste waren davon überzeugt, daß der Geist des alten Raja nun zum Himmel aufgestiegen war.

Charles Vyner Brooke war nicht sehr lange im Amt, denn Sarawak ging 1945 an die britische Krone über. Als 1963 die Föderation Malaysia gebildet wurde, gehörte die weiße Herrschaft endgültig der Vergangenheit an – bis auf die Geschichten, die noch immer nachts in den Langhäusern erzählt werden.

Mit dem Sampan in die Innenstadt: In Sarawaks Hauptstadt **Kuching** bleibt die Erinnerung an die Brooke-Ära durch die Gebäude aus jener Zeit erhalten, die sich mit Eleganz und Würde aus dem Lärm und dem Getriebe der modernen Stadt erheben.

Charles Brookes **Astana**, der Palast, der 1870 für den frischvermählten Raja gebaut wurde, hat bis heute nicht viele Veränderungen erlebt. Er besteht aus drei Bungalows, die auf quadratischen Ziegelpfeilern stehen und von einem weit heruntergezogenen Dach vor der Sonne geschützt werden. Heute befindet sich hier der offizielle Sitz des Staatsoberhauptes von Sarawak.

Die Anlage des **Forts Margherita** beherrscht immer noch den Flußabschnitt des Sarawak, an dem die Stadt gebaut ist. Es mußte eigentlich nie seine Funktion unter Beweis stellen, denn als es 1879 angelegt wurde, genoß die Stadt eine friedliche Zeit ohne jegliche Bedrohung von außen. Erst als die Japaner Kuching aus der Luft eroberten und die Ära der Brookes damit zu Ende ging, wurde es unter Feuer genommen, allerdings kaum beschädigt. Heute ist hier ein Polizeimuseum eingerichtet.

Das Gerichtsgebäude von Brooke ist ein sehr einfacher und ganz pragmatischer Entwurf, der den damaligen Kolonialstil zeigt. 1883, zehn Jahre nach seiner Fertigstellung, wurde noch ein Uhrenturm angebaut. Gegenüber steht das **Charles Brooke Memorial** aus dem Jahre 1924.

Schon dekorativer gibt sich das **General Post Office** mit seinen korinthi-

Fort Margherita ist heute Polizeimuseum.

schen Säulen aus dem Jahre 1931. Der **Square Tower** wurde 1879, im gleichen Jahr wie das Fort, errichtet und weist den viktorianischen Hang zur phantasievollen Verarbeitung mittelalterlicher Stilelemente auf. Er besitzt ein richtiges Verlies, beliebt wurde er aber erst später in seiner Funktion als Tanzhalle. 1886 wurde der etwas seltsame **Round Tower** in der Carpenter Street gebaut, er war dazu bestimmt, die Stadtapotheke zu beherbergen. Brooke scheint eine Vorliebe für Festungsbauten gehabt zu haben, denn der Turm sollte im Ernstfall auch zu Verteidigungszwecken dienen. Heute sind hier einige Abteilungen des Justizministeriums untergebracht.

Eines der ältesten Häuser in Kuching ist das **Bishop's House** aus dem Jahre 1849; es wurde noch von James Brooke gebaut für Reverend Thomas Francis McDougall und seine Frau. Der schlaue Brooke hatte McDougall vor allem deshalb zum Bischof von Kuching erkoren, weil er vorher Chirurg gewesen war. **The Pavilion** in der Nähe des Round

Tower und des Gerichtsgebäudes unterscheidet sich durch seine aufwendige Fassade deutlich von den anderen Kolonialgebäuden in Kuching. Er war als medizinisches Zentrum geplant, beherbergt heute aber das Ministerium für Erziehung.

An der Main Bazaar Road, dort wo die ersten chinesischen Geschäfte eröffnet und der erste chinesische Tempel, der **Tua Pek Kong,** gebaut wurden, steht das **Chinese Chamber of Commerce**. Seine Gründung im Jahr 1912 bedeutete die feste Etablierung der chinesischen Gemeinde in Sarawak. Als James Brooke 1839 kam, konnte man die Chinesen an einer Hand abzählen, heute beliefern sie die Städte und Gemeinden in ganz Sarawak, bringen Waren und die neuesten Nachrichten vom Unterlauf des Flusses in die entlegensten Langhäuser des Landesinneren.

Indische Händler taten es ihnen nach und spezialisierten sich vor allem auf den Verkauf von Stoffen und den Geldverleih. Wahrzeichen ihres Erfolges ist die **Indian Mosque,** die etwas verborgen zwischen der India Street und der Gambier Road liegt; sie geht auf das Jahr 1876 zurück. Im Labyrinth der engen Gassen, das sie umgibt, finden sich vor allem kleine indische Kaufläden und Restaurants.

Zeugen der Vergangenheit: Das für den Besucher vielleicht wichtigste und sicher aufregendste Gebäude ist das phantastische **Sarawak Museum**, zwischen der Jalan McDougall und der Jalan Tun Haji Openg. Alfred Russell Wallace, Naturforscher und Mitbegründer der Evolutionstheorie, verbrachte viele Jahre auf Borneo und pflegte eine spezielle Freundschaft mit Charles Brooke. Ihn drängte Wallace, das Museum zu errichten und eine Sammlung über einheimische Kunst und Kunsthandwerk anzulegen. Er selbst steuerte viele seltene Tiere aus seinem Privatbesitz bei, die er auf seinen zahlreichen Expeditionen geschossen und dann konserviert hatte.

Die Fassade des Gebäudes hat ein französisches Herrenhaus zum Vorbild, aber das Innere bringt dem Betrachter die Seele Borneos nahe.

Die Götter sind für jedes Alter da.

Die Brookes hüteten sich mit Absicht vor jeder Wertung und Einstufung der einheimischen Kultur in Kategorien wie „primitiv" oder „zivilisiert". Vielmehr bestanden sie auf fähigen Kuratoren, deren westliche Erfahrung nur dazu dienen sollte, die ethnologische Vielfalt Borneos und die lebhaften kulturellen Ausdrucksformen seiner Kulturen besser zu erfassen.

Das Museum ist vollgestopft mit exotischem Schmuck der Eingeborenenstämme. Ein Schaukasten ist dem Stamm der Kelabit gewidmet, die verschiedene Bezeichnungen für 60 Arten traditioneller Glasperlen haben. Ein anderer Kasten zeigt Figurinen, die vor 2000 Jahren von den inzwischen ausgestorbenen Sru-Dayak geschnitzt wurden. Ein Teil des Museums ist in ein Iban-Langhaus verwandelt; künstliche Feuer brennen, echte Köpfe hängen von den Deckenbalken, und Kopfputz und Waffen eines Kriegers liegen neben seiner Lagerstatt, als wolle er jeden Moment eintreten und den Kriegsschrei ausstoßen. Die Vorliebe der Sarawaker

für kunstvolle Dekorationen verdeutlicht eine hohe Wand, die ganz mit phantasievollen Mustern bemalt ist. Ein Museumsangestellter fand die Stirnwand eines Kenyah-Langhauses in Long-Nawang völlig mit einem Gemälde bedeckt, das den Baum des Lebens darstellt, und beauftragte Künstler in Kuching mit einer Reproduktion.

Merkwürdige und oft grausame Stammesrituale werden hier festgehalten. Riesige handgeschnitzte Begräbnispfosten mit der Asche der Toten in Holzkästen an der Spitze holte man von stromaufwärts gelegenen Friedhöfen herbei und stellte sie im Museumsgarten auf. Früher, wenn die Familie den Geist eines Verstorbenen besänftigen wollte, wurden manchmal Sklaven geopfert, indem man sie am Fuß der Pfähle zerschmetterte. Eine versteckte Dachkammer im Langhausmodell erinnert an die Tradition der *Anak Umbong* („Einsame Tochter"), nach der ein Dayak-Häuptling seine Tochter vor allen Blicken verbarg, bis ein heroischer Krieger um ihre Hand anhielt.

Das Museum verdankt seinen phantasievollen und eklektischen Charakter einer langen Reihe engagierter Kuratoren, vor allem aber der erstaunlichen kulturellen Vielfalt Sarawaks. Da ist ein künstliches Gebiß ausgestellt, das man im Magen eines Krokodils fand. Ein besonderes Prachtstück ist ein aus Rhinozeroshorn gefertigter Becher, der auf Gift reagiert. Das Getränk fing an zu schäumen, wenn es mit Gift versetzt war; und da die Stammesprinzen dauernd versuchten, sich gegenseitig zu beseitigen, war Rhinozeroshorn zu jener Zeit ein begehrter Artikel.

In der Abteilung der wirbellosen Tiere lernen Besucher, daß die Schlankjungfer, eine Libellenart, seit 300 Millionen Jahren auf dieser Erde lebt, daß der Langhornkäfer das bevorzugte Insekt von Wallace war und daß der Floh der beste Weitspringer der Welt ist – er überspringt das Zweihundertfache seiner Körpergröße.

Das alte Museum ist durch eine Fußgängerbrücke über die Straße mit dem neuen Anbau verbunden, der 1983 fertiggestellt wurde. Im Gegensatz zu den Abteilungen, die dem Leben der verschiedenen Stämme gewidmet sind, chinesisches Porzellan oder eine Rekonstruktion der Niah-Höhlen zeigen, werden hier vor allem moderne Themen mit Hilfe von Filmen, Dia- und Video-Vorträgen dokumentiert. Zum Beispiel das Thema „Katze", denn nach diesem Tier ist die Stadt Kuching benannt. Andere Themen sind der große Nashornvogel (Sarawak wird auch das Land der Nashornvögel genannt), der Orang-Utan, das Leben im Dschungel und die Stammestänze.

Vor dem Museum gibt es einen schönen Garten mit einem Aquarium und einem kleinen Teehaus, das von zwei alten chinesischen Ladys geführt wird. Ein kleiner Museumsladen verkauft die Produkte einheimischer Kunsthandwerker ohne eigenen Gewinn. Falls Sie aber während des Museumsbesuchs ihre Schwäche für die Kunst der Iban oder Kenyah entdeckt haben, finden Sie eine gute Auswahl auf der Veranda eines Langhauses ganz in der Nähe.

Macht die Vergangenheit lebendig: Das Sarawak-Museum.

Die Schätze Kuchings: Einige der „Antiquitäten", die im Museum zu bewundern sind, kann man auch in kleinen Läden auf der Wayang Street kaufen – sie haben allerdings ihren Preis. Unglaublich phantasievoll stilisierte Wiedergaben des geheiligten Nashornvogels sind in großer Anzahl vorhanden, geschnitzt und mit knalligem Rot und Grün bemalt. Ein menschlicher Schädel in einem Glaskasten läßt den Atem stocken, aber der Besitzer grinst nur und meint, daß er aus Plastik sei. Wenn Sie nun sehr enttäuscht sind, wird er Ihnen seine Kollektion vorführen: Glasperlen, Menschen- und Tierzähne, chinesische Münzen und besondere Holzstücke, die, auf eine Schnur gereiht, ihren Besitzer vor den bösen Geistern schützen.

In der Temple Street steht der kleine und unauffällige **Sarawak Batik Art Shop.** Sein Besitzer, der Batikmaler Mr. Pang Ling, steht dort inmitten von Körben, Schöpfkellen aus Bambus und Matten, die alle die besonderen Muster der Iban und Kelabit tragen; und natürlich sind seine eigenen Werke auch ausgestellt. Er wird Ihnen wahrscheinlich erzählen, wie er anläßlich der Sarawak Arts Council Exhibition 1972 die englische Königin getroffen hat. In seiner Freizeit besucht Mr. Pang Ling die Langhäuser, von denen er nach eigener Aussage am meisten inspiriert wird. Seine Kunden kommen aus aller Welt, und seine Bilder waren schon in New York ausgestellt.

Wie man sieht, ist ihm der Erfolg nicht zu Kopf gestiegen, er führt seine Arbeit ruhig und unprätentiös weiter. Selbst wenn Sie nur zum Schauen und nicht zum Kaufen gekommen sind, werden Sie sich in seinem Laden willkommen fühlen.

Tempel und Märkte: Ebenso wie viele andere Städte in Malaysia hat auch Kuching eine Anzahl interessanter und reich ausgestatteter Tempel. Neben dem **Tua Pek Kong,** dem ältesten Tempel Kuchings, ist der **Kuek Seng Ong Temple** auf Lebuh Wayang von besonderer Wichtigkeit. Die Henghua-Fischer bitten hier um einen guten Fang und eine sichere Heimkehr. Der Tempel ist

Die Kunst der Eingeborenen ist gut vertreten.

dem Gott Kuek Seng Ong geweiht, dessen Statue am 22. Tag nach dem zweiten Vollmond des Jahres auf einer Sänfte durch die Stadt getragen wird.

Zum allseits beliebten Sonntagsmarkt an der Jalan Satok am Rande der Stadt kommen Dayak-Händler aus der ganzen Umgebung. Die Verkäufer stellen ihre Buden eigentlich in der Nacht zum Samstag auf, und der Markt dauert dann bis Sonntagmorgen. Neben einheimischen Früchten und Gemüsen werden auch exotische Leckerbissen wie Fledermäuse, Eidechsen, Affen und Schildkröten angeboten.

Die Strände Sarawaks: Für die Sonnen- und Strandhungrigen ist das **Damai Beach Resort** bei Santubong, das von Kuching in 30 Minuten per Schiff zu erreichen ist, ein bevorzugtes Ziel. Das **Damai Beach Hotel** bietet auch Chalets zum Übernachten an. Die Zimmer im staatlichen **Rasthaus** müssen in Kuching auf dem District Office (Tel.: 242-533) vorbestellt werden.

Die Geschichte des Fischerdorfes **Santubong** reicht bis zu den Tun- und Sung-Dynastien zurück; damals, zwischen dem siebten und 13. Jahrhundert, war es ein wichtiges Handelszentrum. Im Bereich des Flußdeltas sind uralte hinduistische und buddhistische Felsreliefs entdeckt worden.

Etwas weiter südlich liegt das **Santin Resort** gut verborgen zwischen den Mangroven. Mit Bussen gelangt man von der Hauptstadt zur Anlegestelle, von der ein Boot dorthin verkehrt, denn einen Landweg gibt es nicht. Die Feriensiedlung ist eigentlich nur für Regierungsbeamte und reiche Einwohner Sarawaks angelegt worden. Um sich dort länger aufzuhalten, muß man geraume Zeit vorher buchen und Mitglied einer größeren Gruppe sein. Wer nur zum Schnorcheln hinfährt, könnte enttäuscht sein, wenn er Vergleiche zur Ostküste anstellt. Für einen Besuch des **Schildkröten-Schutzgebietes** auf **Pulau Satang** braucht man eine Sondergenehmigung, denn die Tiere werden dort sehr sorgfältig abgeschirmt.

Nach **Semantan** im äußersten Westen des Landes kann man mit dem Auto

Ein Einkaufsbummel kann in Kuching zum Abenteuer werden.

gelangen. Dem Besucher stehen in diesem kleinen, entspannten Fischerdorf Chalets mit Selbstverpflegung zur Verfügung, die in Kuching gebucht werden müssen. Auf den nahegelegenen Inseln kann man gleich mehrere Schildkröten-Schutzgebiete, ein Krokodil-Reservat und den Dschungelpark von **Samunsan** besuchen.

Ausflüge von Kuching: Reiseveranstalter organisieren viele Touren von der Hauptstadt zu interessanten Zielen in der Umgebung. Da das Angebot sehr unterschiedlich ist, sollte man eine kritische Wahl treffen und sich vom Fremdenverkehrsbüro beraten lassen.

Semmongok ist ein Schutzpark für Orang Utans, 22 Kilometer von Kuching, in dem man nicht nur den Bestand der Orang Utans, sondern auch den der Nashornvögel, Affen und Wickelbären zu sichern und vermehren versucht.

Bei **Serian**, einer Stadt im Südosten von Kuching, gibt es sehr eindrucksvolle Wasserfälle. Eine Reise den **Skrang River** hinauf könnte mit dem Besuch eines Langhauses verbunden werden.

Da die Bewohner an Touristenbusse gewöhnt sind, wird dies kein authentisches Erlebnis sein. Es gibt sogar Veranstalter, die Hochzeiten in Langhäusern arrangieren. Ob die Ringe dann fester sitzen? Jedenfalls muß man sich wesentlich weiter flußaufwärts vorwagen, am besten auf eigene Faust, um echte Langhäuser kennenzulernen. **Segu Benuk**, 35 Kilometer östlich von Kuching, ist mit dem Auto zu erreichen und dementsprechend gut besucht.

Der Bako-Nationalpark: Mit Bus oder Boot ist man in einer Stunde im **Bako-Nationalpark**, der auf einer Halbinsel an der Mündung des Sarawak-Rivers liegt. In dem nur 27 Quadratkilometer großen Park steht unberührter Regenwald, der an einer Seite von malerischen Buchten und steilen Klippen begrenzt wird und eine einzigartige Fauna und Flora besitzt.

Der Regenwald ist uraltes Habitat von Insekten, fleischfressenden Pflanzen und Kleintieren, wie den langnasigen Affen, den langschwänzigen Makaken, Wildschweinen und Sambar-Hirschen,

Diese Moslem-Frauen sehen die Sache nicht so ernst.

die sogar bis an die Strände kommen. Den Park durchqueren gutmarkierte Pfade; bei der Ankunft bekommt man eine Wanderkarte ausgehändigt. Der *Lintang*-Weg führt zu einer Salzlecke und einem kleinen Hochstand, von dem aus man mit viel Geduld Tiere beobachten kann, die an die Tränke kommen.

Ein anderer Pfad verläuft zuerst auf dem *Lintang*-Weg durch den dichten Urwald und führt dann zum **Bukit-Tambi-Hügel**, von dem aus der ganze Park überblickt werden kann. Eine Abzweigung geht von hier weiter über ein Plateau, das die typische Landschaft und Vegetation Australiens zeigt. Danach kommt man in zwei wunderschöne Buchten, **Telok Pandan Besar** und **Telok Pandan Kecil**, wo man sich mit einem Sprung ins Meer vom Weg durch den Dschungel erholen kann.

Für den Besuch des Parks genügt ein Tag, aber es gibt auch Übernachtungsmöglichkeiten im **Rasthaus** von **Telok Assam**. In einem kleinen Laden kann man Proviant kaufen, ein Restaurant ist erst in Planung. Vorsicht vor der falschen Freundlichkeit der Makaken, die sich vor allem für das Essen in der Küche interessieren! Zimmer kann man im Büro des Nationalparks in Kuching vorbestellen.

Den Rejang hinauf: Hinter Kuching verblaßt der kosmopolitische Glanz der Stadt sehr rasch, und die unzähligen Flüsse bieten sich an als Einfallstore in das grüne Innere Sarawaks. **Sibu**, die Verwaltungshauptstadt des dritten und größten Bezirks, ist eine gemächliche, vorwiegend chinesische Stadt, in der es noch Trishaws gibt und der Fischmarkt ein reiches Angebot an Süßwasserkarpfen und *kolong* aufweist.

Die Busfahrt von Kuching dauert zwei Tage und ist recht unbequem. Angenehmere Alternativen bieten die Bootsfahrt über Sarikei oder der 45minütige Flug von Kuching. Es gibt auch Weiterflüge nach Kapit und Belaga, so daß man den Hinweg auf dem Wasser und den Rückweg in der Luft oder umgekehrt machen kann.

Von Sibu aus fahren lange, schmale Schnellboote regelmäßig nach Kapit

und, falls der Wasserstand es erlaubt, auch nach Belaga.

An Bord trifft man eine bunte Mischung von Passagieren: Chinesische Händler transportieren ihre Ware zu abgelegenen Langhäusern, Beamte, die für den Fluß und das Landesinnere zuständig sind (meist Iban), sind auf dem Weg zu einem Langhaus-Fest, Schulkinder, die in Sibu unterrichtet werden, kehren für die Ferien zu ihren Familien nach Hause.

Wenn das Boot nicht gerade vollbeladen ist, legt es bei der kleinsten Siedlung an, auf jeden Fall aber in **Kanowit** und **Song**. Auf dem Fluß kämpfen sich Kanus und größere Boote stromaufwärts oder treiben mit der Strömung abwärts. Es kann passieren, daß plötzlich ein riesiges Floß aus Baumstämmen vorbeikommt, denn der längste Fluß Sarawaks dient der Holzindustrie als Transportstraße. Löst sich einer der Stämme, kann dies für die Außenbordmotoren gefährlich werden. Die Schnellboote sind deshalb mit Panzerplatten aus Stahl „unverwundbar" gemacht.

Wer am Oberlauf des Rejang wohnt, für den ist **Kapit** eine moderne Großstadt: Es hat elektrischen Strom rund um die Uhr, Läden, die alles führen, jedoch zu ansehnlichen Preisen, dazu einen Markt und mehrere Hotels.

Das Kino hat zugemacht, und für die Abendunterhaltung muß man jemanden auftreiben, der vom Oberlauf des Flusses kommt oder sogar von Kalimantan, jenseits der Grenze, und einiges zu erzählen weiß. Man kann sich auch auf die Suche nach einem Langhausbewohner machen, der auf dem Weg nach Hause ist und einen Begleiter nicht verschmäht. Dies ist bei weitem die einfachste Methode, ein Boot zu bekommen, aber man wird trotzdem dafür zahlen müssen. Der Preis richtet sich, übrigens auch für die Einheimischen, nach dem Wasserstand, dem Wetter, der Tageszeit und der Bereitwilligkeit des Besitzers, sich Ihrer Reisegeschwindigkeit anzupassen. Natürlich zahlen Fremde immer wesentlich mehr, und man muß sich auf einen kleinen Handel einstellen.

Erzeugnisse des Landes auf dem Markt in Kuching.

Kapit liegt im Herzen des Iban-Landes – Sarawaks größten Eingeborenenstammes. Iban waren einstmals jene kriegerischen Kopfjäger, die so sehr zu Borneos romantischem Verruf beigetragen haben. Ein wenig Bekanntschaft mit dieser Kultur wird den Besucher allerdings davon überzeugen, daß sie keine blutrünstigen Barbaren sind.

Um dem Langhaus Glück zu bringen und sich selbst Ansehen, Ruhm und eine Braut, machten sich die jungen Iban-Krieger auf in die „weite Welt" (manche tun das noch heute). Die Köpfe erschlagener Feinde, die sie nach Hause brachten, wurden im Langhaus als Schutzgeister aufgehängt. Es waren immer die Köpfe ebenbürtiger Gegner, niemals die von Frauen, Kranken oder Alten. Die Schriftsteller des letzten Jahrhunderts machten daraus Horrorgeschichten, ohne sich dabei um ein Verständnis der Iban zu bemühen.

Diese sind in Wahrheit ein stolzes und demokratisches Volk, das in den Langhäusern eine kommunale Lebensweise pflegt, in seiner Religion über-

sinnliche Kräfte verehrt und Tradition und Volkshelden in Ehren hält. Diejenigen, die zum Christentum bekehrt sind, singen am Abend ihre Kirchenlieder mit der gleichen Inbrunst wie früher die Stammesgesänge bei den Opferritualen; und teilweise ist der alte Glaube im neuen aufgegangen.

Einer der früheren Anführer war der Krieger Rentap, dessen Name auf Iban soviel bedeutet wie „Einer, der die Welt erzittern läßt". Zu Rentaps Zeiten waren Stammesfehden an der Tagesordnung, wobei es meist um fruchtbare Reisanbaugebiete ging. Sarawak hat größtenteils schlechte Ackerböden, die im Monsun rasch erodieren. So waren Langhausbewohner gezwungen, häufig umzuziehen, auch wenn das die Zerstörung einer anderen Ansiedlung bedeuten konnte.

Rentap wehrte sich dagegen, daß James Brooke oder andere Ausländer sein Volk beherrschten. Er kämpfte so verbissen, daß die Infanterie des Rajas fünf Jahre und eine Neunpfünder-Kanone brauchte, um ihn in die Knie zu zwingen. Der Häuptling ergab sich schließlich, aber nicht ohne dem Raja gezeigt zu haben, daß seine Iban sich sehr wohl zu wehren wissen.

Schließlich begannen die Iban, Brooke zu respektieren, auch wenn seine neumodischen Ansichten über Seeräuberei und das Erbeuten von Köpfen sich nicht ganz mit ihren Traditionen vertrugen. Der zweite berühmte Iban war Penghulu Koh, der von Kopf bis Fuß zum Zeichen seiner großen Taten tätowiert war. Penghulu Koh machte jedoch eine Kehrtwendung und wurde zu einem der treuesten Anhänger von Raja James Brooke. Als einflußreicher Iban-Häuptling nahm er an allen Friedensverhandlungen teil, die der Raja mit anderen Stämmen führte, was ihm den Titel „Meister der Friedenszeremonie" einbrachte und die Würde eines obersten Häuptlings aller Iban.

Der Geist Penghulu Kohs ist noch in vielen Langhäusern präsent. Verblichene Fotografien des Rajas Brooke und der jungen Queen Elizabeth hängen an den Wänden, zusammen mit denen des großen Häuptlings.

Erinnerungen an die Tage der Kopfjägerei.

Auch in den Langhäusern schreitet das Leben weiter. Neben diesen Fotos hängen heute Bilder asiatischer Schönheitsköniginnen, moderner Rennautos und der Presleys beim Anschneiden ihres Hochzeitskuchens. Die Tradition der „einsamen Tochter" gibt es nicht mehr. Viele Erbstücke – herrliche antike Schwerter und Silbergürtel – sind an chinesische Juweliere aus den großen Städten verkauft; Kinder, die einst sorglos um das Langhaus tollten, müssen jetzt in der Schule Englisch und Physik pauken.

Die Auswirkungen des Tourismus sind zweischneidig. Die komplizierten Kriegstänze, die dazugehörigen Gesänge und die Trommelmusik werden eher aus kommerziellen Gründen weiter gepflegt. Andererseits werden die kunsthandwerklichen Produkte, die früher von den Frauen mit viel Liebe gefertigt wurden, heute im Schnellverfahren und ohne Rücksicht auf Qualität im Auftrag der Souvenirläden in Kuching hergestellt. Und dies ist sicherlich erst der Anfang einer Entwicklung.

Positiv ist zu vermerken, daß viele junge Iban, auch wenn sie von der Ganzkörpertätowierung inzwischen Abstand genommen haben, ihre ererbten Traditionen neu entdecken und ihre Langhäuser gegen den kulturzerstörerischen Fortschritt schützen. Und gerade die Iban wehren sich am entschiedensten gegen die fortschreitende Bedrohung durch die Holzwirtschaft, weil viele von ihnen eine Ausbildung im Ausland genossen haben und deshalb problembewußter sind als etwa die nomadisierenden Penan oder Punan.

Um sich wirklich ein Bild machen zu können von der Entwicklung der Langhäuser, sollte man wenigstens eine Nacht dort verbringen und dabei einige Gastgeschenke mitbringen, die, so wird sich nachher zeigen, nur ein bescheidener Ausgleich sein können für die herzliche Gastfreundschaft, die man dort genießen wird.

Boomtowns und Binnenflüsse: Die Küstenstädte Bintulu und Miri haben am meisten vom Ölboom profitiert. **Bintulu** ist ein sündhaft teurer Platz, denn

Die fröhliche Lebensgemeinschaft der Iban.

die Preise der Hotels haben sich auf Gäste eingestellt, die im Ölreichtum schwimmen.

Sarawaks erster Ölturm blickt von **Canada Hill** auf die Stadt **Miri**. 1910 wurde er von der Shell Oil Company errichtet und war die erste der insgesamt 623 Bohrungen in den Miri-Ölfeldern. 600 000 Barrel wurden hier gefördert, bis Anfang der siebziger Jahre die Vorräte erschöpft waren. Heute hat sich das Hauptfördergebiet nach Bintulu verlagert, wo das Öl immer noch reichlich fließt. Miri ist der Ausgangspunkt für mehrere spannende und abenteuerliche Touren, die auf den Flüssen ins Landesinnere zu den Langhäusern des Kelabit-Distrikts und bis nach Kalimantan führen.

Auf der Straße gelangt man bis **Kuala Baram**, von dort geht es mit dem Boot auf dem Bantam River weiter bis Marudi. Es ist auch möglich, von hier in den Ölstaat Brunei zu gelangen. **Marudi** ist der Ausgangspunkt längerer Flußreisen in die kühleren Täler von Kelabit. Hier bekommt man auch die Erlaubnis, Bareo und das Grenzgebiet nach Kalimantan sowie den Gunung-Mulu-Nationalpark zu bereisen.

Bareo liegt im Gebiet der Kelabit. Hier wird man nach mehrtägiger Wanderung und Fahrten auf kleineren Flüssen in einem Kelabit-Langhaus willkommen geheißen. Man kann aber auch von Marudi, Miri oder Long Lallang aus mit einer zwölfsitzigen Twin Otter der MAS einfliegen.

Die Grenze zwischen Sarawak und Kalimantan durchschneidet zwar das Gebiet der Kelabit, aber das scheint für die Menschen hier kein Problem zu sein, die auf ihren häufigen Reisen die Grenzposten einfach umgehen. Für einen Besucher ist dies jedoch nicht so einfach, denn er muß sich auf beiden Seiten der Grenze mühselig auf die Suche nach jemandem machen, der ihm einen Einreisestempel in den Paß drückt.

Von Bareo kann man mit Hilfe eines Punan-Führers auf den **Gunung Murud** steigen, der mit 2423 Metern der höchste Berg Sarawaks ist. Der Auf- und Abstieg dauert etwa fünf Tage und ist

Die Niah-Höhlen waren schon vor 40 000 Jahren bewohnt.

sicherlich ein unvergeßliches Erlebnis. Mit Trägern und Führer kann man in sechs Tagen nach Long Lallang zurückwandern und dort ein Flugzeug zurück in die Zivilisation erwischen.

Geheimnisse aus der Steinzeit: Die meisten Touristen kommen in den Nordwesten Sarawaks, um von Miri aus die Nationalparks zu besuchen. Zum **Lambir Hills National Park** ist es nur ein Tagesausflug. Zu den Höhepunkten zählen dabei die Wasserfälle mit ihren natürlichen Schwimmbecken und ein Gang auf den **Bukit Lambit**.

Berühmter jedoch und interessanter ist der **Niah Caves National Park** mit seinen Kalksteinhöhlen und den Spuren frühzeitlicher Bewohner. Schon 1870 erreichte der Tiersammler und Abenteurer A. Harald Everett diese Höhlen, die von den Einheimischen gut gehütet wurden, und fand sie „ziemlich langweilig".

Erst um 1950 erfuhr das Sarawak-Museum, daß hier womöglich eine archäologische Bonanza verborgen lag. Als der Kurator fünf Meter tief gegraben hatte, stieß er auf den Schädel eines jungen Homo sapiens, der vor 40 000 Jahren in der Höhle gelebt hatte. Der „Deep Skull" ist alles, was uns von den frühesten Menschen im Fernen Osten bekannt ist: Er widerlegte alle Theorien, nach denen die frühesten Ahnen des Menschen im westlichen Mittleren Osten gelebt hatten und später nach Asien gezogen waren. Als die Archäologen vorsichtig tiefer gruben, legten sie die Überreste einer ganzen Kultur frei. Sie fanden Malereien, die mit Hämatit auf die Höhlenwände aufgetragen waren und kleine Strichfiguren darstellten mit bootsähnlichen Gebilden. Dies waren tatsächlich die kanuförmigen Särge jener Kultur, und die Archäologen hatten mit dem „Painted Cave" eine Grabkammer gefunden.

Weitere Entdeckungen offenbarten, daß diese Menschen Werkzeuge aus Knochen und Muschelschalen anfertigten und später mit geschliffenen Steinbeilen Holzsärge herstellten oder Begräbnisboote. Allgemein wird die Wichtigkeit dieser Entdeckung mit der des Javamenschen gleichgesetzt.

Als 700 n. Chr. die Eisenzeit Borneo erreichte, tauschten die Niahner mit den Chinesen das Elfenbein der Nashornvögel und eßbare Vogelnester gegen Porzellan und Glasperlen. Sie bemalten riesige Urnen und stellten sie neben die Gräber wichtiger Männer. Um 1400 scheinen sie dann die Höhlen verlassen zu haben und in ein finsteres Zeitalter eingetreten zu sein. Jedenfalls verliert sich ihre Spur in der Geschichte.

Die Niahner waren vermutlich die Urahnen der nomadischen Punan, deren ältere Generation noch immer Überzeugungen und Ritualen anhängt, die Ähnlichkeiten mit den Funden in den Niah-Höhlen aufweisen. Die Punan entdeckten die Höhlen im 19. Jahrhundert wieder und fanden unglaublich reiche Vorkommen an eßbaren Vogelnestern. Millionen von winzigen Salanganen (eine Seglerart) bevölkerten die Niah-Höhlen. Ihr klebriger Speichel, mit dem sie ihre Nester bauen, ist nach wie vor die teuerste Delikatesse in Borneo.

Dies liegt einerseits daran, daß in China, Hongkong und Singapur eine große

Er fühlt sich ganz wohl auf seinem luftigen Plätzchen.

Nachfrage besteht, vor allem aber an der Art und Weise, wie sie gesammelt werden. Die Vogelnestsammler müssen bis zu 60 Meter hohe Bambusstangen erklettern und die Nester von den Höhlendecken kratzen – jeder Sturz aus dieser Höhe wäre tödlich.

Verständlicherweise verteidigen die Nestsammler eifersüchtig diesen sicheren Broterwerb und geben das ererbte Territorium nur an ihre Söhne weiter. Hunderte von Kammern, Kaminen und kleinen Höhlen sind in Sektoren eingeteilt, die sich jeweils in privatem Besitz befinden.

Die „Höhlenbesitzer" wohnen in nahegelegenen Dörfern oder Langhäusern, und während der Vogelnester-Saison – zwei- oder dreimal im Jahr – bringen sie oft die ganze Familie mit, um die Reichtümer einzusammeln.

Am besten fährt man von Miri oder Bintulu mit einem gemieteten Auto oder Taxi nach **Batu Niah**, von dort ist es eine kurze Flußfahrt nach **Pangkalan Lubang** zum **Niah Caves Visitor's Center**.

In Batu Niah gibt es zwar ein paar Hotels, aber wesentlich mehr hat man von einer Übernachtung im Park. In der Herberge geht es freundlich und entspannt zu; es sind Kochgelegenheiten, Toiletten und Duschen vorhanden, Bettzeug wird gestellt, und Strom gibt es bis zehn Uhr abends. Leider ist kein Restaurant vorhanden, so daß man Lebensmittel mitbringen muß oder sich an Ort und Stelle schnell in dem kleinen Laden über dem Fluß eindeckt.

Gleich beim Besucherzentrum beginnt der Plankensteg zu den Höhlen. Er ist drei Kilometer lang und ganz aus *belian* gebaut, einer Holzart, die so schwer ist, daß sie im Wasser nicht schwimmt. Wenn die Planken trocken sind, kann man den Weg in 45 Minuten schaffen. Man sollte in den Höhlen gutes Schuhwerk tragen (Sandalen reichen nicht), eine starke Taschenlampe mit Ersatzbatterie mit sich führen und eine wasserdichte Jacke anziehen.

Wer sich Zeit läßt, wird auf dem Weg zur Höhle die Atmosphäre des Dschungels und die ganze Sinfonie seiner Lau-

Eine Kolonie von Schwarznest-Salanganen.

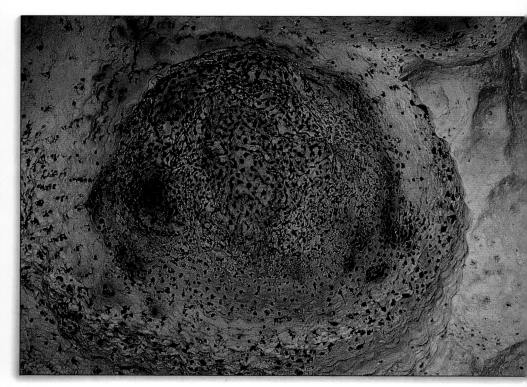

te in sich aufnehmen. Ein kleiner Abstecher führt zum Langhaus eines Nestsammlers, das man gegen ein Entgelt besichtigen kann.

Außer den Sammlern gibt es noch andere, die vom **Great Cave** profitieren. Neben drei verschiedenen Arten von Salanganen, zusammen über vier Millionen Vögel, leben hier zwölf Arten von Fledermäusen, deren Anzahl auch in die Millionen geht. Ihr klebriger, stinkender Guano bedeckt den Höhlenboden und wird als ertragreicher Dünger genauso begierig gesammelt wie die Vogelnester.

Vielleicht ist Ihnen auf dem Steg schon einer der Arbeiter entgegengekommen, die die schweren Säcke bis Pangkalan Lubang tragen, wo sie gewogen und dann auf dem Fluß nach Batu Niah weitertransportiert werden. Nur zwei der Höhlen dürfen ohne Führer betreten werden, wobei man zur Besichtigung der uralten Wandmalereien im **Painted Cave** allerdings eine spezielle Genehmigung des National Park Office in Kuching benötigt.

Viel ergreifender ist aber noch ein anderer Anblick, und dafür sollte man ein wenig Ausrüstung mitbringen und bis sechs Uhr abends warten können. Dann nämlich kehren die Salanganen zur nächtlichen Ruhe in ihre Nester zurück, während die Fledermäuse den umgekehrten Weg nach draußen nehmen. Bei Tagesanbruch findet dann der „Schichtwechsel" statt. Das Rauschen, das in der Luft liegt, und die Begegnung von Millionen von Tieren, die übrigens nie zusammenstoßen, ist ein Schauspiel einmaliger Art, das schon die Menschen vor 40 000 Jahren mit Ehrfurcht verfolgt haben müssen.

Die größte Höhle der Erde? Ein Ausflug zum **Mulu National Park**, der mit dem Besuch eines Langhauses verbunden sein kann, muß für jeden Besucher die Krönung seines Aufenthaltes in Sarawak sein; es braucht nur ein bißchen Mut und Unerschrockenheit. Obwohl die vermutlich größten Höhlen der Welt immer mehr Besucher anlocken, ist es nicht so einfach, dorthin zu gelangen, denn man muß gleich mehrere Flüsse mit dem Boot hinunterfahren.

Selbst wenn man nach Long Lallang fliegt, ist es noch ein gehöriges Stück zum Park, und die Flußfahrten sind eine Erfahrung, der man sich wenigstens auf dem Hinweg aussetzen sollte, man kann dann ja zurückfliegen. Mehrere Reiseveranstalter in Miri bieten gut organisierte Touren an, bei denen die Boote gestellt werden. Dieser Service ist zu empfehlen, denn wer selbst ein Boot anmietet, wird meistens übervorteilt. Oft sind die Gruppen klein und die Boote recht leer. Die Reise wird in jedem Fall teuer werden, da auch im Park selbst Boote und Führer geheuert werden müssen. Andererseits ist es eine Reise, wie man sie im Leben nur einmal macht.

Der Mulu-Park wurde 1985 eröffnet und ist mit 52 866 Hektar das größte Schutzgebiet in Sarawak. Viele seltene Blumen, Pilze, Moose und Farne, acht Unterarten des Nashornvogels und zehn verschiedene Trichterpflanzen haben hier ihre Heimat. Im Mittelpunkt des Interesses stehen aber die grandiosen Höhlen, die bisher über eine Länge von 150 Kilometern erforscht sind. Die

Auf dem Weg zum Mulu-Nationalpark.

Wissenschaftler glauben allerdings, daß dies nur ein kleiner Teil des gigantischen Höhlensystems ist.

Die **Sarawak-Kammer** ist die größte bekannte Höhle der Erde. Vielleicht ist der Vorstellung mehr gedient, wenn man ihre Ausmaße in einem Vergleich anstatt in Metern ausdrückt: Man könnte in ihr 16 Fußballplätze oder 40 Jumbo-Jets unterbringen.

Die längste Höhlenpassage der Welt ist die **Clearwater-Höhle** mit 51 Kilometern. In ihr könnten fünf Exemplare des Kölner Doms untergebracht werden. Hier kann der Besucher selbst nachprüfen, ob dies stimmt, während die Sarawak-Kammer leider nur für Experten geöffnet ist. Wer die 51 Kilometer der Clearwater-Höhle erforschen will, braucht eine gute Taschenlampe und darf sich nicht scheuen, durch hüfthohe unterirdische Flüsse zu waten. Der Weg führt 355 Meter in die Tiefe, und bei guter Beleuchtung offenbart sich die wundersame Welt der Tropfsteine, die aber auch von Skorpionen, Fröschen und Tausendfüßlern bewohnt wird.

Ebenfalls Zugang hat der Hobbyforscher zu der **Gua Payau** oder Hirschhöhle. Diese unterirdische Halle ist 2160 Meter lang und 220 Meter tief. In einer halben Stunde kann man sie gut durchqueren und kommt dann zur Einflugluke der Fledermäuse. Mit Hilfe von Taschenlampen und dem Licht, das durch Spalten in der Decke einfällt, lassen sich hier die prächtigen Stalaktiten und Stalagmiten besser bewundern. Sie wachsen mit dem Wasser, das durch die Risse in den Wänden eindringt, immer noch weiter. Im Höhleneingang kann man campieren und das nächtliche Leben vor der Höhle beobachten.

Neben interessanten Wanderungen auf Dschungelpfaden, auf denen man auch Jäger der Punan trifft, gibt es noch zwei Gipfel zu besteigen, den **Gunung Mulu** und den **Gunung Api**. Der letztere ist deshalb attraktiv, weil es der höchste Kalkberg Malaysias ist und seine 45 Meter hohen spitzen Felsformationen, die **Pinnacles**, wie Wächter über dem Park aufragen. Der steile Anstieg dauert zwei Tage, wobei man in einer einfachen Hütte am Melinau River übernachten kann.

Der Aufstieg zum Gunung Mulu ist entbehrungsreicher und dauert länger. Geübte Bergsteiger haben es schon in eineinhalb Tagen geschafft. Der normale Wanderer sollte fünf gemächliche Tage einplanen, denn er muß auch die ganze Ausrüstung mitschleppen: Kochgeschirr, Konservendosen, Wasser, Schlafsack, Regenumhang, feste Wanderstiefel und eine gute Taschenlampe. Die angebotenen Übernachtungsmöglichkeiten am Weg sind eigentlich nur Unterstände. Aber das gehört zur Erfahrung dieser wilden Landschaft, die weit entfernt von jeglicher Zivilisation mit jahrtausendealtem Wald bedeckt ist.

Auf dem Gipfel angekommen, werden Sie über den grünen Teppich des Dschungels blicken, der vereinzelt von Kalksteinvorsprüngen aufgerissen ist. Sie haben Sarawak nun gesehen, Sie haben die Veränderungen gesehen, die sich in den Städten und Langhäusern vollziehen; aber diese letzte Reise wird bestätigen, was Sie die ganze Zeit spürten: daß Borneo noch ist, was es war.

Links: Eine Dschungel-Spedition. **Rechts:** Fledermäuse verlassen die Mulu-Höhle zur nächtlichen Jagd.

KURZFÜHRER

ANREISE

MIT DEM FLUGZEUG

Malaysia verfügt über gute Flugverbindungen zu allen Kontinenten. Aus Europa oder Nordamerika kommend, landen Sie auf dem Subang Airport in Kuala Lumpur. Aus einem benachbarten asiatischen Land (Thailand, Indonesien oder Singapur) können Sie auch andere malaysische Städte entweder direkt oder über Kuala Lumpur anfliegen. Penang, Langkawi und Tioman erreichen Sie direkt von Singapur aus. Detaillierte Flugauskünfte erhalten Sie bei Ihrem Reisebüro oder direkt bei Ihrer Fluggesellschaft.

Im Kapitel „Unterwegs" finden Sie eine vollständige Liste der Flugdienste des Malaysian Airlines System (MAS).

MIT DEM SCHIFF

Kreuzfahrtschiffe legen auf Weltreisen in Malaysia an, aber in den meisten Häfen gehen nur Frachtschiffe vor Anker. Nach Penang gibt es Schiffsverbindungen von Phuket in Thailand und von Medan in Sumatra, Indonesien. Die Schiffe verkehren meist zweimal wöchentlich – genauere Auskünfte erteilen die Reisebüros in Penang. Die griechische *MV Vigneswara* von der Greenseas Shipping Company befährt zweimal pro Monat die Gewässer zwischen Madras in Südindien, Penang und Singapur. Das Schiff verfügt über Klimaanlage, Casino, Bar, Fernsehraum und einen Duty-free-Shop. Wenden Sie sich an ein Reisebüro in Madras oder Penang.

MIT DER BAHN

Ein ausgedehntes Eisenbahnnetz durchzieht Malaysia von Singapur aus (Zuginformationen im Kapitel „Unterwegs"), es gibt auch Anschlüsse nach Bangkok. Der thailändische *International Express* fährt täglich von Bangkok nach Butterworth. Züge aus Haadyai im Süden von Thailand werden an Züge der Ostmalaysischen Eisenbahn angekoppelt. Die Fahrt von Bangkok aus dauert etwa zwei Tage; Sie können 1. Klasse in einem klimatisierten Schlafwagen, 2. Klasse in einem nicht klimatisierten Schlafwagen oder 3. Klasse in einem normalen Abteil reisen. Reservierungen kann man am Bahnhof in Bangkok (Hualamphong) oder in einem örtlichen Reisebüro vornehmen. Züge von Singapur nach Kuala Lumpur und Kota Bharu verkehren mehrmals täglich und sind 7 bis 10 Stunden (Kuala Lumpur) oder 12 bis 15 Stunden (Kota Bharu) unterwegs.

MIT DEM BUS

In Thailand können Sie von Bangkok oder Haadyai aus auch Busse besteigen, die entweder bei Padang Besar die Grenze überqueren und nach Penang oder Kuala Lumpur fahren, oder aber bei Sungei Golok an der Ostküste. Von Singapur aus fahren viele Busse in alle Teile der Malaiischen Halbinsel – Abfahrt an der Bushaltestelle der New Bridge Road in Singapur. Weitere Busse starten von der Beach Road in Singapur. Reservierungen für die Busse von der New Bridge Road können Sie über die Nummer 221-6603 vornehmen. Langstreckentaxis bekommen Sie auch an der Queen Street in Singapur, obwohl es vorteilhafter ist, den Bus nach Johore Bahru über den malaysischen Damm zu nehmen und von dort aus in ein Taxi zu steigen.

REISEINFORMATIONEN

PASS & VISUM

Ein gültiger Reisepaß und ein Impfzeugnis für Gelbfieber werden verlangt, wenn Sie aus einem infizierten Gebiet anreisen. Staatsbürger der Commonwealth-Mitgliedstaaten, Irlands, der Schweiz, der Niederlande und Liechtensteins benötigen kein Visum für die Einreise. Für einen Aufenthalt bis zu drei Monaten ist bei Reisenden aus folgenden Ländern kein Visum erforderlich: Österreich, Italien, Japan, Südkorea, Tunesien, USA, Deutschland, Frankreich, Norwegen, Schweden, Dänemark, Belgien, Finnland, Luxemburg und Island.

Bürger kommunistischer Staaten erhalten Visa für 7 bis 14 Tage. Israelische und südafrikanische Staatsangehörige können Malaysia nicht besuchen. Chinesen, Kambodschaner und Vietnamesen dürfen nur zu offiziellen Anlässen einreisen.

Die Einwanderungsbestimmungen verlangen, daß Ihr Reisepaß noch mindestens sechs Monate gültig sein muß.

Denken Sie daran, daß Sabah und Sarawak wie Ausland behandelt werden und Sie dort wieder durch den Zoll müssen – auch, wenn Sie von der Malaiischen Halbinsel kommen oder zwischen den beiden Staaten hin und her reisen.

Bei der Ankunft wird in der Regel ein Visum für 30 Tage erteilt. Wenn Sie länger bleiben wollen und aus einem der Länder kommen, die diplomatische Beziehungen mit Malaysia unterhalten, können Sie Ihre Aufenthaltsgenehmigung bei einer der folgenden Einwanderungsstellen verlängern lassen:

Federal Territory
Block 1, Tingkat 2-3, Pusat Bandar Damansara, Bukit Damansara, 50490 Kuala Lumpur
Tel.: 03-7579063

Kuala Lumpur
Headquarters Office, Block 1, Tingkat 4-7, Pusat Bandar Damansara, 50490 Kuala Lumpur
Tel.: 03-757-8155

Johore
Wisma Persekutuan Johore, Blok B, Tingkat 1, Jln. Air Molek, 80550 Johore Bahru
Tel.: 07-244255

Kedah
Tingkat 2, Wisma Persekutuan, 0500 Alor Setar, Kedah
Tel.: 04-723302

Kelantan
Tingkat 2, Wisma Persekutuan Jln. Bayam, 15550 Kota Bharu, Kelantan
Tel.: 09-741644

Melaka (Malacca)
Tingkat 2, Bangunan Persekutuan, Jln. Hang Tuah, 75300 Melaka
Tel.: 06-224958

Negri Sembilan
Tingkat 2, Wisma Persekutuan, Jln. Datuk Abdul Kadir, 70675 Seremban, Negri Sembilan
Tel.: 06-727707

Pahang
Tingkat 1, Wisma Persekutuan, Jln. Gambut, 25000 Kuantan, Pahang
Tel.: 09-521373

Perak
Bangunan Persekutuan, Jln. Dato' Panglima Bukit Gantang, 30000 Ipoh, Perak
Tel.: 05-540394

Perlis
Tingkat 1, Menara Kemajuan PKNP, Jln. Bukit Lagi, 01000 Kangar, Perlis
Tel.: 04-753535

Pulau Pinang (Penang)
Jln. Leboh Pantai, 10550 Pulau Pinang
Tel.: 04-610678

Sabah
Tingkat 4 & 5, Bangunan Penerangan, 88550 Kota Kinabalu, Sabah
Tel.: 088-51752

Sarawak
Peti Surat 639, 93908 Kuching, Sarawak
Tel.: 082-20895

Selangor
Kompleks PKNS, 40550 Shah Alam, Selangor
Tel.: 03-506061

Terengganu
Tingkat 1, Wisma Persekutuan, Jln. Paya Bunya, 20200 Kuala Terengganu, Terengganu
Tel.: 09-622457

Währung und Wechselkurse: Die malaysische Währungseinheit ist der *ringgit* oder *Malaysian Dollar*, unterteilt in 100 *sen*. Es gibt keine Beschränkung für die Ein- oder Ausfuhr von *Malaysian Dollars*. Für einen US-Dollar erhalten Sie M$ 2,70, für den (australischen) A$ M$ 2,10. Singapur- und Brunei-Dollar sind etwa um 30 Prozent mehr wert als der malaysische *ringgit* und in Malaysia nicht mehr frei im Umlauf. Singapur-Dollar können Sie vielleicht noch im Staat Johore verwenden, sie werden nach dem gleichen Kurs abgerechnet wie der *ringgit*.

Banken und amtlich zugelassene Wechselstuben bieten bessere Kurse als Hotels und Geschäfte, die meist eine Kommission verlangen (in der Regel zwei bis vier Prozent). Sorgen Sie für genügend Bargeld in der Tasche, bevor Sie sich in kleinere Orte oder verlassene Gegenden aufmachen.

Reiseschecks und Kreditkarten: In den modernen, grellbunten Vierteln der größeren Städte, in Kaufhäusern, Geschäften, Spitzenrestaurants und Hotels bringen Sie Ihre Reiseschecks leicht an den Mann. Halten Sie Ihren Reisepaß griffbereit, wenn Sie Schecks eintauschen. Abseits der Touristenpfade ist es wesentlich schwieriger, Reiseschecks einzutauschen. Etablierte Kreditkarten – Diners Club, American Express, Visa, Mastercard – werden in den größeren Städten akzeptiert. Manche Hotelketten haben sogar ihr eigenes Kreditkartensystem. Bei einer größeren Reise durch Malaysia geht jedoch nichts über einen ausreichenden Vorrat an klingender Münze.

Preise: Vergessen Sie nicht, daß die Preise für Unterkunft, Transport und Essen in Ostmalaysia höher liegen als auf der Halbinsel. Aber die Preise sind generell wesentlich niedriger als in Europa oder Nordamerika (mit Ausnahme einiger Importgüter), jedoch höher als in benachbarten Ländern wie Thailand und Indonesien. Die hier angegebenen Preise für Unterkunft und Transportmittel sollen Ihnen nur einen allgemeinen Eindruck vermitteln. Es ist ratsam, Geld in verschiedenster Form bei sich zu haben – inländische und ausländische Währung sowie Reiseschecks und Kreditkarten – und diese getrennt im Gepäck aufzubewahren, um Diebstählen vorzubeugen.

Nachfolgend finden Sie einen von der Tourist Development Corporation (TDC) herausgegebenen „Budget guide", den Sie ohne weiteres überschreiten, aber auch noch unterschreiten können!

DURCHSCHNITTLICHE PREISE FÜR UNTERKUNFT UND ESSEN

	Einzelzimmer	Doppelzimmer
Internationales Hotel	Ab M$100,00*	Ab M$120,00*
Budget-Hotel		
(20 bis 50 Zimmer)	Ab M$ 30,00*	Ab M$ 35,00*

Essen	
Frühstück	**Preis pro Person in M$**
Continental (im Coffeeshop des Hotels)	8,50*
Großes Frühstück	12,00*
Örtlicher Coffeeshop	5,00
Einfaches Freiluftrestaurant („stall")	2,00

Mittagessen	
Hotel	18,00*
Einfaches Restaurant am Ort	10,00
Einfaches Freiluftrestaurant („stall")	4,00

Abendessen	
Hotel	20,00*
Einfaches Restaurant am Ort	12,00
Einfaches Freiluftrestaurant („stall")	4,00

* In Hotels und Restaurants müssen 5 % Steuer und 10 % Bedienung hinzugerechnet werden.

GESUNDHEIT

In einem Land, dessen Gesundheitstandard zu den höchsten in ganz Asien zählt, haben Reisende kaum Grund zur Sorge.

Das Wasser in den Städten ist in der Regel trinkbar, aber zur Sicherheit sollten Sie es nur abgekocht zu sich nehmen. Flaschengetränke sind auch fast überall erhältlich. Meiden Sie Eiswasser von Verkaufsständen an der Straße. Vor allem müssen Sie dem Körper in ausreichender Menge Flüssigkeit zuführen, um ihn vor dem Austrocknen zu bewahren; trinken Sie mehr als üblich, falls Sie aus kälteren Breitengraden kommen.

Wenn Sie abgelegene Dschungelgebiete aufsuchen, sollten Sie Malariatabletten einnehmen; Ihr Arzt wird Ihnen sagen, welchen Tablettentyp Sie für die Region brauchen. Um sich die Moskitos vom Leibe zu halten, verwenden Sie Mückenschutzmittel, Moskitospiralen und in der Nacht Moskitonetze. Falls Sie beabsichtigen, nach Borneo zu fahren, fragen Sie Ihren Arzt ob in dieser Region Choleragefahr besteht. Sie tritt hier zwar selten auf, aber für den Ernstfall sollten Sie geimpft sein.

Behandeln Sie offene Schnitte und Kratzer sofort, da eine Infektion in feuchten Klimaregionen den Heilungsprozeß verzögern und im schlimmsten Fall zu tropischen Geschwüren führen kann. Wenn Sie im Meer in der Nähe von Korallenriffen schwimmen, zähmen Sie Ihren Drang, die interessanten Muscheln, Schlangen und anderes Getier zu berühren. Viele davon sind giftig, aber wenn Sie sie nicht anfassen, sind Sie relativ sicher. Zum Schutz vor den Stacheln der Seeigel sollten Sie bei Ihrer Erkundung der Korallenriffe Plastikbadeschuhe tragen.

Medizinische Hilfe erhalten Sie in Malaysia fast überall und schnell. In allen großen Städten gibt es staatliche Krankenhäuser und Privatkliniken. Nehmen Sie einen kleinen Erste-Hilfe-Kasten mit, bzw. kaufen Sie einen in Kuala Lumpur oder einer anderen großen Stadt. Französisch- und deutschsprachige Ärzte finden Sie über die entsprechenden Botschaften. Außerdem sollten Sie eine Reise- und Krankenversicherung haben und Bescheinigungen über mögliche Medikamentenallergien mitführen.

Im Notfall wählen Sie die gebührenfreie Nummer 999, um Ambulanz, Feuerwehr oder Polizei zu rufen. Die meisten Hotels haben einen Sicherheitsdienst, und viele verfügen über einen Tresor für Wertsachen. Tragen Sie nie zu viel Bargeld bei sich, und bewahren Sie Reiseschecknummern getrennt von den Schecks auf. Falls Ihnen Schecks abhanden kommen, können Sie die Touristenpolizei unter folgenden Rufnummern erreichen:

Johore Bahru	07-232222
Kuala Lumpur	03-241-5522
	03-243-5522
Melaka	06-222-2222

KLEIDUNG

Im herrlichen tropischen Klima Malaysias ist zwanglose Kleidung am praktischsten und bequemsten. Doch da es sich um ein vorwiegend islamisches und konservatives Land handelt, ist es wichtig, die einheimischen Gebräuche zu beachten. Männer können T-Shirts oder kurzärmelige Baumwollhemden und offene Sandalen tragen. Frauen sollten keine zu kurzen Kleider, Röcke oder Shorts anziehen. Sonnenbaden „Oben ohne" wird mit mißbilligenden Blicken bedacht. In Städten und Dörfern ist das Tragen von Shorts unangebracht – heben Sie sich das für den Strand auf. In Moscheen sollten die Beine bis unterhalb des Knies bedeckt sein, manche Moscheen stellen Schals zur Verfügung, um Kopf und Arme zu bedecken. Wenn Sie bei Behörden vorsprechen und Einwanderungsstellen passieren, werden lange Hosen und Röcke mit Wohlwollen betrachtet.

AUSRÜSTUNG

In Malaysia spielt es keine Rolle, wenn Sie bei Ihrer Reisevorbereitung etwas wichtiges vergessen haben. Toilettenartikel, Medikamente, Kleidung, Filme, Sonnencreme und Strohhüte sind in den meisten kleineren und in allen großen Städten ohne weiteres erhältlich. In der Tat ist es am besten, so wenig wie möglich mitzunehmen, damit Sie bequem reisen können.

Falls Sie vorhaben, auch ins Gebirge zu fahren, wäre ein leichter Pullover für die kühleren Abende angebracht. Wenn Sie den *Mount Kinabalu* besteigen wollen, sind ein leichter Plastikregenmantel sowie eine warme Kopfbedeckung und Handschuhe unbedingt nötig. Aber alle diese Dinge bekommen Sie in Kuala Lumpur, Singapur oder Kota Kinabalu. Campingausrüstungen kann man in Nationalparks häufig ausleihen, allerdings ist die Nachfrage sehr groß; am besten nehmen Sie selbst ein leichtes Zelt mit. Falls Sie eine Dschungel-Trekkingtour machen wollen, gibt der *Taman Negara National Park* nützliche Packlisten für Ihren Rucksack heraus.

In etwas abgelegeneren Gegenden werden Sie für Ihre Rasur zwar nicht den Luxus einer Steckdose in Anspruch nehmen können, aber es werden in fast allen Städten Einwegrasierer verkauft. Auch batteriebetriebene Rasierer können Sie zu vernünftigen Preisen erstehen. Artikel für die weibliche Monatshygiene sind in größeren Zentren erhältlich. Billige Kleidung gibt es überall – Batikhemden sind bunt und kühl, und an T-Shirts mit lustigen Sprüchen herrscht kein Mangel. Vielleicht entscheiden Sie sich ja auch für den vielfältig verwendbaren Sarong – als Rock, Handtuch oder Laken! Und – vergessen Sie Ihren Photoapparat nicht. Oder kaufen Sie einen in Singapur!

KINDER & SENIOREN

Malaysia bietet Vergnügungen für alle Altersgruppen. Wenn Sie mit Ihren kleinen Kindern oder etwas betagteren Eltern reisen wollen: in Malaysia kein Problem. Für die jüngeren Familienmitglieder wird gut gesorgt, da die Malaysier Kinder sehr mögen und *kampong*-Mütter sie wie ihre eigenen hüten werden. Die meisten Hotels haben Kinderbetten, und auch Babynahrung ist überall erhältlich. Falls Sie mit älteren Menschen reisen, müssen Sie entscheiden, ob sie körperlich fit genug sind, um die Nationalparks zu bewältigen. Reiseveranstalter bieten Ausflüge für all jene, die nicht mehr so gut zu Fuß sind. Hotels mit Klimaanlage sorgen für die nötige Erholung von der tropischen Sonne.

ZOLL

Einfuhrzoll betrifft den Durchschnittsreisenden nur selten, der 250 Gramm Tabak oder Zigarren oder 200 Zigaretten und eine Literflasche Alkohol zollfrei einführen darf. Außerdem Lebensmittel bis zu einem Wert von $75, drei Kleidungsstücke (Hemden,

Schals, Krawatten etc.), ein Paar Schuhe und Geschenkartikel unter $25. Gebrauchte, tragbare Artikel sind normalerweise vom Einfuhrzoll befreit. Pornographie, Waffen und Funkgeräte sind streng verboten. Der Besitz von Betäubungsmitteln und anderen illegalen Drogen wird mit der Todesstrafe belegt. Für Feuerwaffen braucht man einen Waffenschein.

Duty-free-Einkäufe sind nicht möglich, wenn Sie sich auf einem Inlandsflug befinden oder aus Singapur kommen.

BEI DER ABREISE

Abflugssteuer: Die Flughafensteuer wird an allen Flughäfen erhoben. Für Inlandsflüge beträgt sie $3, für Flüge nach Brunei und Singapur $5, für alle anderen internationalen Flüge $15.

KLEINE LANDESKUNDE

REGIERUNG & WIRTSCHAFT

Malaysia ist die offizielle Bezeichnung des ehemaligen britischen Protektorats von Malaya, Britisch-Nordborneo und Sarawak. Seit der Unabhängigkeit 1957 wird die Regierungsgewalt vom Parlament ausgeübt, bestehend aus dem *Yang di-Pertuan Agong*, dem König oder Staatsoberhaupt, und zwei Kammern: dem Repräsentantenhaus und dem Senat. Die Exekutive liegt in den Händen des Kabinetts unter Führung von Dato' Seri Mahathir Mohammed, der 1981 zum Ministerpräsidenten ernannt wurde.

Die Bevölkerungszahl beträgt 17,36 Millionen; auf 13 Staaten verteilen sich Malaien, Chinesen, Inder, Pakistani und andere kleinere Volksgruppen. Hauptstadt ist Kuala Lumpur mit einer Million Einwohnern.

Erdöl, Erdgas, Zinn, Holz, Pfeffer, Palmöl und Kautschuk sind die wichtigsten Exportgüter. Die wichtigsten Handelspartner sind Japan und die Vereinigten Staaten.

ZEITZONE

In Malaysia ist man der Mitteleuropäischen Zeit sieben Stunden voraus (während der Sommerzeit sechs Stunden). Wenn es in Malaysia 12 Uhr Mittag ist, ist es:

4 Uhr in London
(oder 5 Uhr nach der britischen Sommerzeit)
5 Uhr in Wien, Genf, Paris, Rom, Madrid
5 Uhr in Berlin
(oder 6 Uhr im Sommer)
7 Uhr in Athen, Kairo und Johannesburg
8 Uhr in Moskau
9.30 Uhr in Bombay
11 Uhr in Bangkok und Jakarta
12 Uhr in Singapur
13 Uhr in Tokio
14 Uhr in Sydney
18 Uhr (Vortag) in Hawaii
20 Uhr (Vortag) in San Francisco
23 Uhr (Vortag) in New York und Montreal

KLIMA

Tropischer Sonnenschein und schwere Wolken, die sich in einem plötzlichen Regenguß entladen können, wetteifern am Himmel von Malaysia miteinander, wobei die Sonne eindeutig die besseren Karten hat. Die Jahreszeiten richten sich nach den Monsunwinden, die von September bis Dezember an der Westküste der Halbinsel Regenfälle bringen, auf die sogleich wieder Sonnenschein folgt. An der Ostküste der Malaiischen Halbinsel, in Sabah und Sarawak, kommt die Regenzeit etwas später, zwischen Oktober und Februar. In Malaysia ist es in der Regel das ganze Jahr über warm, die Temperaturen schwanken zwischen 32° C tagsüber und 22° C nachts. Im Gebirge ist es zu jeder Tageszeit angenehm kühl. Das gilt auch für die Abende im Flachland, weshalb sich Malaysias Nachtleben hauptsächlich im Freien abspielt.

SITTEN & GEBRÄUCHE

In Malaysia verschmelzen Sitten und Gebräuche, Religion und Sprache vieler Nationen. Mit normalen Umgangsformen, entspanntem und unkompliziertem Auftreten werden höfliche Besucher kaum Gefahr laufen, ungewollt Anstoß zu erregen. Es ist jedoch von Vorteil, einige Grundregeln für das Verhalten der Malaysier zu kennen, um sich in ihrem Kulturkreis besser zurechtzufinden.

Das Alter genießt große Achtung. Das älteste männliche Familienmitglied wird zuerst gegrüßt, sitzt häufig auf dem höchsten Platz und wird in jeder Angelegenheit zuerst um seine Meinung gefragt. Mit dem Finger auf etwas zu deuten gilt als äußerst ungehörig, und mit der ganzen Hand zeigt man bestenfalls eine Richtung an, aber niemals auf eine Person. Wer mehr über Malaysias Sitten und Gebräuche erfahren möchte, sollte einen Blick in den Führer von Times Editions *Culture shock! Malaysia and Singapore* (siehe unter „Literaturhinweise") werfen. Hier nun einige Verhaltensmaßregeln, die Sie an gewissen Orten und bei verschiedenen Zeremonien beachten sollten.

TEMPEL & MOSCHEEN

Das Abstreifen der Schuhe vor dem Betreten einer Moschee oder eines indischen Tempels ist schon seit Jahrhunderten stillschweigende Tradition. Innerhalb dieser Gebetsstätten rauchen die Gläubigen nicht. In chinesischen Tempeln sind die Verhaltensmaßregeln dagegen viel ungezwungener. Besucher dürfen sich gerne nach Herzenslust umsehen und sogar etlichen religiösen Ritualen beiwohnen. Es versteht sich von selbst, daß während des Gebets all jene, die nicht am Gottesdienst teilnehmen, schweigend an der Seite stehen. Es ist ein Gebot der Höflichkeit, um Erlaubnis zu fragen, bevor Sie fotografieren. Wenn nirgends ein Verbotsschild angebracht ist, wird diese Bitte nur selten abgeschlagen. Angemessene Kleidung, also keine kurzen Röcke oder Shorts, ist empfehlenswert. Die meisten Tempel und Moscheen haben einen Spendenkasten für die Erhaltung des Gebäudes aufgestellt. Es ist üblich, beim Verlassen der Gebetsstätte ein paar Münzen hineinzuwerfen.

GASTFREUNDSCHAFT

Die Gastfreundschaft eines malaysischen Freundes ist sehr wohltuend. In Privathäusern werden Besucher als hochverehrte Gäste empfangen. Ohne Umschweife werden dem Gast sogleich ein paar Drinks gereicht. Die Frauen sind stolz darauf, stets mit guten Speisen aufzuwarten, wenn Besuch da ist.

Beim Gegenbesuch bringen die Malaysier als kleine Aufmerksamkeit Früchte oder Kuchen mit. Sie sollten ihnen ein ähnliches Präsent überreichen, natürlich wird ein kleines Geschenk aus Ihrem Heimatland besonders in einem Langhaus großen Anklang finden. Seien Sie nicht beleidigt, wenn die Gastgeberin Ihr Geschenk sofort zur Seite legt; übermäßige Freudenbekundungen sind nicht üblich. Es wird nicht erwartet, daß alle aufgetragenen Speisen gegessen werden, aber wie überall auf der Welt ist die Hausfrau entzückt, wenn die Gäste ihre Kochkunst genießen. Alle Malaysier, Inder und Chinesen ziehen ihre Schuhe vor der Tür aus, um das Haus von Straßenstaub freizuhalten. Kein Gastgeber würde seine Besucher auffordern, dies ebenfalls zu tun, aber es ist die höfliche Art, ein Heim zu betreten. An der Zahl der um die Eingangstür verstreuten Schuhe und Sandalen erkennt man immer sofort, ob irgendwo eine Feier oder Zusammenkunft stattfindet!

TISCHSITTEN

Wie jedes Gericht seinen eigenen Geschmack hat, hat jede Küche ihre eigenen Tischsitten. Chinesische Gerichte ißt man in der Regel mit Stäbchen und tiefen Löffeln, wohingegen die meisten Malaysier und Inder mit der rechten Hand essen (niemals mit der linken, die als unrein gilt). Doch werden inzwischen, vor allem in Restaurants, auch immer häufiger Gabeln und Löffel benutzt.

Asiatische Gerichte werden gewöhnlich in großen Schüsseln serviert, die man in die Mitte des Tisches stellt, wobei sich jeder Tischgast selbst aus jeder Schüssel etwas auftut. Den Teller zu überladen ist nicht nur unhöflich, sondern auch unklug. Da meist mehrere Gänge aufeinander folgen, nehmen Sie sich am besten zunächst nur eine kleine Portion und langen noch ein zweites Mal zu, wenn Sie dem Gericht absolut nicht widerstehen können. Die Einheimischen freuen sich insgeheim, wenn Sie ihre Art zu Essen annehmen – aus einem einfachen Grund: sie wissen, daß es so besser schmeckt.

Wenn Sie von einem Malaysier in ein Restaurant eingeladen werden, rechnen Sie damit, am Ende der Rechnung bezahlen zu müssen, da diese Ehre ihm gebührt. Malaysier sind in dieser Hinsicht sehr eigen, ganz gleich zu welcher Einkommensschicht sie gehören. Manchmal bestehen sie sogar dann darauf zu bezahlen, wenn Sie die Einladung ausgesprochen haben. Das Begleichen der Rechnung wird Ihnen dann schon einige Überredungskunst abverlangen!

HOCHZEITEN

Ein Geldgeschenk von $10 aufwärts ist bei Hochzeiten aller Rassen üblich. Für gewöhnlich wird diese Summe zur Finanzierung des Hochzeitsfestes verwendet, eine verschwenderische Angelegenheit mit mehreren hundert geladenen Gästen. Das Geld sollten Sie in einen mit Ihrem Namen versehenen Umschlag stecken, den Sie der Braut oder dem Bräutigam geben (bei Sikh-Hochzeiten nimmt die Brautmutter das Geldgeschenk in Empfang). Die Chinesen überreichen Geldgeschenke in einem *ang pow,* einem bei Banken oder Schreibwarenhändlern erhältlichen, kleinen roten Umschlag. Dem Volksglauben nach soll eine gerade Anzahl von Banknoten oder Münzen Glück bringen.

TRINKGELD

Trinkgelder sind in Malaysia nicht üblich, vor allem nicht in ländlichen Gegenden. In den meisten Hotels und großen Restaurants werden zehn Prozent für den Service und fünf Prozent Steuer auf die Rechnung geschlagen. In großen Hotels erhalten Pagen und Gepäckträger gewöhnlich Trinkgelder zwischen 50 *sen* und $2.-, je nach Art der geleisteten Dienste.

Außerhalb dieser internationalen Etablissements genügt jedoch auch ein einfaches Dankeschön (*terima kasih*) zusammen mit einem freundlichen Lächeln.

MASSE & GEWICHTE

Man stellt sich in Malaysia gerade von den englischen Maßen auf das metrische System um, doch es wird noch einige Zeit dauern, bis der Wandel vollzogen ist.

Entfernungen werden immer in Kilometern angegeben, aber wenn Sie einen *kampong*-Bewohner nach dem Weg fragen, kann er Ihnen die Entfernung sowohl in Meilen als auch in Kilometern angeben. Bei den Gewichten herrscht ein ähnliches Durcheinander.

ELEKTRIZITÄT

Die Spannung der malaysischen Stromversorgung beträgt 220 Volt, 50 Hertz. Elektrische Geräte können Sie günstig in Singapur kaufen.

ÖFFNUNGSZEITEN

In dieser islamischen Nation mit britischer Kolonialgeschichte sind die freien Wochentage nicht einheitlich festgelegt. In den früheren, unter britischer Herrschaft zusammengeschlossenen Bundesstaaten – Selangor, Melaka, Penang, Perak, Pahang und Negri Sembilan – sind der halbe Samstag und der ganze Sonntag frei. Die früher nicht zur Föderation gehörigen Staaten, die unter britischer Herrschaft halbwegs ihre Autonomie bewahren konnten – Johore, Kedah, Perlis, Terengganu und Kelantan – behalten traditionell den halben Donnerstag und den ganzen Freitag als freie Tage bei; Samstag und Sonntag gelten als normale Wochentage. Der Arbeitstag beginnt um 8 Uhr und endet um 16.30 Uhr, wobei freitags von 12 bis 14.30 Uhr die Arbeit für die *Jumaat*-Gebete in der Moschee niedergelegt wird. Die meisten privaten Unternehmen arbeiten von 9 bis 17 Uhr. Ab 18 Uhr schließen dann langsam die Geschäfte, es sei denn, sie sind an einen Nachtmarkt angegliedert. In Kaufhäusern wie *Klasse* und *Metrojaya* in Kuala Lumpur klingeln die Ladenkassen noch bis nach 21 Uhr.

Bankwesen: Das landesweite Netz von 42 Geschäftsbanken ist in der Lage, neben allen einfachen Aufgaben auch komplexere Transaktionen abzuwickeln. Die verschiedenen Banken verfügen über mehr als 550 Zweigstellen im ganzen Land und sind mit den größten Finanzzentren der Welt verbunden. Die Öffnungszeiten sind Montag bis Freitag von 10 bis 15 Uhr und Samstag von 9.30 bis 11.30 Uhr.

FEIERTAGE

Januar

1. Jan.	Neujahr – mit Ausnahme von Johore, Kelantan, Terengganu, Kedah und Perlis
21. Jan.	Geburtstag des Sultans von Kedah – nur Kedah

Februar

1. Feb.	Föderationstag – nur im Bundesterritorium von Kuala Lumpur und Labuan
8. Feb.	Thaipusam – nur Negri Sembilan, Penang, Perak und Selangor
12. Feb.	Hari Hol Almarhum Sultan Ismail – nur Johore

März

5. März	Ishak und Mikraj – nur Kedah und Negri Sembilan
8. März	Geburtstag des Sultans von Selangor – nur Selangor
10. März	Geburtstag des Sultans von Terengganu – nur Terengganu
11. März	Offizielle Eröffnung der staatlichen Moschee, Shah Alam – nur Selangor

April

8. April	Geburtstag des Sultans von Johore – nur Johore
13. April	Karfreitag
19. April	Geburtstag des Sultans von Perak – nur Perak

Mai

1. Mai	Tag der Arbeit
7. Mai	Hari Hol Pahang – nur Pahang
9. Mai	Mesak-Tag – außer im Bundesterritorium von Labuan
29. Mai	Dayak-Tag (Hari Gawai) – nur Sarawak
30. Mai	Erntefest – nur im Bundesterritorium von Labuan und Sabah

Juni

6. Juni	Geburtstag von *Yang di-Pertuan Agong* (König)
14. Juni	Geburtstag von Yang di-Pertua Negri Melaka – nur Melaka

Juli

16. Juli	Geburtstag von Yang di-Pertua Negri Pulau Pinang – nur Penang
16. Juli	Geburtstag von Yang di-Pertuan Besar von Negri Sembilan – nur Negri Sembilan

| 23. Juli | Maal Hijrah |
| 31. Juli | Geburtstag des Sultans von Kelantan – nur Kelantan |

August
| 23. Aug. | Geburtstag des Rajah von Perlis – nur Perlis |
| 31. Aug. | Nationalfeiertag |

September
| 16. Sept. | Geburtstag des Yang di-Pertua Negri Sabah – nur Sabah |
| 16. Sept. | Geburtstag des Yang di-Pertua Negri Sarawak – nur Sarawak |

Oktober
| 26. Okt. | Geburtstag des Sultans von Pahang – nur Pahang |

Dezember
| 25. Dez. | Weihnachten |

Die folgenden Feiertage sind bewegliche Festtage in Abhängigkeit vom christlichen, moslimischen, buddhistischen oder hinduistischen Kalender:

Chinesisches Neujahr (2 Tage; Ausnahme von Kelantan und Terengganu: 1 Tag)
Hari Raya Puasa (2 Tage)
Hari Raya Haji (1 Tag; 2 Tage in Kedah, Kelantan, Pahang, Perlis)
Deepavali (außer Sabah, Sarawak und Bundesterritorium von Labuan)
Geburtstag des Propheten Mohammed Awal Ramadan
Geburtstag des Sultans von Terengganu (nur Terengganu)

Wenn ein Feiertag auf ein Wochenende oder einen Freitag fällt, wird der folgende Tag zum Feiertag.

FESTE

Es ist schwer zu sagen, was aufregender ist – eine Blasrohrjagd im Landesinneren von Borneo oder ein *Top-spinning*-Wettbewerb an der Ostküste der Malaiischen Halbinsel; das herrliche Geheul in der chinesischen Oper von Penang oder eine indische Tänzerin mit Glöckchen an den Zehen. All das hat Malaysia zu bieten, und oft finden diese Spektakel sogar zur selben Zeit statt. Fast jeden Monat gibt es einen gesetzlichen Feiertag, ganz zu schweigen von den zahlreichen Marktfesttagen, königlichen Geburtstagen und religiösen Umzügen, die wie Konfetti über die Kalenderseiten verstreut sind. Das einzige Problem sind die großen Entfernungen.

Malaysia breitet sich über mehr als 5000 Kilometer aus, und seine Feste finden entsprechend weit voneinander statt.

Nach dem islamischen Kalender hat das Jahr 354 Tage. Der chinesische und hinduistische Kalender stützt sich im Gegensatz zum gregorianischen Kalender bei seiner Berechnung auf die Mondmonate. Daher unterscheiden sich die Termine von Jahr zu Jahr sehr stark. An einigen solcher beweglichen Fest- und Feiertage finden einige von Malaysias aufregendsten Ereignissen statt. Um hierüber im Bilde zu sein, lesen Sie die Tageszeitung und die Broschüre *Kuala Lumpur This Month*, die in namhaften Hotels kostenlos ausliegt.

GOTTESDIENST

Minarette, Spitztürme, Kuppeln und Kirchturmspitzen prägen die Silhouette von Kuala Lumpur und spiegeln die in Malaysia herrschende Glaubensvielfalt wider. Nachfolgend finden Sie eine kleine Auswahl von Gebetsstätten in Kuala Lumpur. Hotels und Reisebüros können Ihnen die Zeiten der Gottesdienste mitteilen und Ihnen bei der Lösung der Transportprobleme behilflich sein. (Siehe auch „Tempel und Moscheen".)

Kuala Lumpur Baptistenkirche
70 Jln. Hicks, KL

Mar Thoma-Kirche (syrisch)
Jln. Ipoh, KL

Nationalmoschee
Jln. Sultan Hishamuddin, KL

See Yeoh Tempel (taoistisch)
14A Leboh Pudu, KL

Mission der Adventisten vom Siebten Tag
166 Jln. Bukit Bintang, KL

Sikh Tempel
Jln. Bandar, KL

Sri Mahamariaman Tempel (Hindu)
163 Jln. Bandar, KL

St. Andrew's Presbyterkirche
31 Jln. Raja Chulan, KL

St. Francis Xavier Kirche (Jesuiten)
Jln. Gasing, Petaling Jaya

St. John's Kathedrale (röm.-kath.)
Bukit Nanas, KL

St. Mary's Kirche (anglikanisch)
Jln. Raja, KL

Wesley Methodistenkirche
Seitenstraße der Jln. Hang Jebat

Zion Kirche
21 Jln. Abdul Samad, KL

KOMMUNIKATION

MEDIEN

Fernsehen: Dieses wohl populärste Medium Malaysias wird in internationalen Hotels und Langhäusern mit derselben Begeisterung verfolgt! Die Programme sind sehr kosmopolitisch. Britische und amerikanische Komödien und Dokumentarsendungen flimmern ebenso wie die neuesten indonesischen Filme und Koran-Lesewettbewerbe aus Kuala Lumpur über den Bildschirm. Dem Sport wird im allgemeinen sehr viel Sendezeit eingeräumt. Nachrichten in englischer Sprache bringt Kanal RTM 1 um 18 Uhr und TV 3 um 18.30 Uhr.

Radio: Überall plärren die Radios und dadurch ergeben sich die wildesten Ton-Mischungen: indonesischer Pop, malaiischer Rock und Heavy Metal, indische Folklore oder Klassik, chinesische Oper, John Wil-

liams Science-fiction-Musik oder die brandaktuellen Hits aus Großbritannien und Amerika. Seifenopern und Sendungen über die Ereignisse des Tages im Inland bringen Ihnen die malaysische Kultur ebenfalls näher. Nachrichten in englischer Sprache hören Sie bei Blue Network (280 MW) um 7 Uhr, 8 Uhr, 13.30 Uhr, 17 Uhr und 19 Uhr oder bei „Beautiful Malaysia" (97.2 FM) zwischen 18 und 19 Uhr.

Presse: Malaysias Zeitungen erscheinen in verschiedenen Sprachen, von *Bahasa Melayu* (der Landessprache Malaiisch) über Englisch und Chinesisch bis hin zu Tamil, Pandschabi und Malayalam. Die *New Straits Times* und der *Star,* die führenden englischen Blätter, sind jeden Morgen vollgestopft mit nationalen und internationalen Nachrichten, gelegentlichen mit aufschlußreichen Briefen an die Herausgeber und mit „Peanuts" und Comic strips einheimischer Cartoonisten. Die Nachmittagszeitung *Malay Mail* ist weniger formell und pflegt einen zwanglosen Plauderton; sie bietet ihren Lesern mehr Informationen über Lokalereignisse und viel Unterhaltung. Die *Sabah Times, People's Mirror, Sarawak Tribune* und *Borneo Post* aus Ostmalaysia warten mit internationalen Nachrichten sowie Ereignissen aus dem tiefsten Dschungel auf. Ausländische Zeitungen und Zeitschriften sind in großen Städten ebenfalls erhältlich.

POSTDIENST

Malaysia verfügt über eines der effizientesten Postsysteme Asiens. In allen Hauptstädten der Bundesstaaten und in den meisten größeren Städten gibt es Postämter. Mit Ausnahme des Hauptpostamts in Kuala Lumpur, das Montag bis Samstag von 8 bis 19 Uhr geöffnet hat, sind die Öffnungszeiten von 8 bis 17 Uhr.

Ein Luftpostbrief in jedes beliebige Land kostet 40 *sen.* Postkarten in andere asiatische Länder kosten 20 bis 25 *sen*, nach Australien und Neuseeland 30 *sen*, nach Europa 40 *sen* und nach Nordamerika 55 *sen*. Die meisten internationalen Hotels bieten auch Postdienste an; Marken und Luftpostbriefe werden oft an den kleinen indischen Süßigkeiten- und Tabakständen auf der Straße verkauft. Malaysische Briefmarken sind optisch sehr reizvoll, oft zeigen sie die wunderschöne Flora und Fauna des Landes.

TELEFON

Ortsgespräche kosten in Malaysia 10 *sen*; öffentliche Telefonapparate findet man in den meisten Städten, häufig vor Restaurants. Ferngespräche und internationale Gespräche können vom Postamt oder vom Hotel aus geführt werden.

Auf der Insel Penang hat jeder Vorstadtbezirk eine andere Vorwahl – Balik Pulau 898, Batu Ferringhi 811, Batu Uban 883, Bayan Lepas 831, Penang Hill 892 und Tanjong Bungah 894. Für Gespräche zwischen den Bundesstaaten muß man folgende Vorwahlnummern wählen:

Ipoh	05
Johore Bahru	07
Kota Bharu	09
Kota Kinabalu	088
Kuala Lumpur	03
Kuala Terengganu	09
Kuantan	09
Kuching	082
Melaka	06
Penang	04
Seremban	06
Sungai Petani	04
Taiping	05

Für internationale Gespräche wählen Sie „108", um das Gespräch anzumelden. Wenn Sie „104" wählen, nimmt ein Telegrafist Ihren Telegrammtext auf. In den meisten internationalen Hotels können Sie Ihre internationale Nummer direkt anwählen sowie Schreib- und Kopierdienste in Anspruch nehmen.

Weitere nützliche Nummern:

Fernsprechauskunft	101
Leitungsprobleme	102
Telefonauskunft	103
Störungsmeldung	100
Zeitansage (nur KL und Klang)	1051
Wetterbericht	1052
Notruf (Polizei/Feuer/Ambulanz)	999
Touristenpolizei Kuala Lumpur	
	03-241-5522/03-243-5522
Melaka	06-222-222
Johore Bahru	07-232222

UNTERWEGS

Malaysia gehört zu den asiatischen Ländern, in denen man problemlos herumreisen kann. Die Verkehrsmittel reichen von einem *Orang-Asli*-Einbaum an abgelegenen Flüssen über eine Rikscha in Kuala Terengganu bis hin zu Seilbahnen und schnellen, modernen Jets. Es gibt fast immer mehrere Möglichkeiten, an einen Ort zu gelangen. Wie aufregend und abenteuerlich sich das Reisen in Malaysia für Sie gestaltet, hängt allein von Ihnen ab. Um einen wirklichen Eindruck vom Land zu bekommen, sollten Sie verschiedene Transportmittel ausprobieren.

VOM FLUGHAFEN

Öffentliche und private Busse, Taxis und sogar Limousinen bedienen die wichtigsten Flughäfen in Malaysia. Viele Flughäfen haben einen Taxistand, wo man Taxis bestellt und bezahlt; dort wird auch der Preis festgesetzt. Falls es diesen Service nicht gibt, fragen Sie bei der Information, wie weit die Stadt vom Flughafen entfernt ist und wieviel Sie einem Taxifahrer dafür in etwa bezahlen müssen. Sonst könnten Sie leicht einem skrupellosen Betrüger zum Opfer fallen, der Ihnen für eine kurze Strecke viel Geld abknöpft. Am Flughafen wartende Taxis sind in der Regel wesentlich teurer als in der Stadt selbst. Die Entfernungen verschiedener Städte von den jeweiligen Flughäfen finden Sie auf der Tafel auf den Seiten 334/335.

INLANDSFLÜGE

Das Malaysian Airlines System (MAS) verfügt über ein ausgedehntes Netz von Fluglinien im ganzen Land. In abgelegenen Dschungelgebieten betreiben die *Fokker 27* und *Northland Islanders* Busse, die abgeschiedene Orte mit den Landeszentren verbinden. Singapore Airlines, Royal Brunei und Thai International fliegen neben Kuala

Lumpur auch noch andere malaysische Ziele an. Informieren Sie sich bei den entsprechenden Büros.

Hier eine Liste der MAS-Büros in Malaysia, die für Buchungen und Bestätigungen zuständig sind.

Alor Setar
1543 Jln. Sultan Badlishah,
05000 Alor Setar, Kedah
Tel.: 711186, 711187

Bandar Seri Begawan
144 Jln. Pemancha, P.O. Box 72,
Bandar Seri Begawan, Brunei Darussalam
Tel.: 24141/2

Bario
c/o Bario Co-Operative Society Ltd., Bario,
Fourth Division, Sarawak

Belaga
c/o Syarikat Awang Radin, 4 Belaga Bazaar,
Sarawak

Bintulu
P.O. Box 932, 97008 Bintulu, Sarawak
Tel.: 31554

Ipoh
G01 Bangunan Seri Kinta,
Jln. Sultan Idris Shah, 30000 Ipoh, Perak
Tel.: 514155, 514886

Johore Bahru
G/F Orchid Plaza, Jln. Wong Ah Fook,
80000 Johore Bahru, Johore
Tel.: 220888, 220709

Kapit
c/o Hua Chiong Co., 6 Jln. Temenggong
Koh, 96800 Kapit, Sarawak
Tel.: 96344, 96484

Kota Bharu
Kompleks Yakin, Jln. Gajah Mati,
15000 Kota Bharu, Kelantan
Tel.: 747000, 743346

Kota Kinabalu
10th Floor, Kompleks Karamunsing,
Jln. Tuaran/Jln. Selatan,
88300 Kota Kinabalu, Sabah
Tel.: 51455, 53560

Kuala Lumpur
33rd Floor, Bangunan MAS,
Jln. Sultan Ismail, 50250 KL
Tel.: 2610555

Ground Floor Menara Utama UMBC,
Jln. Sultan Sulaiman, 50000 KL
Tel.: 2305115

Lot 157, 1st Floor Complex Daya Bumi,
Jln. Sultan Sulaiman, 50000 KL
Tel.: 2748734

Lot 7A, 3rd Floor Pan Pacific Hotel Kuala
Lumpur, Jalan Putra, 50746 KL
Tel.: 4426759

Shop Lot No. 15/16 Menara Majlis Perbandaran Petaling Jaya, Jln. Tengah,
46200 Petaling Jaya, Selangor
Tel.: 7550770

Kuala Terengganu
Ground and Mezzanine Floors,
No. 13 Jln. Sultan Omar,
20300 Kuala Terengganu, Terengganu
Tel.: 621415

Kuantan
Ground Floor, Wisma Persatuan Bolasepak,
Jln. Gambut, 25000 Kuantan,
Pahang Darul Makmur
Tel.: 521218, 522020

Kuching
Bangunan MAS, Lot 215 Song Thian Cheok
Road, 93100 Kuching, Sarawak
Tel.: 246622

Kudat
c/o Lo Cham En
P.O. Box 10,
89057 Kudat, Sabah
Tel.: 61339

Labuan
Lot No. 1, Wisma Kee Chia (1st & 2nd
floor), Jln. Bunga Kesuma,
87008 Wilayah Persekutuan Labuan
Tel.: 412042, 412137

Lahad Datu
Ground Floor, Mido Hotel Bldg.,
P.O. Box 299,
91108 Lahad Datu, Sabah

Langkawi
Langkawi Island Resort, Kuah,
0700 Langkawi, Kedah
Tel.: 788209

Lawas
c/o Eng Huat Travel Agency,
No. 2 Jln. Liaw Siew Ann
P.O. Box 45,
98857 Lawas, Sarawak
Tel.: 5570, 5368

Limbang
c/o Mah Moh Hin, No. 15 Cross Street,
98700 Limbang, Sarawak
Tel.: 21881, 21834

Long Lellang
c/o Koperasi Serbaguna Long Lellang
Berhad, Long Lellang, Sarawak

Long Pa Sia
c/o Puan Runang, Long Pa Sia, Sabah

Long Semado
c/o Co-Operative Multi-purpose Society Ltd.,
Long Semado, Sarawak

Long Seridan
c/o Yami Kota, Long Seridan, Sarawak

Long Sukang
c/o Co-Operative Society, Long Sukang,
Sarawak

Marudi
c/o Tan Yong Sing, 57 Queen's Square,
Marudi P.O. Box 57, Sarawak
Tel.: 55240, 55480

Melaka
No. 238 Taman Melaka Raya,
Bandar Hilir,
75000 Melaka
Tel.: 235722/3/4

	Entfernung vom Zielflughafen in die Stadt (in Kilometern)	Flugpreis einfach in M$
Von Kuala Lumpur nach		
Ipoh	10	55
Johore Bahru	30	77
Kota Bharu	10	86
Kota Kinabalu	21	380
Kuala Terengganu	18	80
Kuantan	15	61
Kuching	10	231
Melaka	10	39
Penang	13	86
Singapur	20	130
Von Penang (Tel: 04-830811) **nach**		
Ipoh	10	41
Kota Bharu	10	72
Kuala Terengganu	18	80
Singapur	20	150
Von Kota Kinabalu (Tel: 088-52553) **nach**		
Alor Setar	11	94
Bandar Sri Begawan (Brunei)	8	65
Bintulu	1	110
Keningau	–	38
Kudat	4	50
Lahad Datu	1	88
Labuan	3	43
Lawas	2	47
Miri	8	90
Ranau	–	38
Sandakan	15	84
Singapur	20	346
Tawau	2	80

	Entfernung vom Zielflughafen zur Stadt (in Kilometern)	Flugpreis einfach in M$
Von Sandakan (Tel: 089-660525) **nach**		
Kudat	4	54
Lahad Datu	1	57
Pamol	3	40
Semporna	4	50
Tawau	2	78
Tomanggong	4	42
Von Tomanggong nach		
Lahad Datu	1	35
Semporna	4	40
Tawau	2	55
Von Kuching (Tel: 082-454255) **nach**		
Bandar Sri Begawan (Brunei)	8	192
Bintulu	1	97
Kota Kinabalu	21	198
Miri	8	150
Mukah	4	90
Sibu	5	60
Singapore	20	170
Von Sibu (Tel: 084-330831) **nach**		
Belaga	1	48
Bintulu	1	64
Kapit	2	48
Miri	8	75
Mukah	4	30
Von Lawas nach		
Bekelan	–	46
Labuan	3	31
Limbang	6	25
Long Semadoh	1	40
Long Sukang	1	25
Von Marudi (Tel: 085-55635) **nach**		
Bario	4	55
Long Lellang	1	46
Long Seridan	1	42
Sibu	5	100
Von Miri (Tel: 085-33884) **nach**		
Bario	4	70
Bintulu	1	57
Labuan	3	57
Lawas	2	59
Limbang	6	45
Marudi	1	29
Mukah	4	55

Von	Nach	Entfernung vom Flughafen zur Stadt (in Kilometern)	Einfacher Preis in M$
Alor Setar (Tel: 04-744021)	Kota Bharu	10	59
Bintulu (Tel: 086-31073)	Mukah	4	44
Johore Bahru (Tel: 07-241985)	Kota Kinabalu	21	301
Kuantan (Tel: 09-581291)	Johore Bahru	30	77
Lahad Datu (Tel: 089-81747)	Tawau	2	40
Long Seridan	Long Lellang	1	35

Miri
Lot 239, Beautiful Jade Centre,
P.O. Box 180, 98007 Miri, Sarawak
Tel.: 414144

Mukah
c/o Wee Lam Hai, 6 Main Bazaar,
94600 Mukah, Sarawak
Tel.: 62204

Pamol
c/o Pamol (Sabah) Ltd., P.O. Box 203,
90007 Sandakan, Sabah
Tel.: 3155, 3893

Penang
Tun Abdul Razak Complex, Penang Road,
10000 Penang
Tel.: 620011

Sandakan
Ground Floor, Sabah Bldg.,
Lorong Edinburg, P.O. Box 190,
90007 Sandakan, Sabah
Tel.: 273963

Semporna
c/o Today Travel Services, 1. Stock,
Lot 7 B111, P.O. Box 6,
91307 Semporna Sabah
Tel.: 781077

Sibu
No. 61 Jln. Tuanku Osman,
96000 Sibu, Sarawak
Tel.: 326166

Tawau
Lot 1A, Block 34, Tawau Extension II,
Fajar Complex, 97008 Tawau, Sabah
Tel.: 772703/4

Tomanggong
c/o River Estate Sdn. Bhd., P.O. Box 1209,
90008 Sandakan, Sabah
Tel.: 2130

Ratgeber für Inlandsflüge: Die Preise auf den Tafeln von Seite 334-335 waren gültig, als das Buch in Druck ging. Für manche Strecken gibt es Sonderpreise, ebenso für Rundflugtickets. Fragen Sie deshalb bei einem MAS-Büro oder bei einem angesehenen Reiseveranstalter nach. Ein Rückflugticket kostet normalerweise das Doppelte des einfachen Fluges. Kaufen Sie wenn möglich immer in Malaysia, da die Malaysian Dollars meist billiger sind.

MIT DER BAHN

Die malaysische Eisenbahn oder Keretapi Tanah Melayu (KTM) fährt direkt vom Herzen des Geschäftszentrums Singapurs durch die Malaiische Halbinsel bis nach Thailand im Norden und bedient die wichtigsten Städte einschließlich der Hauptstadt Kuala Lumpur. Die *East-Coast*-Linie zweigt bei Gemas von der Hauptlinie ab, taucht in die Wälder des Landesinneren und kommt schließlich bei Tumpat nahe der thailändischen Grenze wieder heraus. Das Reisen mit den normalerweise komfortablen Zügen vermittelt einen ausgezeichneten Eindruck von Malaysia und seiner abwechslungsreichen Landschaft. Die Fahrgäste haben die Wahl zwischen klimatisierten Waggons Erster Klasse in tagsüber verkehrenden Zügen und den klimatisierten Doppelabteilen in den Schlafwagen Erster Klasse bei Nachtzügen. In der Zweiten Klasse gibt es ventilatorgekühlte Schlafwagen und in der Dritten Klasse Liegewagen. Fahrkarten Erster und Zweiter Klasse können 30 Tage im voraus gekauft werden, Fahrkarten Dritter Klasse zehn Tage im voraus. Passagiere mit Tickets für eine Entfernung über 200 Kilometer dürfen die Reise bei einer beliebigen Station unterbrechen – man rechnet einen Tag pro 200 Kilometer oder einen Teil davon zur reinen Fahrzeit dazu. Wer dieses System ausnutzen möchte, darf nicht vergessen, sich sofort nach der Ankunft vom Stationsvorsteher am Aussteigebahnhof einen Vermerk auf seinem Ticket anbringen zu lassen.

Für ausländische Touristen bietet KTM einen Bahnpaß, der den Inhaber zu unbegrenzten Fahrten in jeder Klasse an jeden beliebigen Ort während einer Dauer von jeweils zehn oder 30 Tagen berechtigt. Dieser Bahnpaß kostet M$ 85 für zehn Tage und M$ 175 für 30 Tage. Darin eingeschlossen sind jedoch nicht die Gebühren für die Schlafwagenreservierung, die Sie am besten im voraus bezahlen.

Es stehen eine Reihe verschiedener Zugarten zur Auswahl. Sie können entweder den normalen Zug nehmen, der an fast allen Bahnhöfen haltmacht, oder den Expreß, der nur in größeren Städten hält. Weitere Informationen finden Sie in den Tabellen.

FAHRPREISE
einfache Fahrt

Vom Bahnhof	Butterworth			Kuala Lumpur			Singapur		
	1	2	3	1	2	3	1	2	3
Zum Bahnhof	$	$	$	$	$	$	$	$	$
Alor Setar	12,40	5,60	3,50	58,30	26,30	16,20	105,70	47,60	29,30
Bangkok	81,10	37,70	–	125,40	57,70	–	174,00	76,60	–
Butterworth	–	–	–	48,60	21,90	13,50	96,00	43,30	26,60
Gemas	69,20	31,20	19,20	21,90	9,90	6,10	28,00	12,60	7,80
Haadyai	24,60	11,40	–	68,90	31,40	–	117,50	53,30	–
Ipoh	22,50	10,20	6,30	25,50	11,50	7,10	74,10	33,40	20,50
Johore Bahru	93,50	42,20	25,90	46,20	20,80	12,90	3,20	1,50	0,90
Kluang	82,60	37,20	22,90	35,30	15,90	9,80	14,00	6,30	3,90
Krai	122,70	55,30	34,00	75,30	34,00	20,90	81,40	36,70	22,60
Kuala Lipis	97,20	43,80	26,90	49,80	22,50	13,80	54,70	24,70	15,20
Kuala Lumpur	48,60	21,90	13,50	–	–	–	48,60	21,90	13,50
Padang Besar	21,30	9,60	5,90	65,60	29,60	18,20	114,20	51,50	31,60
Segamat	72,90	32,90	20,20	25,50	11,50	7,10	23,70	10,70	6,60
Seremban	57,10	25,80	15,80	9,30	4,20	2,60	40,10	18,10	11,10
Singapur	96,00	43,30	26,60	48,60	21,90	13,50	–	–	–
Taiping	11,90	5,40	3,30	36,50	16,50	10,10	85,00	38,30	23,60
Tampin	63,20	28,50	17,50	15,20	6,90	4,20	34,00	15,40	9,50
Tapah Road	29,20	13,20	8,10	19,50	8,80	5,40	68,00	30,70	18,90
Tumpat	133,60	60,20	37,00	86,20	38,90	23,90	91,10	41,10	25,20
Wakaf Bahru	131,20	59,10	36,30	83,80	37,80	23,20	89,90	40,50	24,90

EXPRESS RAKYAT/SINARAN (XSP)

Vom Bahnhof	Butterworth				Kuala Lumpur				Singapur			
	1 AFC	2 ASC	2 SC	3 TC	1 AFC	2 ASC	2 SC	3 TC	1 AFC	2 ASC	2 SC	3 TC
Zum Bahnhof	$	$	$	$	$	$	$	$	$	$	$	$
Butterworth	–	–	–	–	55,00	28,00	25,00	17,00	–	50,00	47,00	30,00
Bukit Mertajam	8,00	7,00	4,00	4,00	53,00	27,00	24,00	16,00	–	49,00	46,00	20,00
Ipoh	29,00	17,00	14,00	10,00	32,00	18,00	15,00	11,00	–	40,00	37,00	24,00
Johore Bahru	–	49,00	46,00	29,00	53,00	27,00	24,00	16,00	10,00	8,00	5,00	4,00
Kampar	33,00	19,00	16,00	11,00	28,00	16,00	13,00	9,00	–	38,00	35,00	23,00
Kluang	–	44,00	41,00	26,00	42,00	22,00	19,00	13,00	20,00	13,00	10,00	7,00
K. Kangsar	22,00	14,00	11,00	8,00	39,00	21,00	18,00	13,00	–	23,00	40,00	26,00
K. Lumpur	55,00	28,00	25,00	17,00	–	–	–	–	55,00	28,00	25,00	17,00
Segamat	–	39,00	36,00	24,00	32,00	18,00	15,00	11,00	30,00	17,00	14,00	10,00
Seremban	–	32,00	29,00	19,00	16,00	11,00	8,00	6,00	48,00	25,00	22,00	15,00
Singapur	–	50,00	47,00	30,00	55,00	28,00	25,00	17,00	–	–	–	–
Taiping	18,00	12,00	9,00	7,00	43,00	23,00	20,00	14,00	–	45,00	42,00	27,00
Tampin	–	35,00	32,00	21,00	22,00	13,00	10,00	8,00	40,00	22,00	19,00	13,00
Tapah Road	36,00	20,00	17,00	12,00	26,00	15,00	12,00	9,00	–	37,00	34,00	22,00

Anmerkung	AFC:	1. Klasse – klimatisiert
	ASC:	2. Klasse – klimatisiert
	SC:	2. Klasse – normal
	TC:	3. Klasse Express.

Zusätzliche Gebühren:

Schlafwagen KTM
1. Klasse – $20,00 klimatisiert
1. Klasse – $10,00 normal
2. Klasse – $8,00 unten
2. Klasse– $6,00 oben
(Singapur/K. Lumpur – K. Lumpur/
Butterworth – K. Lumpur/Tumpat –
Tumpat/Singapur)

Schlafwagen Express
1. Klasse – $19,00 klimatisiert
1. Klasse – $11,80 normal
2. Klasse – $9,10 unten
2. Klasse – $6,40 oben
Express $2,80
(Butterworth/Bangkok – Bangkok/Chiengmai)

Die meisten Bahnhöfe haben eine Gepäckaufbewahrung. Die Gebühren sind vernünftig und liegen bei 50 *sen* pro Tag.

PLAN DER EXPRESS-ZÜGE

Butterworth/Kuala Lumpur /Butterworth (Klimatisiert 1. & 2. Klasse)

Bahnhof	XSP 7	XSP 3	XSP 4	XSP 8
Butterworth	07.30	15.00	13.55	21.30
Bt. Mertajam	07.46	15.16	13.30	21.04
Taiping	08.56	16.26	12.23	19.52
K. Kangsar	09.36	17.06	11.44	19.13
Ipoh	10.27	17.57	10.50	18.18
Tapah Road	–	18.50	09.56	–
K. Lumpur	14.05	21.25	07.30	15.00

Kuala Lumpur/Singapur /Kuala Lumpur (Klimatisiert 1. & 2. Klasse)

Bahnhof	XSP 5	XSP 9	XSP 10	XSP 6
K. Lumpur	07.30	15.00	14.20	21.35
Seremban	08.38	16.06	12.56	20.20
Tampin	09.23	16.49	12.13	19.37
Segamat	10.47	18.12	10.45	18.09
Kluang	12.12	19.37	09.19	16.45
Johore Bahru	13.41	21.06	08.00	15.28
Singapur	14.20	21.45	07.30	15.00

Anmerkung: Die XSP-Nr. ist die Nummer des Expreßzuges.

MIT DEM SCHIFF

Die traditionellen Verkehrswege in Malaysia, insbesondere im Westen, waren die Wasserstraßen. In Pahang auf dem Endau River und natürlich in Sarawak ist diese Beförderungsart immer noch von einiger Bedeutung, aber im allgemeinen spielt sich der Verkehr heute hauptsächlich auf den Straßen ab.

An den Flüssen der Malaiischen Halbinsel kann man meist Boote mieten, aber am besten versuchen Sie herauszufinden, welche Boote wohin fahren, und lassen sich dann mitnehmen. Ein Boot zu mieten kann unter Umständen phänomenal teuer werden, besonders wenn Sie flußabwärts fahren wollen. Der Bootsführer wird sich sträuben, weil er dann die ganze Strecke flußaufwärts wieder herauftuckern muß. Wahrscheinlich zieht er es vor, Ihnen das Boot zu verkaufen!

In Sarawak herrscht auf den Binnenflüssen das ganze Jahr über viel Betrieb, da es dort nur sehr wenig Straßen gibt, die zudem meist in erbärmlichem Zustand sind. Auf dem Rejang River verkehren regelmäßig Boote zwischen Sibu und Kapit; wenn der Fluß genug Wasser führt, fahren sie sogar bis nach Belaga. Boote zu kleineren Flüssen und abgelegenen Langhäusern können entsetzlich teuer werden. Am besten gehen Sie einfach hinunter zum Landungssteg, um in Erfahrung zu bringen, wohin all die Frauen mit ihren Körben fahren, und ändern Ihre Pläne entsprechend.

Weitere regelmäßige Fähr- und Bootsdienste gibt es auch zu den Inseln Pangkor, Penang und Langkawi. Nach Pangkor fahren die Boote nur bis 19 Uhr, Fähren nach Penang verkehren dagegen rund um die Uhr; das letzte Boot nach Langkawi legt um 18 Uhr ab.

Zu den Inseln an der Ostküste ist der Bootsverkehr etwas weniger regelmäßig, insbesondere in der Monsunzeit, wenn manche Linien gänzlich eingestellt werden. Es verkehren Boote zu den Perhentian Islands, nach Kepas, Redang und Tenggol im Norden sowie zu den Inseln vor Mersing. Bei Booten nach Tioman haben Sie die Wahl zwischen Fischerbooten, die $15 pro Person verlangen, oder Katamaranen und Fähren, die $25 bis $30 kosten und über zwei Stunden brauchen, oder dem Tragflügelboot, das Sie für etwa $25 in 75 Minuten ans Ziel bringt. Auch einige der anderen Inseln verfügen über Fährdienste (z. B. Rawa und Sibu), oder Sie setzen mit einem Fischerboot über. Der Preis für das Boot ist immer gleich, egal ob Sie allein oder zu zwölft (maximale Auslastung) sind.

Neben den Fähren nach Penang gibt es mehrere gemütliche Kreuzfahrten, auf denen man die Küsten Malaysias auf der Halbinsel und in Borneo zu sehen bekommt. Die im August 1986 gegründete Feri Malaysia bietet Kreuzfahrten auf dem Vergnügungsschiff *Muhibah* zwischen Singapur, Kuantan, Kuching und Kota Kinabalu. Das Schiff verfügt über klimatisierte Kabinen und komfortable Suiten sowie über verschiedene Annehmlichkeiten wie Restaurants, Diskothek, Gymnastikraum, Kino, Swimmingpool und für Golfer sogar ein Putting Green. Zwischenstopps und Landausflüge sind ebenfalls möglich. Weitere Informationen erhalten Sie bei Feri Malaysia Sdn. Bhd., Ground Floor, Menara Utama UMBC, Jln. Sultan Sulaiman, 50000 Kuala Lumpur, Tel.: 03-238-8899, Telex: FM KUL MA 50055. Fahrpläne und Preise für Kreuzfahrten entnehmen Sie untenstehender Tabelle.

ÖFFENTLICHE VERKEHRSMITTEL

Mit dem Taxi: Taxis gehören nach wie vor zu den beliebtesten und billigsten Transportmitteln, insbesondere auf der Basis von Fahrpreisteilung. Sie können die Taxis an der Straße anhalten, an autorisierten Taxiständen mieten oder telefonisch bestellen, wobei die Kilometer vom Taxistand oder der Garage, wo das Fahrzeug gemietet wird, berechnet werden.

Obwohl die meisten Taxis mit einem Taxameter ausgestattet sind, werden diese nur in großen Städten wie Kuala Lumpur, Johore Bahru und Ipoh benutzt.

Bei Antritt der Fahrt steht der Zähler auf $1 und läuft im Takt von 10 *sen* pro 200 Meter weiter. Achten Sie darauf, daß Ihr Fahrer seinen Zähler erst anstellt, wenn Sie ins Auto gestiegen sind. Neben dem Betrag auf dem Zähler müssen Sie noch 30 Prozent zusätzlich für die Klimatisierung bezahlen, ob Sie diese wollen oder nicht! Wenn Sie frühmorgens oder spätabends ein Taxi nehmen, schalten die Taxifahrer ihre Zähler nur ungern ein, sondern legen lieber einen Preis für das Fahrziel fest. Hier muß man geschickt verhandeln! Mit Stadttaxis können Sie auch einen Tagespreis vereinbaren.

Langstreckentaxis sind ein beliebtes Transportmittel in andere Städte, und wenn Sie gut handeln können, kommen Sie dabei sehr günstig weg. Die Taxis arbeiten meist auf der Basis von Fahrpreisteilung mit vier Passagieren; viele Fahrer werden nicht eher losfahren, als bis das Auto voll ist. Wenn Sie bereit sind, viermal soviel zu bezahlen, mieten Sie sich ein normales Taxi – dann müssen Sie nicht warten, bis sich weitere Passagiere finden.

Hier nun eine Aufstellung von Fahrten, die Sie auf der Malaiischen Halbinsel vielleicht unternehmen. Die angegebenen Preise verstehen sich pro Person für ein Sammeltaxi mit vier Fahrgästen.

Johore Bahru nach Mersing	$11.-
Johore Bahru nach Melaka	$16.-
Johore Bahru nach KL	$30.-
Melaka nach KL	$12.-
KL nach Penang	$30.-
KL nach Ipoh	$15.-
Ipoh nach Penang	$15.-
Kuantan nach KL	$19.-
Kuantan nach Kota Bharu	$29.-
Kuantan nach Kuala Terengganu	$16.-
Kuala Terengganu nach Kota Bharu	$12.-

KREUZFAHRT MUHIBAH

Hafen	Ankunft	Abfahrt	Day	Reise No
Kuantan	09.00	14.30	Sa	FM 101
Kuching	20.30	02.00	So/Mo	FM 101
Kota Kinabalu	08.00	14.00	Di	FM 102
Kuantan	12.00	18.00	Mi	FM 102A
Singapur	10.00	18.00	Fr	FM 101A

Anmerkung: Einchecken zwei Stunden vor der Abfahrt.

Preise

	Standardkabine		Luxuskabine		Suite	
	Einfach	Hin/Zur.	Einfach	Hin/Zur.	Einfach	Hin/Zur.
Von Kuantan						
Kuching	$160	$320	$235	$470	$350	$700
Kota Kinabalu	$265	$530	$380	$760	$550	$1100
Singapur	$99	$198	$140	$280	$210	$420
Von Kuching						
Kuantan	$160	$320	$235	$470	$350	$700
Kota Kinabalu	$140	$280	$195	$390	$300	$600
Singapur	$200	$400	$270	$540	$355	$710

Taxis in Sabah oder Sarawak haben keine Taxameter. Finden Sie heraus, wieviel Sie für andere Beförderungsmittel bezahlen müßten, und orientieren Sie sich beim Aushandeln des Fahrpreises daran.

In Ostmalaysia liegen die Transportkosten in der Regel sehr viel höher als auf der Halbinsel.

Mit dem Bus: In Malaysia gibt es drei Arten von Bussen: die nicht klimatisierten Busse, die zwischen den Bundesstaaten verkehren, die nicht klimatisierten Busse für den Transport innerhalb eines Bundesstaats und die klimatisierten Expreß-Busse, die größere Städte in Malaysia verbinden. Die Preise bewegen sich immer in vernünftigen Grenzen, wenn auch die Abfahrtszeiten nicht immer mit dem Fahrplan übereinstimmen. Einige Fahrpreise für Busse finden Sie in nachfolgender Aufstellung.

Mit den Rikschas: Wenn Sie bei der Stadtbesichtigung Ihr Tempo selbst bestimmen wollen, haben Sie die Möglichkeit eine Fahrradriksha zu mieten. In Städten wie Melaka, Kota Bharu, Kuala Terengganu und Georgetown in Penang ist dieses Fortbewegungsmittel sehr beliebt. Für kurze Strecken macht die Fahrt mit ihnen sehr viel mehr Spaß, da man unterwegs viele interessante Dinge entdecken kann.

Außer in Penang, wo die Fahrgäste in einem Karren mit Sonnendach vor dem Fahrer sitzen, besteht eine Rikscha aus einem Fahrrad mit einem Seitenwagen.

In Penang werden die Rikschafahrer Sie auffordern, Ihre Taschen gut festzuhalten, da es motorisierte Straßendiebe gibt. Zwischenfälle dieser Art sind inzwischen jedoch selten.

Es ist wichtig, den Fahrpreis festzusetzen, bevor Sie eine Rikscha besteigen. Auch hier müssen Sie etwas handeln. Außerdem sollten Sie dem Fahrer mitteilen, ob Sie irgendwo unterwegs haltmachen wollen, da auch die Pausen mitberechnet werden müssen.

Mancherorts, insbesondere in Penang, können Sie Rikschas auch stundenweise mieten. Das ist besonders dann preislich günstiger, wenn Sie Besichtigungen machen wollen.

MIETWAGEN

Mit einem eigenen Fortbewegungsmittel können Sie nach Herzenslust abseits der ausgetretenen Touristenpfade fahren. Die wichtigsten Autoverleihfirmen sind hier aufgelistet. Die meisten verfügen über Zweigstellen in den größeren Städten Malaysias, einschließlich Sabah und Sarawak.

In der Regel werden die Autos ohne Kilometerbegrenzung vermietet.

Der Tagespreis liegt zwischen $125 für Economy-Cars und $300 für Wagen der Luxusklasse. Es gibt auch Wochenpreise. Allradantrieb ist ratsam in Sabah, Sarawak und den Zentralregionen der Malaiischen Halbinsel.

BUSFAHRPLAN UND -PREISE

Strecken: Von Kuala Lumpur nach	Abfahrtszeiten am Busbahnhof	Preise mit Klimaanlage	ohne Klimaanlage
Alor Setar	9.30 /21.00/21.30 Uhr	$19.50	$16.20
Batu Pahat	8.30/10.00/14.30/15.30 Uhr	$10.00	$8.40
Butterworth	8.00/10.00/12.00/22.00 Uhr	$15.50	$13.00
Cameron Highlands	8.30 Uhr	–	$7.75
Dungun	10.00/9.30 Uhr	$16.50	$13.50
Grik	9.00 Uhr	$13.60	$11.50
Ipoh	8.30/10.30/13.30 Uhr	$8.50	$6.70
Johore Bahru	9.30/11.00/13.00/22.30 Uhr	$15.20	–
Kangsar	9.00/21.30 Uhr	$21.00	$18.00
Kota Bharu	8.30/20.30 Uhr	$25.00	$21.00
K. Kangsar	9.00/11.30/15.00 Uhr	$10.50	$8.50
K. Terengganu	9.00/9.30/22 Uhr	$20.00	$16.70
Kuantan	8.30/9.30/14.30/16.30 Uhr	$11.00	$9.00
Muar	8.00/10.00/13.00/17.00 Uhr	$7.90	$6.55
Singapur	9.00/22.00 Uhr	$17.00	–
Taiping	8.00/11.30/15.00/22.30 Uhr	$12.00	$10.00

Anmerkung: Kinder zahlen den halben Preis.

Avis Rent A Car
40, Jln. Sultan Ismail,
Kuala Lumpur
Tel.: 03-241-0561

Budget Rent A Car
Erdgeschoß,
Wisma MCA, 50450
Tel.: 03-261-1122

Hertz Rent A Car
4. Stock, Ming Building
Tel.: 03-232-9125
Lot 11, 4. Stock, KL Hilton
Tel.: 03-243-3014
Flughafen:
 03-746-2091

National Car Rental
Lot 9, Mittleres Geschoß, Equatorial Hotel,
Kuala Lumpur
Tel.: 03-261-9188
Flughafen: 03-746-2025

Olympic Rent A Car
54A Jln. Bukit Bintang
Tel.: 03-243-8519
San's Tours und Car Rental
Lot 1, 34 Wilayah-Einkaufszentrum
Tel.: 03-292-2024

Sintat Thrifty Rent A Car
Lobby, Holiday Inn im Park
Tel.: 03-124-8238

SMAS Rent A Car
Lot 12, UBN Office Tower,
Shangri-la Hotel (Anbau),
Jln. Sultan Ismail
Tel.: 03-230-7788

Toyota Rent A Car
Federal Hotel,
Jln. Bukit Bintang
Tel.: 03-243-8142

VERKEHRSREGELN

Reisende, die in Malaysia selbst mit dem Auto fahren wollen, brauchen einen internationalen Führerschein. Nationale Führerscheine gelten nur mit einem Vermerk vom *Registrar of Motor Vehicle*. Eine Versicherung muß ebenfalls abgeschlossen werden.

Vom Damm (*Causeway*), der Singapur mit der Halbinsel Malaysia verbindet, verläuft die Hauptverkehrsader entlang der Westküste bis zur thailändischen Grenze. Von dieser Straße aus durchziehen zwei große Highways die Halbinsel bis zur Ostküste. Im Norden verbindet der *East-West-Highway* Butterworth mit Kota Bharu, während im Zentrum der Halbinsel der *Kuala-Lumpur-Karak-Highway* den Hauptgebirgszug durchschneidet und in eine Straße mündet, die nach Kuantan an der Ostküste führt. In Sabah und Sarawak verlaufen Autobahnen entlang der Küste und verbinden die wichtigsten Städte miteinander. Die Entfernungen zwischen den einzelnen Städten in Kilometern entnehmen Sie untenstehender Tabelle. Straßen, die in abgelegenere Gebiete führen, sind oft nicht asphaltiert und in schlechtem Zustand. Ein Allradantrieb ist für solche Strecken ratsam.

Auf den Straßen herrscht Linksverkehr. Internationale Verkehrsschilder finden neben einigen wenigen einheimischen Anwendung: *„Awas"* heißt „Vorsicht", *„ikut kiri"* heißt „Links halten", *„kurangkan laju"* heißt soviel wie „Verlangsamen", und *„jalan sehala"* bedeutet „Einbahnstraße" in Pfeilrichtung. Bei der Angabe von Himmelsrichtungen heißt *„Utara"* Norden, *„Selatan"* Süden, *„Timur"* Osten und *„Barat"* Westen.

Innerhalb geschlossener Ortschaften beträgt die Geschwindigkeitsbegrenzung 50 Stundenkilometer. Außerhalb zeigen die üblichen Schilder an, wo die Geschwindigkeit begrenzt ist. Das Tragen von Sicherheitsgurten auf den Vordersitzen ist Pflicht.

Der Monsunregen kann Gefahren mit sich bringen. Fahren Sie langsam und machen Sie sich bei kleineren Straßen auf Verzögerungen gefaßt, da manchmal ganze Straßen völlig weggespült werden.

Zu ihrer eigenen Sicherheit haben die einheimischen Autofahrer selbst einige Zeichen entwickelt. Hierzu gibt es auch individuelle Abwandlungen, so daß Sie stets darauf achten sollten, was die anderen machen. Wenn der Fahrer vor Ihnen rechts blinkt, zeigt er Ihnen an, daß Sie nicht überholen sollen, meist, weil ein Fahrzeug entgegenkommt oder die Straße eine Kurve macht oder weil er selbst jemanden überholen möchte. Wenn er links blinkt, bedeutet dies, daß Sie vorsichtig überholen können. Betätigt ein Fahrer die Lichthupe, so beansprucht er die Vorfahrt. Im Kreisverkehr hat stets das von rechts kommende Fahrzeug Vorfahrt.

Benzin ist billig, und Tankstellen finden Sie in den Städten oder deren Randbezirken. Nur sehr wenige haben rund um die Uhr („24 jam") geöffnet, daher sollten Sie spätestens bis 18 oder 19 Uhr getankt haben, wenn Sie eine Nachtfahrt vorhaben.

Die *Automobile Association of Malaysia* (AAM) verfügt über Zweigstellen in den meisten Bundesstaaten. Wer als Tourist Mitglied bei einem mit dem AAM verbundenen Automobilclub ist, dem wird kostenlose Mitgliedschaft gewährt. Die Hauptgeschäftsstelle befindet sich in 22/23 The Arcade, Hotel Equatorial, Jln. Sultan Ismail, KL, Tel.: 03-242-0042.

TRAMPEN

Trampen ist in Malaysia weitverbreitet. Malaysische Studenten und all jene, die billig reisen wollen, machen von dieser Möglichkeit regen Gebrauch.

Die Malaysier sind ein hilfsbereites Volk und fahren manchmal sogar Umwege, um Sie an Ihren Bestimmungsort zu bringen. Beim Trampen lernt man natürlich auch die Menschen sehr gut kennen, so daß dies hier insgesamt eine ausgezeichnete Möglichkeit ist, Land und Leute hautnah zu erleben.

Entfernungstabelle (km):

Spaltenüberschriften (diagonal): Alor Gajah · Alor Setar · Ayer Hitam (Johor) · Bagan Serai · Bahau · Baling · Muar (Bandar Maharani) · Batu Pahat (Bandar Penggaram) · Batu Gajah · Bukit Fraser · Butterworth (Ferry) · Cameron Highlands · Gerik · Ipoh · Johor Bahru · Kajang · Kampar · Kangar · Port Kelang (Klang's kilometres less) · Keluang · Kota Bharu · Kota Tinggi · Kuala Dungun · Kuala Ka…

```
599
148  747
451  148  599
66   607  163  459
570  114  718  122  576
66   667  82   517  108  636
118  716  32   573  158  686  50
343  291  489  124  348  245  407  457
225  454  348  306  185  423  291  343  192
506  97   654  55   514  87   572  623  182  367
343  377  491  229  351  346  409  460  118  198  283
489  169  638  161  497  68   555  605  175  343  155  267
341  258  489  109  349  229  407  459  21   196  164  119  148
242  840  93   692  256  799  175  124  578  467  747  584  731  583
101  499  240  349  109  469  169  219  242  124  404  242  388  240  343
303  296  451  148  311  267  369  420  37   156  203  97   187  39   544  201
642  43   791  192  650  156  708  760  320  497  140  420  213  301  884  541  341
156  515  303  367  167  485  221  270  229  143  422  259  404  258  394  60   196  559
169  768  21   620  175  739  103  53   510  361  675  512  658  510  105  270  472  811  324
667  1085 765  937  602  1055 708  732  832  646  992  829  976  828  706  679  789  1129 697  776
251  850  103  702  266  819  185  134  618  451  778  594  741  592  42   353  554  890  431  98   658
430  847  526  699  364  816  472  520  592  406  753  594  737  589  620  441  551  890  459  539  243  422
391  208  539  60   399  177  459  509  64   246  114  169  111  50   633  291  100  251  308  560  877  663  639
679  1098 776  948  613  1067 721  745  842  658  1003 840  987  839  719  692  800  1141 708  803  71   675  256  890
187  417  336  267  196  386  254  304  156  37   322  159  306  158  430  87   119  459  95   357  670  459  431  209  68
287  543  394  394  230  514  338  388  283  105  449  287  433  285  478  204  246  586  221  406  641  496  402  335  65
124  475  272  327  132  444  192  242  217  101  382  219  365  217  365  24   179  518  40   293  657  396  419  267  66
50   583  188  433  26   552  118  167  322  190  488  325  472  325  282  84   285  625  143  201  617  291  378  375  62
195  488  341  253  201  465  259  309  164  122  403  240  385  238  433  92   200  539  53   362  724  443  486  288  73
502  931  599  771  436  890  544  594  668  481  826  663  810  662  540  515  623  963  531  612  169  497  79   713  18
283  702  382  554  217  671  325  375  449  262  609  446  591  444  320  296  404  745  312  393  383  279  147  494  39
375  274  539  126  399  246  459  509  71   246  180  172  203  85   633  291  92   317  308  560  877  642  639  92   89
24   623  124  475  90   584  42   93   365  250  530  367  514  365  217  126  327  667  179  145  691  227  452  415  70
274  876  126  726  270  845  208  158  615  456  781  618  765  616  134  378  564  918  436  105  572  92   334  668  58
465  134  615  14   473  106  533  583  138  320  40   243  172  124  707  364  163  177  543  634  952  716  713  74   96
309  734  267  581  243  696  349  299  477  292  636  472  633  472  283  332  433  791  340  246  427  235  188  522  43
190  791  69   641  232  760  124  74   531  417  696  533  679  531  60   293  493  832  345  80   832  93   517  583  84
68   575  214  425  93   544  132  182  317  201  481  319  480  317  308  77   279  618  106  235  691  317  452  367  70
224  481  332  332  169  451  277  327  222  42   388  225  370  224  425  142  185  525  158  345  630  435  393  274  64
97   675  93   526  69   646  79   102  403  254  581  419  565  417  177  177  378  718  233  105  671  195  431  467  64
56   541  206  393  66   512  124  175  285  167  448  285  431  283  299  43   245  584  100  207  657  309  419  333  66
269  868  121  720  283  850  203  151  605  494  774  612  758  610  27   370  572  911  422  132  736  69   647  660  89
541  58   689  90   549  55   607  658  217  396  37   319  124  200  782  440  238  101  396  710  1027 813  789  150  103
428  184  560  35   436  143  494  544  90   282  90   206  138  87   670  327  126  227  343  597  913  699  676  37   9
13   591  161  443  53   562  79   130  335  227  497  335  481  333  254  93   295  634  150  182  654  264  415  383  64
206  393  356  245  214  362  274  324  134  61   299  137  282  135  448  105  97   436  113  375  692  457  454  185  7
283  317  431  167  291  287  349  399  24   137  224  60   206  58   523  182  19   361  198  452  768  533  531  109  7
312  303  460  156  320  279  378  430  68   167  211  98   224  85   554  211  47   348  229  481  799  584  560  113  8
156  575  254  427  92   546  200  250  322  137  481  319  465  317  384  171  279  618  187  259  510  357  272  367  5
132  731  18   581  145  700  64   27   480  330  638  475  620  473  111  233  435  774  285  39   747  121  509  523  7
```

UNTERKUNFT

Es gibt in Malaysia Unterkünfte der verschiedensten Kategorien. Die Auswahl reicht von *Youth Hostels* und wahren Bruchbuden bis hin zu erstklassigen, internationalen Hotels mit Sauna, Whirlpool und Tennisplätzen. Wenn Sie Malaysia gut kennenlernen wollen, sollten Sie alle Kategorien ausprobieren. In den kleineren und heimeligeren Etablissements ist der Kontakt zu den Menschen naturgemäß besser.

Die meisten kleinen Städte verfügen in der Regel nicht über den kosmopolitischen Komfort einer internationalen Hotelkette. Stattdessen bieten sie die persönliche Note und die Einfachheit und Sauberkeit von an der Straße gelegenen Gasthäusern. In den Städten gibt es meist massenweise preisgünstige Hotels, die einfach möblierte Zimmer für M$10 bis M$40 vermieten (u. a. abhängig davon, ob das Zimmer eine Klimaanlage oder etwa nur einen Ventilator besitzt). Wenn Sie einen der malaysischen Nationalparks besuchen und dort über-

nachten wollen, müssen Sie sich zu einem Nationalpark-Büro in der nächsten Stadt begeben, um eine Unterkunft zu buchen. In manchen Fällen muß eine Kaution für Unterkunft und Passierschein hinterlegt werden.

Die folgende Hotelliste ist keineswegs erschöpfend, wird dem Reisenden jedoch eine Vorstellung von den verfügbaren Unterkünften vermitteln. Bedenken Sie, daß die hier angeführten Preise galten, als das Buch in Druck ging, und daher nur als Anhaltspunkt dienen können.

KUALA LUMPUR

Apollo Hotel
106-110 Jln. Bukit Bintang
Tel.: 03-242-8133
42 Zimmer, klimatisiert; von $51 bis $133

City Hotel
366 Jln. Raja Laut
Tel.: 03-441-4466
90 Zimmer, klimatisiert, Stadtzentrum, 30 Minuten vom Bahnhof, Zimmerservice, Telefon, Musik; von $42 bis $63

Coliseum
100 Jln. Tun Perak
Bäder, berühmtes altes Pflanzer-Restaurant und Café; von $13 bis $19

Colonial
43 Jln. Sultan. Klimatisiert; von $17 bis $25

Cylinman
110 Jln. Raja Laut
Klimatisiert, heißes Wasser; von $20 bis $30

Dashrun Hotel
285 Jln. Tuanku Abdul Rahman
Tel.: 03-292-9314
41 Zimmer, klimatisiert; von $45 bis $65

Federal Hotel
35 Jln. Bukit Bintang

	Kuala Lumpur	Kuala Pilah	Kuala Selangor	Kuala Terengganu	Kuantan	Lumut	Malacca	Mersing	Parit Buntar	Pekan	Pontian Kechil	Port Dickson	Raub	Segamat	Seremban	Singapore	Sungai Petani	Taiping	Tampin	Tanjung Malim	Tapah	Teluk Intan	Temerloh	Yong Pang
	175																							
	451	560																						
	232	341	219																					
	375	288	713	494																				
	74	219	525	308	415																			
	296	469	406	187	668	246																		
	449	362	787	568	140	489	742																	
	269	383	264	45	538	333	142	609																
	241	383	668	449	583	166	185	657	327															
	74	150	525	306	367	90	340	441	338	256														
	174	187	465	274	274	248	440	348	262	401	219													
	95	269	507	288	402	97	200	541	312	161	153	238												
	40	134	491	274	333	82	333	407	306	248	34	185	134											
	309	460	570	351	660	245	161	734	311	87	335	452	214	327										
	523	438	861	644	216	565	816	76	675	731	517	423	483	810										
	411	325	749	530	103	452	704	50	547	618	404	309	504	370	697	126								
	37	185	488	270	383	37	283	465	296	203	69	211	84	50	280	533	420							
	190	103	528	309	185	230	483	259	341	398	182	89	282	148	475	335	222	198						
	266	179	609	385	109	308	559	184	417	473	258	164	359	225	551	258	145	275	76					
	295	97	633	415	92	336	588	171	441	502	288	195	388	254	581	246	132	304	108	39				
	106	214	344	127	367	180	362	441	155	324	180	121	161	147	375	517	404	143	182	259	288			
	182	324	581	362	523	106	143	597	285	87	196	314	74	190	138	673	559	145	338	414	604	237		

Tel.: 03-248-9166
450 Zimmer, klimatisiert, Dreh-Lounge, 3 Speisesäle mit westlicher und chinesischer Küche, 5 Bars, 2 Gesellschaftsräume, 6 Konferenzräume, 2 Klubs mit Show (zweimal pro Nacht), Café rund um die Uhr, Swimmingpool, Bowling (18 Bahnen), 15 Läden, Sauna, Massage und Schönheitssalon, Friseur, klimatisierte Limousinen verfügbar; Zimmer von $125 bis $1000

Fortuna Hotel
87 Jln. Berangan
Tel.: 03-241-9111
100 Zimmer, Bar, Restaurant, Nachtklub, TV auf Wunsch, Grill; von $95 bis $140

Furama Hotel
Kompleks Selangor, Jln. Sultan
Tel.: 03-230-1777
100 Zimmer, Fitneßzentrum, Café, Grill; von $60 bis $300

Grand Central
Jln. Putra/Jln. Raja Laut
Tel.: 03-441-3021
142 Zimmer, Café, Fitneßzentrum; von $55 bis $121

Grand Pacific Hotel
Jln. Tun Ismail/Jln. Ipoh
Tel.: 03-442-2177
110 Zimmer, Telefon, Café, Nachtklub, Fitneßzentrum, Farb-TV auf Wunsch; von $70 bis $102

Holiday Inn City Centre
Jln. Raja Laut
Tel.: 03-293-9233
30 Min. vom Flughafen, 15 Min. vom Bahnhof, 45 Min. vom Hafen, fünf Min. von der Innenstadt. 584 Zimmer, klimatisiert, „Melaka Grill" (hiesige und westliche Küche), „Planters' Inn" (rund um die Uhr), chinesisches Restaurant, Dachrestaurant, Grill und Kino jede Nacht. Disko „Tin Mine", zwei Bars, Swimmingpool, Squash, Dampf-Bad, Sauna, Massage, Schönheitssalon und Friseur, 86 Läden, Reisebüros. Jede Nacht volkstümliche Show mit malaiischem Abendessen; von $95 bis $185

Holiday Inn on the Park
Jln. Pinang
Tel.: 03-248-1066

32 km vom Flughafen, 8 km vom Bahnhof, 48 km vom Hafen. 200 Zimmer, malaiische und westliche Restaurants, Schönheitssalon, Friseur, Mietwagen; von $120 bis $185

Hotel Equatorial
Jln. Sultan Ismail
Tel.: 03-261-7777
300 Zimmer, drei Spezialitäten-Restaurants, zwei Bars, Café rund um die Uhr geöffnet, Swimmingpool, Einkaufszentren, Konferenzräume; von $145 bis $180

Hotel Grand Continental
Jln. Belia/Jln. Raja Laut
Tel.: 03-293-9333
328 Zimmer, chinesisches Restaurant, Café, Grill am Pool, zwei Bars, Swimmingpool, Fitneßzentrum, Billard, Läden, Reisebüro, Schönheitssalon und Friseur; von $37,50 bis $95

Hotel Imperial
76/78/80 Jln. Hicks
Tel.: 03-242-2377
90 Zimmer von $56 bis $110

Hotel Malaya
Jln. Hang Lekir
Tel.: 03-232-7722
Klimatisiert, Bäder, chinesisches Eßzimmer, Nachtklub, Café, Lounge-Bar, Fitneßklub, Diskothek; von $79 bis $220

KL Hilton
Jln. Sultan Ismail
Tel.: 03-242-2122
589 Zimmer, alle Einrichtungen, jeder Service, Restaurants, Grill, Café, Bar und Cocktail-Lounge, Swimmingpool, Tennis, Squash, Fitneßzentrum, Diskothek, Nachtklub, Läden, Schönheitssalon, Büros, Mietwagen; von $160 bis $450

KL International
Jln. Raja Muda
Tel.: 03-292-9133
90 Zimmer, Restaurant, Grill, Café, Bar und Cocktail-Lounge, Fitneßzentrum, Büros; von $72 bis $250

KL Mandarin
2-8 Jln. Sultan
Tel.: 03-230-3000
150 Zimmer, Zimmerservice rund um die

Uhr, TV, Café, chinesisches Restaurant, Bar-Lounge, Schönheitssalon und Friseur, Fitneßzentrum, Reisebüro; von $78 bis $210

KL Station Hotel
Bangunan Stesen Keretapi,
Jln. Sultan Hishamuddin
Tel.: 03-274-7433
30 Zimmer, 70 Jahre alt und sehr charmant! Viktorianische Badewannen, Balkon, klimatisiert, Restaurant, Pub, Café, Schnellrestaurant; von $30 bis $40

KL Youth Hostel
9 Jln. Vethavam,
Batu 3 3/4, Jln. Ipoh
Tel.: 626-0872

Lodge
Jln. Sultan Ismail
Tel.: 03-242-0122
50 Zimmer, alle Einrichtungen, jeder Service, Restaurants; von $88 bis $195

Malaysia Hotel
67-71 Jln. Bukit Bintang
Tel.: 03-242-8033
30 Min. vom Flughafen, 10 Min. vom Bahnhof, zentral gelegen. 60 Zimmer, klimatisiert, Steak-House, Continental und chinesisches Restaurant, Cocktail-Lounge, Zimmerservice; von $75 bis $140

Merlin Hotel
Jln. Sultan Ismail Tel.: 03-248-0033
32 km vom Flughafen, 10 Min. vom Bahnhof, 45 Min. vom Hafen, in Wohngegend, 5 Minuten Fußweg zu den Einkaufszentren. 700 Zimmer, alle Einrichtungen, jeder Service, 5 Restaurants, Diskothek, Café rund um die Uhr geöffnet, 2 Bars, 2 Nachtklubs, Swimmingpool, Bowlingbahn, Tennis und Squash, Schönheitssalon und Friseur, Läden, Reisebüros, Mietwagen; von $135 bis $650

Ming Court Hotel Kuala Lumpur
Jln. Ampang Tel.: 03-261-8888
447 Zimmer, alle Einrichtungen, jeder Service, Restaurants, Café, Erholung, Swimmingpool, Läden; von $160 bis $229

Miramar Hotel
Jln. Maharajalela
Tel.: 03-248-9122
88 Zimmer, klimatisiert, Restaurant, Grill,

Fitneßzentrum, Schönheitssalon, Mietwagen, Zimmerservice; von $88 bis $195

Oriental Kuala Lumpur
126 Jln. Bukit Bintang
Tel.: 03-248-9500
Zentral gelegen. 300 Zimmer, alle Einrichtungen, jeder Service, Restaurants, Café, Swimmingpool, Fitneßzentrum und Sportmöglichkeiten, Läden, Schönheitssalon und Friseur, Reisebüro; von $150 bis $600

Palace Hotel
46-1 Jln. Masjid India
Tel.: 03-298-6122
64 Zimmer, klimatisiert; von $39 bis $43

Pan Pacific Kuala Lumpur
Jln. Putra
Tel.: 03-442-5555
571 Zimmer, Restaurants, Grill, Café rund um die Uhr geöffnet, Cocktail-Lounge, Bar, Swimmingpool, Turnhalle, Tennis, Squash, Fitneßzentrum, Wassersport, Diskothek, Schönheitssalon und Friseur, Büros, Mietwagen; von $150 bis $600

Plaza Hotel
Jln. Raja Laut
Tel.: 03-298-2255
160 Zimmer, klimatisiert, Restaurants, Fitneßklub, Läden; von $50 bis $130

Prince Hotel
Jln. Imbi
Tel.: 03-243-8388
300 Zimmer, alle Einrichtungen, jeder Service, Restaurant, Café, Bar, Swimmingpool, Fitneßzentrum, Diskothek, Läden, Schönheitssalon, Mietwagen; von $145 bis $205

Puduraya Hotel
4. Stock Puduraya Station,
Jln. Pudu
Tel.: 03-232-1000
200 Zimmer, Restaurants, Café, Fitneßzentrum; von $145 bis $205

Regent of Kuala Lumpur
Jln. Sultan Ismail
Tel.: 03-242-5588
30 Minuten vom Flughafen, 10 Min. vom Bahnhof, 1/2 Stunde vom Hafen, im Zentrum. 400 Zimmer, alle Zimmer voll ausgestattet, chinesisches und malayisches Re-

staurant, Grill, Cocktail-Lounge, Nachtklub, Diskothek, Swimmingpool, Ladenzentrum, Sauna, Dampfbäder, Massage, Schönheitssalon, Arzt, Sekretärin; von $160 bis $210

Shangri-La Hotel
Jln. Sultan Ismail
Tel.: 03-232-2388
722 Zimmer, alle Einrichtungen, jeder Service, Restaurants, Grill, Café, Bar, Cocktail-Lounge, Swimmingpool, Tennis, Squash, Fitneßzentrum, Diskothek, Schönheitssalon, Büros, Mietwagen; $160 bis $200

Shiraz Hotel
1 & 3 Jln. Medan Tuanku
Tel.: 03-292-0159
56 Zimmer, klimatisiert, Bar, Restaurant, TV und Kühlschrank bei Bedarf; $35 bis $110

South-East Asia Hotel
69 Jln. Haji Hussein,
Nähe Jln. Tuanku Abdul Rahman
Tel.: 03-292-6077
30 Minuten vom Flughafen, 10 Minuten vom Bahnhof, 45 Minuten vom Hafen. 204 Zimmer, chinesisches und arabisches Restaurant, Bar, Café, Fitneßzentrum, Kino, Ladenzentrum; von $76 bis $190

Sungei Wang Hotel
74-76 Jln. Bukit Bintang
Tel.: 03-248-5255
60 Zimmer, alle Einrichtungen und Dienste, Restaurant, Café, Bar; $84 bis $180

Wisma Belia
40 Jln. Lornie
Tel.: 03-232-6803
30 Minuten vom Flughafen, 5 Minuten vom Bahnhof. 115 Zimmer, Restaurant, Läden, Badminton; von $20 bis $40

YMCA of Kuala Lumpur
Jln. Brickfields
Tel.: 03-274-1439
60 Schlafsäle und Zimmer; von $10 bis $50

SELANGOR

Merlin Subang
Jln. 12/1 Subang Jaya
Tel.: 03-733-5211
162 Zimmer von $140 bis $240

Mimaland
11th Mile Jln. Gombak
Tel.: 03-232-9813
Lodge, $13 pro Person; Motel, $89 pro Zimmer; Häuser, $150 pro Haus

Subang Airport Hotel
Kompleks Airtel Fima,
Tel.: 03-774-6122
162 Zimmer von $95 bis $135

Subang View Hotel
Subang Jaya
Tel.: 03-535211
162 Zimmer, Restaurants, Bars, Swimmingpool, Sportschule, Golf-Übungsplatz

• **Petaling Jaya**

Dayang Hotel
Jln. Barat
Tel.: 03-755-5011
54 Zimmer von $125 bis $250

Hyatt Saujana Hotel und Country Club
Subang International Airport Highway
Tel.: 03-746-1188
230 Zimmer von $120 bis $1005

Petaling Jaya Hilton
Jln. Barat
Tel.: 03-755-9122
398 Zimmer von $160 bis $500

Shah's Village Hotel
3 & 5 Lorong Sultan
Tel.: 03-756-9322
44 Zimmer ab $80

NEGRI SEMBILAN

• **Seremban**

Carlton Hotel
47 Jln. Tuan Sheikh
Tel.: 06-725336
2 Stunden vom Flughafen, 10 Minuten vom Bahnhof, 2 Stunden vom Hafen, Innenstadt. 38 Zimmer, klimatisiert, Speisesaal, Bar, Laden; von $20 bis $50

Hotel Tasik Sdn. Bhd.
Jln. Telamu
Tel.: 06-730994
41 Zimmer von $80 bis $100

International New Hotel
126 Jln. Veloo
Tel.: 06-714957
22 Zimmer von $14 bis $25

Rest House Bahau
Jln. Taman Bunga, Jempul Bahau
Tel.: 06-843322

Ria Hotel
Jln. Telamu
Tel.: 06-287744
Von $85 bis $95

Ruby Hotel
39 Jln. Leman
Tel.: 06-75201
34 Zimmer ab $20

Tong Fong Hotel
Birch Road
Tel.: 06-73022. Ab $12

• **Port Dickson**

Blue Lagoon Village
16 km südlich von Port Dickson; 6 Hütten

Holiday Inn Port Dickson
Am 9. Meilenstein

Lido Hotel
8. Meile von Telok Kempang
Tel.: 06-405273
22 Zimmer von $25 bis $45

Milo Hotel
22-24 Wilkonson Street
Tel.: 06-723451
25 Zimmer von $18 bis $24

Ming Court Beach Hotel
11 km Jln. Pantai
Tel.: 06-405244
165 Zimmer von $50 bis $350

Pantai Dickson Resort
Batu 12, Jln. Pantai
Tel.: 06-405473
200 Bungalows; von $180 bis $210

Pantai Motel
9. Meile, Tel.: 06-405265
22 Zimmer, Bar, Restaurant, am Strand; von $20 bis $35

Port Dickson International Youth Hostel
Batu 3 1/3, Jln. Pantai

Sea View Hotel
841 Batu 1, Jln. Pantai
Tel.: 06-471818
20 Zimmer von $25 bis $35

Si Rusa Inn
Batu 7, Jln. Pantai
Tel.: 06-405233
3 Stunden vom Subang-Flughafen, 11 km von Port Dickson, am Strand. 160 Zimmer, klimatisierte Chalets und Zimmer, Speisesaal, Cocktail-Lounge, Samstagabend Tanz und Unterhaltung, Sonntagmittag Gesang und Musik, Hochsee- und Küstenfischerei, Tauchen möglich, Segelboote, Wasserski, Golfklub, Wäscheservice, Babysitting; von $50 bis $350

Sunshine Rotary Club
3 1/4 Meilen von Port Dickson; am Strand.
Zimmer ab $7 pro Person

BUNDESSTAAT MELAKA

• **Melaka**

Admiral Hotel
Jln. Mata Kuching
Tel.: 06-226822
36 Zimmer von $50 bis $120

Cathay Hotel
100-105 Jln. Munshi Abdullah
Tel.: 06-223744
Zimmer ab $14

Cheng Hoe Hotel
26 Jln. Tokong
Tel.: 06-222-6102
Zimmer mit und ohne Klimaanlage; von $10 bis $21

City Bayview Hotel
Jln. Bendahara
Tel.: 06-239888
182 Zimmer von $80 bis $200

Hotel Midtown Melaka
20 Jln. Tun Sri Lanang
Tel.: 06-240088
84 Zimmer von $68 bis $98

Lotus Inn
Jln. Semabok
Tel.: 06-227011
30 Zimmer, klimatisiert, Café;
von $28 bis $44

Malacca Hotel
27A Jln. Munshi Abdullah
Tel.: 06-222325
Ab $20

Malacca Straits Inn
37A Jln. Bandar Hilir
Tel.: 06-21211
45 Zimmer, klimatisiert, Café rund um die
Uhr geöffnet, La Famosa Grill, Straits Club,
Diskothek, Biergarten; ab $95

Merlin Inn
Jln. Munshi Abdullah
Tel.: 06-240777
243 Zimmer von $85 bis $400

Old City Hostel
332 Jln. Kilang
Von $2,50 bis $15

Palace Hotel
201 Jln. Munshi
Tel.: 06-225329
48 Zimmer, klimatisiert, Speisesaal, Cocktail-Bar; von $45 bis $68

Plaza Inn
Jln. Munshi Abdullah
Tel.: 06-240888
142 Zimmer von $100 bis $140

Ramada Renaissance
Jln. Bendahara
Tel.: 06-248888
295 Zimmer, klimatisiert, chinesisches Restaurant, Grill, Ramada Club, Squash, Bar
am Pool, Diskothek; von $95 bis $160

Regal Hotel
66 Jln. Munshi Abdullah
Tel.: 06-222433
30 Zimmer, klimatisiert, Restaurant, Bar;
von $36 bis $51

Sentosa Hotel
Jln. Tun Razak
Tel.: 06-228222
30 Zimmer, klimatisiert; von $35 bis $52

Tan Kim Hock Hostel
153 Jln. Laksamana
Tel.: 06-315322
40 Zimmer von $75 bis $120

Wisma Hotel
114A Jln. Bendahara
Tel.: 06-228311
39 Zimmer, klimatisiert;
von $30 bis $70

• Tanjong Keling

Chalet El-Kundor
Pantai Kundor
Tel.: 06-511015
Bungalows mit Wohnzimmer, Schlafzimmer, Küche, Bad, Warmwasser, Terrasse
und Stereoanlage;
ab $35

**Melaka Beach Bungalows und
Youth Hostel**
7379C Spring Gardens
Tel.: 06-512935
Schlafsäle und klimatisierte Zimmer;
von $3,50 bis $35

Shah's Beach Motel
6th Mile Tanjong Keling
Tel.: 06-226202
50 Chalets, klimatisiert;
von $50 bis $85

Westernhay Hotel
114A Jln. Bendahara
Tel.: 06-28311
39 Zimmer, klimatisiertes Café;
von $30 bis $60

Yashica Traveller Hostel
Tanjong Keling
Zimmer von $6 bis $10

• Ayer Keroh

**Ayer Keroh
Country Resort**
Tel.: 06-32521
50 Motel-Zimmer zu $46;
15 Chalets zu $70

Malacca Village Resort
Tel.: 06-323600
147 Zimmer von $140 bis $800

• Butterworth

Ambassadress Hotel
4425 Jln. Bagan Luar, 12200 Butterworth
Tel.: 04-342788
27 Zimmer von $22 bis $37

Apollo Hotel
4475 Jln. Kampung Benggali,
12200 Butterworth
Tel.: 04-342955
14 Zimmer von $21 bis $31

Capital Hotel
3838 Jln. Bagan Luar, 12200 Butterworth
Tel.: 04-344822
10 Zimmer von $8 bis $15

City Hotel '
4591 Jln. Chain Ferry
Tel.: 04-340311
12 Zimmer von $20 bis $30

Federal Hotel
4293-4294 Kg. Benggali
Tel.: 04-341911
10 Zimmer von $13 bis $15

Government Rest House
Bukit Mertajam, 229 Jln. Kulim
Tel.: BM-0122

Hotel Kuala Lumpur
4448 Lorong Bagan Luar Satu,
12200 Butterworth
Tel.: 04-345166
45 Zimmer von $36 bis $52

Merlin Inn Butterworth
4802 Jln. Bagan Luar
Tel.: 04-343322
87 Zimmer, Restaurant, Bar, Swimming-pool, Läden; von $60 bis $80

Metro Hotel
4226 Kg. Benggali, 12200 Butterworth
Tel.: 04-343833
16 Zimmer von $18 bis $25

Paris Hotel
4382 2nd Stock, Jln. Bagan Luar
Tel.: 04-344822
25 Zimmer von $26 bis $30

Travel Lodge
No. 1 Lorong Bagan Luar
Tel.: 04-348899
50 Zimmer von $50 bis $110

• Georgetown

Ambassador Hotel
55 Penang Road, 10000 Penang
Tel.: 04-24101
78 Zimmer, Bar, Restaurant, TV auf Wunsch, Café rund um die Uhr; $75 bis $85

Asrama Belia Youth Hostel
Lebuh Farquhar, Nähe E & O Hotel
Schlafsäle zu $4,50

Bellevue Penang Hill Hotel
11300 Penang
Tel.: 04-892256
12 Zimmer, auf dem Penang Hill mit Blick über die Stadt, altmodisch elegant, Speisesaal, Cocktail-Lounge; von $60 bis $80

Cathay Hotel
15 Lebuh Leith, 10200 Penang
Tel.: 04-626271
40 Zimmer mit Bad, altmodisch elegant, Fitneßzentrum; von $25 bis $35

City Bayview Hotel
25A Lebuh Farquhar, 10200 Penang
Tel.: 04-368722
160 Zimmer, alle Zimmer voll ausgestattet, Café, Lounge-Bar, Swimmingpool, Tennis, Squash, Mietwagen; $90 bis $265

Eastern und Oriental Hotel
10 Lebuh Farquhar, 10200 Penang
Tel.: 04-375322
100 Zimmer, altmodisch elegant, Swimmingpool, Blick aufs Meer, 1885 Grill, Bar, E & O Ballsaal, zweimal wöchentlich Tanz und kaltes Buffet, eines von Somerset Maughams Hotels; von $125 bis $185

Eng Aun Hotel
389 Lebuh Chulia
Tel.: 04-372333
40 Zimmer von $9 bis $15

Gallant Hotel
6 Transfer Road, 10050 Penang
Tel.: 04-379584
64 Zimmer, Fitneßzentrum; von $35 bis $49

Garden Inn
41 Anson Road, 10400 Penang
Tel.: 04-363655
60 Zimmer, klimatisiert, Restaurant, Café,
Mietwagen; von $72 bis $160

Hotel Central
404 Penang Road
Tel.: 04-21432
20 Minuten vom Flughafen, 10 Min. von
Bahnhof und Hafen, Transfer zum Flughafen, zentral. 140 Zimmer, klimatisiert, chinesisches Restaurant, Café rund um die Uhr
geöffnet, Lounge, Bar, Nachtklub, Bank,
Friseur, Fitneßzentrum; $45 bis $50

Hotel Continental
5 Penang Road, 10000 Penang
Tel.: 04-26381
116 Zimmer, Bar, Restaurant, Nachtklub;
von $66 bis $180

Hotel Embassy
12 Jln. Burma
Tel.: 04-23145
27 Zimmer, klimatisiert, rund um die Uhr
Zimmerservice, Telefon, heißes Wasser,
Bad/Duschen, Café; von $23 bis $33

Hotel Equatorial Penang
Nahe bei der Penang-Brücke, auf dem Hügel
5 Minuten vom Flughafen. 460 Zimmer,
chinesische, japanische und franz. Restaurants, Café, Lounge und Terrassen-Bar, 18-
hole Golfplatz mit 18 Löchern, Tennis,
Squash, Turnhalle und Jogging

Hotel Fortuna
406 Penang Road, 11600 Penang
Tel.: 04-24301
32 Zimmer, klimatisiert, Telefon, Musik über
Lautsprecher, heißes Wasser, Bad/Duschen,
Fitneßzentrum; von $40 bis $72

Hotel Golden City
12 Kinta Lane, 10400 Penang
Tel.: 04-27281
124 Zimmer von $41 bis $57

Hotel Macalist
7 Penang Road, 10000 Penang
Tel.: 04-29401
96 Zimmer, klimatisiert, rund um die Uhr
Zimmerservice, Telefon, Farb-TV, heißes
Wasser, Bad/Duschen; von $40 bis $65

Hotel Malaysia
7 Penang Road, 10000 Penang
Tel.: 04-363311
126 Zimmer, Café, Fitneßzentrum, Nachtklub, Diskothek, Bar; von $52 bis $72

Hotel Metropole
46 Northam Road
Tel.: 04-23317
24 Zimmer, Restaurant; von $26 bis $30

Hotel Mingood
164 Argyle Road, 10050 Penang
Tel.: 04-373375
52 Zimmer, klimatisiert, Telefon, Musik über
Lautsprecher, heißes Wasser, Bad/Duschen,
Restaurant; von $34 bis $60

Hotel Pathe
23 Lebuh Light, 10200 Penang
Tel.: 04-620195
14 Zimmer, klimatisiert, Telefon, Kinderbetten, heißes Wasser, Duschen; $26 bis $33

Hotel Waldorf
13 Lebuh Leith, 10200 Penang
Tel.: 04-26141
57 Zimmer, klimatisiert, Café, Telefon, Zimmerservice; von $30 bis $42

Hotel Waterfall
160 Jln. Utama
Tel.: 04-27221
35 Zimmer, Café, Restaurant, Bar; von $41
bis $53

Merlin Inn
126 Jln. Burma,
10050 Penang
Tel.: 04-376166
295 Zimmer, voll klimatisiert, Restaurant,
Grill, Café, Bars, Swimmingpool, Fitneßzentrum, Videospiele, Diskothek, Läden,
Schönheitssalon, Büros, Touristen-Infor-
mation, Mietwagen; von $95 bis $800

Ming Court Hotel
202A MacAlister Road
Tel.: 04-26131
110 Zimmer, alle Zimmer voll ausgestattet,
Restaurant, Café, Bar; von $110 bis $130

New China Hotel
Lebuh Leith
Von $5,50 bis $15

Oriental Hotel
105 Penang Road
Tel.: 04-242116
94 Zimmer, klimatisiert, Restaurant, Cocktail-Lounge, Läden; von $59 bis $66

Paramount Hotel
48F Northam Road
Tel.: 04-363649
33 Zimmer, klimatisiert, Eßzimmer, Bar, Läden; von $23 bis $40

Peking Hotel
50A Penang Road, 10000 Penang
Tel.: 04-366191
73 Ziimmer, klimatisiert, Restaurant; von $28 bis $35

Penang Youth Hostel
Lebuh Farquhar
Tel.: 04-60553

Shangri-La Inn Penang
Jln. Magazine, 10300 Penang
Tel.: 04-622622
442 Zimmer, alle Zimmer voll ausgestattet, Café, chinesisches Restaurant, Lobby, Bar am Pool, Diskothek, Büros, Fitneßklub, Swimmingpool, Schönheitssalon, Reisebüro, Mietwagen; $115 bis $1260

Swiss Hotel
31F Lebuh Chulia, 10200 Penang
Tel.: 04-620133
34 Zimmer, Telefon, Kühlschrank, heißes Wasser, Duschen; von $11 bis $15

Town House Hotel
70 Penang Road
Tel.: 04-362211
45 Zimmer, klimatisiert, Café rund um die Uhr geöffnet, Restaurant, Bar, Cocktail-Lounge, Schönheitssalon; $50 bis $140

Tye Ann Hotel
282 Lebuh Chulia
10 Zimmer, Restaurant im Erdgeschoß, Mietfahrräder; von $4,50 bis $11

United Hotel
101 Jln. MacAlister
Tel.: 04-21361
118 Zimmer, klimatisiert, Restaurant, Bar, Café rund um die Uhr, Fitneßzentrum; von $40 bis $50

YMCA of Penang
Jln. MacAlister
Tel.: 04-366-2211
35 Zimmer, einige mit Klimaanlage, Schlafsäle, Zimmer mit Duschen und Toilette, $1 Mitgliedsbeitrag; von $7 bis $29

YWCA Penang
8A Green Lane
Nur Frauen; Säle und Zimmer $7 bis $26

STRANDHOTELS PENANG

Bayview Beach Hotel
Batu Ferringhi, 11100 Penang
Tel.: 04-811311
74 Zimmer, Restaurant, Café, Swimmingpool, Bar, Tennis; $80 bis $170

Casuarina Beach Hotel
Batu Ferringhi, 11100 Penang
Tel.: 04-811711
175 Zimmer, Boote, Tennis, Wassersport, Restaurant; von $140 bis $380

Ferringhi Beach Hotel
12.5 km Batu Ferringhi Road, 11100 Penang
Tel.: 04-805999
136 Zimmer, alle Einrichtungen, jeder Service, Restaurant, Grill, Café, Bar, Swimmingpool, Diskothek, Läden, Reisebüro, Schönheitssalon; von $130 bis $180

Golden Sands Hotel
Batu Ferringhi Beach
Tel.: 04-811911
310 Zimmer, alle Zimmer voll ausgestattet, Aussicht aufs Meer, Restaurants, Grill, Swimmingpool, Wassersport, Wandern, Tennis; von $140 bis $400

Holiday Inn Penang
Batu Ferringhi Beach
Tel.: 04-811601
152 Zimmer, alle Einrichtungen, jeder Service, Café rund um die Uhr geöffnet, Baron's Table Steakhaus, Bar, Steingarten, Swimmingpool, Wassersport, Läden, Reisebüro; von $130 bis $360

Lone Pine Hotel
97 Batu Ferringhi
Tel.: 04-811511
54 Zimmer, klimatisiert, Cocktail-Lounge, Angeln, Tennis; von $45 bis $65

Motel Sri Pantai
516G Jln. Hashim, Tanjong Bungah
Tel.: 04-895566
21 Zimmer, Wasserski; von $70 bis $80

Orchid Hotel
Tanjong Bungah
Tel.: 04-803333
323 Zimmer, alle Zimmer voll ausgestattet,
Café rund um die Uhr geöffnet, Restaurant
mit europäischer Küche, 5 Bars, Diskothek,
Büros, Swimmingpool, eigener Strand, Fit-
neßklub, Jacuzzi, Sauna, Turnhalle, Squash,
Tennis, Golf- und Segelarrangements, Läden,
Schönheitssalon, Wassersport, Reisebüro,
Ausflüge, Mietwagen; von $125 bis $1800

Palm Beach Hotel
105A Batu Ferringhi
Tel.: 04-811833
145 Zimmer, alle Einrichtungen, jeder Service, Restaurants, Bars, Swimmingpool,
Terrasse, Wassersport, Tennis;
von $90 bis $140

Rasa Sayang Hotel
Batu Ferringhi Beach
Tel.: 04-811811
320 Zimmer, alle Einrichtungen, jeder Ser-
vice, westliches, chinesisches und japani-
sches Restaurant, Swimmingpool, Tennis,
Squash, Kricket, Putting green, Wassersport,
Fitneßzentrum, Läden; von $130 bis $2200

White House Hotel
Batu Ferringhi
Tel.: 04-23485
Zimmer mit Bad, Restaurant; ab $15

PERAK

• Ipoh

City Hotel
79 Chamberlin Road, 30250 Ipoh
Tel.: 05-512911
67 Zimmer, klimatisiert; von $26 bis $52

Excelsior Hotel
Clarke Street, 30300 Ipoh
Tel.: 05-536666
133 Zimmer, klimatisiert, Bad/Duschen,
Mini-bar, TV, Video, Restaurant, Café, Bar,
Diskothek, Reisebüro, Mietwagen; von $118
bis $280

Hollywood Hotel
72-76 Chamberlin Road, 30300 Ipoh
Tel.: 05-515322
38 Zimmer, Duschen, Wäsche; $24 bis $34

Hotel Eastern
118 Jln. Sultan Idris Shah
Tel.: 05-543936
30 Zimmer, Café, chinesisches Restaurant;
von $69 bis $95

Hotel Fairmont
10 Kampar Road, 30250 Ipoh
Tel.: 05-511100
58 Zimmer, Café; von $45 bis $52

Hotel French
60-62 Jln. Raja Ikram
Tel.: 05-513455
40 Zimmer von $69 bis $100

Hotel Mikado
86/88 Jln. Yang Kalsom, 30250 Ipoh
Tel.: 05-515855
44 Zimmer, klimatisiert, Bad/Duschen, Video, TV, Büros; von $65 bis $105

Lotte Hotel
97 Jln. Raja Ikram, 30300 Ipoh
Tel.: 05-542215
30 Zimmer, klimatisiert; von $65 bis $100

Merlin Hotel
92-98 Clare Street, 30300 Ipoh
Tel.: 05-541351
35 Zimmer von $28 bis $50

New International Hotel
23-25 Jln. Toh Puan Chah
Tel.: 05-512699
29 Zimmer von $27 bis $35

Royal Casuarina
24 Jln. Gopeng, 30250 Ipoh
Tel.: 05-505555
217 Zimmer, voll ausgestattet, italienisches
Restaurant, Café, Cocktail-Lounge, Diskothek, Schönheitssalon, Fitneßzentrum, Sauna, Pool, Mietwagen; von $130 bis $800

Station Hotel
Club Road, 30000 Ipoh
Tel.: 05-512588
34 Zimmer, klimatisiert, altmodisch elegant,
Restaurant, Bar; von $40 bis $300

Tambun Inn
91 Tambun Road, 30350 Ipoh
Tel.: 05-552211
100 Zimmer, alle Zimmer voll ausgestattet, Restaurant, Café, Bar, Fitneß, Diskothek, Reisebüro, Mietwagen; $75 bis $320

Winner Hotel
32-38 Jln. Ali Pitchay, 30250 Ipoh
Tel.: 05-515177
54 Zimmer von $28 bis $79

YWCA Ipoh
211 Jln. Raja Musa Aziz
Tel.: 05-540809
Schlafsäle und Zimmer von $7 bis $36 (klimatisierte Zimmer)

• Lumut

Government Rest House
Lumut
Tel.: 05-935938
7 Zimmer, Museum; von $12 bis $15

Lumut Country Resort
331 Jln. Titi Panjang, 32200 Lumut
Tel.: 05-935009
44 Zimmer, klimatisiert, Zimmerservice, Restaurants, Bars, Swimmingpool, Diskothek, Läden; von $70 bis $80

Wilderness Adventure Camp
Teluk Batik, 32200 Lumut, Perak
Tel.: 05-93559 (Lumut) oder 03-930-0325 (Kuala Lumpur)
$35 pro Tag für Unterkunft, Essen und Unternehmungen

• Sitiawan

Hotel Mutiara
1 Taman Intan, Jln. Hj. Mohd. Ali, 32000 Sitiawan
Tel.: 05-914904
12 Zimmer von $21 bis $32

• Pangkor Island

Beach Huts Hotel
Pantai Pasir Bogak
Tel.: 05-939159
40 Zimmer, klimatisiert, Restaurant, Bar, Wassersport, Bootsausflüge, Auto- und Fahrradvermietung; von $30 bis $80

Government Rest House
Pasir Bogak
Tel.: 05-951236
zwei Chalets, ein Langhaus; von $15

Mini Camp & Youth Hostel
Pasir Bogak
Tel.: 05-939164

Pangkor Anchor
Pasir-Bogak-Kokoshütten, Garten, Frühstück, Restaurant nebenan; $11,50 bis $16

Pan Pacific Pangkor
Telok Belanga
Tel.: 05-939091
161 Zimmer und Chalets im traditionellen Stil, alle Einrichtungen, Service, Swimmingpool mit schwimmender Bar, Tennis, Golfplatz (9 Löcher), Wanderungen, Jogging, Spiele, Wassersport, Bootsausflüge, Restaurants, Bars, Grill am Strand, Diskothek, privater Strand; $200 bis $350

Pansea Resort
Pulau Pangkor Laut
Tel.: 05-951372 (Pangkor Laur) or 03-242-1589 (Kuala Lumpur)
94 Zimmer, voll ausgestattet, Wassersport, Bootsfahrten, Privatstrände; von $70 bis $100

Sam Khoo's Mini Camp
Pasir Bogak
Tel.: 05-951164
Kokoshütten von $4 bis $5 pro Person

Sea View Hotel
Pasir Bogak
Tel.: 05-951605
37 Zimmer, einige klimatisiert, Chalets, Bar, Lounge, Restaurant, Wassersport, Bootsausflüge; von $55 bis $75

• Taiping

Government Rest House
1 Jln. Residensi Taman Tasik
Tel.: 05-822044
12 Zimmer, Blick auf die Taiping Lake Gardens; von $26 bis $47

Lake View Hotel
Taiping
Tel.: 05-822911
Ab $15

Old Government Rest House
Taiping Town
Ab $12

• **Kampar**

Oriental Hotel
9 Jln. Kuala Dipang
Tel.: 05-651288
15 Zimmer von $13 bis $17

• **Kuala Kangsar**

Double Lion Hotel
74 Jln. Kangsar
Ab $8

Government Rest House
Tel.: 05-851699
16 Zimmer, klimatisiert; von $17,50

• **Maxwell Hill (Bukit Larut)**

Maxwell Hill Bungalows
Tel.: 05-886241
8 Bungalows ab $18

• **Telok Intan**

Government Rest House
868 Jln. Daly
Tel.: 05-611724
17 Zimmer von $16 bis $32

• **Upper Perak**

Government Rest House
Jln. Haji Meor
Tel.: 05-891086 GRIK
16 Zimmer von $23 bis $36

Government Rest House
JKR 548 Jln. Pejabat Pos, Pengkalan Ulu
17 Zimmer von $13 bis $35

• **Tapah**

Bunga Raya Hotel
Main Road, Tapah
Tel.: 05-641436
12 Zimmer von $11 bis $22

Government Rest House
Tapah
Ab $4

Rumah Rekat Rest House
Selim River (außerhalb von Tapah)
Ventilator, Bettzeug, Handtuch und Seife,
Moskito-Rauchspiralen, Bad; $4 bis $6

KEDAH

• **Alor Setar**

Government Rest House
75 Pumpong
Tel.: 04-722422
15 Zimmer von $12 bis $24

Hotel Putra Jaya
250B Jln. Putera
Tel.: 04-730344
62 Zimmer, klimatisiert; von $24 bis $40

Kedah Merlin Inn
Lot 134, Jln. Sultan Badlishah
Tel.: 04-735917
130 Zimmer, alle Einrichtungen, jeder Service, Restaurant, Café, Bar, Diskothek, Büros, Mietwagen; von $105 bis $360

Mahawangsa Hotel
449 Jln. Raja
Tel.: 04-721835
54 Zimmer, alle Einrichtungen, jeder Service, Restaurant; von $32 bis $80

Station Hotel
74 Jln. Langgar
Tel.: 04-723855
53 Zimmer von $14 bis $20

• **Gunung Jerai**

Gunung Jerai
c/o 427 Jln. Kolam Air
Sungai Petani
12 Zimmer von $50 bis $103

• **Pulau Langkawi**

Hotel Asia
1A Jln. Persiaran Putra, Kuah
Tel.: 04-788216
15 Zimmer von $21 bis $50

Hotel Langkawi
Kuah
Tel.: 04-788248
13 Zimmer, von $12 bis $40

Langkawi Island Resort
Pantai Dato Syed Omar, Kuah
Tel.: 04-788209
220 Zimmer, Wassersport; von $95 bis $800

Mutiara Beach Hotel
Tanjong Rhu Beach
Tel.: 04-788488
Am Strand, 68 Zimmer; von $70 bis $120

Pelangi Beach Resort
Pantai Cenang
Tel.: 04-789799
300 Bungalows und Chalets im traditionellen Stil, alle Zimmer voll ausgestattet, Restaurants, Pool-Bar, Swimmingpools, Spiele, Turnhalle, Sauna, Konferenzräume (Queen Elizabeth wohnte 1989 hier), Diskothek, Wassersport, Schnorcheln und Tauchen, Inseltrips, Ausflüge, Jeeps mit Vierradantrieb, Transport in die Stadt und zum Flughafen; von $130 bis $800

Sandy Beach Motel
Pantai Cenang
20 Chalets von $36 bis $46

Semarak Resort
Pantai Cenang
Tel.: 04-7173650
32 Chalets, klimatisiert, traditionelles Freiluft-Restaurant am Strand, Barbecues, Fahrten zur Stadt; von $44 bis $180

PERLIS

• **Kangar**

Federal Hotel
104A & B Jln. Kangar
Tel.: 04-766288
35 Zimmer, klimatisiert, Bad, Zimmer-Service, Restaurant; von $35 bis $50

Hotel Ban Cheong
76A Main Road
Tel.: 04-761184
22 Zimmer, klimatisiert, heißes Wasser, Restaurant; von $10 bis $21

Hotel Malaysia
67 Jln. Jubi Perak
Tel.: 04-761366
26 Zimmer, klimatisiert, Telefon, TV, heißes Wasser, Duschen; von $20 bis $33

Sri Perlis Inn
Jln. Kangar
Tel.: 04-767266
50 Zimmer, alle Zimmer voll ausgestattet, Restaurant, Café, Läden;
von $49 bis $103

• **Kuala Perlis**

Soon Hin Hotel
Gegenüber vom Taxi-Stand
Zimmer ab $10

KELANTAN

• **Kota Bharu**

Berling Hotel
826 Jln. Temenggong Petra Semerak
Tel.: 09-785255
37 Zimmer, klimatisiert; von $14 bis $50

Ideal Traveller House
Jln. Padang Garong
Schlafsäle und Zimmer mit Frühstück; von $4 bis $10

Indah Hotel
236A Jln. Tengku Besar
Tel.: 09-785081
44 Zimmer, klimatisiert, Restaurant; von $48 bis $80

Irama Bahru Hotel
3180A Jln. Sultan Ibrahim
Tel.: 09-782722
20 Zimmer, klimatisiert, Restaurant, Bar; von $35 bis $60

Kencana Inn
Lot 177-181 Jln. Padang Garong
Tel.: 09-747944
36 Zimmer, klimatisiert, alle Zimmer voll ausgestattet, Restaurant, Bar; von $58 bis $145

Kota Bharu Stadium Corporation Youth Hostel
Jln. Mahmud
Tel.: 09-781123

Milton Hotel
5471A Jln. Pengkalan Chepa
Tel.: 09-782744
27 Zimmer, klimatisiert; von $20 bis $32

Murni Hotel
Jln. Dato Pati
Tel.: 09-782399
38 Zimmer, klimatisiert, Restaurant, Café;
von $52 bis $150

Perdana Hotel
Jln. Mahmud
Tel.: 09-785000
136 Zimmer, Restaurants, Café, Bars, Swimmingpool, Tennis, Squash, Wassersport, Golfplatz, Diskothek, Schönheitssalon, Mietwagen; von $75 bis $320

Rex Hotel
Jln. Temenggong
Tel.: 09-781419
34 Zimmer von $6 bis $15

Suria Hotel
Jln. Padang Garong
Tel.: 09-746477
24 Zimmer, klimatisiert; von $30 bis $50

Temenggong Hotel
Jln. Tok Hakim
Tel.: 09-783130
36 Zimmer, klimatisiert, Restaurant, Diskothek, Café, Bad/Duschen; $55 bis $80

• **Pantai Cinta Berahi**

Long House Beach Motel
Tel.: 09-740090
Hütten, Zimmer (einige klimatisiert) und Chalets, Restaurant; von $10 bis $85

Pantai Cinta Berahi Resort
Tel.: 09-781307
21 Chalets, Wassersport; von $55 bis $85

• **Gua Musang**

Government Rest House
Ab $16

Kesedar Inn
Tel.: 09-901229
21 Zimmer, klimatisiert; von $25 bis $42

• **Kuala Krai**

Kiew Shi Hotel
In der Nähe vom Bahnhof
Ab $9

• **Kuala Terengganu**

Bunga Raya Hotel
105-11 Jln. Banggol
Tel.: 09-621166
39 Zimmer, einige klimatisiert, heißes Wasser, Café; von $16 bis $36

City Hotel
97-99 Jln. Banggol
Tel.: 09-621481
34 Zimmer von $12 bis $30

Meriah Hotel
67 Jln. Paya Bunga
Tel.: 09-622655
41 Zimmer, klimatisiert; von $24 bis $32

Motel Desa
Bukit Pak Apil
Tel.: 09-623438
20 Zimmer, klimatisiert, Zimmerservice, heißes Wasser, Bad/Duschen, Swimmingpool, Restaurant, Bar; von $90 bis $100

Motel Sri Marang
Kampong Pulau Kerengga
Tel.: 09-632566
29 Zimmer von $40 bis $140

Pantai Primula Hotel
Jln. Persinggahan
Tel.: 09.622100
264 Zimmer, alle Zimmer voll ausgestattet, Restaurants, Café, Ballsaal, Diskothek, Bars, Swimmingpool, Grill, Tennis, Reiten, Ausflüge, Wassersport, Inselausflüge, Schildkrötenbeobachtung, Angeln, Laden mit Handarbeiten, Ausflüge zu den Sekayu-Wasserfällen, Einkaufsmöglichkeiten, Reisebüro, Büros; von $115 bis $300

Seri Hoover Hotel
49 Jln. Sultan Ismail
Tel.: 09-624655
61 Zimmer, klimatisiert, TV, Restaurant, Bar; von $20 bis $62

Sri Terengganu
120A&B Jln. Sultan Ismail
Tel.: 09-634622
20 Zimmer, klimatisiert, Restaurant; von $20 bis $48

Terengganu Hotel
12 Jln. Paya Bunga
Tel.: 09-622900
35 Zimmer (einige klimatisiert), Telefon, Duschen; von $16 bis $32

Warisan Hotel
65 Jln. Paya Bunga
Tel.: 09-622688
36 Zimmer, klimatisiert, TV, heißes Wasser, Bad/Duschen, Restaurant;
von $40 bis $58

• **Kuala Besut**

Government Rest House
Nahe beim Strand und den Ablegestellen nach Pulau Perhentian; von $8 bis $16

• **Pulau Perhentian**

Perhentian Beach Resort
Pulau Perhentian Besar
Häuser, Hütten und Chalets, Restaurant, Bootsausflüge, Schnorcheln; von $20 bis $50

Razali's Beach Chalets
Pulau Perhentian Besar
Hütten und Chalets, Kochmöglichkeit, Wasser aus der Quelle; ab $10.
Weitere Hütten am Strand $8 .

• **Kemaman (Chukai)**

Duin Hotel
K355 Jln. Kg. Tengah
Tel.: 09-591801
32 Zimmer, Duschen;
von $16 bis $29

Muni Hotel
K312 Jln. Che Teh
Tel.: 09-592366
40 Zimmer, klimatisiert, Telefon, Restaurant; von $70 bis $120

• **Kerteh**

Parpel Lodge
Bandar Bahru, Kerteh, 24300 Kerteh
Tel.: 09-861155
48 Zimmer, klimatisiert, Telefon, heißes Wasser, Bad/Duschen;
von $50 bis $120

• **Dungun**

Sri Dungun Hotel
K135 Jln. Tambun
Tel.: 09-841881
27 Zimmer, klimatisiert, Telefon, Bad/Duschen; von $16 bis $38

Tanjong Jara Beach Hotel
8. Meile, Seitenstraße der Jln. Dungun
Tel.: 09-841801
100 Zimmer, klimatisiert, alle Zimmer voll ausgestattet, Segeln, Wasserski, Angeln, Tennis, Golfplatz, Squash, Swimmingpool, Sauna, Restaurants, Bars; von $140 bis $350

• **Tanjong Jara**

Tanjong Jara Beach Resort
Tel.: 06-531201
80 Zimmer ab $70

• **Rantau Abang**

Awang's
Rantau Abang Beach
Tel.: 09-842236
Hütten und Chalets, Restaurant, Schildkrötenbeobachtung; von $5 bis $10

Merantau Inn
Kuala Abang
Tel.: 09-841131
17 Chalets, Schildkrötenbeobachtung, Restaurant; von $44 bis $66

Rantau Abang Visitors' Centre
13th Mile, Jln. Dungun
Tel.: 09-841533
10 Chalets, Schildkrötenbeobachtung; von $80 bis $90

• **Marang**

The Beach House
Tel.: 09-682516
Am Strand, Hütten und Chalets, einige mit Klimaanlage; von $7 bis $70

Zakaria Guest House
2 km südlich von Marang
Tel.: 09-682328
Familiär, Schlafsäle und Zimmer, hausgemachte Speisen und Snacks, Inselausflüge; von $5 bis $10

• Pulau Kapas

Rufen Sie für Buchungen und Transport die Nr. 09-681044. Die Boote fahren von Marang ab. 4 Chalets von $10 bis $28

PAHANG

• Kuantan

Annexe Rest House
Jln. Telok Sisek
Tel.: 09-521043
16 Zimmer, Restaurant; von $19 bis $25

Beserah Hotel
2 Jln. Beserah
Tel.: 09-526144
45 Zimmer, klimatisiert; von $40 bis $65

Champagne Emas Hotel
3002 Jln. Haji Ahmad
Tel.: 09-528820
50 Zimmer, klimatisiert, Zimmerservice, Restaurants, Bar; von $70 bis $120

Embassy Hotel
60 Jln. Telok Sisek
Tel.: 09-524844
27 Zimmer, klimatisiert; von $11 bis $26

Hotel Raya Bahru
134 Jln. Besar
Tel.: 09-522344
26 Zimmer von $20 bis $34

Jaafar's Place
Kampong Beserah
Am Strand; hübsches Fischerdorf, Schlafsäle mit Frühstück und Snacks; ab $9

Ming Hong Hotel
22 Jln. Mahkota
Tel.: 09-524885
10 Zimmer, Restaurant und Bäckerei;
ab $11

Pahang Hotel
7 Main Road
Tel.: 09-521614
33 Zimmer, klimatisiert; von $24 bis $34

Ramada Beach Resort
Tel.: 09-587544
162 Zimmer, alle Zimmer voll ausgestattet, Restaurants, Bars, Läden, Wassersport, Reisebüro, Mietwagen, Swimmingpool; von $110 bis $350

Samudra Hotel
Main Road
Tel.: 09-522688
75 Zimmer, alle Einrichtungen, jeder Service, Restaurant; von $70 bis $125

Simgifa Hotel
9. Meile Kuantan Hafen, Tel.: 09-587254
51 Zimmer, klimatisiert; von $40 bis $50

• Telok Chempedak Beach, Kuantan

Asrama Bendahara Hostel
Telok Chempedak
Tel.: 095-527091

Hyatt Kuantan
Telok Chempedak
Tel.: 09-525211
185 Zimmer, jeder Service, Squash, Tennis, Schönheitssalon, Fitneßzentrum, Büros, Swimmingpool, Restaurant, Bar, Café, Diskothek; von $130 bis $200

Kuantan Hotel
Tel.: 09-524755
22 Zimmer von $30 bis $70

Merlin Inn Resort
Telok Chempedak
Tel.: 09-522388
106 Zimmer, alle Einrichtungen, jeder Service, Swimmingpool, Golfklub, Restaurant, Diskothek; von $100 bis $170

Telok Chempedak Rest House
Tel.: 09-521711
Zimmer ab $25; Schwimmbad in der Nähe

• Cherating

Chendor Motel
29th Mile Kuantan-Kemaman Road
Tel.: 09-591369
59 Zimmer und Chalets; von $54 bis $120

Cherating Holiday Villa
Lot 1303, Mukim Sungei Karang
Tel.: 09-508900
94 Zimmer mit allen Einrichtungen, Restaurant, Bar, Tennis, Squash, Sauna, Turnhalle,

Swimmingpool, Inselausflüge, Reiten, Golf, Angeln, Wassersport; von $65 bis $120

Club Mediteranée
Für Reservierungen und Beitritt melden Sie sich bitte im MAS-Büro in Bangunan 1. Stock, Suite 1, 1 Jln. Sultan Ismail, 50250 Kuala Lumpur, oder in Pantai Cherating selbst, Tel.: 09-591131.
Die üblichen Club-Einrichtungen, Spaß und Spiel. Mitgliedsbeitrag $50; von $150 bis $180 pro Person und Nacht; Wochenpauschale inklusive Flug von KL ab $1530.

Coconut Inn
Cherating Beach
Saubere Hütten und Chalets mit Veranda, Hausmannskost, Bar in der Nähe, Fluß- und Inselausflüge, Grill; von $10 bis $14

Mak Long Teh Hostel
Main Kuantan-Kemaman Road
Chalets, inklusive Essen; von $10 bis $15

• Kuala Rompin

Government Rest House
(Rumah Persinggahan Dara)
Bandar Ibam
Tel.: 09-565245
12 Zimmer, klimatisiert; von $14 bis $30

• Pekan

Pekan Hotel
60 Jln. Teng Ariff Bendahara
Tel.: 09-571378
12 Zimmer von $10 bis $12

Pekan Rest House
Tel.: 09-571240
Zimmer ab $10

• Tasek Chini

Club Med besitzt hier Chalets, die Sie mieten können. Es gibt zwei Pensionen und Chalets ab $40.

• Jerantut

Hotel Picadilly
312 Sungei Jan
Tel.: 09-562895
18 Zimmer von $12 bis $18

Jerantut Hotel
36 Jln. Besar
Ab $14

• Temerloh

Ban Hin Hotel
40 Jln. Tengku Besar
Tel.: 09-291250
17 Zimmer, Bad; von $14 bis $30

Government Rest House
Tel.: 09-291254
Von $27 bis $60

Hotel Tropicana
A73 Jln. Sultan Ahmad
Tel.: 09-451095
45 Zimmer, Bar, Café, Restaurant; von $28 bis $45

Swiss Hotel
Tel.: 09-451324
20 Zimmer, Bar; ab $10

Temerloh Hotel
29 Jln. Kuantan
Tel.: 09-451499
22 Zimmer, Bar, Restaurant;
von $16 bis $30

Titik Inn
Batu 25 Jln. Kuantan
Tel.: 09-531329
16 Chalets, klimatisiert, Restaurant, Kochmöglichkeit, Bar, Lounge, Schildkröten beobachtung, Angeln, Dschungel-Ausflüge; von $45 bis $90

• Mentakab

Cosy Inn
10 Jln. Bahru
Tel.: 09-271977
19 Zimmer von $15 bis $27

London Café und Hotel
71 Jln. Temerloh
Tel.: 09-271119
21 Zimmer von $15 bis $23

Walto Hotel
66 Jln. Temerloh
Tel.: 09-271262
12 Zimmer von $10,50 bis $17

• Kuala Lipis

Government Rest House
Tel.: 09-312599
17 Zimmer, einige klimatisiert, Telefon, TV, Video, Duschen; von $16 bis $50

Sing Sing Hotel
Ab $8

Mee Chew Hotel
Ab $10

• Raub

Government Rest House
13 Jln. Manson, Tel.: 09-351455

Raub Hotel
57-58 Jln. Lipis
21 Zimmer, Bad/Duschen; ab $10

• Bentong

Cheong Aik Hotel
49 Jln. Ah Peng
Tel.: 09-221133
15 Zimmer, Duschen; von $12 bis $14

Union Hotel
50 Tingkat, 1 Jln. Ah Peng
Tel.: 09-721088
26 Zimmer, Bad/Duschen; von $10 bis $13

• Cameron Highlands
(erreichbar über Perak State)

The Lakehouse
30th Mile Ringlet
Tel.: 05-996152
16 Zimmer, Architektur im Tudor-Stil, antike Möbel, Restaurant, Fischen, Ausflüge in den Dschungel, zu den Wasserfällen und Seen; von $130 bis $300

Lake View Bungalows
Ringlet
Tel.: 05-941630
Chalets und Bungalows ab $50

Federal Hotel
44 Main Road, Tanah Rata
Tel.: 05-941777
31 Zimmer, Telefon, Bad/Duschen, heißes Wasser, Restaurant; von $18 bis $45

Garden Hotel
Tanah Rata
Tel.: 09-941911
46 Zimmer, Telefon, Bad/Duschen, Restaurant, Bar, Zimmerservice; von $60 bis $70

Golf Course Inn
Tanah Rata
Tel.: 05-941214
30 Zimmer, Restaurant, Golf- und Badminton-Arrangements; von $90 bis $150

Golf View Villa
Tanah Rata
Tel.: 05-941624
6 Bungalows; ab $80

Government Rest House
Tanah Rata
Von $15 bis $28; Charme der Alten Welt

Hollywood Hotel
38 Main Road, Tanah Rata
Tel.: 05-941633
12 Zimmer, heißes Wasser, Bad/Duschen, Restaurant und Bar; von $18 bis $80

Merlin Inn Resort
Tanah Rata
Tel.: 05-941205
64 Zimmer, Telefon, alle Zimmer voll ausgestattet, Restaurant und Bar, Tennis, Golfplatz, Diskothek, Läden; $80 bis $270

Strawberry Park Resort
P. O. Box 81, Tanah Rata
Tel.: 05-941166
172 Zimmer, alle Zimmer voll ausgestattet, Restaurant, Coffeehouse, Grill, Bar, Tennis, Squash, Fitneßzentrum, Golfplatz, Reiten, Diskothek, Läden, Reisebüro; $120 bis $250

Town House Hotel
41 Main Road, Tanah Rata
Tel.: 05-941666
12 Zimmer, heißes Wasser, Bad, Mietwagen, Reisebüro; von $12 bis $22

• Berinchang

Bala's Holiday Chalets
Berinchang
Tel.: 05-941660
Restaurant und Kochmöglichkeit; Zimmer von $5 bis $40

Berinchang Hotel
36 Berinchang Town
Tel.: 05-941755
28 Zimmer, Restaurant; von $30 bis $45

Highland Hotel
29-32 Berinchang
Tel.: 05-941588
60 Zimmer, Bad; von $25 bis $40

Kowloon Hotel
34-35 Berinchang
Tel.: 05-941366
12 Zimmer, Bar, Restaurant; $18 bis $80

Wong Villa Youth Hostel
113 Jln. Besar, Berinchang
Tel.: 05-911145

Ye Olde Smokehouse
Berinchang/Tanah Rata
Tel.: 05-941214
Tudor-Architektur, mit englischem Garten, Holzfeuer, 20 Suiten, Eß- und Teezimmer, Bars, Golfplatz mit 18 Löchern, Dschungelausflüge; von $60 bis $300

• **Genting Highlands**

Genting Hotel
Tel.: 03-211-1118
51 km von Kuala Lumpur, Hubschrauberflüge von KL oder Flughafen 15 Minuten. 700 Zimmer, voll ausgestattet, die Restaurants servieren westliche, malaysische und chinesische Küche, Malaysias einziges Spielkasino, Coffeehouse, Bars, Fitneßzentrum mit Jacuzzi und Sauna, Schönheitssalon, Blumenladen, Nachtklub, Bowlingbahn, Golfplatz, Hubschrauberlandeplatz, Läden, Booten, Swimmingpool, Squash, Dreh-Diskothek, Mietwagen; von $125 bis $2000

Highlands Hotel
Tel.: 03-211-2812
Gehört zum Genting-Hotel. 244 Zimmer, alle Einrichtungen, jeder Service, Restaurants, Coffeehouse, Bars, Grill, Swimmingpool, man kann die Einrichtungen des Genting Hotels mitbenutzen; von $80 bis $110

Pelangi Hotel
Tel.: 03-211-3813
150 Zimmer, alle Einrichtungen, jeder Service, Restaurants, Bar; von $50 bis $70

• **Fraser's Hill**

Corona Nursery Youth Hostel
Tel.: 09-382225
20 Gehminuten vom Touristenbüro, Zimmer mit Bad; ab $7 pro Person

Fraser's Hill Bungalows/Chalets
c/o Fraser's Hill Development, Corporation Fraser's Hill
Tel.: 09-382201
69 Zimmer, Eßzimmer, Tennis, Golfplatz (18 Löcher), Squash, Sauna, Friseur, Rollschuhbahn, Swimmingpool; von $25 bis $55

Merlin Hotel Fraser's Hill
Jln. Lady Guillemard
Tel.: 09-382274
109 Zimmer, alle Zimmer voll ausgestattet, Restaurant, Spiele, Reiten, Golfplatz (9 Löcher), Tennis, Squash; von $80 bis $300

Puncak Inn
Tel.: 09-382201
Zimmer von $25 bis $45

Seri Berkat Rest House
Tel.: 09-341026
Zimmer ab $30

• **Tioman Island**
(im Bundesstaat Pahang, aber erreichbar von Mersing in Johore)

ABC Huts
Ayer Batang
Hütten ab $4

Ben's Diving Centre
Pantai Salang
Chalets ab $5

Coral Reef Chalets
Pantai Tekek
12 Chalets am Strand, Restaurant mit Meeresfrüchten, Grill, Dschungel-Wanderungen; von $35 bis $45; Pauschaltouren ab Mersing

Hussein's Chalets
Pantai Juara
Chalets, Café; von $16 bis $46

Nazri's
Ayer Batang
Nähe Landungsbrücke, Café; Chalets ab $8

Samudra Swiss Cottages
Pantai Tekek
Tel.: 07-242-2829
Langhaus und Strand-Chalets, Restaurant,
Schnorcheln und Tauchen, Grill; von $25
bis $42

Tekek Rest House
Kg. Tekek
Ventilator, Badezimmer; von $10 bis $18

Tioman Island Resort
185 Seaview
Tel.: 04-44544
Fernsicht, Chalets und Zimmer, klimatisiert,
alle Einrichtungen, jeder Service, Restaurants, Cocktail-Lounge, Picknick, Wassersport, Tauchen, Bootsausflüge, Boote mit
Glasboden, Dschungel-Wanderungen; von
$90 bis $450

• **Taman Negara**

Head Office
260-H 2. Meile, Jln. Ipoh, KL
Tel.: 03-291-5299

Branch
10. Kilometer Jln. Cheras, 56100 KL
Tel.: 03-905-2872

Eintritt: $1; Erlaubnis zum Fotografieren:
$5; Angel-Lizenz: $10; Bootsfahrt vom
Hauptquartier hin- und zurück: $30; Kauti-
on: $30.
Gunung Tahan Climb:
Führer: $400 pro Woche und $50 für jeden
weiteren Tag. Camping- und Angelausrü-
stung kann gemietet werden, 2 Restaurants
am Hauptquartier, Kochmöglichkeit in der
Pension; fünf Prozent staatliche Steuer auf
alle Dienstleistungen, Barzahlung nur im
Park möglich.

Unterkunft

Rest House: $38 pro Raum und Nacht
(Doppelzimmer)
Chalet: $30 pro Nacht (Doppelzimmer),
Moskitonetz, Badezimmer
Hostel (Schlafsäle): $10 pro Person und
Nacht
Camping: $1 pro Person und Nacht
Angeln Lodge: $8 pro Person und Nacht
Jungle Hides: $5 pro Person und Nacht.

STAAT JOHORE

• **Johore Bahru**

First Hotel
Jln. Station
Tel.: 07-222888
42 Zimmer, klimatisiert;
von $18 bis $80

Holiday Inn Johore Bahru
Jln. Dat Sulaiman
Tel.: 07-322800
200 Zimmer, alle Einrichtungen, jeder Service, Swimmingpool, Fitneßzentrum, Diskothek, Läden, Reisebüro;
von $110 bis $850

Johor Hotel
69 Jln. Sultan Ibrahim
Tel.: 07-224395
33 Zimmer, Bad/Duschen; $18 bis $28

Merlin Inn
Lot 5435 Jln. Bukit Meldrum
Tel.: 07-228851
104 Zimmer, klimatisiert, alle Zimmer voll
ausgestattet; von $65 bis $180

Peninsula Hotel
6J ABIAD Taman Tebrau Jaya
Tel.: 07-323277
38 Zimmer, klimatisiert; von $31 bis $38

Regent Elite Hotel
1 Jln. Siew Nam
Tel.: 07-223811
76 Zimmer, klimatisiert, Restaurant, Diskothek, Nachtklub; von $52 bis $95

Tropical Inn
15 Jln. Gereja
Tel.: 07-221888
160 Zimmer, klimatisiert, TV, heißes Wasser, Bad/Duschen, Restaurant, Coffeehouse, Bar-Lounge, Fitneßzentrum, Schönheitssalon, Diskothek, Nachtklub, Mietwagen; von $110 bis $450

Wato Inn
15R Jln. Bukit Meldrum
Tel.: 07-221328
22 Zimmer, klimatisiert, Bad/Duschen, TV,
Bar, Mietwagen;
von $31 bis $47

• Kota Tinggi

Waterfall Chalets
Kota Tinggi Waterfall
Tel.: 07-241957
Chalets mit heißem Wasser, einige mit Selbstversorgung, Restaurant; $27 bis $42

• Desaru Resort

Desaru Beach Resort Camping Ground
Tanjong Penawar
Tel.: 07-821202
Camping, mit Wasser und Kochmöglichkeit, Schlafsäle, private Zimmer, 10 „dangau"-Hütten; von $5 bis $27,50

Desaru Beach Resort Chalets
Tanjong Penawar, Kota Tinggi
Tel.: 07-821240
35 Chalets am Strand, von einfachen 3-Zimmer-Chalets mit Wohnzimmer und Veranda (TV auf Wunsch), bis zu Familien-Chalets mit Kochmöglichkeit, alle Chalets mit Klimaanlage; Restaurant, Wassersport, Golf, Fahrräder; von $70 bis $220

Desaru Golf Hotel
Tanjong Penawar, Kota Tinggi
Tel.: 07-821101
100 Zimmer, voll ausgestattet, Swimmingpool, Restaurant, Bar-Lounge, Billard, Videospiele, Brettspiele, Reiten, Fahrräde, Jogging, Dschungelwanderungen, Tauchschule (PADI), Tennis, Tischtennis, Volleyball, Golfplatz (18 Löcher); $95 bis $380

Desaru View Hotel
Tanjong Penawar, Kota Tinggi
Tel.: 07-838221
134 Zimmer, alle Einrichtungen, jeder Service, Restaurant, Grill, Bar-Lounge, Diskothek, Läden, Swimmingpool; $150 bis $650

• Mersing

East Coast Hotel
43A-1 Jln. Abu Bakar
Tel.: 07-791337
Zimmer von $8,50 bis $14

Mersing Hotel
Jln. Dato Mohd Ali
Tel.: 07-791004
19 Zimmer von $13 bis $28

Mersing Merlin Inn
1st Mile Endau Road
Tel.: 07-791311
34 Zimmer, klimatisiert, TV, heißes Wasser, Bad/Duschen, Zimmerservice, Restaurant, Swimmingpool, Diskothek; von $70 bis $90

Rest House Mersing
490 Jln. Ismail
Tel.: 07-791101
17 Zimmer, klimatisiert, Telefon, heißes Wasser, Bad/Duschen, am Strand gelegen, Restaurant, Golfplatz; ab $33

JOHORE INSELN

(erreichbar von Mersing; Tioman, siehe unter Pahang)

• Pulau Besar

Besar Beach Club
Tel.: 07-793111
Chalets, Restaurant, Wassersport; ab $44

Radin Island Pulau Besar Resort
Buchungen im Büro in der Nähe der Mole oder Jln. Abu Bakar Mersing
Tel.: 07-793124, 07-416044
Kokoshütten, Bungalows, Wassersport, Dschungelausflüge, Restaurant, Meeresfrüchte, Grillen auf Wunsch; Familienbetrieb; von $10 bis $40

• Pulau Rawa

Rawa Safaris Island Resort
Buchungen und Boote in Mersing
Tel.: 07-791204
Holz-Chalets und Bungalows, einige mit angrenzendem Badezimmer, Elektrizität bis Mitternacht, Lampen werden zur Verfügung gestellt, Restaurant, Grill, Meeresfrüchte, Windsurfen, Kanufahrten, Tauchen, Angeln, Schnorcheln, Ausrüstung kann gemietet werden, Läden, auch für Sportbedarf; von $40 bis $60

• Pulau Sibu

Sea Gypsy Village Resort
Sibu Island
Tel.: 07-793125
Chalets mit Bad, Restaurant, Wassersport, Angeln; von $34 bis $40

Sibu Island Cabanas
Tel.: 07-317216
Chalets, fan-cooled mit Bad, soap und towels, Restaurant, Wassersport, Videospiele, Angeln; von $24 bis $70

• **Muar**

Muar Hotel
44 Jln. Ali
Tel.: 07-921604
30 Zimmer von $18 bis $26

Muar Rest House
2222 Jln. Sultan Tanjung Mas
Tel.: 07-922306
17 Zimmer, klimatisiert, Telefon, Bad/Duschen, Restaurant; von $32 bis $36

• **Batu Pahat**

De Mandarin Hotel
7 Jln. Zabedah
Tel.: 07-444011
71 Zimmer, alle Zimmer voll ausgestattet, Coffeehouse, Nachtklub, Schönheitssalon; von $70 bis $115

Dragon Hotel
1 Jln. Putri
Tel.: 07-441977
41 Zimmer, klimatisiert, Telefon, heißes Wasser, Fitneßzentrum; von $27 bis $44

• **Kluang**

Kluang Rest House
Jln. Pejabat Kerejaan
Tel.: 07-721567
14 Zimmer, klimatisiert; von $32

Regal Hotel
42 Jln. Dato Captain
Tel.: 07-724922
36 Zimmer, klimatisiert, Telefon, heißes Wasser; von $16 bis $32

• **Segamat**

Hotel Chempaka
99-101 Jln. Genaung
Tel.: 07-911505
45 Zimmer, klimatisiert, Telefon, heißes Wasser, TV, Bad/Duschen, Restaurant, Coffeehouse, Bar; von $52 bis $54

Segamat
Merlin Inn
26 Jln. Ros
Tel.: 07-914611
85 Zimmer, alle Einrichtungen, jeder Service, Restaurant, Bar; von $65 bis $150

Segamat
Rest House
JKR 750 Jln. Buloh Kasap
Tel.: 07-917199

SABAH

• **Kota Kinabalu**

Ang's Hotel
28 Jln. Bakau
Tel.: 088-55433
35 Zimmer, klimatisiert, Telefon, Bad/Duschen, TV, Restaurant; von $84 bis $96

Asia Hotel
68 Bandaran Berjaya
Tel.: 088-53533
28 Zimmer, einige klimatisiert, ländlich; von $36 bis $50

Hotel Jesselton
69 Jln. Gaya
Tel.: 088-55633
27 Zimmer, alle Zimmer voll ausgestattet, Restaurant; von $140 bis $180

Hotel Kinabalu
59-60 Bandaran Berjaya
Tel.: 088-53233
30 Zimmer, klimatisiert, TV, Zimmerservice, Restaurant; von $84 bis $150

Hyatt Kinabalu
Jln. Datuk Salleh
Tel.: 088-219888
350 Zimmer, alle Zimmer voll ausgestattet, Café rund um die Uhr geöffnet, chinesisches Restaurant, Grill, Swimmingpool, Kreuzfahrten, Büros, Reisebüro, Avis Mietwagen, Läden, Schönheitssalon, Fitneßzentrum, Golfplatz, Reisebüro; von $200 bis $1250

Kin Fah Hotel
7 Jln. Haji Yaacub
Tel.: 088-53833
11 Zimmer, klimatisiert;
von $25 bis $40

Likas Guest House
371 Jln. Likas
Tel.: 088-31706
Zimmer von $15 bis $20; Frühstück auf Wunsch

Nan Xing Hotel
32-34 Jln. Haji Saman
Tel.: 088-51433
35 Zimmer, klimatisiert, Telefon, TV, Restaurant;
von $47 bis $70

Palace Hotel
1 Jln. Tangki Karamunsing
Tel.: 088-211911
160 Zimmer, Schloßarchitektur, alle Zimmer voll ausgestattet, Café, chinesisches Restaurant, Bar-Lounge, Büros und Reisebüro, Swimmingpool, Squash;
von $69 bis $190

Sabah Inn
25 Jln. Pantai
Tel.: 088-53322
39 Zimmer, klimatisiert, Telefon, TV, heißes Wasser, Bad/Duschen, Café, Bar, Schönheitssalon, Mietwagen;
von $58 bis $108

Sukan Kompleks Youth Hostel
Likas Bau, Likas
Tel.: 088-221721

Tanjung Aru Beach Hotel
Tanjung Aru Beach
Tel.: 088-58711
300 Zimmer, alle Zimmer voll ausgestattet, Swimmingpool, Restaurants, Bars, Fitneßzentrum, Wassersport, Boote zu den Inseln, Büros, Reisebüro, Läden;
von $225 bis $975

• Beaufort

Hotel Beaufort
Tel.: 087-211911
Klimatisierte Zimmer mit Bad, TV auf Wunsch; ab $42

New Padas Hotel
P. O. Box 147
Tel.: 087-211441
22 Zimmer, klimatisiert, heißes Wasser, TV; von $23 bis $50

• Tiga Island (near Beaufort)

Government Rest House
Falls Sie interessiert sind, erkundigen Sie sich in Beaufort

• Labuan

Hotel Emas Labuan
27-30 Jln. Muhibbah
Tel.: 087-413966
40 Zimmer, Service, Restaurant; von $90 bis $125

Hotel Labuan
Jln. Merdeka P. O. Box 354
Tel.: 087-412311
151 Zimmer, alle Einrichtungen, jeder Service, Swimmingpool, Restaurants, Café, Bars, Läden, Schönheitssalon, Fitneßzentrum; von $160 bis $510

Kim Soon Lee Hotel
141-2 Jln. Okk Awang Besar
Tel.: 087-42554
18 Zimmer, klimatisiert; von $50

Victoria Hotel
Jln. Tun Mustapha
Tel.: 087-42411
39 Zimmer, klimatisiert, Telefon, Zimmerservice; von $70 bis $100

• Tenom

Government Rest House
Tenom
Ab $12

Hotel Kin San
Shophouse 58, P. O. Box 192
Tel.: 087-735485
10 Zimmer; von $20

Hotel Perkasa
P. O. Box 225
Tel.: 087-735811
63 Zimmer, alle Zimmer voll ausgestattet, chinesisches, Restaurant, Bar, Ausflugsfahrten; von $50 bis $100

Tenom Hotel
P. O. Box 78
Tel.: 087-735587
10 Zimmer von $20 bis $30

• Keningau

Government Rest House
Tel.: 087-31525
Zimmer ab $12

Hotel Perkasa
P. O. Box 129
Tel.: 087-331045
65 Zimmer, klimatisiert, Bad, TV auf Wunsch, Schönheitssalon, Restaurants, Bar, Golfplatz, Swimmingpool, Tennis und Jogging; von $50 bis $100

• Kota Belud

Hotel Kota Belud
21 Jln. Francis, P. O. Box 21
Tel.: 088-976576
6 Zimmer von $28 bis $36

Hotel Tai Seng
P. O. Box 41
Tel.: 088-551
20 Zimmer; ab $20

• Kudat

Hasba Hotel
P. O. Box 105
Tel.: 088-61959
6 Zimmer, nahe bei der Stadt, keine Klimaanlage; von $15 bis $24

Hotel Kinabalu
1, Block C, Sedco Shophouse, P. O. Box 82
Tel.: 088-62693
9 Zimmer, klimatisiert, TV, eigenes Bad, heißes Wasser; von $65 bis $76

Hotel Sunrise
P. O. Box 237, Tel.: 088-61617
16 Zimmer von $29 bis $58

Kudat Hotel
Little Street, P. O. Box 200
Tel.: 088-616379
8 Zimmer, klimatisiert, Restaurant im Erdgechoß; von $30 bis $35

• Ranau

Government Rest House
Tel.: 088-75534
Zimmer ab $12

Mount Kinabalu Perkasa Hotel
WDT 11, 89309 Ranau
Tel.: 088-889511
74 Zimmer, Service, Restaurants, Bar, Tennis, Fitneß-Raum, Läden, Videospiele, Golfplatz in der Nähe, Klettertouren zum Mt. Kinabalu; von $75 bis $200

Ranau Hotel
P. O. Box 1
Tel.: 088-875351
10 Zimmer, klimatisiert; von $25 bis $63

• Sandakan

Hong Kong Hotel
P. O. Box 522, Tel.: 089-212292
30 Zimmer, Stadtzentrum; von $20 bis $50

Hotel Hsiang Garden
Tel.: 089-43191
45 Zimmer, klimatisiert, Restaurant; von $100 bis $180

Hotel Paris
45 Jln. Tiga, P. O. Box 340
21 Zimmer, einige klimatisiert; $27 bis $52

Mayfair Hotel
24 Jln. Prayer 1F, P. O. Box 512
Tel.: 089-45191
12 Zimmer, einige klimatisiert, Stadtzentrum; von $32 bis $42

New Sabah Hotel
P. O. Box 214
Tel.: 089-218711
28 Zimmer, klimatisiert; von $48 bis $68

Pulau Selingan Rest House
Informationen im Sandakan District Office. Schildkröten-Schutzgebiet. Haus für vier Personen, Küche und Badezimmer, $120; Kabinen ohne Kochmöglichkeit ab $20

• Lahad Datu

De Luxe Hotel
P. O. Box 22
Tel.: 089-81500
12 Zimmer, klimatisiert, zentral; von $30

Government Rest House
Tel.: 089-81177
Nähe Flughafen; Zimmer von $12

Mido Hotel
94 Main Street, P. O. Box 45
Tel.: 089-81800
61 Zimmer, alle Einrichtungen, jeder Service; von $90 bis $180

Ocean Hotel
Jln. Timur
Tel.: 089-81700
19 Zimmer von $40

Perdana Hotel
Jln. Bajau, P. O. Box 72
Tel.: 089-81400
21 Zimmer, klimatisiert, Restaurant; von $35 bis $65

• Semporna

Island View Hotel
P. O. Box 126
Tel.: 088-781638
8 Zimmer, klimatisiert; von $40 bis $48

• Tawau

Hotel Emas
Jln. Utara, P. O. Box 569
Tel.: 089-773300
100 Zimmer, klimatisiert, Stadtzentrum, Restaurant, Nachtklub; von $105 bis $210

Hotel Malaysia
37 Jln. Dunlop
Tel.: 089-772800
21 Zimmer, Stadtzentrum; von $32 bis $45

Hotel Oriental
10 Jln. Dunlop
Tel.: 089-771500
29 Zimmer, klimatisiert, Stadtzentrum; von $68 bis $83

Marco Polo Hotel
P. O. Box 1003
Tel.: 089-777615
150 Zimmer, alle Zimmer voll ausgestattet, Restaurants, Coffeehouse, Bar; von $125 bis $1000

Royal Hotel
Jln. Belian
Tel.: 089-773100
37 Zimmer, klimatisiert, Coffeehouse, Restaurant; von $110 bis $240

• Mount Kinabalu National Park

Head Office
Jln. Tun Fuad Stephens, P. O. Box 10626, Kota Kinabalu
Tel.: 088-211585

Eintritt: $1; Klettererlaubnis: $10

Unterkunft

Park Headquarters
Pension: 8 Betten, Küche, Eßzimmer, Kühlschrank, Aufenthaltsraum, offener Kamin, heißes Wasser; von $270 bis $360
Zweistöckige Hütte: 3- und 7-Bettzimmer, Küche, Wohnzimmer, Kühlschrank, offener Kamin, heißes Wasser; von $180 bis $250
Einstöckige Hütte: 2- und 5-Bettzimmer, Küche, Wohnzimmer, Kühlschrank, offener Kamin, heißes Wasser; von $150 bis $200
Doppel-Chalets: 6 Betten, Küche, Wohnzimmer, Kühlschrank, offener Kamin, heißes Wasser; von $150 bis $200
Zimmer im Anbau: 2- und 4-Bettzimmer, keine Kochmöglichkeiten; von $100 bis $160
Doppelbett-Hütte: 2 Betten mit Bad, heißes Wasser; von $50 bis $80
Keller: 2 Betten mit Bad, heißes Wasser; von $50 bis $80
Old Fellowship **Herberge:** Schlafsäle, Küche, Wohnzimmer, Bettzeug wird gestellt, Gemeinschaftsbadezimmer; von $3 bis $10
Neue Herberge: Einrichtung wie im Old Hostel; von $4 bis $15

Mount Kinabalu
Waras **Hütte**: (3300 Meter) Bettkojen, Kochmöglichkeit, Bettzeug zum Ausleihen, keine Elektrizität, Gas; von $1 bis $4
Panar Laban **Hütte**: (3300 Meter) Einrichtung wie *Waras* Hütte
Ladagan Rata **Hütte**: (3300 Meter) Einrichtung wie *Waras* Hütte
Laban Rata **Gasthaus**: Elektrizität, heißes Wasser, Heizlüfter, Bettzeug wird gestellt, Restaurant; ab $25 pro Person
Sayat Sayat **Hütte**: (3811 Meter) Einrichtung wie *Waras* Hütte

Poring Hot Springs
Alte Hütte: 6 Betten, 3-Bettzimmer, Wohnzimmer, Küche, Bad; von $75 bis $100
Neue Hütte: Einrichtung wie Alte Hütte, aber 4 Betten; von $60 bis $80

Poring **Herberge:** Schlafsäle, Kochmöglichkeit, Bettzeug wird gestellt; von $2 bis $8
Campingplatz: Kochmöglichkeit, Bad, Bettzeug zum Ausleihen; von $1 bis $2

• **Tunku Abdul Rahman National Park**

Head Office
Jln. Tun Fuad Stephens, P. O. Box 10626, Kota Kinabalu; Tel.: 088-211585

Unterkunft

Gasthaus *Pulau Mamutik*: 12 Betten, Küche, Speise-/Wohnzimmer, Badezimmer; ab $160
Camping: Campen ist auf allen Inseln erlaubt.

SARAWAK

• **Kuching**

Anglican Cathedral Hostel
Hinter der St.-Thomas-Kirche
Tel.: 082-414027
Zimmer von $15 bis $25

Borneo Hotel
30C-F Jln. Tabuan, P. O. Box 1265
Tel.: 082-244121
37 Zimmer, klimatisiert, Cocktail-Lounge, Nachtklub, Schönheitssalon; von $48 bis $73

Government Rest House
Jln. Crookshank
Tel.: 082-242042
Zimmer von $32 bis $42

Green Mountain Lodging House
Jln. Green Hill
Tel.: 082-415244
Klimatisierte Zimmer, TV auf Wunsch, Restaurants in der Nähe, ruhige Lage; ab $33

Holiday Inn Kuching
Jln. Tunku Abdul Rahman,
P. O. Box 2362
Tel.: 082-423111
312 Zimmer, alle Zimmer voll ausgestattet, Restaurant, Bar, Swimmingpool, Unterhaltungsprogramm, Schönheitssalon, Läden; von $135 bis $1000

Kuching Hilton
Jln. Tunku Abdul Rahman
Tel.: 082-248200
320 Zimmer, alle Einrichtungen, jeder Service, Restaurants, Bar, Grill, Schönheitssalon, Fitneßzentrum, Swimmingpool, Läden, Reisebüro

Kuching Hotel
Jln. Temple
Tel.: 082-413985
Zimmer von $17 bis $21

Long House Hotel
Jln. Abell Pandungan, P. O. Box 1591
Tel.: 082-249333
50 Zimmer, klimatisiert, Restaurant, Bar; von $45 bis $90

Palm Hotel
29 Jln. Palm , Tel.: 082-240231
24 Zimmer, klimatisiert; von $30 bis $40

Sheraton Damai Beach Hotel
P. O. Box 2870 , Tel.: 082-411777
202 Zimmer, alle Zimmer voll ausgestattet, Restaurants, Bars, Diskothek, Büros, Fitneßzentrum, Spielsalon, Tennis, Squash, Mini-Golf, Swimmingpool mit Whirlpool, Wassersport, Inselausflüge, Dschungelwanderungen, Fahrräder, Kinderspielplatz mit kleinem Zoo, Golfplatz mit 18 Löchern, Mietwagen; von $180 bis $1100

• **Sibu**

Capitol Hotel
19 Jln. Wong Nai Siong, P. O. Box 489
Tel.: 084-336444
30 Zimmer, klimatisiert, Café, Zimmerservice, TV; von $44 bis $120

Federal Hotel
24 Jln. Kampong Nyabor, P. O. Box 899
Tel.: 084-333088
30 Zimmer, klimatisiert; von $17 bis $36

Government Rest House
Jln. Pulau Zimmer
Von $40 bis $50

Malaysia Hotel
8 Jln. Kampong Nyabor, P. O. Box 13
Tel.: 084-332298
21 Zimmer, klimatisiert; von $35 bis $70

Premier Hotel
Jln. Kampong Nyabor, P. O. Box 1064
Tel.: 084-23222
120 Zimmer, alle Einrichtungen, jeder Service, Restaurants, Bars, Fitneßzentrum, Golfplatz, Diskothek, Nachtklub, Läden, Schönheitssalon, Reisebüro; von $80 bis $320

Rex Hotel
32 Jln. Cross, P. O. Box 1031
Tel.: 084-330625
30 Zimmer, klimatisiert; von $13 bis $48

Sarawak Hotel
34 Jln. Cross, P. O. Box 227
Tel.: 084-333045
24 Zimmer, klimatisiert; von $26 bis $77

• **Sematan**

Thomas Lai Bungalows
Bookings through Mrs Lai
Tel.: 082-45174
7 Bungalows, Küche, Badezimmer, Wohnzimmer; von $40 bis $100

• **Kapit**

Ark Hill Inn
Lot 451, Shop Lot 10, Jln. Flughafen, P. O. Box 161
Tel.: 084-796168
21 Zimmer, klimatisiert, Ausblick zum Fluß, Boote nach Belaga; von $35 bis $75

Hotel Maligai
34 Jln. Flughafen, P. O. Box 139
Tel.: 084-796611
41 Zimmer, klimatisiert, Restaurant, Bar, Laden, Reisebüro; von $32 bis $90

Kapit Rejang Hotel
28 Main Bazaar, P. O. Box 2
Tel.: 084-796709
26 Zimmer, klimatisiert, TV, heißes Wasser und Bad; von $24 bis $36

Long House Hotel
21 Berjaya Road, P. O. Box 5
Tel.: 084-796415
20 Zimmer von $15 bis $30

Methodist Guest House
Nähe *Blue church*, von $7 bis $12

• **Belaga**

Belaga Hotel
Belaga Bazaar
Tel.: 084-461244
4 Zimmer; von $15

Huan Kilah Lodging House
Belaga Bazaar
Tel.: 084-461259
12 Zimmer; von $15

Sing Song Hing Hotel
Belaga Bazaar
Tel.: 084-461257
6 Zimmer von $18 bis $27

• **Bintulu**

Aurora Beach Hotel
Jln. Tanjong Batu
Tel.: 086-31622
108 Zimmer, Nachtklub; von $125 bis $260

Kemena Lodging House
78 Keppel Road, P. O. Box 497
Tel.: 086-31533
12 Zimmer, klimatisiert; von $50 bis $60

Li Hua Hotel
2 1/2 Mile Miri-Bintulu Road, P. O. Box 191
Tel.: 086-35000
90 Zimmer, klimatisiert, Restaurant; von $80 bis $280

Sunlight Hotel
7 Jln. Pedada, P. O. Box 94
Tel.: 086-32681
36 Zimmer, klimatisiert; von $60 bis $90

• **Miri**

Fatimah Hotel
49 Jln. Brooke, P. O. Box 107
Tel.: 085-32255
54 Zimmer, klimatisiert, Eßzimmer; von $64 bis $225

Gloria Hotel
27 Jln. Brooke, P. O. Box 1283
Tel.: 085-36499
42 Zimmer, klimatisiert, TV, Telefon, Zimmerservice, Restaurant, Café, Läden, Schönheitssalon; von $86 bis $120

Thai Foh Lodging House
18 Jln. China
Zimmer von $16 bis $20

Thai Tong Lodging House
Jln. China
Zimmer von $5,50 bis $28

• **Marudi**

Alisan Hotel
63-65 Queen's Square,
P. O. Box 133
Tel.: 085-55911
34 Zimmer von $13 bis $37

Government Rest House
Einzelheiten im Distrikt-Büro in Marudi.

Hotel Zola
Lot 14-15 Queen's Square,
P. O. Box 371
Tel.: 085-55991
25 Zimmer, klimatisiert; von $60 bis $84

• **Bareo**

Bareo Long House
Zimmer ab $8

• **Sri Aman**

Alisan Hotel
4 Jln. Council
Tel.: 083-2578
Zimmer von $34 bis $50

Sum Sum Hotel
62 Club Road
Tel.: 083-2191
9 Zimmer von $20 bis $33

• **Limbang**

Bunga Raya Hotel
42-43 Main Bazaar,
P. O. Box 33
Tel.: 085-21181
15 Zimmer von $31 bis $53

National Inn
62A-69A Jln. Buang Siol,
P. O. Box 173
Tel.: 085-22922
34 Zimmer von $98 bis $198

South East Asia Hotel
27 Market Street,
P. O. Box 21
Tel.: 085-21013
10 Zimmer von $20 bis $35

• **Mukah**

Hoover Hotel
18 Lintang Road,
P. O. Box 24
Tel.: 084-871251
14 Zimmer von $20 bis $35

Hotel Sri Umpang
29 Jln. Lintang,
P. O. Box 10
Tel.: 084-871533
6 Zimmer von $30 bis $60

Sea View Hotel
1 Main Bazaar
Tel.: 084-871226
9 Zimmer von $30 bis $44

• **Sarikei**

Ambassador Hotel
54 Repok Road, P. O. Box 52
Tel.: 084-51264
38 Zimmer von $15 bis $74

Rajang Hotel
1 Jln. Berjaya
Tel.: 084-51096
17 Zimmer von $11 bis $26

• **Kota Semarahan**

Kee Yong Hotel
Kee Yong Arcade
Tel.: 082-73624
6 Zimmer von $20 bis $35

Kota Semarahan Serian Hotel
47B Serian Bazaar
Tel.: 082-874118
5 Zimmer von $15 bis $35

• **Lawas**

Country Park Hotel
Lot 235 & 236, Jln. Trusan, P. O. Box 99
Tel.: 085-85522
36 Zimmer von $75 bis $145

Lawas Federal Hotel
8 Jln. Masjid Bahru, P. O. Box 18
Tel.: 085-85115
9 Zimmer von $5 bis $40

• Bako National Park

Park Headquarters
Jln. Gartak, Nähe Jln. Mosque
Tel.: 085-246-6477
Bezahlung für Unterkunft in Kuching nur
am Platz. Busse zum Bako-Nationalpark
direkt am Büro.

Unterkunft

Gasthäuser: Betten 6, Küche, Veranda,
Badezimmer; ab $44
Herbergsräume: Räume mit 5 Betten, Bett-
zeug, Kochmöglichkeit; ab $1 pro Person.

Zeltunterkunft: 3 Betten, kein Bettzeug,
offene Feuerstelle zum Kochen; ab $1 pro
Person.
Eine Kantine verkauft Lebensmittel und einfache Mahlzeiten, ein Restaurant ist geplant.

• Niah National Park

Park Headquarters
Jln. Gartak Kuching
Tel.: 085-248988

Genehmigungen zur Besichtigung der Höhlenmalereien erteilt der Kustos des Sara-
wak-Museums, Kuching, oder das Besucherzentrum der Leitung des Pangkalan-
Lubang-Parks. Sie können aber auch in Miri
buchen: Forest Office (Pejabat Hutan), Tel.:
085-36637. Führer zu den Höhlen kosten
$30 pro Tag.

Unterkunft

Niah Visitor's Hostel: Schlafsäle, Kochmöglichkeit und Bettzeug wird gestellt,
Badezimmer, Elektrizität nur bis 22 Uhr; ab
$2,50. Lebensmittel im Laden gegenüber,
auf der anderen Seite des Flusses.

• Gunung Mulu National Park

National Parks Head Office
Jln. Gartak Kuching
Tel.: 085-246-6477/248988

Miri office
Tel.: 085-33361

Malang Sisters' Travel Agency Miri veranstaltet Touren, Tel.: 085-38141. Genehmigungen erhalten Sie in den Büros, $20 für
Unterkunft müssen hinterlegt werden, sofern Sie keine ganze Tour buchen.

Unterkunft

Schlafsäle, Kochmöglichkeit, kein Bettzeug.
Eine kleine Kantine verkauft Lebensmittel
in Dosen. Unterkunft $5 pro Person und
Nacht. Führer von $20 bis $30 pro Tag.

PACKLISTE

Rucksack (leicht und wasserdicht)
Zelt mit Fliegengitter
Zeltboden
Schnur/Seil (für Klettertouren)
Leintuchschlafsack/Leintuch
Schlafsack (für Klettertouren)
Kochtöpfe/Geschirr
Schweizer Messer o.ä.
Teller/Eßbesteck, Dosenöffner
parang (ortsübliches Messer)
Kompaß, Fernglas
Taschenlampe, Reservebatterien
Landkarte
Notizbuch, Kugelschreiber
Fotoapparat, Film
1-Liter-Wasserflasche (Minimum)
Kleidung zum Wechseln
Pullover
Plastikregenmantel
Sarong
Sandalen
Kopfbedeckung
Seife, Zahnbürste etc.
Insektenschutzmittel
Salztabletten
Verbandszeug
Flickzeug
Essen – Reis, Nudeln, Büchsen, Fertigsup-
pen, getrockneter Fisch, frisches Gemüse,
Süßigkeiten/Schokolade, Fett, Tee/Kaffee,
Milchpulver, Zucker, Haferflocken, Obst und
Nüsse.

ESSEN & TRINKEN

Malaysias Vielvölkergesellschaft verleiht dem Land eine derartige kulinarische Vielfalt, daß wirklich für jeden Gaumen etwas dabei ist. Dies beschränkt sich jedoch nicht allein auf den Geschmack, sondern umfaßt auch das Ambiente, in dem Sie die Speisen genießen können. Hier reicht die Palette von feudalen Restaurants mit Klimaanlage, piekfeiner Einrichtung und aufmerksamer Bedienung über chinesische Coffeeshops, malaiische *kedai makan* (Imbißstuben) und indische *roti canai* bis hin zu den Imbißständen (stalls) unter freiem Himmel, die man in jedem malaysischen Dorf und jeder Stadt findet.

Bei Ihrem Aufenthalt in Malaysia sollten Sie zumindest einmal an einem dieser Straßenstände essen, da dort einige der berühmtesten und schmackhaftesten Speisen zubereitet werden. Sehr oft werden Sie feststellen, daß die Standbesitzer genauso aufmerksam wie die Hotelkellner sind.

Die Küche der Malaysier, Chinesen und Inder erfreut sich der größten Beliebtheit. Auch thailändische Gerichte sind stark vertreten, insbesondere in den nordöstlichen Staaten Malaysias. Westliche Küche findet man inzwischen überall, und amerikanische Fast-Food-Läden entstehen selbst in den kleinsten Städten.

Die malaysischen Speisen sind für gewöhnlich reichhaltig und stark gewürzt, obwohl sie nicht so brennend scharf wie thailändische oder manche indische Gerichte sind. Zwar hat jeder Staat seine eigene Art der Zubereitung und typische Geschmacksrichtung, doch sind die Zutaten bei allen gleich. Weißer gedämpfter Reis (*nasi*) ist das Grundnahrungsmittel. Meeresfrüchte, Huhn und Fleisch (außer Schweinefleisch) werden verschiedenartig zubereitet. Kokosnüsse bilden die Grundlage für viele Gerichte: Deren „Milch" ist ein beliebtes Getränk, während das Fruchtfleisch oft für eine schmackhafte Sauce geraspelt und gepreßt wird. Das vielleicht bekannteste malaiische Gericht ist *satay* – zarte Fleischstreifen auf hölzernen Spießen, die über Holzkohle gegrillt und mit einer Erdnußsauce serviert werden. Je nach regionalem Rezept kann die Sauce süß oder scharf ausfallen. Zu *satay* reicht man traditionell in Scheiben geschnittene Zwiebeln, Gurken und *ketupat* (in Palmblättern gedämpfter Reiskuchen).

Nasi Padang ist ein malaiisches Gericht, das ursprünglich aus Padang in Sumatra kommt und im Ruf steht, extrem scharf zu sein, obwohl das nicht immer der Fall sein muß, wenn nämlich die einheimischen Köche der süßen Geschmacksrichtung den Vorzug geben. Sie können sich die Speisen an den Ständen ansehen und brauchen nur auf das zu zeigen, worauf Sie Appetit haben. Weitere schmackhafte Gerichte sind *tahu goreng* (gebratene Würfel aus Sojabohnenquark mit frischen Bohnensprossen), *gado gado* (ein Rohkostsalat mit einer würzigen Erdnußsauce), *laksa* (eine Art würziger Suppe aus dünnen Nudeln und Fischbrühe), *mee rebus* (gekochte Nudeln) und *mee siam* (thailändische Nudeln).

Neben den meist aus Sago und Kokosnuß gemachten Kuchen und Süßigkeiten gibt es das beliebte *gula melaka*, ein Desserttraum aus in Kokosmilch schwimmendem Sago, übergossen mit Palmsirup.

Chinesische Küche ist in Malaysia allgegenwärtig und hat viele malaiische Gerichte beeinflußt. So kochen die Malaien Nudeln, und die Chinesen verwenden Chili – es ist eine Art Austausch, mit Ausnahme des für Moslems verbotenen Schweinefleischs, das bei den Chinesen so beliebt ist. *Hainanese Chicken Rice* (in Hühnerbrühe gekochter Reis mit gedünstetem Huhn und Chili – letzteres nach Wahl) ist ein gutes Mittagessen. Weitere Gerichte sind *Hakka yong tau foo* (Bohnenquark mit Fleisch), *Hokkien fried mee* (gebratene Nudeln mit Fleischstückchen und Meeresfrüchten) und chinesischer *laksa*, der sich von der malaiischen Version unterscheidet. *Teochew* Reisbrei sollten Sie auch versuchen: dieser oft als *congee* bezeichnete Brei wird mit zahlreichen Nebengerichten aus Fleisch und Gemüse serviert. *Nonya* vereint malaiische und chinesische Küche, kennt viele Leckerbissen und ist in der Regel süßer als die chinesische Küche.

Kennzeichnend für die indische Küche ist die umfassende und großzügige Verwendung von Gewürzen, die nicht alle scharf sind. Dazu zählen Kardamom, Nelken, Anis und Zimt sowie der schärfere Chili, Curry, Kümmel und Curcuma. Viele behaupten, daß das indische Essen in Malaysia besser sei als in Indien. Drei traditionelle indische Küchen sind hier vertreten: die nordindische Küche mit ihren reichhaltigen, cremigen Saucen und dem *tandoor*-Ofen; die moslemische indische Küche, die würzige Speisen wie *rojak* (eine Zusammenstellung von Ei, Tintenfisch, Kartoffeln und Garnelen mit einer süßscharfen Sauce) serviert, und die südindische hinduistische Küche, die oft rein vegetarisch ist. Bananenblätter-Curry und Fischkopf-Curry sind zwei der beliebtesten indischen Gerichte. Indisches Brot mit einer würzigen Sauce bildet ein ausgezeichnetes Frühstück. *Roti canai* (ein ungesäuertes, in der Bratpfanne gebackenes Brot, mit oder ohne Ei) ist am gängigsten. Des weiteren gibt es *naan* und *chapati*.

FRÜCHTE DES LANDES

Malaysia ist ein wahrer Garten Eden, in dem es das ganze Jahr über Früchte in Hülle und Fülle gibt. Neben den gewöhnlichen tropischen Früchten – goldgelbe Ananas, rosige Papayas und unzählige Arten von Bananen – findet man eine Unmenge anderer exotischer Früchte, die Sie wahrscheinlich noch nie gesehen haben. Da viele saisongebunden sind, müssen Sie herausfinden, was gerade „in" ist. Mit Sicherheit werden Sie darunter Ihre Lieblingsfrucht entdecken, der Sie noch lange nachtrauern werden, wenn Sie die malaysischen Gefilde wieder verlassen haben werden.

Durian ist die Königin der Früchte Südostasiens. Diese sehr süße Frucht mit puddingähnlicher Konsistenz läßt einen Hauch von Zwiebelgeschmack erkennen. Man muß sie probiert haben!

Jambu Batu wird auch *guava* genannt. Sowohl die grüne Haut als auch das apfelähnliche Fruchtfleisch sind eßbar.

Rambutans haben eine wunderbare, haarige, rotgefärbte Haut. Das Fleisch erinnert an Lychees und ist sehr erfrischend.

*Mango*s gibt es länglich oder rund mit gelbem oder weißem Fruchtfleisch.

Mangosteen ist dunkelrot und wirkt rein äußerlich irgendwie abstoßend. (Sie hat nichts mit Mango zu tun.) Aber wenn Sie die Frucht in der Hand drücken, eröffnet Sie Ihnen ihr weißes, saftiges, herrlich süßes Innenleben. Eine ausgezeichnete Erfrischung für unterwegs. *Mangosteens* reifen zur selben Zeit wie *durians* und werden traditionell zusammen gegessen. Die Chinesen glauben, daß die „Hitze" der *durian* durch die „Kühle" der *mangosteen* ausgeglichen wird. Vorsicht, der rote Saft erzeugt Flecken auf den Kleidern!

Nangka oder *jackfruit* ist eine große grünbraune Frucht mit saftigem und doch festem Fleisch. *Chempedak* ist eine kleinere, süßere Version. *Jackfruit* und *chempedak* werden häufig tiefgefroren – ein köstlicher Snack, sogar die nußartigen Kerne sind genießbar.

Die gelbglänzende *Starfruit* ist ein guter Durstlöscher. Sie wird quer in sternförmige Scheiben geschnitten und gesalzen, bevor man sie ißt.

Pomelo sieht aus und schmeckt auch wie eine süße, überreife und irgendwie trockene Grapefruit.

Buah Duku. Um eine *duku* zu öffnen, drücken Sie sie oben sanft zusammen. Das Fleisch ist süß und erinnert an *rambutans*, nur eine Spur säuerlicher.

Buah Susu heißt wörtlich übersetzt „Milchfrucht", die Frucht ist jedoch besser bekannt als Passionsfrucht. Es gibt viele verschiedene Sorten, die alle gleich lecker schmecken. Sie ist schrumpelig und orangefarben in Indonesien, dunkelrot in Australien, Neuseeland und Kalifornien – doch hier hat sie eine weiche, samtig gelbe Haut. Die grünen Kerne sind süß und saftig.

Buah Durian Blanda (wörtlich niederländische *durian*) oder *soursop* sieht aus wie eine kleinere *durian* ohne den typischen Duft oder die Stacheln. Das weiche, cremig zarte Fleisch ist nur sehr leicht säuerlich.

RESTAURANTS

Die nachfolgende Restaurantliste soll Ihnen nur zu einem ersten Einstieg in Ihre kulinarische Reise durch Malaysia verhelfen. Hotelrestaurants wurden generell nicht aufgeführt, da die meisten großen Hotels chinesische und westliche Küche haben. Versuchen Sie Ihr Glück ruhig auch anderswo – es erwarten Sie wahre Köstlichkeiten. Vergessen Sie auch nicht die einheimischen

Imbißstände, wo Sie malaiische, chinesische und indische Speisen während einer einzigen Mahlzeit genießen können.

KUALA LUMPUR

Malaiisch

Indahku
3. Stock Kuwasa Bldg.
Tel.: 03-293-2572

Kampong Restaurant
Jln. Pinang
Tel.: 03-243-7113

Kenanga Seafood Restaurant
1. Stock Medan MARA,
Jln. Raja Laut
Tel.: 03-293-3790

Nasi Padang
Jln. Bukit Bintang, 56 Jln. Sultan Ismail

Nelayan Titiwangsa
1. Stock Podium Block, Dayabumi
Tel.: 03-274-7496

The Pines
297 Jln. Tun Sambanthan
Tel.: 03-248-1066
(Reihe von Restaurants, die malaiisches und chinesisches Essen servieren)

Satay Ria
9 Jln. Tunku Abdul Rahman
Tel.: 03-291-1648;

Filialen:
90 Jln. Bukit Bintang
Tel.: 03-243-2090;
11 Jln. Medan Tunku Satu
Tel.: 03-291-2805;
130 Bangunan Baitulmal,
Jln. Ipoh
Tel.: 03-291-7806

Yazmin Restaurant
2. Stock Ampang Park Shopping Complex
Tel.: 03-261-7377

Yusoof Restaurant
G8 Central Market
Tel.: 03-274-6425

Chinesisch

Choi Yuen Restuarant
F-082 Sungei Wang Plaza
Tel.: 03-242-5638

Futt Yow Yuen Vegetarian Restaurant
48A City Tower, Jln. Alor
Tel.: 03-238-0491

Happy Valley Seafood und Shark's Fin Restaurant
Menara Promet, Jln. Sultan Ismail
Tel.: 03-241-1264

Lee's Curry Noodle House
130 Jln. Imbi
Tel.: 03-248-3118

Lee Wong Kee Restaurant
239 Jln. Tunku Abdul Rahman
Tel.: 03-291-2606

Mak Yee Restaurant
3. Stock Wisma Shaw,
32 Jln. Sultan Ismail
Tel.: 03-248-2404/248-6036

Neptune Restaurant
Wilayah Shopping Centre
Tel.: 03-291-5780

Overseas Chinese Restaurant
G2 Central Market
Tel.: 03-274-6406

Restoran Teochew
272 Jln. Changkat Thambi Dollah,
Seitenstr. von Jln. Pudu
Tel.: 03-241-6572

Seng Kee Restaurant
100 Jln. Petaling

Szechuan Restaurant
42-3 Jln. Sultan Ismail
Tel.: 03-248-2806

Tai Thong Restaurant
51 Jln. Barat,Seitenstraße von Jln. Imbi
Tel.: 03-248-8621

Yow Kee Restaurant
56 Jln. Silang
Tel.: 03-238-6672

Yoke Woo Thin Restaurant
Jln. Petaling
(ältestes chinesisches Restaurant von KL)

Indisch

Ala'din Restaurant (nordindisch)
Wilayah Complex
Tel.: 03-292-6805

Bangles Restoran (nordindisch)
60 Jln. Tunku Abdul Rahman
Tel.: 03-298-3780

Bilal Restaurant (indisch-moslemisch)
33 Jln. Ampang
Tel.: 03-238-0804;
37 Jln. Tunku Abdul Rahman
Tel.: 03-292-8948

Devi Annapoorna (vegetarisch)
Lorong Maarof, Bangsar

Devi's Restaurant
27 Jln. Travers,
Seitenstraße von Jln. Sambanthan
(Essen von Bananenblättern)

Kassim Restaurant (*Biriyani*-Reis)
53 Jln. Tunku Abdul Rahman
Tel.: 03-291-1016

Lakshmi Vilas (vegetarisch)
57 Leboh Ampang
Tel.: 03-283-5233

Moghul Mahal Restaurant (nordindisch)
8 Lorong Bunus,
6 Jln. Masjid India
Tel.: 03-293-3402

Japanisch

Daikoku
G12 Kompleks Antarabangsa
Tel.: 03-242-4750

Fima Rantei Japanese Restaurant
260 Jln. Raja Chula
Tel.: 03-243-4608

Irrori Japanese Restaurant
Tower Erdgeschoß,
Bukit Bintang Plaza
Tel.: 03-242-6009

Shiruhachi Japanese Restaurant
77 Jln. Bukit Bintang, Tel.: 03-241-2311

Koreanisch

Han Kang Korean Restaurant
Medan Imbi, Seitenstraße Jln. Imbi
Tel.: 03-243-0260

Thailändisch

Sri Siam Restoran
14 Jln. Utara, Seitenstraße von Imbi
Tel.: 03-241-3007

Westlich

Bacchus (französisch)
Basement Bangunan Safuan
Tel.: 03-291-5898

Castell Pub und Grill (Steaks)
81 Jln. Bukit Bintang
Tel.: 03-242-8328

Cock und Bull Steak House
50 Jln. Bulan, Seitenstraße von Jln. Bukit Bintang
Tel.: 03-248-7407

Le Coq d'Or (gemischt)
121 Jln. Ampang (im Bok House, eine stattliche alte Burg)
Tel.: 03-242-9732

SELANGOR

Bangles Restoran (nordindisch)
40 Jln. 52/18, Petaling Jaya
Tel.: 03-756-9183

Black Forest Restaurant (deutsch)
Jln. 21/19, PJ
Tel.: 03-776-7150

Sri Melaka (Nonya, Thai, chinesisch & westlich)
7 Jln. 52/8 Merdeka Square, PJ
Tel.: 03-756-9011

NEGRI SEMBILAN

ABC Restaurant (malaiisch)
4F Jln. Hang Tuah, Seremban
Tel.: 06-723335

Bilal Restaurant (indisch-moslemisch)
100 Jln. Birch, Seremban
Tel.: 06-712251

Condong Sayang (chinesisch/westlich)
54 Jln. Laksamana, Seremban
Tel.: 06-725204

New Hong Kong Restaurant (chinesisch)
96 Jln. Temiang, Seremban
Tel.: 06-712305

PENANG

Dragon Gate Seafood Restaurant
(chinesisch)
562 Tg. Bungah
Tel.: 04-894945

Kashmir Restaurant (nordindisch)
Basement Oriental Hotel

Pearl Garden Restaurant (chinesisch)
13 Jln. MacAlister
Tel.: 04-368774

Selamat Restaurant (malaiisch)
85 Bishop St., Tel.: 04-261031

PERAK

Blue Diamond Restaurant (chinesisch,
malaiisch & westlich)
King's Hotel, 91 Jln. Tambun, Ipoh
Tel.: 05-513211

Fung Lum Restaurant (chinesisch)
Jln. Sultan Idris Shah, Ipoh
Tel.: 05-510306

KEDAH

Restoran Selera (malaiisch)
64 Jln. Teluk Wanjah, Alor Setar
Tel.: 04-726738

PERLIS

Chahaya Bintang Restoran (malaiisch)
314 Jln. Mutiara, Kangar
Tel.: 04-752250

Maamor Restoran (malaiisch)
38 Jln. Penjara, Kangar
Tel.: 04-755150

KELANTAN

Budaya Restaurant
(malaiisch & thailändisch)
367 Jln. Temenggong,
Kota Bharu
Tel.: 09-721185

Lak Kau Hok Restaurant (chinesisch)
2959 Jln. Kebun Sultan,
Kota Bharu
Tel.: 09-723762

Puspa Restaurant
(malaiisch, westlich & chinesisch)
Hotel Kesina Baru,
Jln. Padang Garong,
Kota Bharu
Tel.: 09-721455

TERENGGANU

Intan Mastura (malaiisch, westlich &
chinesisch)
19C Jln. Tok Lam,
Kuala Terengganu
Tel.: 09-622259

Kedai Kopi Cheng Cheng (chinesisch)
224 Jln. Bandar, Kuala Terengganu

Taufik Restoran (malaiisch & indisch)
18C Jln. Mesjid, Kuala Terengganu
Tel.: 09-622501

PAHANG

Apollo Restaurant (chinesisch, westlich)
23 Telok Chempedak, Kuantan
Tel.: 09-524452

Restaurant Tiki (malaiisch, westlich)
9 Jln. Haji Abdul Aziz, Kuantan
Tel.: 09-522272

Zam Zam Restaurant
(indisch-moslemisch)
B-1658 Jln. Beserah, Kuantan
Tel.: 09-520360

JOHORE

Delima Restaurant (malaiisch)
1. Stock Bangunan MARA, Jln. Segget,
JB

Eastern Palace Restaurant (chinesisch)
2. Stock Wisma Abad Century Garden, JB
Tel.: 07-335823

The Wagonner (westlich)
1. Stock Tun Abdul Razak Complex, JB
Tel.: 07-324282

SABAH

Gardenia (westlich)
55 Jln. Gaya, Kota Kinabalu
Tel.: 088-52307

Kuala Lumpur Restaurant (chinesisch)
Jln. Tiga, Sandakan
Tel.: 089-4309

Rama Restoran (indonesisch)
No. 3 (1. Stock) Jln. Tugu, Kota Kinabalu
Tel.: 088-51463

Sri Kayangan (malaiisch)
Dreh-Restaurant im Gebäude der Sabah
Foundation, Lakes Bay, Kota Kinabalu

SARAWAK

Anika Restaurant (chinesisch)
27 Hock Peng Complex, Bintulu
Tel.: 086-31391

Hock Chii Lew Restaurant
(chinesisch & westlich)
38 Blacksmith Road, Sibu
Tel.: 084-21254

Kah Hing Restaurant (chinesisch)
29 Brooke Road, Miri, Tel.: 085-31322

Kinto Restaurant (chinesisch)
28 Law Gek Soon Road, Bintulu
Tel.: 086-31016

Malaya Restaurant (indisch-moslemisch)
Jln. India, Kuching

Metropol Restaurant (indisch-moslemisch)
20 Pulo Road, Sibu
Tel.: 084-24189

Permata Food Centre
Jln. Padungan, Kuching
(Imbißstuben, chinesisch, malaiisch, indisch,
westlich, indonesisch & philippinisch)

Roda Restaurant (moslemisch)
7A Jln. Merbau, Miri
Tel.: 085-31814

Ruby Cafe (chinesisch)
Jln. Green Hill, Kuching

GETRÄNKE

Alkohol ist in Malaysia im allgemeinen sehr teuer. Ein Glas Wein kann genauso viel kosten wie ein Schluck Brandy, und in der tropischen Hitze ist der gute Geschmack nicht immer gewährleistet. Den Moslems ist Alkohol verboten – wenn Sie also unbedingt diesem Laster frönen wollen, halten Sie sich an Hotels und chinesische Spirituosenläden. In letzteren steht eine faszinierende Auswahl an bekannten und exotischen Flaschen in den Regalen. Tiger- und Anchor-Bier sowie Guinness Stout sind am beliebtesten und billigsten.

In der schwül-feuchten Atmosphäre der Tropen weitaus erfrischender sind jedoch Fruchtsäfte, die an kleinen Ständen und auf Nachtmärkten verkauft werden. Suchen Sie sich Ihre Mischung aus: Ananas und Orange, Starfruit und Wassermelone. Wenn Sie den Saft lieber ungesüßt mögen, bitten Sie darum, den Zuckersirup wegzulassen; in Kelantan hingegen wird oft Salz beigefügt, was vielleicht nicht unbedingt Ihrem Geschmack entspricht – verlangen Sie also Früchte und Säfte pur. An kleinen Ständen werden häufig eine Vielzahl sehr süßer Kokos- und Soyabohnendrinks in grellen Farben feilgeboten. Junge Kokosnüsse haben eine erfrischende Milch, die Sie mit Eis und einem Strohhalm direkt aus der Nuß trinken können. Mineralwasser wird in Gemischtwarenläden und Supermärkten verkauft.

KULTURELLES

MUSEEN

Malaysia besitzt eine Unmenge von Museen. Das faszinierendste und bekannteste ist das **Sarawak Museum** in Kuching. Es wurde 1888 vom zweiten weißen Rajah, Sir Charles Brooke, und dem großen Evolutionsanhänger Alfred Russell Wallace gegründet. Ihrem Weitblick verdanken wir die schönste Sammlung von Kunstgegenständen Borneos, die jährlich über 10 000 Menschen anzieht.

Andere sehenswerte Museen sind das **Musium Negara** (**National Museum**) in Kuala Lumpur mit seinen lebensgroßen Darstellungen des Hof- und *kampong*-Lebens, das **Malacca Museum**, das vollgestopft ist mit Menangkabau-Schätzen und Erinnerungen an die Kolonialzeit, und das **Perak State Museum** in Taiping. Alle Museen Malaysias werden ausführlich im entsprechenden Kapitel behandelt. Die meisten Museen sind täglich von 9 bis 18 Uhr geöffnet, nur freitags sind sie von 12 bis 14.30 geschlossen. Der Eintritt ist frei. Die Erlaubnis, nicht ausgestellte Magazinbestände zu sehen, können Sie sich beim Kustos des betreffenden Museums holen.

GALERIEN

Die Gemälde in den malaysischen Kunstgalerien spiegeln das Wesen der traditionellen Lebensart und die modernen Konflikte wider. Man kann aus ihnen schließen, wie die jungen malaysischen Künstler die Zukunft sehen. Die aktuellen Ausstellungen sind stets einen Besuch wert. Batikmalerei ist sehr beliebt, da sich hier eine alte Kunst mit modernen Szenen verbinden läßt, wie etwa die Darstellung eines jungen Mannes und seiner Freundin auf einem Motorrad. Aber auch andere Ausdrucksmittel sind weit verbreitet: von *kampong*-Szenen in Aqua-rell über abstrakte Ölgemälde bis hin zu *Performance Art*.

Neben den großen staatlichen Kunstgalerien gibt es viele kleine Galerien in Städten und Künstlerdörfern, indenen Sie bei einem Künstler selbst ein Gemälde erstehen können.

KINO

Subtiles Theater hält sich meist nicht lange auf den Bühnen. Die meisten Asiaten kaufen Karten für laute, wilde Unterhaltung, je mehr *Action* desto besser. Am beliebtesten sind blutige Faustkämpfe, Massenmord, Rauschgiftschmuggel, Opiumrauchen, Prostitution und Verfolgungsjagden. Die Leute strömen in Scharen herbei, um die „Guten" – in Gestalt von Schwertkämpfern, Kriegshelden, Bandenführern, hartnäckigen Detektiven und scharfschießenden Cowboys – am Ende gewinnen zu sehen.

Das asiatische Kino ist ungeheuer explosiv und voller Gewalt. Vampire und Dinosaurier flimmern fast jede Woche kreischend über die Leinwand. Natürlich gibt es auch sanftere Filme über junge Liebe und Familienkomödien. Die beliebten indonesischen Filme handeln oft von mythologischen Gestalten, die den Kampf des Guten gegen das Böse aufnehmen.

Diese Art von Kino werden Sie unweigerlich kennenlernen, wenn Sie in einen Langstreckenbus steigen. Dort hängt das Videogerät an der Decke und versucht mit voller Lautstärke, den Fahrgästen die Langeweile zu vertreiben. Amerikanische Verfolgungsjagden und *Kung-Fu*-Kämpfe wirken neben der vorbeifliegenden Landschaft absolut fehl am Platze.

VERANSTALTUNGEN

Vorführungen von *Wayang Kulit*, *Mak Yong*, *Menora* und *Ronggeng* findet man am ehesten an der Ostküste der Halbinsel – oder bei festlichen Anlässen. Genaue Auskünfte über diese Tänze und Veranstaltungen finden Sie gewöhnlich im Veranstaltungskalender (*Calendar of Events*), der vom Fremdenverkehrsamt (TDC) herausgegeben wird und in dessen Büros erhältlich ist. In abgelegeneren Gegenden gibt Ihnen meist ein freundlicher Einheimischer gerne Auskunft darüber, ob in der Umgebung etwas los ist.

NACHTLEBEN

PUBS & DISKOS

All That Jazz
14 Jln. 19/36, Petaling Jaya
Tel.: 03-755-3152
Live-Jazz.

Bier Keller
24 Jln. 14/14, PJ
Tel.: 03-756-0444
Gesang und Keyboard.

Booze N Ooze Pub & Lounge
50 Jln. SS21/39,
Damansara Utama, PJ
Jeden Abend Orgel, außer Sonntag.

Bottoms Up Pub
SS5B/6, PJ
Tel.: 03-775-6940
Täglich von 16 Uhr bis Mitternacht.

Centrepoint Pub & Restaurant
11 SS2/30, PJ
Tel.: 03-775-6790
Sehr scharfes Nonya-Essen.

Chequers Pub & Grill
Jln. Kosah, Medan Damansara,
Kuala Lumpur
Weinbar öffnet um 17 Uhr.
Live-Band jede Nacht, westliche und
Countrymusik, Schlager.
Sonntags geschlossen.

Club Fukiko
Menara Promet, KL
Tel.: 03-241-7825
Exklusiver Klub mit Hostessen, täglich 20
Uhr bis 1 Uhr.

Copper Grill
Menara Promet, KL
Tel.: 03-241-7790.

Live-Unterhaltung von 20.30 bis 12.30 Uhr;
(samstags bis 1.30 Uhr); Spezialitäten des
Landes von 11 - 14 Uhr.

Country Inn Jazz Restoran & Pub
Bangunan MCOBA,
Jln. Syed Putra, KL
Tel.: 03-274-2501
Lieblingstreffpunkt der Vereinigung malay-
sischer Musiker.

El Rodrigo
Damansara Jaya, PJ
Tel.: 03-718-8426
Live-Unterhaltung von 21 - 1 Uhr, täglich
außer Sonntag.

Four Aces Pub & Grill
10 Jln. SS6/3, PJ
Tel.: 03-703-0063
Unterhaltung von 21 Uhr bis Mitternacht.

Hard Rock Cafe
Taman Tun Dr Ismail, KL
Live-Unterhaltung;
21.30 - 1 Uhr.

Hilton Petaling Jaya
Jln. Barat, PJ
Tel.: 03-755-3533
„Anggerik Lounge": Live-Band.

Holiday Inn City Centre
Jln. Pinang, KL
Tel.: 03-248-1066
„Rama Rama Lounge", Cocktail-Bar mit
Live-Musik von 20 Uhr bis Mitternacht.

Holiday Inn on the Park
Jln. Raja Laut, KL
Tel.: 03-293-9233
„Kapitan Lobby Bar": 20 Uhr bis Mitter-
nacht.

Hollywood East
Ampang Park Rooftop
Tel.: 03-261-5130
Eine der größten Diskotheken der Welt.

Honky Tonk Saloon
11 SS21/1A,
Damansara Utama, PJ
Tel.: 03-703-0718
Unterhaltung von 21.30 Uhr bis Mitternacht;
täglich außer Montag.

Hot Beauty Lounge
SS2/24, PJ
Tel.: 03-775-0520
Täglich Live-Unterhaltung.

Hotel Dayang
Off Jln. Barat, PJ
Tel.: 03-755-5155
„Cafe Desa" bietet Mittagessen vom Buffet.
„My Appointment" Disko-Lounge: 20 bis 2
Uhr.

House of Ma-Ku-Teh
10 Jln. Yong Shook Lin, PJ
Nord- und südindische Küche, „clay pot
chicken", *ma-ku-teh*, Huhn- oder Fisch-*tika*
und Knochenmark à la Mysore. Von 17 bis
23.30 Uhr Sonderpreise.

Kafe Rendezvous
1. Stock, Wilayah Shopping Complex, KL
Tel.: 03-291-0232
Live-Unterhaltung täglich.

Kuala Lumpur Hilton
Jln. Sultan Ismail, KL
Tel.: 03-242-2222/2122
Club Bar; Englischer Pub. Brettspiele und
Bar. Geöffnet von 12 bis ein Uhr nachts.
„Aviary Lobby Bar": geöffnet ab 11 Uhr,
Live-Unterhaltung. „Tin Mine Discotheque";
Nächte mit wechselnden Themen und Shows.

Kuala Lumpur International Hotel
Jln. Raja Muda, KL
Tel.: 03-292-9133
„La Rosette Coffee House" serviert malai-
isches Mittagessen vom Buffet und chine-
sische Küche.

Kuala Lumpur Station Hotel
Jln. Sultan Hishamuddin, KL
Tel.: 03-274-7885
Westliche Küche. Abendessen täglich 18 bis
22 Uhr. Pub geöffnet bis Mitternacht.

Longhorn
1 Jln. SS21/1A, Damansara Utama, PJ
Tel.: 03-719-9508
Jede Nacht Musik, ab 21 Uhr

Manhattan Jazz Bistro
Mezzanine Floor, Hotel Fortuna,
50200 KL
Tel.: 03-241-9111

Merlin Kuala Lumpur
Coffeehouse rund um die Uhr geöffnet, ab
10 Uhr abends musikalische Unterhaltung
(Sänger und Klavier).

Midway Grill & Lounge
Jln. Setiapuspa, Medan Damansara, KL
Tel.: 03-255-5861
Westliche Küche von 12 Uhr bis Mitter-
nacht.

Ming Court Hotel
Jln. Ampang, KL
Tel.: 03-261-8888
„Kencana Lounge": geöffnet von 22 - 1 Uhr
(in der Woche) und bis 2 Uhr an Samstagen
und vor Feiertagen.
„Cafe Boulevard": im französischen Stil,
westliches und lokales Essen täglich von 11
- 23 Uhr. „Ming Palace": chinesisches Restaurant, geöffnet von 12 - 15 Uhr und 17 - 23
Uhr.

New Cabana Pub & Lounge
Jln. Brickfields, KL
Tel.: 03-274-9332
Täglich Gesang von 13 Uhr bis Mitternacht.

New Fujiya Cocktail Lounge
Jln. Burhanuddin Helmi,
Taman Tun Dr Ismail, KL
Tel.: 03-718-9334
Westliche Küche. Gesang und Keyboard
täglich.

New Moon Raker
Jln. Telawi, Bangsar Baru, KL
Tel.: 03-254-0509
Live-Show von 21.30 - 2 Uhr.

Ono Supper Club
4. Stock, Wisma Selangor Dredging, KL
Von 20 Uhr bis 2 Uhr. Karaoke, Hostessen,
Live-Musik.

Olivia Steakhouse
61/2km, Jln. Ampang, KL
Tel.: 03-456-7766
Live-Unterhaltung täglich ab 20.30 Uhr.

Paddy's Pub & Restaurant
26 Pesiaran Ampang, KL
Tel.: 03-456-3883
Live-Unterhaltung: 20.30 Uhr bis Mitternacht.

Pan Pacific Hotel
Jln. Putra, KL
Tel.: 03-442-5555
„Selera Terrace" serviert authentischen *nasi kandar* im nördlichen Stil.
Das „Selera Coffee House" und das Restaurant haben schweizerische Küche.
Das „Hai Tien Lo Chinese Restaurant" hat u. a. *dim sum*-Menüs. Das japanische Restaurant Keyaki führt *jingiskan*, eine Spezialität aus Hokkaido.

Pertama Cabaret Niteclub
Pertama Complex, KL
Tel.: 03-298-2533
Unterhaltung durch Starlets aus Hong Kong und Taiwan.

Pink Coconut Discotheque
Hotel Malaya,
Jln. Hang Lekir, KL
Tel.: 03-238-7655
Disko geöffnet ab 20 Uhr.

Plaza Hotel
Jln. Raja Laut, KL
Tel.: 03-298-2255
Ein Keyboarder und ein Sänger unterhalten jede Nacht in der Pipers Bar Lounge mit populären Schlagern und Country-Musik. Täglich geöffnet von 17 Uhr bis ein Uhr nachts.

Prince Kuala Lumpur
Jln. Imbi, KL
Tel.: 03-243-8388
Klavierspieler in der Rajah-Lounge von 17 Uhr bis Mitternacht, Montag bis Samstag. Jeden Sonntag und an Feiertagen Grill am Pool.

Pub Wagon Wheel
Jln. Tun Mohd. Fuad 1,
Taman Tun Dr Ismail, KL
Tel.: 03-718-2004
Westlich, musikalische Unterhaltung von Montag bis Samstag. Mittagessen, 12 bis 14.30; Abendessen, 19 bis 22 Uhr.

Regent Kuala Lumpur
Jln. Sultan Ismail, KL
Tel.: 03-242-5588
Live-Musik in der Garten-Lounge. Montag bis Samstag: 17 Uhr bis ein Uhr nachts. Im Regent Club spielt eine Band live.

Shangri-La Hotel
Jln. Sultan Ismail, KL
Tel.: 03-232-2388
Live-Unterhaltung in der Lobby von 20 Uhr bis ein Uhr nachts; an Samstagen und vor Feiertagen bis zwei Uhr nachts.

Sapphire Discotheque
3. Stock, Yow Chuan Plaza, KL
Tel.: 03-243-0043
Live-Musik mit Lasershow.

Seventh Avenue
2. Stock, Annexe Block,
Menara Apera-ULG, Jln. Raja Chulan, KL
Tel.: 03-261-1041.

Stargazer Penthouse Discotheque
20. & 21. Stock (Penthouse),
Semua House, Lorong Bunus 6, KL
Tel.: 03-293-1577.

Tattlers Grill und Lounge
6 Jln. Telawi Lima, Bangsar, KL
Tel.: 03-254-4117
Gesang von 21.30 Uhr bis Mitternacht.

Traffic Lights
42 & 44, Jln. Sultan Ismail, KL
Tel.: 03-248-1282
Geöffnet: Täglich ab 21 Uhr. Formlos.

Yuyi Grill & Lounge
Loke Yew Building, KL
Tel.: 03-298-0206
Geöffnet: Täglich ab 18 Uhr bis Mitternacht.

EINKAUFEN

KAUFHÄUSER

Angel
Ampang Shopping Centre, KL,
Tel.: 03-261-1544

Batu Road Supermarket
453 Jln. Tunku Abdul Rahman, KL,
Tel.: 03-298-0539

Calan
Plaza Yow Chuan, KL,
Tel.: 03-248-3659

Chotirmall
131 Jln. Tunku Abdul Rahman, KL,
Tel.: 03-292-8228

Dyalchands
63 Jln. Tunku Abdul Rahman, KL,
Tel.: 03-292-7033

**Fajar Departmental Store
& Supermarkets**
51 Jln. SS21/37, Damansara Utama, PJ,
Tel.: 03-719-1123

Hankyu Jaya Shopping Centre
452 Jln. Tunku Abdul Rahman, KL,
Tel.: 03-442-4866

Lin Ho
15 Jln. Hang Lekir, KL, Tel.: 03-238-0261

Malaysia Emporium
38 Jln. Tunku Abdul Rahman, KL,
Tel.: 03-298-3850

Metrojaya
Bukit Bintang Plaza, KL, Tel.: 03-242-3277

Mun Loong
113 Jln. Tunku Abdul Rahman, KL,
Tel.: 03-298-7688

St. Michael
9 Jln. SS24/11, PJ, Tel.: 03-774-1377

Tang Ling Shopping Centre
187 Jln. Tunku Abdul Rahman, KL,
Tel.: 03-292-9885

EINKAUFSZENTREN

Ampang Park Shopping Centre
Jln. Ampang, Tel.: 03-261-4311

Bukit Bintang Plaza
Jln. Bukit Bintang, Tel.: 03-248-7653

Campbell Shopping Complex
Jln. Dang Wangi, Tel.: 03-292-8590

Central Market
Jln. Hang Kasturi, Tel.: 03-274-6542

Chinatown
Jln. Petaling

Dayabumi
Jln. Sultan Hishamuddin,
Tel.: 03-274-8899

Goldsmiths Row
Along Lebuh Pudu und Jln. Bandar

Imbi Plaza
Jln. Imbi, Tel.: 03-242-3506

Indian Shopping Area
Jln. Masjid India und Jln. Melayu

Kota Raya Complex
Jln. Tun Cheng Lock, Tel.: 03-232-2562

Kuala Lumpur Plaza
Jln. Bukit Bintang, Tel.: 03-241-7288

The Mall
Jln. Putra, Tel.: 03-442-7122

Pertama Complex
Jln. Tunku Abdul Rahman,
Tel.: 03-292-7457

Sungei Wang Plaza
Jln. Sultan Ismail, Tel.: 03-243-0311

Wilayah Centre
Jln. Dang Wangi, Tel.: 03-291-5534

Plaza Yow Chuan
Jln. Tun Razak, Tel.: 03-242-1566

ANTIQUITÄTEN

Ahmad Curios Art & Handicrafts
Pasar Minggu Kampong Baru, KL,
Tel.: 03-298-4258

Asia Arts & Crafts
Kuala Lumpur Hilton, KL,
Tel.: 03-242-3631

Celadon
18 Jln. Utara, KL, Tel.: 03-242-1038

Chin Li Fine Arts & Furniture
13 Jln. Tun Mohd. Fuad 3, KL,
Tel.: 03-718-1000

Eastern Stamps, Coins & Antiques
Sungei Wang Plaza, KL, Tel.: 03-243-5418

H Raby Antiques
16 Pinggiran Ukay, KL, Tel.: 03-457-3698

KL Goh Crafts
137 Jln. SS2/24, PJ, Tel.: 03-774-3650

Kashmir Arts Pro Sharma
174 Jln. Tunku Abdul Rahman, KL,
Tel.: 03-292-1019

King's Art
Hotel Regent, KL, Tel.: 03-242-4554

Man Art Gallery
Kuala Lumpur Hilton, KL,
Tel.: 03-243-1724

Peiping Lace
223 Jln. Tunku Abdul Rahman, KL,
Tel.: 03-298-3184

Peking Art Co.
Sungei Wang Plaza, KL, Tel.: 03-248-7781

Peking Crafts & Furniture
61 Jln. SS2/64, PJ, Tel.: 03-776-1350

Shang Antiquities
Wisma Stephens, KL, Tel.: 03-248-2935

Warisan Syarikat (Heritage)
Jaya Supermarket, PJ, Tel.: 03-755-3942

KAMERAS & FILME

Bee Loh Photo Supplies
85 Jln. Bukit Bintang, KL,
Tel.: 03-241-3641;
58 Jln. Pudu, KL,
Tel.: 03-238-9849

Eresindo Jaya Trading Co.
21 Jln. SS2/67, PJ, Tel.: 03-776-2928

Foto Jaya
Jaya Supermarket, PJ, Tel.: 03-757-3014

Fotokem Sdn. Bhd.
Sungei Wang Plaza, KL, Tel.: 03-248-7240

Foto Shangri-La
40-3 Jln. Sultan Ismail, KL,
Tel.: 03-242-3088;
Plaza Yow Chuan, KL,
Tel.: 03-243-7670;
Wisma Lim Foo Yong, KL,
Tel.: 03-248-8903;
15 Jln. SS2/64, PJ, Tel.: 03-775-7006

Peter Photo Centre
Sungei Wang Plaza, KL,
Tel.: 03-243-2414

Selangor Photographers
Pertama Complex, KL, Tel.: 03-298-0390

Shong Lee Trading (M) Sdn. Bhd.
Ampang Park Shopping Centre, KL,
Tel.: 03-261-4828

Wing Wah Photo
212 Jln. Bandar, KL, Tel.: 03-238-8700

Y S Photo Studio & Colour Processing
33 Jln. SS2/75, PJ, Tel.: 03-776-0373

GESCHENKE

Al Trade
43 Jln. 2/71, Taman Tun Dr Ismail, KL,
Tel.: 03-718-7953

Casey (M'sia) Sdn. Bhd.
Imbi Plaza, KL, Tel.: 03-243-2038

Cheong Ying Hong
Arcade Hotel Federal, KL,
Tel.: 03-248-3540

Fleur De-Lis
Wisma HLA, KL, Tel.: 03-243-5997

G S Agencies
63-D Jln. Sultan, KL, Tel.: 03-230-1150

Ginza Store
53 Jln. Petaling, KL, Tel.: 03-238-3704

Gladys Gifts Shop
Wisma Stephens, KL, Tel.: 03-241-3218

Himawari (M) Sdn. Bhd.
Wisma Stephens, KL, Tel.: 03-243-6435

Hongwa Gifts & Crafts Centre
22A Jln. Tun Mohd. Fuad 2, KL,
Tel.: 03-718-2027

House of Fragrance & Gift
Kuala Lumpur Plaza, KL,
Tel.: 03-241-9275

Orient House
Ampang Shopping Centre, KL,
Tel.: 03-261-2195

Peking Art Co.
Sungei Wang Plaza, KL, Tel.: 03-248-7781

Phoenix Syarikat
16 Jln. Yong Shook Lin, PJ,
Tel.: 03-756-9195

Silver Presentation
41A Jln. SS22/19, Damansara Jaya, PJ,
Tel.: 03-719-6744

Wanree's Gifts & Novelties
Central Market, KL, Tel.: 03-274-6725

Watchcraft
Ampang Shopping Centre, KL,
Tel.: 03-261-5176

Woody's Gift Corner
Ampang Shopping Centre, KL,
Tel.: 03-261-6630

HANDARBEITEN

Batek Malaysia
Wisma Batik, Jln. Tun Perak,
Tel.: 291-8608;
114 Jln. Bukit Bintang, Tel.: 243-4054

Karyaneka
Jln. Raja Chulan, Tel.: 243-1686

Selangor Pewter Co. Sdn. Bhd.
4 Jln. Usahawan 6, KL, Tel.: 03-422-1000;
231 Jln. Tunku Abdul Rahman, KL,
Tel.: 03-298-6244

Selangor Pewter Marketing
54 Jln. SS2/67, PJ, Tel.: 03-774-7290;
Kuala Lumpur Plaza, KL, Tel.: 03-243-6419;
Hotel Shangri-La, KL, Tel.: 03-230-3070;
Kuala Lumpur Hilton, KL,
Tel.: 03-248-5104;
Pan Pacific Hotel, KL, Tel.: 03-442-1784

Selex Corpn. Sdn. Bhd.
17 Kawasan Perindustrian Ringan, Setapak,
KL, Tel.: 03-423-0341

Tumasek Pewter Sdn. Bhd.
16 Jln. Kanan, Taman Kepong, Kepong, KL,
Tel.: 03-634-1249

NACHTMÄRKTE

Ein wichtiger Bestandteil der Einkaufskultur von KL ist der Pasar Malam. Fahrende Händler ziehen von einem Ort zum andern, um ihre Waren zu verkaufen. Wer gerne einen günstigen Kauf macht, Gedrängel und Geschubse mag, wird hier seinen Spaß haben. Versuchen Sie immer zu handeln. Hier nun die Märkte, die an den verschiedenen Wochentagen aufsuchen können:

Sonntag
– Pasar Malam Taman Tun Dr Ismail
   am Jln. Tun Mohd. Fuad
– Pasar Malam Taman Maluri
   am Jln. Pria

Montag
– Pasar Malam Jln. Kangsar, Jln. Ipoh
   an Zufahrtsstraßen und freien Plätzen
– Pasar Malam Jln. Wira, Taman Maluri
   am Jln. Wira

Dienstag
– Pasar Malam Kawasan Rumah Pangsa
   3 1/2 Meilen Jln. Cheras
   an den Blocks 4, 5 und 6
– Pasar Malam Jln. Cemor,
   vor Jln. Tun Razak
   am Jln. Cemor

– Pasar Malam Sri Petaling
am Jln. Perlak 1, Jln. Pasar 5 und 4 sowie
Jln. Pasai

Mittwoch
– Pasar Malam Bandar Baru Tun Razak
Jln. Bangsawan, am Abschnitt zwischen
Jln. Makmur und Jln. Ikhlas
– Pasar Malan Kawasan Bukit Bangsar
am Abschnitt zwischen Sri Pahang
und dem Bahnhofsviertel
– Pasar Malam Setapak Garden
am Abschnitt zwischen Surau
(Gebetsstätte) und Jln. Serjak
– Pasar Malam Taman Kok Lian
Jln. Ipoh, Meile 5, auf dem freien Platz
direkt gegenüber von den Geschäfts-
häusern

Donnerstag
– Pasar Malam Rumah Pangsa PKNS
Jln. Kuching, in der Umgebung der
Appartements
– Pasar Malam Rumah Pangsa
Sri Terengganu Sentul
– Pasar Malam Taman Cheras
am Abschnitt zwischen Jln. Kaskas und
Jln. Chengkeh
– Pasar Malam Overseas Union Garden

Freitag
– Pasar Malam Kg. Cheras Baru Sentul
am Jln. Sentul
– Pasar Malam Taman Desa
am Jln. Desa Utama/Jln. Desa Permai

Samstag
– Pasar Malam Bandar Tun Razak
(Jln. Jujur)
am Jln. Jujur Empat
– Pasar Malam Kg. Pasir, Petaling,
Jln. Kelang Lama
am Jln. Kg. Pasir
– Pasar Malam Setapak Jaya
am Jln. Rejang 4/6/7
– Pasar Malam Jln. Tunku Abdul
Rahman.

Anmerkung: Jede Nacht (außer bei Regen) findet in der Petaling Street, in KLs
Chinatown, und an der Chow Kit Road (weiter oben am Jln. Tunku Abdul Rahman) ein
Nachtmarkt statt.

MÄRKTE IN SABAH

Tamu ist ein Wochenmarkt in Sabah, zu dem
die Bauern mit ihren Frauen aus den Bergen
kommen, um ihre Produkte feilzubieten.
Bajau-Cowboys kaufen und verkaufen dort
Pferde, und es werden sogar Büffel angeboten. Eine bunte Palette von Früchten und
Gemüse findet sich neben Betelnüssen,
Körben und Haushaltswaren. Die *Tamus*
wurden von der britischen Kolonialregierung
gefördert, da sie Menschen aus den entferntesten Stämmen zusammenbrachten.
Wenn Sie durch Sabah reisen, werden Sie
zwangsläufig zu einem der *tamus* in einem
Stadtzentrum kommen. Am besten begeben
Sie sich schon früh morgens dorthin. Hier eine
Liste der wichtigsten *tamus* und der Wo-
chentage, an denen sie stattfinden:

Babaggon	Samstag
Beaufort	Samstag
Keningau	Donnerstag
Kinarut	Samstag
Kionsom	Sonntag
Kiulu	Dienstag
Kota Belud	Sonntag
Kota Merudu	Sonntag
Kuala Penyu	erster Mittwoch im Monat
Kundasang	20. des Monats
Mangis	Donnerstag
Mattunggon	Samstag
Membakut	Sonntag
Mersapol	Freitag
Papar	Sonntag
Penampang	Samstag
Putatan	Sonntag
Ranau	Monatserster
Sequati	Sonntag
Simpangan	Donnerstag
Sindumin	Samstag
Sinsuran	Freitag
Sipitang	Donnerstag
Tambunan	Donnerstag
Tamparuli	Mittwoch
Tandek	Montag
Telipok	Donnerstag
Tenghilan	Donnerstag
Tenom	Sonntag
Tinnopok	15. und 30. des Monats
Toboh	Sonntag
Topokom	Dienstag
Tuaran	Sonntag
Weston	Freitag

SPORT

AKTIV

Malaysia ist eine sportliche Nation. Ein Besucher kann ein Fußballspiel auf einem städtischen Platz beobachten oder einem *Topspinning*-Wettbewerb in einem Dorf beiwohnen. Badmintonnetze werden auf fast jedem freien Fleckchen aufgestellt. Selbst ohne richtige Ausrüstung lassen sich sportliche Malaysier nicht davon abschrecken, mit improvisierten Schlägern und Federbällen ans Werk zu gehen.

ANGELN

An den zahlreichen Flußarmen, die mit ihren Mündungen die Küste des Landes zerklüften, kann man hervorragend angeln. Fische wie Barracudas, Haie und spanische Makrelen können von Mai bis Oktober vor der Ostküste der Halbinsel gefangen werden.

Wenn Sie auf Ihrer Reise nicht genug Zeit haben, um selbst eine gute Angelstelle auszukundschaften, wenden Sie sich an ein örtliches Reisebüro (siehe „Nützliche Adressen"), das sich auf Angelausflüge zum Taman Negara (Nationalpark) spezialisiert hat. Für Binnenfischerei ist eine Lizenz notwendig. Von März bis Oktober finden Sie die besten Witterungsbedingungen vor.

GOLF

Malaysia hat über 50 Golfclubs, die Plätze mit 9 oder 18 Löchern besitzen. Erkundigen Sie sich jeweils vorher über die Bedingungen der sehr unterschiedlichen Clubs.

HALBINSEL MALAYSIA

• **Selangor & Staatsgebiet**

Carey Island Gold Club
Selangor 42700, Carey Island
Tel.: 03-318611
9 Löcher.

Kelab Darul Ehsan KL
Jln. Kerja Air Nama, Taman Tun Abdul Razak, 68000 Ampang Jaya
Tel.: 03-457-2333
9 Löcher.

Kelab Golf Angkatan Tentera
Jln. Lapangan Terabing Lama,
P. O. Box 12577, 50682 KL
Tel.: 03-456-9758
9 Löcher.

Kelab Golf Diraja Selangor
(The Royal Selangor Golf Club)
Jln. Kelab Golf,
P. O. Box 11051, 50734 KL
Tel.: 03-242-8433
45 Löcher.

Kelab Golf Negara Subang
P. O. Box 151, 46710 Petaling Jaya
Tel.: 03-776-0388
36 Löcher.

Kelab Golf Sri Morib
Morib, Banting, Kuala Langat
Tel.: 03-867-1732
9 Löcher.

Kelab Rekreasi Tentera Udara
c/o Pejabat DCOS (air) Materiel Dept.
Tentera Udara,
Kementerian Pertahanan,
50634 KL
Tel.: 03-755-4873
18 Löcher (im Besitz des Militärs).

Kuala Kubu Baru Golf and Country Club
Kuala Kubu Baru, Selangor
Tel.: 03-804-2258
9 Löcher.

Royal Kampung Kuantan Golf Club
45700 Bukit Rotan, Selangor
Tel.: 03-889-1069
9 Löcher.

Saujana Golf & Country Club
Batu 3 Jln. Lapangan Terbang,
47200 Subang
Tel.: 03-746-1466
36 Löcher.

Sentul Golf Club KL
No. 84 Jln. Strachen, 51100 KL
Tel.: 03-298-9410
9 Löcher.

• **Negri Sembilan**

Dunlop Bahau Golf Club
Ladang Bahau, 72109 Bahau, NS
Tel.: 03-841126
9 Löcher.

Port Dickson Garrison Golf Club
71050 NS
Tel.: 06-471266
9 Löcher.

Royal Sri Menanti Golf Club
71550 Sri Menanti, NS
Tel.: 06-813600
9 Löcher Palace Club.

Seremban International Golf Club
P. O. Box 88, 70710 Seremban, NS
Tel.: 06-712787
18 Löcher.

• **Melaka**

Ayer Keroh Country Club
P. O. Box 232, 75450 Melaka
Tel.: 06-322947
18 Löcher.

Jasin Golf Club
Jasin, 77000 Melaka
Tel.: 06-987234
9 Löcher.

Kelab Golf Bukit Terendak
c/o Markas III Divisyen Kem Terendak,
66200 Melaka
Tel.: 06-223133
9 Löcher (in Militärbesitz).

• **Penang**

Airbase Butterworth Golf Club
RAAF Airbase Butterworth,
12009 Butterworth, Tel.: 04-347666
9 Löcher (in Militärbesitz).

Bukit Jambul Country Club
c/o Island Golf Property Sdn. Bhd.,
No. 1 Sungei Nibong,

Bandar Bayan Baru, 11909 Bayan Lepas
Tel.: 04-838552
9 Löcher.

Penang Turf Club
(Golf Section) 10450 Batu Gantong, Penang
Tel.: 04-67176
9 Löcher.

• **Perak**

Idris Shah Golf Club, Telok Intan
28 Jln. Changkat Jong,
36000 Telok Intan, Perak
Tel.: 05-621238
9 Löcher.

Kelab Golf Di Raja Perak
(Royal Perak Golf Club)
Tiger Lane, 31400 Ipoh, Perak
Tel.: 05-565560
18 Löcher.

Kinta Golf Club, Batu Gajah
31000 Batu Gajah, Perak
Tel.: 05-761236
9 Löcher.

The New Club
P. O. Box 42, 34007 Taiping, Perak
Tel.: 05-823935
9 Löcher.

Pangkor Island Country Club
c/o The Manager, Pangkor Island Country
Club, 32300 Pangkor Island, Perak
9 Löcher.

• **Kedah**

Dublin Club
c/o Ladang Sungai Dingin, P. O. Box 201,
09700 Karangan
Tel.: 04-546233
9 Löcher.

Harvard Club
c/o Harvard Estate, 08100 Bedong
Tel.: 04-61026
9 Löcher.

Langkawi Island Golf Club
07000 Pulau Langkawi, Kedah
Tel.: 04-788410
9 Löcher.

Royal Kedah Golf Club, Alor Setar
Kelab Kedah Diraja, Pumpong,
05250 Alor Setar
Tel.: 04-727467
9 Löcher.

Sungei Petani Golf Club
The Secretary, Sungei Petani Golf Club,
08000 Sungei Petani, Kedah
Tel.: 04-412653
9 Löcher.

• **Perlis**

Kelab Golf Putra Perlis
Kelab Golf Putra Perlis, 01000 Kangar
Tel.: 04-752199
9 Löcher.

• **Kelantan**

Kelab Kelantan Diraja
Jln. Hospital, 15200 Kota Bharu
Tel.: 09-782102
18 Löcher.

• **Terengganu**

Badariah Golf Club
c/o Pejabat Setiausaha Sulit Duli Yang Maha
Mulia Sultan Terengganu,
20500 Kuala Terengganu
Tel.: 09-632456
9 Löcher Palace Club.

Dungun Country Club
P. O. Box 679, Dungun 23007
Tel.: 09-641899
9 Löcher.

Kelab Golf Diraja Terengganu
c/o Jabatan Kerjaraya, Wisma Darul Imam,
20500 Kuala Terengganu
Tel.: 09-622111
9 Löcher.

Kerteh Golf Club
Rantau Petronas, Kerteh 24000 Kemaman
Tel.: 09-671357
9 Löcher.

• **Pahang**

Awana Golf and Country Club
Genting Highlands, 9th Floor Wisma

Genting, Jln. Sultan Ismail, 50250 KL
Telex: 32324 or 69000.
Genting Highlands,
P. O. Box 11482, 50746 KL
Tel.: 03-211-3015
18 Löcher.

Cameron Golf Course
Majlis Daerah Cameron Highlands,
P. O. Box 66, 39007 Tanah Rata
Tel.: 05-941728
18 Löcher.

Fraser's Hill Golf Course
c/o Fraser's Hill Development Corpn., 49000
Fraser's Hill
Tel.: 09-382201
9 Löcher.

Kelab Golf Bentong
Batu 2 Jln. Tras, P. O. Box 24,
28707 Bentong
Tel.: 09-222585
9 Löcher.

Kelab Golf Diraja Pahang
P. O. Box 53, 25700 Kuantan, Pahang
Tel.: 09-527701
9 Löcher.

Kelab Golf Raub
Jln. Bukit Koman, P. O. Box 7, 27600 Raub
Tel.: 09-351937
9 Löcher.

Pulau Tioman Island Club
P. O. Box 4, 86807 Mersing, Johore, oder
Tioman Golf Management Sdn. Bhd., 17th
Floor Menara Kewangan, Jln. Sultan Ismail,
50250 KL
Tel.: 09-445444, 03-230-5266
Telex: MA50279
9 Löcher.

• **Johore**

Desaru Golf Resort
P. O. Box 57, Kota Tinggi, 81907 Johore
Tel.: 07-838187
18 Löcher.

Gagak Golf Club, Segamat
P. O. Box 22, Segamat, 85000 Johore
Tel.: 07-911442
9 Löcher.

Kelab Golf Batu Pahat
678, Jln. Dato' Mohd. Shah,
83000 Batu Pahat
Tel.: 07-222022
9 Löcher.

Kelab Golf Tanjung Emas, Muar
No. JKR 202, Jln. Timbalan, Muar,
84000 Johore
Tel.: 06-922591
9 Löcher.

Kluang Golf Club
Jln. Mengkibol, 86000 Kluang, Johore
Tel.: 07-718840
9 Löcher.

Royal Johore Country Club
Jln. Larkin, 80200 Johore Bahru, Johore
Tel.: 07-228882
18 Löcher.

Sagil Golf Club
Sagil Estate, Tangkak, 84900 Johore
Tel.: 06-932331/2
9 Löcher.

Ulu Remis GCC
Ulu Remis Estate, P. O. Box 103, 81850
Layang-Layang, Johore
9 Löcher.

SABAH

Kelab Golf Kudat
89050 Kudat
9 Löcher.

Keningau Golf Club
P. O. Box 94,
89000 Keningau
Tel.: 088-31113
9 Löcher.

Kinabalu Golf Club
P. O. Box 654,
Kota Kinabalu
Tel.: 088-55199
9 Löcher.

Sabah Golf & Country Club
P. O. Box 11876,
Kota Kinabalu
Tel.: 088-56900
18 Löcher.

The Sandakan Golf Club
P. O. Box 406, 90007 Sandakan
9 Löcher.

SARAWAK

Kelab Golf Miri
c/o Sarawak Shell Berhad, 98100 Lutong
Tel.: 082-453039
18 Löcher.

The Sarawak Golf & Country Club
Petra Jaya, 93050 Kuching
Tel.: 082-23622
18 Löcher.

Sibu Golf Club
10 1/2 Mile P. O. Box 1234, 96008 Sibu
9 Löcher.

JAGEN

Die Jagd ist in vielen Gebieten eingeschränkt und erfordert eine Linzenz vom Department of Wildlife and National Parks in Kuala Lumpur, Tel.: 03-941272. Es gibt in Malaysia Hunderte von geschützten Tierarten. Nähere Informationen erhalten Sie in den Büros der Nationalparks.

KARATE

Da sich Karate bei den Einheimischen großer Beliebtheit erfreut, sind über 150 Karate-Zentren in Malaysia entstanden. Besucher, die sich in diesem Sport versuchen möchten, können mit dem leitenden Ausbilder bei Karate Budokun International (KBI) in Kuala Lumpur (Tel: 03-81470) Sondervereinbarungen treffen.

SQUASH & TENNIS

Squash-, Tennis- und Badmintonplätze gibt es in den meisten internationalen Hotels, ebenso Turnhallen. Viele Hotels verfügen über Swimmingpools.

WASSERSPORT

Sporttauchen findet in Malaysia immer stärkere Verbreitung. In den meisten Badeorten wie z. B. Tioman, Langkawi und Desaru werden Sie Zentren für Sporttaucher finden. Manche geben auch Tauchkurse, nach deren

Absolvierung Sie eine international anerkannte Urkunde erhalten. Es ist möglich, Ausrüstungen für Sporttauchen, Segeln, Windsurfen, Schnorcheln und Wasserski zu mieten. Überprüfen Sie dies zur Sicherheit vor Ort telefonisch.

Schnorchelausrüstungen können Sie in den einheimischen Geschäften auch billig erstehen.

PASSIV

Bei Zuschauern beliebte Sportarten sind Pferderennen sowie die einheimischen Wettbewerbe im Drachensteigen und *Topspinning*.

Weitere beliebte Freizeitbeschäftigungen sind nachfolgend aufgeführt.

PFERDERENNEN

Die Veranstaltungen finden an Wochenenden und gesetzlichen Feiertagen statt, abwechselnd in Kuala Lumpur, Ipoh, Penang und Singapur. In Kuala Lumpur ist der Veranstaltungsort der Selangor Turf Club in Jalan Ampang. Wetten macht einen Teil des Reizes aus.

DRACHENFLIEGEN

Dies ist in Malaysia kein Spiel für Kinder. Insbesondere an der Ostküste lassen die Erwachsenen stolz ihre in der Regel selbstgebauten Drachen steigen. Es werden regelmäßig Wettbewerbe abgehalten, um zu ermitteln, wer seinen Drachen am höchsten fliegen lassen kann. Fragen Sie beim Verkehrsbüro, ob irgendwelche Wettbewerbe bevorstehen.

TOP-SPINNING (GASING)

Dies ist ein bei Kindern wie Erwachsenen gleichermaßen beliebter Zeitvertreib. Das gemeinhin als *main gasing* bekannte Spiel wird in der Regel während der Reifezeit des *padi* oder Reis gespielt. Der Überlieferung nach soll *gasing* eine gute Ernte bringen. Unabhängig vom Wahrheitsgehalt dieser Behauptung sorgt das Spiel in jedem Fall für Spaß und Unterhaltung. Die regelmäßig stattfindenden Wettbewerbe sind fröhliche Anlässe, bei denen das ganze Dorf zusammenkommt.

SEPAK RAGA/SEPAK TAKRAW

Ziel des Spiels ist es, den 170 Gramm wiegenden Rattanball so lange wie möglich in der Luft zu halten, wobei er von einem Spieler zum anderen geht. Gezählt wird die Anzahl der Ballberührungen, bevor der Ball zu Boden fällt. Bis auf Vorderarme und Hände darf der Ball mit jedem Körperteil gespielt werden.

SILAT

Silat, das malaysische Gegenstück zum chinesischen *Kung Fu*, ist eine Kunst der Selbstverteidigung. Ihr Ursprung wird dem berühmten Hang Tuah des alten Melaka zugeschrieben, der um der Gerechtigkeit willen nicht zögerte, sein Schwert zu ziehen und zum tödlichen Schlag auszuholen. Die Jugend betrachtet *Silat* heute als eine Form der körperlichen Ertüchtigung in artistischer Form. Bei Hochzeiten und anderen Festen finden Demonstrationen zum rhythmischen Schlag von Trommeln und Gongs statt. In der Schule gehört *Silat* für Jungen zum Lehrplan.

FOTOGRAFIEREN

KAMERAS & FILME

In den Tropen arbeitende Profis geben nur eine Empfehlung, um eine gute Farbwirkung zu erzielen: Hüten Sie sich vor der Hitze. Werden Film oder Fotoausrüstung der heißen Sonne ausgesetzt, verändert sich die Chemie der Emulsion Ihres Films, so daß die natürlichen Farben beeinträchtigt werden. Bewahren Sie Fotoapparat und Film stets an einem kühlen Ort auf; wenn nicht in einem klimatisierten Raum, dann zumindest im Schatten.

Erfahrene Fotografen raten auch, Filme vorzugsweise in den Städten und nicht auf dem Land zu kaufen, wo die vorgeschriebenen Lagerbedingungen für Farbfilme nicht gewährleistet sind. Lassen Sie Ihre Filme stets so schnell wie möglich entwickeln, entweder in Malaysia oder in Singapur.

Auch die Feuchtigkeit kann Ihnen einen Streich spielen, besonders im Dschungel. Hier sollten Sie Ausrüstung und Film in einer geschlossenen Fototasche mit Silicagel, einer chemischen Substanz, die Feuchtigkeit absorbiert, aufbewahren. Für schöne Schattierungen und satte Farben sollten Sie vorzugsweise vor 10.30 Uhr oder nach 15 Uhr fotografieren. Nur wenige Filme vertragen das grelle Mittagslicht. Bilder lassen oft feine Farbabstufungen vermissen, weil das Licht zu stark ist. Am frühen Morgen oder späten Nachmittag liefert das schrägeinfallende Licht weichere Kontraste und tiefere Farbwirkungen. Außerdem schwitzen Sie dann auch weniger!

Die meisten Malaysier reagieren äußerst liebenswürdig, wenn man sie fotografieren möchte. In der Regel dauert es kaum 15 Sekunden, bis eine Bande Schulkinder vor Ihrem Weitwinkelobjektiv fröhliche Mätzchen zu machen beginnt. In Moscheen und Tempeln reagiert man schon etwas reservierter, wenn Fotografen vor dem Altar herumtanzen. Sie sollten in jedem Fall vorher um Erlaubnis fragen, besonders bei Eingeborenen, die vielleicht etwas dagegen haben, daß sie fotografiert werden. Halten Sie sich bei religiösen Zeremonien stets in respektvoller Entfernung. Mit einem Teleobjektiv können Sie interessante Menschen ablichten, ohne sie zu stören.

Filme können Sie überall in Kuala Lumpur entwickeln lassen. Komal in Petaling Jaya entwickelt nur Kodak-Farbfilme. Schwarzweiß-Filme brauchen normalerweise 24 Stunden. Kodakcolor und Ektachrome dauern ein oder zwei Wochen, da sie zum Entwickeln nach Australien geschickt werden. In einem Schnellabor in den großen Einkaufszentren von Kuala Lumpur sind normale Farbfilme oft schon nach einer halben Stunde fertig.

SPRACHE

ALLGEMEINES

Malaiisch, die Muttersprache von über 150 Millionen Asiaten ist uralt und äußerst praktisch. Man kann von der Spitze der Malaiischen Halbinsel durch die südlichen Philippinen reisen und im Zickzackkurs im Indonesischen Archipel von Insel zu Insel hüpfen – und sich überall mit Malaiisch verständigen. Man führt das auf die alten Handelsleute zurück, die in einer besonderen Sprache „Bazaar Malay" über Goldstaub und Rhinozeroshörner verhandelten. Die neuen, jungen Nationen haben die alte Sprache für ihre Zwecke angepaßt und sie mit verschiedenen komplizierten Nuancen in Grammatik und Orthographie sowie mit Fachterminologie versehen.

Während Europa sich im tiefsten Mittelalter befand, entwickelten die malaiischen Herrscher das zunehmend ausgefeilte und ausdrucksstarke „Klassische Malaiisch". Als das kosmopolitisch gesinnte Malakka-Sultanat im 15. Jahrhundert die Macht übernahm, hatte die Sprache den Gipfel epischer Größe erreicht. Die Malaiischen Annalen, *Sejarah Melayu*, die ein Schreiber am Malakka-Hof für den König verfaßt hatte, waren von so bombastischem Stil, daß die Geschichtenerzähler ihre wahre Freude daran hatten.

Das klassische Malaiisch verfiel in der Kolonialzeit wieder zur Marktsprache, als die gesellschaftliche Elite zwar Malaiisch als offizielle Sprache beibehielt, sich untereinander jedoch nur in Englisch verständigte. Nach der Unabhängigkeit 1957 wurden die Unterhaltungen aber wieder in Malaiisch geführt, wodurch seine neue Bedeutung als Landessprache, Symbol der Einheit aller Malaysier, hervorgehoben wurde. Plakate, Fahnen, Autoaufkleber und spezielle Anstecker, die die Bewohner aufforderten, sich der Sprache ihrer „Vorfahren" zu erinnern, tauchten in Klassenzimmern und Regierungsgebäuden auf. Manche unablässig in Radio Malaysia gespielten Titellieder wie *Bahasa Jiwa Bangsa* – „Die Sprache ist die Seele der Nation" – trugen zum heutigen Status des klassischen Malaiisch bei. Der mit technologischen Begriffen angereicherte Sprachfundus und die patriotischen Assoziationen, die Malaiisch zur Sprache der Monarchen und Bürger machen, lassen sie einer vielversprechenden Zukunft entgegenblicken.

Obwohl das korrekte Malaiisch eine komplexe Sprache ist, die ein intensives Studium verlangt, ist das „Basic Malay" ziemlich einfach zu erlernen. Malaiisch wird im lateinischen Alphabet geschrieben und ist im Gegensatz zu anderen asiatischen Sprachen keine tonale Sprache. Außerdem gibt es keine Artikel – *buku* bedeutet „das Buch" oder „ein Buch," *anak* heißt „das Kind" oder „ein Kind". Die Pluralbildung erfolgt durch einfaches Verdoppeln – *bukubuku* heißt somit Bücher. Zur Zeitangabe dienen einige wenige Schlüsseladverbien: *sudah* (bereits) gibt die Vergangenheit an, *belum* (noch nicht), *akan* (werden) die Zunkunft und *sedang* (in einem Vorgang wie z. B. *Saya sedang makan* = Ich esse gerade) eine laufende, zum Zeitpunkt des Sprechens noch nicht abgeschlossene Handlung.

Wenn Sie Malaiisch sprechen, müssen Sie ein paar Grundregeln beachten. Adjektive stehen immer hinter dem Substantiv. *Rumah* (Haus) und *besar* (groß) bedeutet somit in der Zusammensetzung *rumah besar* „großes Haus" usw. Die Satzstellung ist Subjekt – Verb – Objekt: *Dia* (er) *makan* (ißt) *nasi* (Reis) *goreng* (gebraten). *Dia makan nasi goreng* = Er ißt gebratenen Reis. Die traditionelle malaiische Grußformel lautet nicht „Hallo!", sondern *Ke mana?* – „Wohin gehst du?" Die Frage ist eine Höflichkeitsfloskel, die keine besondere Antwort verlangt. Man erwidert einfach das Lächeln und sagt *Tak ada ke mana* – „Nirgendwo besonders" – und geht weiter.

Nachfolgend ein paar allgemeine Regeln für die Aussprache von Malaiisch oder *Bahasa Malaysia*, wie es hier heißt. Natürlich kann keine phonetische Umschreibung die Anleitung durch einen Einheimischen ersetzen, aber sobald Sie versuchen, ein paar Worte auszusprechen, erfassen die Malaysier sofort, was Sie wollen, und mit Hilfe ihrer Antwort werden Sie am ehesten ein Gefühl für die Sprache entwickeln.

a	wird kurz geprochen wie *a* in *Apfel* oder *Kappe*.
	apa – was; *makan* – essen.
ai	wird ausgesprochen wie der Laut *ei* in *Eile*.
	kedai – Laden; *sungai* – Fluß.
au	klingt wie im Deutschen *Lauf*.
	pulau – Insel; *jauh* – weit.
c	wird ausgesprochen wie *tsch* im englischen *chat*.
	capal – Sandale, *cinta* – Liebe.
e	ist sehr kurz und weich, kaum hörbar.
	membeli – kaufen; *besar* – groß.
g	wird ausgesprochen wie *g* in *gehen*, niemals wie in *Genie*.
	pergi – gehen; *guru* – Lehrer.
gg	wird wie *ng* plus ein hartes *g* ausgesprochen und klingt wie *sing-ging*.
	ringgit – Malaysian Dollar; *tetangga* – Haushalt.
h	wird wie in *halt* ausgesprochen.
	mahal – teuer; *murah* – billig.
i	klingt wie *i* in *Ida*.
	minum – trinken; *lagi* – wieder
j	klingt wie in *Dschunke*.
	Jalan – Straße; *juta* – Million.
ng	ein einzelnes *g* in einem Wort wird ausgesprochen wie *ng* in *singen*, nicht mit einem harten Laut.
	sangat – sehr; *bunga* – Blume.
ny	ist ähnlich wie *nj* in *Anja*.
	harganya – Preis; *banyak* – viel.
o	klingt ähnlich wie das *o* in *Pol* oder *Moos*.
	orang – Mensch; *tolong* – Hilfe.
u	wird wie *u* in *Uhr* ausgesprochen.
	tujuh – sieben; *minum* – trinken.
y	klingt wie *j* in *jagen*.
	wayang – Oper; *kaya* – reich.

Im Malaiischen gibt es keine spezielle Silbenbetonung, fast alle Silben werden gleich betont.

Die Malaysier sprechen jedoch meist in einer Art Singsang, wodurch die letzte Silbe eines Wortes häufig stärker hervorgehoben wird, insbesondere das letzte Wort eines Satzes.

Dies führte zu der weitverbreiteten Sitte, an das wichtige Wort die Silbe – *lah* anzuhängen. Auf den Besucher kann dies sowohl reizvoll als auch irritierend wirken!

Das „Anhängsel" ist rein emphatisch und hat inzwischen in Malaysia allgemeine Verbreitung gefunden, ob nun Malaiisch, Chinesisch, Tamil oder Englisch gesprochen wird! Das bekannteste Beispiel ist wohl der Ausdruck „Cannot-lah!", den Sie zu hören bekommen, wenn der Sprecher etwas als unmöglich erachtet!

NÜTZLICHE REDEWENDUNGEN

Guten Morgen	*Selamat pagi.*
Guten Tag (nachmittags)	*Selamat tengah hari.*
Guten Abend	*Selamat petang.*
Bitte kommen Sie herein	*Sila masuk.*
Bitte setzen Sie sich	*Sila duduk.*
Danke	*Terima kasih.*
Bitte (als Antwort auf Danke)	*Sama-sama.*
Woher kommen Sie?	*Anda datang dari mana?*
Ich komme aus...	*Saya datang dari...*
Wie heißen Sie?	*Siapa nama anda?*
Ich heiße...	*Nama saya...*
Sprechen Sie Malaiisch?	*Boleh anda bercakap dalam Bahasa Malaysia?*
Ja	*Ya.*
Nein	*Tidak.*
Ein wenig	*Sedikit sahaja.*
Ich möchte mehr lernen	*Saya hendak belajar lebih lagi.*
Wie gefällt Ihnen Malaysia?	*Apakah pendapat anda mengenai Malaysia?*
Es gefällt mir gut	*Saya suka berada di sini.*
Es ist heiß nicht wahr?	*Cuaca di sini panas, bukan?*
Ja, ein bißchen	*Ya, sedikit.*
Wohin fahren Sie?	*Pergi ke mana?*
Ich fahre nach...	*Saya pergi ke...*
Biegen Sie rechts ab	*Belok ke kanan.*
Biegen Sie links ab	*Belok ke kiri.*
Fahren Sie geradeaus	*Jalan terus.*
Bitte halten Sie hier	*Sila berhenti di sini.*
Wieviel?	*Berapa?*
Warten Sie einen Moment	*Tunggu sekejap.*
Ich brauche Kleingeld	*Saya hendak tukar duit.*
Entschuldigen Sie	*Maafkan saya.*

Wo ist die Toilette?	*Di mana tandas?*
Im Hinterraum	*Di belakang.*
Wo bekomme ich etwas zu trinken?	*Di mana boleh saya minum?*
Dort drüben	*Di sana.*
Eine Tasse Kaffee	*Kopi secawan.*
Eine Tasse Tee	*Teh secawan.*
Gebratene Nudeln	*Mee goreng.*
Gebratener Reis	*Nasi goreng.*
Das Essen war gut	*Makanan tadi sedap.*
Wieviel kostet das?	*Berapakah harganya?*
Zehn Dollar	*Sepuluh ringgit.*
Das ist ziemlich teuer.	*Mahal sangat.*
Geht es nicht billiger?	*Boleh kurangkan?*
Sieben Dollar	*Tujuh ringgit.*
Gut	*Baiklah.*
Ich kaufe es	*Saya nak membelinya.*
Auf Wiedersehen	*Selamat tinggal.*
Es tut mir leid	*Saya minta ma'af.*

NÜTZLICHE WÖRTER

Herr	*Encik*
Frau	*Puan*
Fräulein	*Puan, Cik*
ich	*Saya*
Du	*awak*
Sie	*encik*
er, sie	*dia*
wir	*kami/kita*
sie (Pl.)	*mereka*
was?	*apa?*
wer?	*siapa?*
wo (Ort)	*di mana?*
wo (Richtung)	*ke mana?*
wann?	*bila?*
wie?	*bagaimana?*
warum?	*menapa?*
welcher?	*yang mana?*
wieviel?	*berapa?*
essen	*makan*
trinken	*minum*
schlafen	*tidur*
baden	*mandi*
kommen	*datang*
gehen	*pergi*
halten	*berhenti*
kaufen	*beli (membeli)*
verkaufen	*jual (menjual)*
Straße	*jalan*
Flughafen	*lapangan terbang*

Post	*pejabat pos*
Laden	*kedai*
Café	*kedai kopi*
Geld	*wang; duit*
Dollar	*ringgit*
Cent	*sen*

ZAHLEN

1	*satu*
2	*dua*
3	*tiga*
4	*empat*
5	*lima*
6	*enam*
7	*tujuh*
8	*lapan*
9	*sembilan*
10	*sepuluh*
11	*sebelas*
12	*dua belas*
13	*tiga belas*
20	*dua puluh*
21	*dua puluh satu*
22	*dua puluh dua*
23	*dua puluh tiga*
30	*tiga puluh*
40	*empat puluh*
58	*lima puluh lapan*
100	*seratus*
263	*dua ratus enam-puluh tiga*
1 000	*seribu*

NÜTZLICHE ADRESSEN

TOURISTEN-INFORMATION

Die *Tourist Development Corporation* (TDC) hat verschiedene Büros in ganz Malaysia (siehe Liste im Anschluß). Die Informationspolitik der verschiedenen Stellen ist sehr unterschiedlich, aber es gibt in der Regel stets Broschüren über interessante Sehenswürdigkeiten (besonders in KL). Das TDC hat auch einige Büros in Übersee (Adressen finden Sie in der folgenden Liste). In kleineren Orten gibt es andere Verkehrsbüros, die für die dortige Gegend zuständig sind. Außerdem kann es nie schaden, Einheimische nach ihrer Meinung über einen Ort zu fragen. Sie werden die verschiedensten Urteile zu hören bekommen und können dann selbst entscheiden, was einen Besuch wert ist und was nicht!

TDC-BÜROS IN MALAYSIA

Hauptbüro
24.-27. Stock, Menara Dato' Onn, Putra World Trade Centre, 45 Jln. Tun Ismail, 50480 KL
Tel.: 03-293-5884

Ostküste
2243 Tingkat Bawah, Wisma MCIS, Jln. Sultan Zainal Abidin, 20000 Kuala Terengganu, Terengganu
Tel.: 09-621433

Norden
10 Jln. Tun Syed Sheikh Barakbah, 10200 Pulau Pinang
Tel.: 04-619067

Sabah
Block L, Lot 4 Bandaran Sinsuran, Mail Bag 136, 88700 Kota Kinabalu, Sabah
Tel.: 088-211723

Sarawak
2. Stock AIA Bldg.,
Jln. Song Thian Cheok, 93100 Kuching
Tel.: 082-246575

Süden
No. 1, 4. Stock, Kompleks Tun Razak,
Jln. Wong Ah Fook,
80000 Johore Bahru, Johore
Tel.: 07-223590

TDC-BÜROS IN ÜBERSEE

Australien
65 York St., Sydney NSW 2000
Tel.: 294441

Deutschland
Rossmarkt 11,
6000 Frankfurt am Main
Tel.: 069-283782

Hong Kong
Erdgeschoß, Malaysia Bldg.,
47-50 Gloucester Rd., Hong Kong
Tel.: 5-285810

Japan
2. Stock, Nichiginmae Kyodo Bldg.,
3-4 Nihombashi-Hongokucho Chuo-ku,
Tokyo 103
Tel.: 03-279-3081

Singapur
10 Collyer Quay, 01-03 Ocean Bldg.,
Singapore 0104
Tel.: 02-532-6321

Thailand
315 South East Insurance Bldg., Silom Rd.,
Bangkok
Tel.: 236-2832

England
57 Trafalgar Square,
London WC2N5DU
Tel.: 01-930-7932

USA
818 West Seventh St.,
Los Angeles, CA 90017
Tel.: 213-689-9702

(Ein TDC-Büro wird bald in Vancouver,
Kanada eröffnet.)

TOURISTIK-GESELLSCHAFTEN

Johore Tourist Association
c/o Tropical Inn Hotel, Jln. Gereja,
80100 Johore Bahru
Tel.: 07-225-6789

Kedah Tourist Association
Tunjang Agensi 5 & 7,
Bulatan Wan Jah,
Jln. Badlishah, 05000 Alor Setar
Tel.: 04-724357/728980

Kelantan Tourist Association
Pusat Penerangan Pelancongan Negeri
Kelantan, Jln. Sultan Ibrahim,
15050 Kota Bharu
Tel.: 09-785823

Kuala Lumpur Tourist Association
Kuala Lumpur Visitors Centre,
Jln. Sultan Hishamuddin, 50050 KL
Tel.: 03-238-1832/230-1624

Malacca Tourist Association
4A Jln. Hang Tuah, Melaka
Tel.: 06-221909

Pahang Tourist Association
Purnama Timor Agency Sdn. Bhd.,
Jln. Haji Abdul Aziz, 25000 Kuantan
Tel.: 09-522208/592335

Penang Tourist Association
Penang Port Commission Building,
10 Jln. Tun Syed Sheh, Barakbah,
P. O. Box 444, 10200 Penang
Tel.: 04-616663

Perak Tourist Association
Pusat Perkhidmat Bumiputra,
Pelancungan Negeri, Jln. Dewan,
P. O. Box 578, 30000 Ipoh
Tel.: 05-532008

Perlis Tourist Association
d/a Sri Perlis Inn, Kangar, 01000 Perlis
Tel.: 04-752266

Sabah Tourist Association
2. Stock, Block L,
Lot 6 Sinsuran Complex,
P. O. Box 1718,
Kota Kinabalu, Sabah
Tel.: 088-57123/57124

Sarawak Tourist Association
1-3 Temple Street, Ground Floor,
Specialist Centre, P. O. Box 887,
93718 Kuching
Tel.: 082-20620/456266

**Sarawak Third Division
Travel Agents Association**
c/o Sazhong Trading & Travel Service,
P. O. Box 1569, 96007 Sibu

Terengganu Tourist Association
Perpel Terengganu Sdn. Bhd., c/o Syarikat
DME, Wisma DME, Jln. Paya Bunga,
20200 Kuala Terengganu
Tel.: 09-621664

REISEBÜROS

Es gibt unzählige Reisebüros und -veranstalter in Malaysia. Die besten und angesehensten sind alle beim TDC registriert. Einige davon (mit der jeweiligen Register-Nr.) finden Sie in der folgenden Liste.

MALAIISCHE HALBINSEL

• **Kuala Lumpur**

Angel Tours (KL) Sdn. Bhd.
G48 Lower Erdgeschoß, City Tower,
Jln. Alor, 50200 KL
Tel.: 03-241-7018
Leistungen: Fahrkarten (Reg. No. 0353)

Asian Overland Services Sdn. Bhd.
35M Jln. Dewan Sultan Sulaiman 1,
50300 KL
Tel.: 03-292-5637
Leistungen: Fahrkarten, Inlandsreisen, Auslandsreisen (Reg. No, 0281)

Borneo Travel Bureau Sdn. Bhd.
Lot 36/37, The Arcade, Hotel Equatorial,
Jln. Sultan Ismail, 50250 KL
Tel.: 03-261-2130
Leistungen: Fahrkarten (Reg. No. 0901)

Fairwind Travel & Tours Sdn. Bhd.
Lot T 007, Sungei Wang Plaza,
Jln. Sultan Ismail, 50250 KL
Tel.: 03-248-6920
Leistungen: Fahrkarten, Inlandsreisen (Reg. No. 0971)

Insight Travel & Tours Sdn. Bhd.
9th Floor, Plaza MBF, Jln. Ampang,
50450 KL
Tel.: 03-261-2488
Leistungen: Fahrkarten, Inlandsreisen, Auslandsreisen (Reg. No. 0199)

Ken Air Services Sdn. Bhd.
62 Jln. Bukit Bintang, 55100 KL
Tel.: 03-243-3722
Leistungen: Fahrkarten, Inlandsreisen, Auslandsreisen (Reg. No. 0391)

Mayflower Acme Tours Sdn. Bhd.
18 Jln. Segambut Pusat, Peti Surant 10179,
50706 KL
Tel.: 03-626-7011
Leistungen: Fahrkarten, Inlandsreisen, Auslandsreisen, Limousinen, Mietwagen (Reg. No. 0596)

• **Melaka**

Ace Tours & Travel Sdn. Bhd. (Branch)
Erdgeschoß, Jln. Munshi Abdullah,
75100 Melaka
Tel.: 06-247975
Leistungen: Fahrkarten, Inlandsreisen, Auslandsreisen (Reg. No. 0017)

• **Penang**

Speedy Sdn. Bhd.
388 G. Perak Road, 11600 Pulau Pinang
Tel.: 04-888996
Leistungen: Fahrkarten, Auslandsreisen
(Reg. No. 0373)

Tour East
(Lizenznehmer von Harpers Tours, Reg. No.
0425) Suite 402, Penang Plaza, Burmah
Road, 10050 Penang
Tel.: 04-362214, Telex: MA 40438
Leistungen: Pauschaltouren, Limousinen,
Busse, Hotelreservierung, Organisation.

• **Kelantan**

Blue Moon Travel Sdn. Bhd. (Branch)
No. 9 Tingkat Satu, Kompleks Niagga
Tabong Haji, Jln. Dato' Pati,
15000 Kota Bharu
Tel.: 09-747361
Leistungen: Fahrkarten (Reg. No. 0976)

• Pahang

Gold Coast Adventure
Travel & Tours Sdn. Bhd.
No. 4, Merlin Arcade, Merlin Inn Resort,
25050 Kuantan
Tel.: 09-529185
Leistungen: Inlandsreisen (Reg. No. 0953)

SABAH

Bakti Tours & Travel Sdn. Bhd.
Hotel Arcade, Hyatt International Hotel,
G-02 Erdgeschoß,
Jln. Dato' Salleh Sulong, P. O. Box 11832,
88820 Kota Kinabalu, Sabah, Malaysia
Tel.: 53416, 53854, 216862

SARAWAK

Api Tours & Travel
Erdgeschoß, Lot 49 Bandaran Berjaya,
P. O. Box 12853, Kota Kinabalu
Tel.: 088-221230
Touren durch Sabah, Floßfahrten

Benarat Tourist and Transportation
Agency
P. O. Box 205 Marudi
Tel.: 085-55329
Touren nach Mulu

Borneo Adventure Sdn. Bhd.
12 Padungan Arcade 1. Stock, Jln. Song
Thian Cheok, P. O. Box 2112, Kuching
Tel.: 082-245175
Touren durch Sarawak

Malang Sisters' Travel Agency
Erdgeschoß, Ria Fatimah Hotel
Tel.: 085-38141
Touren nach Niah und zu den Mulu-Parks

BOTSCHAFTEN & KONSULATE

• **in Malaysia**

Ägypten (auch Libanon und Sudan)
Botschaft: 28 Linkungan U Thant,
Seitenstraße U Thant, 50764 KL
Tel.: 03-456-8184

Argentinien
Botschaft: 3 Jln. Semantan 2,
Damansara Heights, 50490 KL
Tel.: 03-255-0176

Australien
Hochkommissariat: 6 Jln. Yap Kwan Seng,
50450 KL
Tel.: 03-242-3122

Bangladesch
Hochkommissariat: 204-1 Jln. Ampang,
50450 KL
Tel.: 03-242-3271

Belgien
Botschaft: 4. Stock, Bangunan Sateras,
152 Jln. Ampang, 50450 KL
Tel.: 248-5733

Bolivien
Botschaft: 12 Lorong Yap Kwan Seng,
50450 KL
Tel.: 03-242-5146

Brasilien
Botschaft: 22 Persiaran Damansara Endah,
Damansara Heights, 50490 KL
Tel.: 03-254-8020

BRD
Botschaft: 3 Jln. U Thant, 55000 KL
Tel.: 03-242-9666

Brunei
Hochkommissariat: No. 113 Jln. U Thant,
55000 KL
Tel.: 03-261-2860

Birma
Botschaft: No. 5 Taman U Thant I, 55000
KL
Tel.: 03-242-3863

China (auch Nord-Korea)
Botschaft: 229 Jln. Ampang, 50450 KL
Tel.: 03-242-9495

CSSR
Botschaft: 32 Jln. Mesra, off Jln. Damai,
55000 KL
Tel.: 242-7185

Dänemark
Botschaft: 22. Stock, Bangunan Angkasa
Raya, 123 Jln. Ampang, 50450 KL
Tel.: 03-241-6088

England
Hochkommissariat: 13. Stock, Wisma Damansara,
Jln. Semantan, 50490 KL
Büro für Visa: 186 Jln. Ampang
Tel.: 03-248-7122

Finnland
Botschaft: 15. Stock, Plaza MBF,
Jln. Ampang, 50450 KL
Tel.: 03-261-1008

Frankreich
(auch Portugal und Senegal)
Botschaft: 192-196 Jln. Ampang, 50450 KL
Tel.: 03-248-4318

Indien
Hochkommissariat: 20. Stock, West Block,
Wisma Selangor Dredging,
142-C Jln. Ampang, 50450 KL
Tel.: 03-261-7000

Indonesien
Botschaft: 233 Jln. Tun Razak, 50400 KL
Tel.: 03-984-2011

Iran
Botschaft: 5 Lorong Mayang,
Seitenstraße Jln. Ampang, 50450 KL
Tel.: 03-243-3575

Irak
Botschaft: 2 Jln. Langgak Golf,
Seitenstraße Jln. Tun Razak, 55000 KL
Tel.: 03-248-0555

Italien
Botschaft: 99 Jln. U Thant, 55000 KL
Tel.: 03-456-5122

Japan
Botschaft: 11 Persiaran Stonor,
Seitenstraße Jln. Tun Razak, 50450 KL
Tel.: 03-243-8044

Jugoslavien
Botschaft: Lot 300, Batu 4 1/2, Jln. JPT,
Seitenstraße Jln. Ampang, 68000 KL
Tel.: 03-456-4561

Kanada
Hochkommissariat: 7. Stock, MBF Plaza,
172 Jln. Ampang, 50450 KL
Tel.: 03-261-2000

Kuwait
Botschaft: 229 Jln. Tun Razak, 50400 KL
Tel.: 03-984-6033

Libyen
Botschaft: 6 Jln. Madge, off Jln. U Thant,
55000 KL
Tel.: 03-241-1035

Niederlande
Botschaft: 4 Jln. Mesra, off Jln. Damai,
55000 KL
Tel.: 03-243-1141

Neuseeland
Hochkommissariat: 193 Jln. Tun Razak,
50400 KL
Tel.: 03-248-6422

Nordkorea
Botschaft: 11-A Jln. Delima, 55100 KL
Tel.: 03-242-3296

Norwegen
Botschaft: 11. Stock, Bangunan Angkasa
Raya, Jln. Ampang, 50450 KL
Tel.: 03-243-0144

Österreich
Botschaft: 7. Stock MUI Plaza Bldg.,
Jln. P. Ramlee, 50250 KL
Tel.: 03-2484277

Oman
Botschaft: 24 Lingkunan U Thant,
Seitenstraße Jln. Ru, 55000 KL
Tel.: 03-475011

Pakistan
Botschaft: 132 Jln. Ampang, 50450 KL
Tel.: 03-241-8844

Papua-Neuguinea
Hochkommissariat: 1 Lorong Ru Kedua,
Seitenstraße Jln. Ampang, 55000 KL
Tel.: 03-457-4202

Philippinen
Botschaft: 1 Changkat Kia Peng, 40450 KL
Tel.: 03-248-4233

Polen
Botschaft: 495 4 1/2 Meilen, Jln. Ampang,
68000 Ampang, Selangor Darul Ehsan
Tel.: 0-457-6733

Saudi-Arabien
Botschaft: 7 Jln. Kedondong,
Seitenstraße Jln. Ampang Hilir,
55000 KL
Tel.: 03-457-9433

Singapur
Hochkommissariat: 209 Jln. Tun Razak,
50400 KL
Tel.: 03-261-6277

Südkorea
Botschaft: 422 Jln. Tun Razak,
50400 KL
Tel.: 03-984-2177

Spanien
Botschaft: 200 Jln. Ampang,
50450 KL
Tel.: 03-248-4868

Sri Lanka
Hochkommissariat: 8 Lorong Yap Kwan
Seng, 50450 KL
Tel.: 03-242-3094

Schweden
Botschaft: 6. Stock Wisma Angkasa Raya,
Jln. Ampang, 50450 KL
Tel.: 03-248-5433

Schweiz
Botschaft: 16 Persiaran Madge,
55000 KL
Tel.: 03-248-0622

Thailand
Botschaft: 206 Jln. Ampang, 50450 KL
Tel.: 03-248-8222

Türkei
Botschaft: 118 Jln. U Thant, 55000 KL
Tel.: 03-457-2225

UdSSR
Botschaft: 263 Jln. Ampang, 50450 KL
Tel.: 03-456-0009

USA
Botschaft: 376 Jln. Tun Razak, 50400 KL
Tel.: 03-248-9011

Vietnam
Botschaft: 4 Persiaran Stonor, 50450 KL
Tel.: 03-248-4036

• in Übersee

Ägypten (und Sudan)
Botschaft: 7 Sharia Wadi El-Nil,
Madinet El Mohandessine, Agouza, Cairo
Tel.: 460988, 460958

Argentinien
Botschaft: Room No. 2017 Sheraton Hotel,
Buenos Aires

Australien
Hochkommissariat: 7 Perth Avenue,
Yarralumla, Canberra A.C.T. 2600
Tel.: 602-731543/5

Bangladesch
Hochkommissariat: No. 4 Road,
No. 118 Gulshan Model Town, Dacca 12
Tel.: 600291/2

Belgien
Botschaft: 414A Avenue de Terveran,
1150 Brussels
Tel.: 762-6767, 763-0624

Brasilien (auch Bolivien, Columbien, Peru
und Venezuela)
Botschaft: SHIS, QI.5, Characa 62,
Lago Sul, Brasilia DF
Tel.: 061-248-5008/6215

BRD (und Griechenland)
Botschaft: Mittelstr 43, 5300 Bonn 2
Tel.: 0228-376-80306

Brunei
Hochkommissariat: Lot 12-15,
6. Stock Darussalam Complex,
P. O. Box 2826, Bandar Seri Begawan
Tel.: 28410

Birma
Botschaft: 82 Diplomatic Headquarters,
Pyidaundsu Yeikhta Road, Rangoon
Tel.: 20248/9

China (und Korea)
Botschaft: 13 Dong Zhi Menwai Dajie,
San Li Tun, Beijing, Tel.: 522531/3

England (und Irland)
Hochkommissariat: 45 Belgrade Square,
London SW1X 8QT
Tel.: 01-2358033

Fidschi (und Tonga, Western Samoa, Tavalu und Kiribati)
Botschaft: 5. Stock, Air Pacific House, Butt St., Suva P. O. Box 356
Tel.: 312166, 312617

Frankreich (und Portugal)
Botschaft: 2 Bis Rue Benouville, Paris 75116
Tel.: 455-31185

Hong Kong
Hochkommissariat: 24. Stock, Malaysia Bldg., 50 Gloucester Rd. Wanchai
Tel.: 5-270921

Indien (und Nepal)
Hochkommissariat: 50M Satya Marg, Chanakyapuri, New Delhi 110021
Tel.: 601291/2/6/7;
2. Hochkommissariat: 287 T.T.K. Road, Madras 600018
Tel.: 453580, 453599

Indonesien
Botschaft: 17 Jln. Iman Bonjol, 10310 Jakarta Pusat, Tel.: 336438, 332864;
Konsulate: No. 11 Jln. P. Diponegoro, Medan, Sumatra Utara
Tel.: 25315, 518053, 511567;
Jln. Diponegoro 59, Pekan Bahru, Riau
Tel.: 22305;
No. 42 Jln. A. Yani Pontianak, Kalimantan Barat, Tel.: 2986, 6061

Iran
Botschaft: No. 21 Golgasht St., Agrigha Expressway, Tehran
Tel.: 297791

Irak
Botschaft: Hai Babil, Mahallah 923, Zuzak 13, Bldg. 26, Jadiriyah, Baghdad
Tel.: 776-2622

Italien
Botschaft: Via Nomentana 297, Rome
Tel.: 06-855764, 06-857026

Japan
Botschaft: 20-16 Nampeidai Machi, Shibuya-ku, Tokyo, Tel.: 03-770-9331/5

Jugoslawien (und Rumänien)
Botschaft: 8 Cakorska, Dedinje, Belgrad
Tel.: 660823, 665892

Kanada (auch Jamaica, Trinidad & Tobago und Guyana)
Hochkommissariat: 60 Boteler St., Ottawa, Ontario KIN 8 Y7
Tel.: 613-237-5182/3/4

Korea
Botschaft: 4-1 Hannam-dong, Yongsan-ku, Seoul
Tel.: 795-3032

Kuwait (und Bahrain, Emirate, Quatar und Oman)
Botschaft: Villa 1, St. 70, Block 7, Faiha, Kuwait
Tel.: 254-6022/6213/6413

Laos
Botschaft: Route That Luang, Quartier Nong Bone, P. O. Box 789, Vientiane
Tel.: 2662

Libyen
Botschaft: 32 Trovato Partition, Kilometre 6, Gargarish, P. O. Box 6309, Andalus, Tripoli
Tel.: 833693/2

Mali (und Senegal, Gambia und Guinea)
Botschaft: No. 14 Parcelle E, Badalabougou-Est., B.P. 98, Bamako
Tel.: 222783, 223232

Marokko
Botschaft: 20 Zankat Hamzah, Agdal-Rabat
Tel.: 70259

Niederlande
Botschaft: Rustenburgweg 2, 2517 KE The Hague
Tel.: 070-506506

Neuseeland
Hochkommissariat: 10 Washington Avenue, Brooklyn, Wellington, Tel.: 852439, 852019

Nigeria (und Ghana)
Hochkommissariat: Plot 1092, Adeola Odoku St., Victoria Island, P. O. Box 3729, Lagos
Tel.: 612741, 612710

Österreich
Botschaft: Prinz-Eugen-Straße 18, A-1040 Wien, Tel.: 651142, 651569, 656323

Oman
Botschaft: Villa H.E. Khalfan, Nasser
Al-Wahibi, P. O. Box 6939 Ruwi, Muscat
Tel.: 706116

Pakistan
Botschaft: No. 224, Nazimuddin Rd.,
F-7/4 Islamabad
Tel.: 820147/8

Papua-Neuguinea (und Solomon-Inseln,
Vanuatu)
Hochkommissariat: Unit 1. & 3, 2. Stock,
Pacific View Apartments, Pruth St.,
Korobosea, P. O. Box 1400, Port Moresby
Tel.: 252076, 251506

Philippinen
Botschaft: 107 Tordesillas St.,
Salcedo Village, Makati, Metro Manila
Tel.: 817-4581/5

Polen (und Ungarn, CSSR)
Botschaft: ul. Gruzinska 3,
03-902 Warschau
Tel.: 171413, 173144

Rumänien
Botschaft: 30 Blvd. Dacia, Bukarest
Tel.: 113801/2/3

Saudi-Arabien
Botschaft: C11 Main Road, Diplomatic
Quarters, P. O. Box 95335, Riyadh 11693
Tel.: 488-7098/7100;
Konsulat: No. 100 Sharie AlBaladiah,
P. O. Box 593, Jeddah
Tel.: 667-4459/62

Singapur
Hochkommissariat: 301 Jervois Rd.,
Singapore 1024, Tel.: 235-0111

Spanien
Botschaft: Paseo de La Castellana 91-50,
Centro 23, 28046 Madrid
Tel.: 91-455-0684/0737

Sri Lanka (und Malediven)
Hochkommissariat: 87 Horton Place,
Colombo 7, Tel.: 94837, 596591

Schweden (auch Dänemark und Norwegen)
Botschaft: P. O. Box 260 53,
100 41 Stockholm, Tel.: 08-145990

Schweiz
Botschaft: Laupenstrasse 37, 3008 Berne
Tel.: 031-252105/6

Simbabwe
Botschaft: Raum 909 und 1017, Sheraton
Hotel, Harare

Thailand (auch Laos und Kampuchea)
Botschaft: 35 South Sathorn Rd.,
Bangkok 10500, Tel.: 286-1390/7769;
Konsulat: No. 4 Sukhum Rd, Songkhla
Tel.: 331062

Türkei
Botschaft: Koroglu Sokak No. 6,
06700 Gaziosmanpasa, Ankara
Tel.: 136-1270/1

UdSSR (und Bulgarien, Mongolei
und Finnland)
Botschaft: Mosfilmovskaya Ulitsa 50,
Moskau, Tel.: 147-1514/5

USA (und Mexiko)
Botschaft: 2401 Massachusetts Avenue
N.W., Washington D.C. 20008
Tel.: 202-328-2700;
Konsulate: Two Grand Central Tower,
140 East, 45th St., 43. Stock,
New York NY 10017
Tel.: 212-490-2722/3;
350 South Figueroa St., Suite 400,
Los Angeles, California 90071-1203
Tel.: 213-621-2991/4

Vereinigte Arabische Emirate
Botschaft: Block B, 17. Stock (Penthouse)
Ahmed Khalifa Al Suweidi Bldg.,
Zayed the Second St., P. O. Box 3887,
Abu Dhabi
Tel.: 338112, 328262

Vietnam
Botschaft: Block A-3, Van Phuc, Hanoi
Tel.: 53371

LITERATURHINWEISE

Wie leider üblich, wenn es um „exotische" Länder geht, gibt es kaum (lieferbare) deutsche Bücher über Malaysia. Auch was die Liste der englischsprachigen Literatur betrifft, dürfte vieles nicht mehr aufzutreiben sein, außer in großen Bibliotheken. Dennoch bringen wir auch eine Liste der englischsprachigen Literatur.

BUCHLÄDEN

In großen Hotels und Drugstores werden bekannte und absonderliche Paperbacks über Malaysia und den südostasiatischen Raum verkauft. Es gibt auch Buchladenketten wie Berita und MPH in Sungei Wang Plaza, Jln. Bukit Bintang und im *Dayabumi Complex*. Im Erdgeschoß der Universität von Malaysia befindet sich der ausgezeichnete, für die Öffentlichkeit zugängliche *University Cooperative Bookshop*.

ENGLISCH

Diese Bücher dringen z. T. tief in die Wildnis Borneos ein, blenden zurück ins alte Penang, als dort die Geheimbünde wüteten, verweilen im malaiischen *kampong* oder jagen den Spuren von drei Meter großen „Dschungelriesen" nach. Vor allem historische Darstellungen gibt es massenweise. Aber Bücher über Malaysia umfassen auch Reiseabenteuer, Cartoons und politische Erörterungen.

Alliston, Cyril. *Threatened Paradise: North Borneo and Its Peoples*. London: Robert Hale, 1966.

Burgess, Anthony. *The Malayan Trilogy*. London: Penguin Books.

Chapman, Spencer F. *The Jungle is Neutral*. London: Corgi Books, 1949.

Craig, Jo-Ann. *Culture Shock! Malaysia and Singapore*. Times Books Intl.

Customs and Traditions of the Peoples of Sarawak. State Government of Sarawak, 1988.

d'Alpuget, Blanche. *Turtle Beach*. Penguin, 1981.

Fauconnier, Henrí. *The Soul of Malaya*. Oxford University Press, 1965.

Harrison, Tom. *World Within: A Borneo Story*. Singap.: Oxford Univ. Press, 1985.

Kanapathy, Dr. V. *The Mahathir Era: Contributions to National Economic Development*. Malaysia: International Investments Consultants.

Kratoska, Paul H. *The Penang Guide*. Singapore: Graham Brash, 1989.

Lat. *Kampong Boy* and *Town Boy*. Straits Times Publishing, 1979 & 1988.

Mohammed, Dr. Mahathir bin. *The Malay Dilemma*. 1970.

Mjoberg, Eric. *Forest Life and Adventures in the Malay Archipelago*. Oxford University Press, 1988.

Keith, Agnes Newton. *Three Came Home*. Kuala Lumpur: Eastview Productions, 1982.

Osborne, Milton. *South-East Asia: An Illustrated Introductory History*. George Allen & Unwin, 1985.

Sheppard, Mubin. *Living Crafts of Malaysia*. Singapore: International Press, 1978.

Turnbull, C. Mary. *A Short History of Malaysia, Singapore and Brunei*. Australia: Cassell, 1980.

Tweedie, MWF and Harrison, JL. *Malayan Animal Life*. Kuala Lumpur: Longman, 1954.

Wallace, Alfred Russell. *The Malay Archipelago*. Singapore: Graham Brash, 1987.

Winstedt, Richard. *The Malays – A Cultural History*. Revised and updated by Tham Seong Chee. Singapore: Graham Brash, 1981.

World Rainforest Movement. *The Battle for Sarawak's Rainforests*. World Rainforest Movement and Sahabat Alam Malaysia, 1989.

DEUTSCH

Craig, Jo-Ann. *Kultur-Knigge Malaysia/Singapur*. Edition Simon und Magiera, Nürnberg, 1987.

Crowther, Geoff; Wheeler, Tony. *Singapur, Malaysia, Brunei*. Schettler, Hattingen, 1988.

Förster, Frank. *Angst ist schlimmer als der Tod*. Drei Jahre im Gefängnis in Malaysia. Schulte u. Gerth, Aßlar, 1989.

Harrer, Heinrich (Hrsg). *Borneo*. Umschau, Frankfurt, 1988.

Look, Ulrich. *Wo der Mond auf dem Rücken liegt*. Auf eigene Faust von Nepal bis nach Malaysia. Frederking/Thaler, München, 1989.

Loose, Stefan; Ramb, Renate; Schindler, Klaus. *Malaysia, Singapore, Brunei*. Loose, Berlin, 1986.

Lutterjohann, Martin; Homann, Klaudia; Homann, Eberhard. *Malaysia und Singapur mit Sarawak und Sabah*. Rump Verlag, Bielefeld, 1989.

MacKinnon, John. *Borneo*. Time-Life, München, 1986.

Mai Weltführer Nr. 9. *Malaysia mit Singapore und Brunei*, Mai, Berlin.

Rolf, Anita. *Malaysia und Singapur mit Brunei*. Kunst-Reiseführer. DuMont, Köln, 1988.

Touropa Urlaubsberater Band 653. *Malaysia, Singapore*.

Wallace, Alfred Russell. *Der Malayische Archipel*. Societäts-Verlag, Frankfurt, 1983.

Walls, Denis; Martin, Stella. *Drei Jahre in einem Kampong in Malaysia*. Reisen, Menschen, Abenteuer. Band 5036.

VISUELLE BEITRÄGE

REGISTER

I

J

K

Q, R

S